Neue Entdeckungen der Archäologie

Atlantis

Legende und Wirklichkeit

Neue Entdeckungen der Archäologie

Herausgegeben von Sir Mortimer Wheeler

J. V. Luce

ATLANTIS

Legende und Wirklichkeit

Gustav Lübbe Verlag

Titel der Originalausgabe:
»The End of Atlantis«
Erschienen bei Thames and Hudson, London, in der Reihe
»New Aspects of Antiquity«
Herausgegeben von Sir Mortimer Wheeler

Übersetzung und Bearbeitung der deutschen Ausgabe
von Dr. Joachim Rehork

4. Auflage 1975

Gesamtherstellung: Friedrich Pustet, Regensburg
Printed in Germany

ISBN 3-7857-0032-6

Inhalt

Einleitung von Sir Mortimer Wheeler

»Die Herausgeber möchten klarstellen, daß ihrer Auffassung nach die Hauptthese des vorliegenden Aufsatzes zusätzlicher Bestätigung durch Grabungen an geeigneter Stelle bedarf. Sie hoffen, daß derartige Grabungen zu gegebener Zeit durchgeführt werden.«

Die hier angesprochenen »Herausgeber« waren die der englischen Fachzeitschrift *Antiquity* (»Das Altertum«), die 1939 einen bemerkenswerten Beitrag von Professor Spyridon Marinatos, dem Leiter der griechischen Altertümerverwaltung, veröffentlichte. Der Titel dieses Artikels lautete: *The volcanic destruction of Minoan Crete* (»Die Zerstörung des minoischen Kreta durch vulkanische Gewalt«). Mit einem beträchtlichen Aufgebot an Beweismaterial behauptete Marinatos damals, die von der Wissenschaft festgestellten, weit verbreiteten Verwüstungen in Knossos, ja im Bereich der gesamten kretischen Kultur, Verwüstungen, von denen Kreta kurz nach 1500 v. Chr. betroffen wurde, seien die Folge überaus heftiger Vulkantätigkeit auf der Insel Thera (Santorin), die etwa 130 km nördlich von Kreta liegt.

Inzwischen sind dreißig Jahre vergangen. Tatsächlich hat Professor Marinatos unterdessen bei Akrotiri (unweit des Südwestkaps der Thera-Hauptinsel) Grabungen durchgeführt. Und wirklich ist es ihm geglückt, dabei frühere Entdeckungen, bei denen unter vulkanischem Material begrabenes minoisch-kretisches Mauerwerk zutage getreten war, zu überbieten. Und zwar in solchem Maße, daß man – zumal angesichts der gewaltigen Höhe der vulkanischen Schichten – durchaus davon sprechen kann, dem Beweis seiner 1939 vorgebrachten Hypothese um ein gutes Stück nähergekommen zu sein. Ein heftiges Erdbeben scheint das Zerstörungswerk eingeleitet zu haben, zwei Vulkanausbrüche setzten es fort, von denen offenbar der zweite der schwerere gewesen war. Wie es scheint, rief er ungeheure Seebebenwellen hervor. Vulkanische Auswürflinge und Wogen erreichten Kreta, das ohne Zweifel von weiteren Erdbeben erschüttert wurde. Endergebnis war praktisch die Vernichtung der minoischen Kultur. Nur das verhältnismäßig geschützte Knossos überdauerte. Doch allem Anschein nach herrschten hier nun griechischsprechende Festlandsbewohner, die aus den Verhältnissen Nutzen zogen.

Doch ist dies nicht alles. Aus dunklem Platonischem Hörensagen und neuzeitlicher Scharlatanerie trat damit der verlorene Kontinent Atlantis in ein neues Licht. Schon 1909 hatte ein junger Gelehrter aus Belfast den geistvollen Gedanken geäußert, im sagenumdunkelten Staat der Atlanter habe man nichts anderes als die Erinnerung an das strahlende minoische Reich vor sich, dessen Glanz damals dank der Arbeiten Sir Arthur Evans' und anderer Pioniere der Welt bewußt zu werden begann. Professor Marinatos sollte es beschieden sein, dem sagenhaften Bericht von Atlantis Zerstörung Aktualität zu leihen und seit 1967 durch neueste Grabungen einige jener unumgänglichen Beweise zu erbringen, welche die *Antiquity*-Herausgeber noch 1939 von ihm forderten. Auch andere haben Wesentliches zur Rekonstruktion des Bildes beigetragen. Besonders ist hier der griechische Seismologe Professor Angelos Galanopoulos zu nennen, der sich unter anderem intensiv mit einem schweren Erdbeben beschäftigte, das 1956 Thera heimsuchte: Diesem Ereignis verdanken wir eine Radiokarbondatierung von Material, das aus damals freigelegten Ruinen stammt, die sich zuvor unter den tiefen Schichten vulkanischen Auswurfmaterials befunden hatten. Mehr und mehr sieht sich selbst der vorsichtige Wissenschaftler geneigt, sich der Sprache all dieser Zeugnisse nicht länger zu verschließen. Der Augenblick scheint günstig, den Stand der Diskussion vom Ende des Jahres 1968 der Öffentlichkeit darzulegen. J. V. Luce hat sich dieser Aufgabe aufgrund eigener Kenntnis der zur Zeit noch im Gange befindlichen Feldforschung unterzogen, wobei Professor Marinatos selbst ihm in dankenswertester Weise entgegengekommen ist.

Mortimer Wheeler

Einführung

Fünf Sediment-Kernproben vom Grund des östlichen Mittelmeers haben ungemein rasch zu einer weitgehenden Änderung des Bildes geführt, das sich die Wissenschaft von der Ägäis des 15. Jahrhunderts v. Chr. macht. Die betreffenden Kernproben enthalten vulkanische Asche von der Kykladeninsel Thera (Santorin) – Asche, die vom ungeheuren Explosionsdruck eines gewaltigen Vulkanausbruchs weit fortgeschleudert wurde und die sich über einem ausgedehnten Gebiet abgelagert hat. Zwei amerikanische Naturwissenschaftler, D. Ninkovich und B. C. Heezen, veröffentlichten diese Entdeckung im Jahre 1965 in einer aufsehenerregenden Studie. Zunächst befaßt diese sich mit der Verbreitung des Aschenauswurfs, um anschließend die Tragweite der Aschenfunde für die Geschichte der Spätbronzezeit zu skizzieren. Insbesondere äußerten ihre Verfasser die Vermutung, der Ausbruch, von dem die Aschenproben stammten, habe für das Inselreich des minoischen Kreta katastrophale Folgen gehabt. Er sei das Ereignis gewesen, das dazu geführt habe, daß die Macht von den Bewohnern der Inselwelt auf die Festlandsgriechen überging und daß die minoische zur mykenischen Kultur wurde. Schon 1939 hatte Professor S. Marinatos die Ansicht vorgetragen, das minoische Kreta sei einem Vulkanausbruch zum Opfer gefallen. Nun hat die Arbeit von Ninkovich und Heezen den naturwissenschaftlichen Befund erbracht, der Marinatos' Argumente stützt – einen Befund, der nicht ignoriert werden darf, sondern volle Beachtung verdient.

Eines der Hauptziele des Verfassers ist es, aufgrund der bisher erbrachten Befunde ein Bild von Thera und seinem großen bronzezeitlichen Vulkanausbruch zu entwerfen. Das hier vorgelegte Material erlaubte Folgerungen hinsichtlich der Auswirkungen der Eruption, die sich weitgehend mit den Resultaten decken, zu denen bereits

Ninkovich und Heezen gelangt sind – abgesehen von einer wichtigen Ausnahme: Ninkovich und Heezen weisen die Katastrophe in das Jahr 1400 v. Chr., während der Verfasser dem Jahr 1470 den Vorzug geben möchte. Dieser frühere Zeitansatz stimmt, wie der Verfasser mit Befriedigung vermerkt, mit dem von Marinatos in Erwägung gezogenen Zeitpunkt überein, desgleichen mit dem Ergebnis, zu dem M. S. F. Hood gelangt ist, der in seinem kürzlich (1967) erschienenen Buch *The Home of the Heroes* (und zwar auf den Seiten 106–108) die Auswirkungen des Thera-Desasters umrissen hat.

Zweites Hauptthema des vorliegenden Buchs ist Atlantis. Schon 1909 hat K. T. Frost die Vermutung laut werden lassen, die Atlantis-Sage beruhe auf einer als solche nur nicht erkannten echt minoisch-kretischen Überlieferung. Freilich fand in der damaligen Gelehrtenwelt diese »minoische Hypothese« wenig oder gar kein Gehör. Seit dem Zweiten Weltkrieg dagegen hat man sich ihr immer weniger verschlossen; immer größer wurde der Kreis derer, die sich hinter sie stellten. Schließlich glückten im Sommer 1967 Professor Marinatos auf Thera archäologische Entdeckungen von großer Tragweite. Weltweite Publizität blieb ihnen nicht versagt, und oft vernahm man seitdem die Behauptung, endlich sei »das verlorene Atlantis« gefunden. Nachstehende Schilderung der Ausgrabungen auf Thera stützt sich auf Marinatos' authentischen Bericht. Dabei kommt dem Verfasser zugute, daß er sich anläßlich eines Besuchs auf Thera persönlich an Ort und Stelle vom Stand der Dinge überzeugen konnte. Durch Darstellung dieser Grabungen sowie durch eigene Untersuchungen der Atlantis-Sage will der Verfasser es seinen Lesern erleichtern, sich selbst ein Urteil zu bilden, inwiefern tatsächlich von seiner Gleichsetzung des untergegangenen Atlantis mit der Welt des minoischen Kreta im allgemeinen oder mit Thera im besonderen die Rede sein kann oder sein könnte.

Der Verfasser greift dabei nicht nur auf einige schon früher geäußerte Vermutungen zurück, sondern glaubt, darüber hinaus neue Hinweise auf einen Nachhall der Thera-Katastrophe in der griechischen Literatur geben zu können, der sich nicht auf die Atlantis-Sage beschränkt (s. Kap. V). Bis zu einem gewissen Grade wird damit der Auffassung Hoods entgegengetreten, die Griechen hätten sich eine viel ungetrübtere Erinnerung an die Katastrophe bewahrt, wenn sie schon damals, als diese sich ereignete, im ägäischen Raum seßhaft gewesen wären. Im Gegensatz zu Hood vertritt der Verfasser durchaus die Überzeugung, daß die Träger der mykenischen Kultur *Griechen* waren und daß die Linear-B-Schrifttafeln eine frühe Form des *Griechischen* enthalten. Nach Ansicht des Verfassers hatte demnach der Ausbruch des Vulkans von Thera nicht nur eine tiefgreifende Wirkung im Hinblick auf das minoische Reich, sondern nicht minder auf die *griechische* Geschichte. Einige fragmentarische Überlieferungen, in denen sich das Ereignis spiegelte, sollten fortleben, und zwar insbesondere, wie der Verfasser meint, im griechischen Epos; doch die Griechen verstanden nicht mehr, was sie wirklich besagten, ebensowenig wie sie die Atlantis-Sage mit dem minoischen Kreta in Verbindung brachten. Was diese Sage betrifft, schließt der Verfasser sich der Ansicht an, daß in Ägypten eine authentische Tradition vom plötzlichen Niedergang minoischer Herrlichkeit vorlag, die um 590 v. Chr. Solon (ca. 640–560 v. Chr.) nach Griechenland zurückbrachte, allerdings nun durch Mißverständnisse entstellt. Etwa zwei Jahrhunderte später verewigte Plato das Mißverständnis durch die kunstvolle literarische Form, die er Solons Bericht gab.

Selbst wenn man sich weigert, im minoischen Kreta das Atlantis der Sage zu erblicken, kann die Thera-Hypothese bestehen, denn sie beruht auf eigenständigen Befunden. Die Forschungen Ninkovichs und Heezens bieten ein bezeichnendes Beispiel dafür, welche Dienste die heutige Naturwissenschaft der Klassischen Archäologie zu leisten vermag. Ohne Zweifel werden weitere Grabungen auf Thera unsere Kenntnis der minoischen und kykladischen Kultur um so manche Einzelheit bereichern, die historische Perspektive indessen dürften sie kaum mehr weitgehend verändern. Überdies werden sich künftige Untersuchungen mit der Eruption und ihren Auswirkungen befassen müssen – und zwar wird sich dies als dringendes Erfordernis erweisen, um die derzeit eingeschlagenen Gedankengänge über den Untergang des minoischen Kreta bekräftigen und weiter verfolgen zu können. Forschungsarbeiten wie diese werden engste Zusammenarbeit zwischen Archäologen, Althistorikern und Naturwissenschaftlern (insbesondere Vulkanologen und Ozeanographen) erfordern.

Der Verfasser möchte seinen Dank für die Unterstützung zum Ausdruck bringen, die ihm seine Kollegen von den naturwissenschaftlichen Instituten des *Trinity College* in Dublin so bereitwillig gewährt haben: dem Botaniker Prof. W. A. Watts, dem Geologen Prof. C. H. Holland, desgleichen den Geographen Prof. J. P. Haughton und F. H. A. Aalen. Weiterhin fühlt er sich Prof. W. D. Gill und Dr. G. Walker vom *Imperial College* (London) zu tiefem Dank verpflichtet. Dr. Walker besaß die Güte, ihm Einblick in eine noch unveröffentlichte Arbeit über den Aschen-*fall-out* im Gebiet der Azoren zu gewähren – eine Information, die eine zutreffendere Einschätzung des Ausmaßes gestattet, welches die Katastrophe von Thera haben konnte. Ferner gebührt Dank Dr. W. T. Stearn vom *Botanic Department* des *British Museum (Natural History),* der des Verfassers Aufmerksamkeit auf Veröffentlichungen über die Einwanderung von Flechten in Ägypten aus Kreta und dem Bereich der Kykladen lenkte. Als die Vorarbeiten für das hier vorgelegte Buch sich noch in einem frühen Stadium befanden, stellte Prof. L. J. D. Richardson freundlicherweise dem Verfasser eine von ihm zusammengestellte äußerst nützliche Bibliographie zur Verfügung, und in einer späteren Phase, als es um die Exodus-Problematik und die Erwähnungen von Kaphtor im Alten Testament ging, erwies sich Prof. J. Weingreen als stets bereitwilliger Ratgeber. Auf Thera selbst begegnete der Verfasser *Mr.* B. Gill. Aus dieser Zufallsbegegnung entwickelte sich ein weiterer Gedanken- und Informationsaustausch, der diesem Buch zugute gekommen ist. Schließlich verdient *Mr.* P. Clayton für seine sachkundige Assistenz höchste Anerkennung.

Text und Literaturverzeichnis werden zeigen, wieviel der Verfasser Prof. S. Marinatos verdankt, der ihm überdies die Besichtigung der neuen Grabungen auf Thera erleichterte. Sein wärmster Dank gebührt jedoch Sir Mortimer Wheeler. In seiner Eigenschaft als *Chairman* der *Swans Hellenic Cruises* stand kein anderer als er hinter den meisten Reisen des Verfassers nach Thera und Kreta – Reisen, die das Interesse des Verfassers an der archäologischen Erforschung der minoischen Welt entfachten. Und wiederum war er es, der – diesmal als Herausgeber der Buchreihe, in deren Rahmen vorliegender Band erscheint – den Verfasser liebenswürdigerweise aufforderte, zu dieser Reihe nachstehenden Überblick über den derzeitigen Stand der Atlantis-Frage beizusteuern. Ihm fühlt sich der Verfasser für die ihm zuteil gewordene Unterstützung und Ermutigung zutiefst verbunden.

Platos Atlantis-Bericht

I

Atlantis — Wirklichkeit oder Erfindung?

Es ist kein anderer als Plato, dem wir die Atlantis-Legende verdanken – eine Erzählung, die einen nicht wieder aus ihrem Bann läßt: die Erzählung von einer alten Inselkultur, die infolge einer Naturkatastrophe zugrunde ging. Seit Platos Darstellung erstmals an die Öffentlichkeit gelangte, hat sie jedoch nicht nur Anziehung ausgeübt, sondern ebensoviel Verwirrung hervorgerufen: entweder hat man versucht, sie als Märchen hinwegzudiskutieren – oder aber man gab sich alle Mühe, sie durch örtliche Festlegung der Überreste jener untergegangenen Insel nachträglich zu rechtfertigen. Aristoteles verglich die Atlantis-Erzählung mit Homers Bericht von der Mauer, mit der die Griechen angeblich ihr Lager vor Troia umgaben – einer Mauer, die später durch göttliche Fügung wieder vom Erdboden verschwand. Für ihn war der springende Punkt, daß beide Erzählungen nichts als poetische Fiktionen seien, erfunden, um eine bestimmte Funktion im Erzählungsablauf zu erfüllen. Aristoteles fuhr fort: Ebenso wie Homer habe die Mauer verschwinden lassen, nachdem sie ihren Zweck erfüllt hatte, habe Plato Atlantis in Meerestiefen versinken lassen, um Kritikern zuvorzukommen, die nach der Lage der Insel in geschichtlicher Zeit fragen könnten. »Der Mann, der träumte, ließ sein Traumbild auch wieder zerrinnen« – darin bestand, kurz und bündig, für Aristoteles die Lösung des Atlantis-Problems[1]. Tafel 1

Doch bei einer so leichten und raschen Lösung sollte es nicht bleiben. Krantor von Soloi (um 300 v. Chr.), der erste Kommentator des *Timaios* Platos, bezog eine extrem entgegengesetzte Position. Für ihn enthielt Platos Erzählung Wort für Wort und Buchstabe für Buchstabe nichts anderes als historische Wahrheit. Wie es scheint, ging er sogar so weit, eigene Nachforschungen in Ägypten anstellen zu lassen, um die Quellen der Erzählung zu ermitteln. Seine Erhebungen bei ägyptischen Priestern führten zu dem Bescheid, entsprechende Berichte seien noch immer »an Pfeilern« vorhanden[2].

Zwischen diesen beiden Polen bewegten sich seitdem sämtliche Lösungsvorschläge. So sind auf mittelalterlichen Karten (wie beispielsweise der in das Jahr 1475 datierten und von Kolumbus benutzten Karte des Toscanelli del Pozzo) viele kleine und große Inseln im Ozean westlich von Europa und Afrika verzeichnet, darunter auch Antillia (worauf der Name der Antillen zurückgeht). Vielleicht hat man es hier mit einer Verzerrung des Namens der verschollenen Insel Platos zu tun. Spanische und portugiesische Seefahrer aus der Pionierzeit der großen Entdeckungen waren der Ansicht nicht abgeneigt, daß noch immer Spuren der verlorenen Insel darauf warteten, von ihnen gefunden zu werden; es läßt sich durchaus nachweisen, daß der Reiz, der von einer solch abenteuerlichen Erwartung ausging, unter den Motiven ihres Forschungsdranges keine geringe Rolle spielte. »In gewisser Weise«, so lautet ein Epigramm J. O. Thomsons, »kann Plato als Entdecker Amerikas gelten«[3] – mehr als ein Korn Wahrheit ist an diesen Worten. Selbst 1882 noch suchte Gladstone beim britischen Kabinett die Genehmigung für die Ausrüstung eines Atlantis-Forschungsschiffs zu erwirken. Allerdings weigerte man sich, die erforderlichen Mittel zu bewilligen.

Skeptischer waren zünftige Altertumswissenschaftler. So tat Benjamin Jowett, jener ausgezeichnete Plato-Kenner der viktorianischen Zeit, Atlantis als bloße Erfindung ab. Gleiches liest man in dem von F. M. Cornford verfaßten *Timaios*-Kommentar. Auch für A. E. Taylor ist »die gesamte Erzählung eigene Erfindung Platos«, nach W. W. Hyde hat man es mit einer »geographischen Fabel« zu tun, nach T. G. Rosenmeyer endlich mit einem Scherz, der frühere Utopien parodiert[4].

Unbezweifelbare Tatsache oder offenkundige Erfindung? Kann es zwischen beiden Extremen einen Kompromiß geben? Dieses Buch versucht, einen solchen Mittelweg zu finden und ihn zu gehen.

Das historische Element griechischer Sagen und Mythen

In den letzten hundert Jahren haben sich in der Art und Weise, die griechische Mythologie und den griechischen Sagenschatz wissenschaftlich auszuwerten, Entwicklungen abgezeichnet, an denen nachstehende Untersuchung sich orientieren kann. Als Schliemann sich mit dem Homer in der einen und dem Spaten in der anderen Hand auf Entdeckungsreise begab, lachte die Fachwelt über ihn. Doch immerhin grub Schliemann Troia aus und bewies damit, daß es verfehlt wäre, den historischen Wert volkstümlicher Überlieferung zu unterschätzen. Nicht viel anders ging Sir Arthur Evans vor, und ihm gelang es, die labyrinthische Wohnstatt des Minotaurus in Knossos zu finden. Mehr und mehr Zeugnisse mykenischer Zeit legte Spatenforschung in Mykene, in Tyrins, Orchomenos und Theben frei, und Nilsson hob hervor, daß ja gerade diese Stätten es waren, die im Mittelpunkt der Sagenkreise Altgriechenlands standen. Damit war klargeworden: niemand mehr konnte all die Erzählungen vom Haus des Atreus, von Herakles, von Ödipus als bloße Erzeugnisse dichterischer Phantasie abtun[5]. Im Gegenteil: man hatte sie nunmehr als authentische Überlieferung zu betrachten, die sich an den wichtigsten Machtzentren der mykenischen Welt herauskristallisiert hatte und in der sich die glanzvollste Epoche dieser Fürstensitze spiegelte: die Spätbronzezeit. Was einst als bloße Sage galt, verlangte nun, als historisches Material angesehen und sorgfältig gesiebt zu werden, um den festen Tatsachenkern, den es enthielt, auszusondern.

Noch immer hält diese Tendenz an: eine Legende nach der anderen fand im Lauf der letzten Jahre durch den Spaten des Archäologen Bestätigung. So haben Funde auf Ithaka dazu beigetragen, Licht auf den Hintergrund der Odyssee zu werfen. In den Jahren 1937/38 legte *Miss* Benton die Überreste eines recht ausgedehnten Gebäudes frei und entdeckte an der Polis-Bucht beträchtliche Mengen mykenischer Keramik. In einer nahen, den Nymphen geweihten Grotte fanden sich Töpferwaren von der Bronzezeit bis zum 1. Jahrhundert n. Chr. sowie dreizehn prachtvolle Bronze-Dreifußkessel aus der Zeit vom 9. bis 8. Jahrhundert v. Chr.; endlich eine aus dem 2. Jahrhundert v. Chr. stammende Terrakottamaske mit der Aufschrift: »Votivgabe an Odysseus«. Entdeckungen wie diese dürften bestätigen, daß das in der Odyssee entworfene Bild Ithakas als eines Inselkönigreichs mykenischer Prägung zur Zeit der Belagerung Troias in seinen Grundzügen durchaus zutreffend ist[6].

Im dritten Buch der Odyssee ist davon die Rede, wie Odysseus' Sohn, Telemachos, der zur Suche nach seinem verschollenen Vater von Ithaka aufgebrochen und südwärts gesegelt war, die »sandige Pylos« erreichte. Hier traf er König Nestor und fand in dessen nahegelegenem großen Palast gastliche Aufnahme. Unter anderem erfährt man, daß Nestors Tochter Polykaste ihn badete und daß Nestor ihn mit elf Jahre altem, edlem Wein bewirtete[7].

Das damit skizzierte Bild hat in einer geradezu erstaunlichen Weise Bestätigung gefunden, und zwar durch die wahrhaft aufsehenerregenden Entdeckungen, die Professor Carl Blegen in Epano Englianos im südwestlichen Messenien glückten[8]. Dank dieser 1952 begonnenen Grabung läßt sich heute deutlich der Grundriß eines großen mykenischen Palastes erkennen, der im 13. Jahrhundert vor unserer Zeitrechnung auf dem Höhepunkt seiner Pracht gestanden haben muß. An den Pfeilerbasen, die sich in der »tönenden Halle« *in situ* (am ursprünglichen Ort) befinden, lassen sich noch immer Spuren der Kannelierung wahrnehmen, ja es ist sogar der Nachweis möglich, daß
Tafel 3
am Stuck des Herdes inmitten der Thronhalle nacheinander mehrere Erneuerungen vorgenommen wurden. Noch immer macht man schließlich Spuren der Farbe und des Würfelmusters des Fußbodens aus. Doch nicht genug damit: wenn man in einem anderen Raum
Tafel 2
noch immer eine elegant geformte, geschmückte Badewanne erblickt und überdies erfährt, daß es im Weinkeller hinter dem Palast Tonsiegel mit Zeichen gab, die vermutlich Jahrgang und Herkunft der Weine vermerkten, wird man in der Tat zugestehen müssen, daß literarische Überlieferung und archäologischer Befund hier einander überzeugend nahekommen. Es dürfte nunmehr Sache der Skeptiker sein, den Nachweis zu führen (wenn sie es vermögen), daß sich die Gleichsetzung dieser Funde mit dem in der Odyssee beschriebenen Palast Nestors nicht aufrechterhalten läßt. Das Palastarchiv enthielt

die berühmten Linear-B-Tafeln von Pylos. In einer Zeit, die nicht allzu weit von der des Troianischen Krieges entfernt war, muß demnach dieser Palast eines der bedeutenderen Verwaltungszentren West-Messeniens gewesen sein. Zwar hat Nestors Name sich auf diesen Linear-B-Dokumenten nicht gefunden, doch darf man nicht vergessen, daß die Tafeln aus dem Jahr der endgültigen Zerstörung des Palastes stammen, die um 1200 v. Chr. erfolgt sein dürfte. Damals hatte wohl bereits ein Sohn oder Enkel Nestors den Thron bestiegen. Aber das griechische Epos bewahrte Nestors Andenken, das Andenken eines Königs, der vor Troia über 90 Schiffe gebot und damit das größte Flottenkontingent der Griechen nach dem Agamemnons befehligte. Und ein Barde nach dem anderen besang ihn, bis sein Name und seine Taten schließlich in jene Gedichte eingingen, die 500 Jahre später entstanden und unter dem Namen Homers auf uns gekommen sind. Angesichts der Einzelheiten, die das eine dieser Gedichte, die Odyssee, gibt, kann kein heutiger Besucher der Grabungsstätte Blegens mehr der Leichtgläubigkeit bezichtigt werden, wenn er die Aufschrift des Wegweisers wörtlich nimmt, der die Richtung zu »Nestors Palast« angibt.

Bei der Identifikation des »Nestor-Palastes« hat der Verfasser etwas länger verweilt, weil es ihm hier um ein der Atlantis-Frage sehr ähnliches Problem zu gehen scheint. Mangels inschriftlicher Beglaubigung gründen sich Identifikationen dieser Art auf »zirkumstantielle Evidenz«: auf Anhaltspunkte, die sich aus den Umständen ergeben. Man spricht in solchen Fällen von einem »indirekten Nachweis, der auf Umständen beruht, welche die Zahl der zulässigen Hypothesen einschränken«. Allerdings gehört es, wie der Verfasser einräumt, nach wie vor zu den »zulässigen« Hypothesen, daß jener Bau, den die Odyssee als »hohen« und »schöngebauten« Palast Nestors bezeichnet, vielleicht anderswo auf der Peloponnes erst noch der Entdeckung harrt. Nach neueren Forschungen dürften eine große Anzahl potentieller Fundstätten aus mykenischer Zeit noch immer auf den Spaten des Ausgräbers warten. Andererseits läßt sich nicht in Abrede stellen, daß Blegen einen großen Palast freigelegt hat, einen Palast, aus dessen schriftlichen Urkunden hervorgeht, daß in ihm einst die Verwaltung eines ausgedehnten Gebiets ihren Sitz hatte. Die Zeit seines

Bestehens – von seiner Erbauung bis zu seiner Zerstörung – läßt sich durch Keramikfunde einengen, und abermals ergibt sich eine überraschend enge Übereinstimmung mit der griechischen Überlieferung, nach der es nur vier Herrscher der Pylos gab: Neleus, den Gründer der Stätte, Nestor, der für sein langes Leben sprichwörtlich wurde, seinen Sohn Peisistratos und schließlich seinen Enkel. Hält man sich all die Einzelheiten vor Augen, die das Epos mitteilt: die neunzig Schiffe, den Sandstrand, den in der dortigen Umgebung überall bekannten Namen Pylos, den Weinkeller und das Badezimmer, so fragt man sich, ob wohl noch ein anderer Palast so weitgehend mit den Angaben der Odyssee übereinstimmen könnte.

Allerdings ist aus einer Reihe von Gründen das Problem, den Ort zu bestimmen, an dem Atlantis lag, weit verwickelter als die Pylos-Frage. So steht zunächst der Name Atlantis für nichts weniger als eine untergegangene Kultur, keineswegs nur für einen einzelnen Palast. Zweitens ist die Atlantis-Legende weit weniger fest in der altgriechischen Tradition verwurzelt als die Sage vom Troianischen Krieg. Drittens muß, wenn die Atlantis-Erzählung tatsächlich einen wahren Kern ägäischer Geschichte enthält, dieser Kern auf die frühmykenische Periode zurückgehen, an die sich in der griechischen Überlieferung nur verhältnismäßig wenig detaillierte Erinnerungen gehalten haben. Viertens wäre wohl kaum jemand auf die Idee gekommen, Nestors Palast anderswo als auf der Peloponnes zu suchen. Atlantis dagegen hat man – sage und schreibe – bis nach Ceylon und Mexiko verlegt. Dadurch sind so viele falsche Fährten gelegt worden, daß man kaum noch weiß, wo die Suche nach der richtigen anzusetzen hat. Im Prinzip allerdings gleicht die Argumentation, die in vorliegendem Buch Anwendung finden soll, der Beweisführung, derer man sich bedient, um Agamemnons Troia oder Nestors Palast zu identifizieren. Sie stützt sich auf die »zirkumstantielle Evidenz« aus dem archäologischen Beweismaterial, aus den von der Geschichtswissenschaft erhobenen Befunden und schließlich den Anhaltspunkten, die sich aus den Angaben der Sage ergeben, und anhand solcher Evidenz soll versucht werden, die Zahl der zulässigen Hypothesen einzuschränken, bis nur noch eine einzige dieser Hypothesen als die glaubhafteste, überzeugendste, als die Hypothese mit dem höchsten

Wahrscheinlichkeitsgrad, übrigbleibt. Zugrunde liegt die Annahme, auch die Atlantis-Sage könnte – wie so manche andere Sage der Griechen – einen festen Kern historischer Tatsachen umschließen. Davon ausgehend, soll versucht werden, sich über den Weg Klarheit zu verschaffen, auf dem die Legende zu Plato gelangte. Daraus werden sich Vermutungen über die Zeit und den Schauplatz des Geschehens ergeben, das einst die fragliche Legende überhaupt erst entstehen ließ, und zwar wird sich dabei herausstellen, daß das minoische Kreta und die in der Spätbronzezeit von Kreta beherrschte Inselwelt in ganz besonderer Weise für einen Ort-Zeit-Ansatz in Frage kommt. Daher soll versucht werden, mit diesem Ansatz zu arbeiten. Weiterhin sollen die Einzelheiten der Atlantis-Sage mit all dem verglichen werden, was unabhängig davon über die Geschichte Alt-Kretas bekannt ist. Endlich wird die Frage zu beantworten sein, ob es gelungen ist, durch Materialvergleich die Zahl der »zulässigen Hypothesen« so weit einzuengen, daß man zu entscheiden vermag, ob überhaupt und mit welchem Grade der Wahrscheinlichkeit von einer Identifikation die Rede sein kann – mit anderen Worten: ob eine Identifikation unwahrscheinlich oder ob sie vielleicht möglich, mehr oder weniger einleuchtend, wenn nicht schließlich sogar wahrscheinlich ist. Letzte Gewißheit wird nicht beansprucht.

Atlantis oder nicht – auf jeden Fall verlangen die in den folgenden Kapiteln vorgelegten neuen archäologischen und naturwissenschaftlichen Befunde, die spätbronzezeitliche Geschichte der Ägäis mit anderen Augen als bisher zu sehen. Stets bildete in diesem Zusammenhang der Niedergang und Zusammenbruch des unabhängigen minoischen Reichs und seiner Kultur im 15. Jahrhundert v. Chr. eines der Hauptprobleme. Drei Hauptursachen zog man für den Sturz dieses Reichs in Erwägung: Eroberung durch äußere Feinde, Zersplitterung durch innere Kämpfe und schließlich eine größere Naturkatastrophe wie Erdbeben oder Dürre – eine Katastrophe, der Hungersnot und Seuchen folgten. Mehr und mehr hat man sich in den letzten Jahren für die dritte dieser Möglichkeiten ausgesprochen, und zwar zieht man immer mehr in Betracht, der Zusammenbruch des minoischen Kreta habe mit einem Naturereignis, etwa einer Flutkatastrophe, zu tun, sei es, daß eine solche Katastrophe ihn hervorgerufen, sei es, daß sie ihn nur beschleunigt habe. Die Ursache des Ereignisses sei, so meint man, in einem ungeheuren Vulkanausbruch oder in einer Reihe derartiger Ausbrüche zu suchen, als deren Zentrum die vulkanische Insel Thera (Santorin)[9] zu betrachten sei, die etwa 120 km nördlich von Knossos liegt.

Eines der Hauptziele der nachstehenden Schilderung wird darin bestehen, das auf Thera bezügliche naturwissenschaftliche und archäologische Beweismaterial vorzulegen, das in den letzten hundert Jahren erbracht worden ist. Dieses Material ist in jüngster Zeit durch zwei bedeutende Forschungsvorhaben vermehrt worden: Erstens durch die Gewinnung von Tiefsee-Kernproben vulkanischer Asche (τέφρα [tephra]) des Thera-Vulkans, die weit über das östliche Mittelmeerbecken verstreut ist; zweitens durch die von der griechischen Altertümerverwaltung an der Südwestküste Theras durchgeführten Grabungen, durch die bereits der Nachweis geglückt ist, daß sich dort einst eine blühende minoische Siedlung befand, die von Bimsstein und Vulkanasche verschüttet und offensichtlich durch eine gewaltige Eruption vom Erdboden vertilgt wurde. Die vorliegenden Anhaltspunkte reichen hin, Beginn und Ablauf der Eruption innerhalb recht enger Zeitgrenzen festzulegen. Überdies ist man bereits in der Lage, fundierte Vermutungen über die ungewöhnliche Gewalt und Zerstörungskraft des Ausbruchs anzustellen. Keine Darstellung der spätbronzezeitlichen Geschichte des östlichen Mittelmeerraums kann heute mehr über diesen Vulkanausbruch einfach hinweggehen, insbesondere, wenn es um das minoische Kreta geht.

Abermals sehen wir uns einer Übereinstimmung von archäologischem Befund und griechischer Legende gegenüber. Allerdings geht diese Legende hauptsächlich auf Plato zurück und ist bei weitem nicht so tief im griechischen Sagengut, ja in der griechischen Mythologie verwurzelt wie beispielsweise die Erzählung von der Belagerung und vom Fall Troias. Doch wenn man bei Plato liest, die große alte Kultur von Atlantis sei »an einem einzigen Schreckenstag und in einer einzigen Schreckensnacht vom Erdboden verschwunden«, so erfordert dies wohl, wie der Verfasser meint, daß man die beiden bisher erwogenen Möglichkeiten im Licht der neuen Ergebnisse archäologischer und naturwissenschaftlicher Forschung neu zu überdenken hat. Handelt es sich bei dem, was Plato schrieb, um die bloße Erfindung eines Fabulierers, der das Gebilde seiner eigenen Phantasie mit einem einzigen Federstrich wieder zerstörte? Oder enthält der Bericht die vage, dunkle Erinnerung an Ereignisse, die sich tatsächlich abgespielt haben?

Der kurze Atlantis-Bericht in Platos *Timaios*

Es ist an der Zeit, die Hauptquelle der Atlantis-Sage im einzelnen zu betrachten. Plato skizziert die Atlantis-Erzählung in seinem *Timaios*, mehr Details gibt er in seinem unvollendeten *Kritias*. Die für unsere Untersuchung wesentlichen Passagen werden im Anhang in vollem Wortlaut angeführt werden. Um jeden Verdacht vorzubeugen, daß die Übersetzung so manipuliert wurde, daß sie sich zu der minoischen Atlantis-Hypothese fügt, wurde auch für die deutsche Ausgabe vorzugsweise die Übertragung Benjamin Jowetts, der der Atlantis-Sage gegenüber überaus skeptisch ist, verwendet, unter Hinzuziehung des Platonischen Originalwortlauts in der von J. Burnet besorgten Oxford-Ausgabe sowie der im Anhang genannten deutschen Übertragungen. Das folgende Zitat umfaßt die entscheidenden Passagen aus dem Bericht der ägyptischen Priester an Solon, wie Kritias ihn im *Timaios* (24 d–25 d) wiedergibt (bei den eingeklammerten Erläuterungen handelt es sich um Zusätze des Verfassers):

»Viele große und bewundernswerte Taten berichten unsere Auf- St. III
zeichnungen von eurem Staat (Athen). Eine Tat jedoch übertrifft an p. 24 d
Größe und Tapferkeit alle anderen. Und zwar bezeugen unsere Be- e
richte, welch einer großen Macht eure Stadt ein Ende bereitet hat –
einer Macht, die aus Eroberungslust von ihrem draußen im Atlantik
liegenden Sitz aufgebrochen und gegen ganz Europa und Asien zu
Felde gezogen war. Damals war der Atlantik schiffbar. Vor jener
Meerenge, die ihr die Säulen des Herakles nennt (Straße von Gibral-
tar), lag damals eine Insel. Diese Insel war größer als Libyen und
Asien zusammen, und von ihr konnte man damals zu anderen Inseln
übersetzen, von denen man schließlich zum jenseitigen, jenen wahren 25 a
Ozean begrenzenden Festland gelangte. Das diesseits der erwähnten Abb. 1

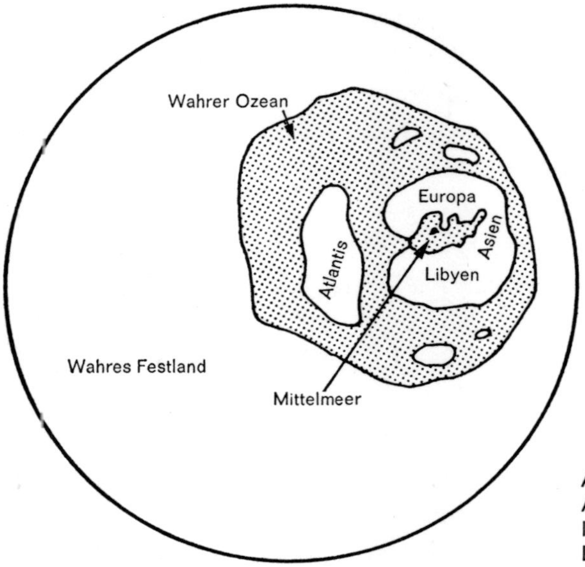

Abb. 1 Die in Platos *Timaios* Ausdruck findende Vorstellung von der Verteilung von Land und Meer.

Meerenge liegende Meer (Mittelmeer) gleicht nämlich eher einer Hafenbucht mit schmaler Einfahrt, jenes andere Meer dagegen ist der wahre Ozean, und das Land, das wiederum ihn umgibt, verdient mit allem Fug und Recht die Bezeichnung *épeiros* (›Festland‹; in der ursprünglichen Bedeutung: ›ohne Grenzen‹, und zwar im Sinne von ›*bruchlos zusammenhängende* Landmasse‹, ebenso wie das aus dem Lateinischen stammende Wort ›Kontinent‹ nichts anderes als ›*zusammenhängend* [e Landfeste] ‹ bedeutet). Nun aber gab es auf dieser Insel Atlantis ein mächtiges Königtum, das alle Bewunderung verdiente. Es herrschte nicht nur über diese gesamte Insel, sondern auch noch über viele andere Inseln sowie über Teile des Festlands, ja seine Macht erstreckte sich sogar diesseits der Säulen des Herakles über
b Libyen bis hin nach Ägypten sowie über Teile Europas bis hin nach Tyrrhenien (d. h. Etrurien in Norditalien). Diese gesamte vereinigte Macht versuchte damals, in einem einzigen Stoß euer und unser Land sowie alles, was sich diesseits der Säulen des Herakles befand, zu versklaven. Da aber wurde allen Menschen sichtbar, welche Tapferkeit und Kraft eure Stadt, Solon, zu entwickeln vermochte. Allen an Mut
c und Waffentechnik voran, war sie Vorkämpferin aller Hellenen, ja zum Alleingang gezwungen, da alle ihre Mitstreiter sie im Stich ge-

lassen hatten, überstand sie die alleräußerste Gefahr, triumphierte über die Gegner und bewahrte alle, die von diesen noch nicht in die Knechtschaft gezwungen worden waren, vor dem Joch der Sklaverei, bereitwillig befreite sie sogar auch noch alle anderen diesseits der Säulen des Herakles. Doch später ereigneten sich gewaltige Erdbeben und Flutkatastrophen, an einem einzigen Tag und in einer Nacht voller d
Schrecken wurden all eure Krieger von der Erde verschlungen, und gleichermaßen verschwand die Insel Atlantis in der Tiefe des Meeres. Daher ist die See dort auch unwegsam und unerforscht, denn schlammige Untiefen halten dort die Schiffe auf, und dies kommt davon, daß dort jene Insel versunken ist.«

Dieser Auszug enthält den Kern der Atlantis-Erzählung, den Bericht von einem Inselreich, das in alter Zeit mit Athen und Ägypten in Konflikt geraten war. Man erfährt, daß dieses Reich eine Hauptinsel, daneben jedoch weitere Inseln sowie Teile eines Kontinents umfaßte. Ihre Eroberungspläne brachten die Atlanter in blutige Konflikte mit den Hellenen, insbesondere den Athenern, und nach verzweifeltem Kampf wurden sie geschlagen. Danach ereignete sich eine verheerende Naturkatastrophe, die gleichzeitig die Streitmacht der Athener vernichtete und die Insel Atlantis im Meer untergehen ließ.

Nach der oben wiedergegebenen Erzählung war Atlantis »größer als Libyen und Asien zusammen«. Es ist dies eine recht vage Größenangabe. Was man mit ihr anzufangen hat, hängt offenkundig von Platos Vorstellungen von der Größe Libyens und Asiens ab – Vorstellungen, von denen wir keine hinreichende Kenntnis besitzen. Doch wahrscheinlich dachte Plato an eine Landmasse, die so groß war wie Nordafrika und Kleinasien zusammengenommen. Überdies weist er die Invasion der Atlanter in eine zwischen 8000 und 9000 Jahren vor Solon liegende Zeit (Solon setzt man gewöhnlich zwischen 640 und 560 v. Chr. an). Später wird der Verfasser nachzuweisen suchen, daß es sich bei den Größenverhältnissen der Insel Atlantis sowie bei dem frühen Zeitansatz des Angriffs der Atlanter gegen Griechenland um nichts anderes als Verzerrungen und Übertreibungen handelt – Verzerrungen und Übertreibungen, mit denen Plato seinerseits eine historische Tradition versah, die ihm bereits in entstellter Form zur Kenntnis gelangt und die richtig zu deuten ihm versagt war. Hier geht es nur darum zu zeigen, was der Verfasser als festen Tatsachenkern der Legende betrachtet: das Vorhandensein eines hochkultivierten Inselreichs, das einst die Unabhängigkeit der Griechen, insbesondere die Unabhängigkeit Athens, bedrohte und schließlich infolge einer Naturkatastrophe unterging. Nach Auffassung des Verfassers handelt es sich hierbei keineswegs um eine Erfindung Platos, sondern um eine echte Überlieferung, die Platos Vorfahren von Solon zu Ohren gekommen war, der ihre Kenntnis seinerseits ägyptischen Priestern verdankte.

Dem Skeptiker sei verziehen, wenn er an dieser Stelle in die unsterblichen Worte des Pooh-Bah (aus Gilberts Operette »Der Mikado«) fällt: »Einzelheiten von allenfalls bekräftigendem Wert, deren Zweck nur darin besteht, einer sonst nichtssagenden und wenig überzeugenden Erzählung künstlich den Anstrich von Wahrscheinlichkeit zu geben.« Jedenfalls hat man sich zwei unbestreitbare Tatsachen vor Augen zu halten:

1. Tatsächlich sind aus Ägypten Zeugnisse erhalten (und zwar sowohl steinerne Inschriften als auch Papyri), die weit in die Bronzezeit zurückgehen und von Ereignissen Kunde geben, von denen die Griechen nichts wußten, ja sich nicht einmal eine Vorstellung machen konnten.
2. Solon war tatsächlich in Ägypten. Überraschenderweise zweifelt Benjamin Jowett dies an, doch ergibt sich aus Solons eigenen Dichtungen ein schlüssiger Beweis für die Richtigkeit dieser Behauptung[10].

Solon in Ägypten

Gewöhnlich weist man Solons Ägyptenbesuch in das Jahr 590 v. Chr. Solon hatte soeben in Athen eine Reihe wirtschaftlicher und politischer Reformen durchgeführt und zog sich nun weise für eine Weile vom Schauplatz seiner Taten zurück, um seine Maßnahmen in seiner Abwesenheit zu voller Wirkung kommen zu lassen. Zu seiner Zeit waren Griechen in Ägypten überaus gern gesehen. Ägyptens damaliger Pharao, Amasis, war für seine griechenfreundliche Politik bekannt. Dem griechischen »Vertragshafen« Naukratis erteilte er bedeutende Konzessionen. Nach Herodot (2,179) war Naukratis damals der einzige griechische Handelshafen in Ägypten. Wohl 630 v. Chr. bestand diese Niederlassung schon, nachdem Milesier als erste hier ihren Stapelplatz gehabt hatten, und reiches archäologisches Material erlaubt den Nachweis, daß Griechen aus allen Teilen der griechischen Welt in Naukratis lebten, als Solon Ägypten besucht haben dürfte[11]. Naukratis war ein erfolgreicher, sich ausbreitender Handelsort am kanopischen Mündungsarm des Nils (heute: Rosette-Arm), etwa 16 km von der Residenz Saïs entfernt, und ganz sicher legte Solons Schiff hier an. Leicht konnte man von hier nach Saïs, der damaligen Hauptstadt Ägyptens gelangen (und tatsächlich reiste Solon nach Platos Angaben [*Timaios* 21 e] dorthin). Es war eine Zeit, in der man in Ägypten ausgedehnte Altertumsforschung betrieb. Man entwickelte lebhaftes Interesse an der Vergangenheit, und daß ein Mann von so weitgespannten Interessen wie Solon mit Leuten in Kontakt zu kommen suchte, die das betrieben, was man damals unter Altertumsforschung verstand, ist nur natürlich. Größere Verständigungsschwierigkeiten dürfte es kaum gegeben haben, da schon einer der früheren Pharaonen aus der Saïtendynastie, Psammetich I., eine Dolmetscherschule gegründet hatte – auch dies ein Schritt, der von der griechenfreundlichen Politik der Saïtenherrscher zeugt. So kann man sich durchaus vorstellen, daß Solon mit ägyptischen Antiquaren und Archivaren – möglicherweise tatsächlich mit Priestern der Göttin Neith, wie es bei Plato heißt (*Timaios* 21 e) – gelehrte Gespräche führte. Ein recht betagter Priester, so erfährt man weiter (Plato, *Timaios* 22 b), habe dabei die denkwürdige Äußerung getan: »Ach Solon, Solon! Ihr Hellenen seid doch nichts als Kinder! Einen Griechen, der alt ist, gibt es nicht!«

Befragt, was das zu bedeuten habe, gab der Priester zurück, er habe das in geistiger Hinsicht gemeint. Verglichen mit den Ägyptern, habe er sagen wollen, seien die Griechen wirklich jung, und zwar komme dies davon, daß es ihnen an alten Überlieferungen und althergebrachtem Wissen fehle. Im Vergleich mit der ägyptischen Kultur fehle es der griechischen an Kontinuität, da es in der Vergangenheit katastrophale Unterbrechungen gegeben habe – mochten Dürre oder Überschwemmungen die Ursache sein. Allgemeiner Kulturrückgang habe zum Verlust der Kulturtechnik des Schreibens geführt, daher gäbe es bei den Griechen keine durchgehenden Aufzeichnungen über ihre Geschichte in vergangenen Jahrtausenden. Zwar hätten sie ihre Mythen, wie etwa die Erzählung von Deukalions Flut oder von Phaetons katastrophal ausgehendem Versuch, den Sonnenwagen zu lenken, doch seien sie außerstande, in diesen Mythen den Nachhall von Ereignissen wahrzunehmen, die sich tatsächlich abgespielt hätten, die Erinnerung an Naturkatastrophen in ihnen zu erkennen, die zu ernsten Rückschritten der griechischen Kultur geführt hätten. Ägyptens regelmäßig stattfindende und kontrollierbare Nilüberschwemmungen dagegen machten Ägypten verhältnismäßig unanfällig gegen derartige Naturereignisse. Daher besäßen die schriftlichen Aufzeichnungen der Ägypter weit größere Kontinuität und gingen viel weiter in die Vergangenheit zurück.

Nach dieser durchaus gerechtfertigten Gegenüberstellung ägyptischer und griechischer Überlieferung ging der bejahrte Priester, den Platos *Timaios* all dies durch Kritias' Mund sprechen läßt, zu der oben (vgl. S. 23ff.) wiedergegebenen Erzählung von Atlantis und Athen über. Solon machte sich Notizen, die er nach Athen mitnahm, um jenen Krieg der Urzeit in einem Epos zu verewigen. Entweder seine politischen Pflichten oder sein fortschreitendes Alter hinderten ihn, seine Absicht auszuführen, doch gab er, was man ihm berichtet hatte, an einen Vorfahren Platos weiter, in dessen Familie die Kunde von einer Generation auf die andere überging (möglicherweise sogar mit einem Manuskript von Solons Hand), bis Plato sich entschloß, sie der Öffentlichkeit anzuvertrauen.

Platos Einstellung zur Atlantis-Sage

Was hielt Plato selbst von dieser Geschichte? Er läßt Kritias sie im *Timaios* (20d) mit der Bemerkung einführen: »Was du jetzt hören wirst, Sokrates, ist wirklich wahr, wenn es auch seltsam klingt. Es stammt von Solon, der ja wohl von allen Sieben Weisen der weiseste war.« Und nachdem Kritias zum Schluß gekommen ist, äußert Sokrates nicht ohne Ironie, welch großen Vorteil es bedeute, es nicht mit einer dichterischen Erfindung, sondern mit einem Bericht zu tun zu haben, der die Wahrheit enthält (*Timaios* 26e). Kommentare wie diese unterscheiden sich auf den ersten Blick recht erheblich von der Umrahmung, die Plato etwa im *Phaidros* (274c bis 275b) der Geschichte von Theuth und Thamus gibt. Hier ist Sokrates der Erzähler, und zwar beginnt er so: »Ich kann euch etwas berichten, was sich die Alten erzählen, doch ob es wahr ist, wissen sie allein.« Und nachdem die Erzählung beendet ist, legt Plato in Phaidros' Mund: »Tatsächlich, mein lieber Sokrates, dir fällt es leicht, Worte zu machen, ob es nun über Ägypten oder über ein anderes Land ist.« Man könnte hieraus schließen, Plato habe damit andeuten wollen, Sokrates' Erzählung beruhe, wenn es auch nicht an einem gewissen echt ägyptischen Kolorit fehle, doch in der Hauptsache auf seiner, Platos, eigenen Erfindung. Viel schwerer fällt Platos Lesern demgegenüber die Entscheidung, wie Plato die Atlantis-Erzählung aufgenommen wissen wollte. Ohne Zweifel enthalten die Bemerkungen über ihren Charakter ein gewisses Maß von Ironie. Doch wie groß ist dieses Maß? Wer die gesamte Erzählung ebenso wie ihre Einkleidung für reine Erfindung Platos erklärt, unterstellt nach Ansicht des Verfassers damit, Plato sei *in puncto* Ironie ebensoweit gegangen wie Lukian von Samosata in seiner satirisch-parodistischen *vera historia*. Man wird einwenden, daß ein Schriftsteller die Erzeugnisse seiner Phantasie für die Wahrheit ausgibt, sei absolut nichts Ungewöhnliches.

In der Tat hätte ein solcher Erklärungsversuch, allgemein betrachtet, durchaus so manches für sich. Allerdings fügt er sich, wie der Verfasser meint, schlecht zu Platos Absicht, den *Timaios* und den unvollendet gebliebenen *Kritias* mit einem weiteren Dialog *(Hermokrates)* zu einer Trilogie zu vereinigen. Dies war ein bedeutendes philosophisches Vorhaben, und es liegt auf der Hand, daß dabei der Atlantis-Erzählung eine wichtige Rolle zugedacht war: keineswegs sollte sie – wie etwa die Theuth-Thamus-Fabel im *Phaidros* – nur eine auflockernde Einlage sein. Man kann nicht übersehen, mit welcher Sorgfalt Plato angibt, auf welchem Wege der Bericht zu ihm gelangte[12]. Der alte Priester der Neith, dem das »Haus der Bücher« offenstand, das, wie in Ägypten üblich, zum Tempel gehörte, vertraute sie Solon an. Dieser gab sie an Dropides weiter, dem sie wiederum Kritias der Ältere verdankte. Kritias der Ältere seinerseits übermittelte sie, als er fast neunzig Jahre alt war, Platos Cousin, Kritias dem Jüngeren (dem Plato sie in seinem *Timaios*-Dialog ebenso wie in seinem *Kritias*-Fragment in den Mund legt). Solon starb um 560 v. Chr. Der jüngere Kritias wurde dagegen um 460 geboren und starb im Jahre 403 v. Chr., als Plato 24 Jahre alt war. Dropides und Kritias der Ältere, der erst hochbetagt starb, schließen die Lücke zwischen beiden. So war mündliche Weitergabe in der Tat nicht unmöglich. Sollte diese umständliche Darlegung der Art und Weise, wie der Atlantis-Bericht zu Platos Ohren gelangte, ebenso reines Produkt der Phantasie sein wie die Erzählung selbst? Oder gab es doch eine Überlieferungskette – dünn zwar und von nicht sehr großer Wahrscheinlichkeit, andererseits jedoch auch nicht unmöglich –, eine Überlieferungskette, durch die eine ägyptische Tradition ihren Weg zu Plato gefunden hatte?

Plato betont auffällig stark, es handle sich um eine mündlich weitergegebene Überlieferung. Kritias, so heißt es, berufe sich auf eine Jugenderinnerung, auf die Erzählung eines alten Mannes, die er in seiner Jugend vernommen habe. Andererseits fehlt es jedoch nicht an einer Erwähnung eines Manuskripts Solons, die zu denken gibt – eines Manuskripts, in dem Solon die wichtigsten Namen festgehalten hatte, die in der Erzählung vorkamen, und zwar habe er ihnen dabei ihre griechische Form zurückgegeben, denn er habe gefunden, daß die Ägypter sie sich in ihren eigenen Aufzeichnungen mundgerecht gemacht und den Gesetzen ihrer eigenen Sprache angeglichen hatten. Ja, Kritias der Jüngere behauptet, das Manuskript sei seinem Großvater übergeben worden und befände sich nunmehr in seinem Besitz[13]. Die üblichen »Familienpapiere«, wird der Skeptiker einwenden. Gab es jemals ein solches Manuskript? Hat Plato es je gesehen?

Es mag witzlos scheinen, derartige Fragen zu stellen, doch zumindest vergißt man darüber nicht, daß nach Platos Darstellung Solon eine Schlüsselrolle bei der Vermittlung der Legende spielt, die

Plato wiedergibt. An diesem Punkt der Erörterung tritt zur Frage der Einstellung Platos zu der von ihm weitergegebenen Atlantis-Erzählung eine weitere Frage hinzu: die Frage, was Plato wohl von Solons Zeugenschaft gehalten haben mag. Solon war, um ein Wort Pindars auf ihn anzuwenden, »ein geradzüngiger Mann«, der sich, so viel man sehen kann, keinerlei Ironie oder absichtliche Irreführung erlaubte. Und bis zu einem solchen Mann hat Plato die Überlieferungsgeschichte seiner Erzählung skizziert. Vielleicht fragte er sich, hier angelangt, selbst, ob Solon, den sein Gesprächspartner ja als »Kind« bezeichnete, nicht am Ende doch nur einem durchtriebenen Aufschneider auf den Leim gegangen war?

Mit Solons ägyptischem Gewährsmann dürfte, nach Ansicht des Verfassers, der Punkt erreicht sein, von dem an Plato vermutlich nicht mehr vorbehaltlos die Bürgschaft für die Wahrheit der auf ihn gekommenen Geschichte übernommen hätte. Poseidonios (ca. 135 bis ca. 50 v. Chr.), einer der bedeutendsten Philosophen und Naturwissenschaftler der hellenistischen Epoche, soll Plato die Äußerung zugeschrieben haben, er halte es für durchaus möglich, daß es sich bei dem Atlantis-Bericht *nicht* um bloße Erfindung handle[14]. Es fehlt an einer unabhängigen Bestätigung dieser angeblichen Bemerkung Platos, und die betreffende Anekdote findet sich nicht etwa in einem der (allerdings nur bruchstückhaft erhaltenen) Werke des Poseidonios, sondern man begegnet ihr in Strabons Auseinandersetzung mit dem Atlantis-Problem. Freilich hat man es sowohl bei Strabon als auch bei Poseidonios mit leidlich zuverlässigen Zeugen zu tun, und es ist durchaus möglich, daß sie Zugang zu biographischem Material über Plato hatten, das uns heute nicht mehr zu Gebote steht.

Ob Plato die betreffende Bemerkung machte oder nicht – zumindest scheint es sich bei ihr um eine durchaus denkbare Quintessenz seiner eigenen Einstellung gegenüber dem von ihm vorgelegten Nachrichtenmaterial zu handeln. Die Atlantis-Erzählung war buchstäblich weit hergeholt. Sie hatte nicht ihren Weg durch die üblichen Kanäle der griechischen Mythologie und Heldensage genommen, und nichts war ersichtlich, was sich hätte zur Bestätigung heranziehen lassen. Doch gab es eine Möglichkeit, offenes Mißtrauen zu äußern, ohne Solons Wahrheitsliebe oder seinen gesunden Menschenverstand in Zweifel zu ziehen? Nach Ansicht des Verfassers beschloß Plato daher, sich in der Frage nach der Wahrheit oder Unwahrheit dieser Überlieferung nicht allzusehr festzulegen, und er berief sich auf die Atlantis-Geschichte nicht, weil er sie für unzweifelhaft wahr hielt, sondern weil er sie als zweckdienlich betrachtete. Damit möchte der Verfasser nicht den Eindruck erwecken, er sei der Überzeugung, Plato habe der Erzählung mißtraut. Vielmehr dürfte nach seiner Auffassung auch Plato – wie so manch anderer nach ihm – empfunden haben, daß sich hinter dieser Tradition eine im Dämmerlicht ferner Vergangenheit liegende historische Wahrheit verbergen könnte. Demnach kristallisierte sich wohl, was Plato über die von ihm der Öffentlichkeit übergebenen Atlantis-Nachrichten dachte, tatsächlich in jenem Plato zugeschriebenen Ausspruch (gleichgültig, ob er authentisch oder nur gut erfunden ist) – in jener Bemerkung, er halte es immerhin für möglich, daß der Atlantis-Bericht *nicht* nur erdacht sei.

Wenn der Verfasser von Platos Gebrauch »der Erzählung« spricht, hat er dabei vor Augen, was Aristoteles als »das Zugrundeliegende«, als stoffliche Substanz dieser Legende bezeichnet hätte: Ein großes, hochkultiviertes Inselreich beansprucht Universalherrschaft, wird jedoch vom Mut der frühen Griechen, insbesondere der Athener, auf die Knie gezwungen und geht schließlich durch eine Naturkatastrophe zugrunde. Dieses magere Gerüst schmückt Plato mit einer großen Anzahl von Details aus, die Beachtung verdienen.

Abriß des ausführlichen Atlantis-Berichts in Platos *Kritias*

Um zahlreiche interessante Einzelheiten beträchtlich erweitert, kehrt die im *Timaios* noch so kurze Atlantis-Erzählung in einem anderen der Alterswerke Platos wieder: in dem Fragment gebliebenen Dialog *Kritias*. Unten im Anhang findet sich der volle Wortlaut der betreffenden Passagen. Im folgenden sei lediglich eine kurze Zusammenfassung der Hauptpunkte gegeben:

Göttlicher Schutzpatron von Atlantis war Poseidon. Die Herr-

Tafel 1 Unter dem Namen Platos (427–347 v. Chr.) sind überliefert: 35 philosophische Schriften in Dialogform, eine Sammlung von 13 Briefen und eine Anzahl Epigramme. *Timaios* und *Kritias* enthalten erstmals den Atlantis-Bericht. Um 385 v. Chr. gründete Plato die Akademie in Athen, die erst 529 n. Chr. von Kaiser Justinian aufgelöst wurde. Die abgebildete Herme gilt als eine der porträtähnlichsten Darstellungen des Philosophen

Tafeln 2, 3 Der dritte Gesang der Odyssee beschreibt den stattlichen Palast Nestors. Der Dichter verlegt ihn in die westliche Peloponnes. Ein Palast, der in vieler Hinsicht der Beschreibung der Odyssee entspricht, wurde 1939 in Pylos von Prof. Carl W. Blegen entdeckt und später (zusammen mit Prof. S. Marinatos) ausgegraben. *Oben:* Das sogenannte »Bad des Telemachos« (vgl. Odyssee **3**, 464–465). Es handelt sich um eine Badewanne in einem der Palasträume. *Unten:* Der große Zentralherd des Thronsaals, dessen Durchmesser mehr als vier Meter beträgt. Noch immer verrät die Farbe seiner Stuckdekoration die Einwirkung der Flammen

Tafeln 4, 5 In der Erzählung von dem Abenteuer, das Theseus bestand, als er im Labyrinth von Knossos den Minotauros tötete, und in der antikretischen Färbung dieser Geschichte findet sich vielleicht ein schwacher Reflex von Spannungen, die im 15. Jahrhundert v. Chr. zwischen Attika und Kreta bestanden. Der Sieg über den Minotauros war die volkstümlichste unter den Theseus zugeschriebenen »Arbeiten«. *Rechts:* Unterseite eines Skarabäus phönikischen Stils, der auf Zypern gefunden wurde (6. Jahrhundert v. Chr.). Theseus tötet den Minotauros, Ariadne schaut zu. *Unten:* Blick in den *tondo* (das »[Innen-]Rund«) einer rotfigurigen Schale *(kylix)*. Umgeben von Darstellungen seiner anderen Taten, schleift Theseus den erschlagenen Minotauros aus dem Labyrinth. Bei der Säule könnte es sich um einen Nachhall der für das minoische Kreta typischen Säulenform handeln

Tafeln 6, 7 Von der vorzüglichen Qualität minoischer Steinmetzarbeit zeugt die Zugangsstraße, die von Westen *(nebenstehend)* zum sogenannten »Theater« im Nordwesten des Palastes von Knossos *(unten)* führt. Man hat diese Straße als »älteste Straße Europas« bezeichnet. Das sogenannte Theater diente wohl hauptsächlich als Platz für kultische Tänze, wobei die im Hintergrund sichtbaren Treppenstufen – ähnlich wie in Phaistos – die Rolle der Tribüne spielten. Vielleicht war diese Tanzfläche gemeint, wenn im griechischen Epos von dem Tanzboden die Rede ist, den der kunstreiche Daidalos im weiten Knossos für Ariadne geschaffen habe. Zur Rechten der Haupttreppenflucht sieht man ein Podium, das vielleicht einst die Funktion einer »Königsloge« besaß. Auch in anderen minoischen Palästen – so namentlich in Phaistos – fand man derartige Theater

Tafel 8 Vom hohen Entwicklungsstand der Gesellschaft des minoischen Kreta zeugt dieser Fund, den man als königliches Spielbrett gedeutet hat. Das Stück ist 1,05 m lang und 58 cm breit. Es besteht aus Elfenbein mit Einlagen von Gold, Silber, Lapislazuli und Bergkristall. Die dazugehörigen Figuren, gleichfalls aus Elfenbein, besaßen eine Höhe von 8 cm

 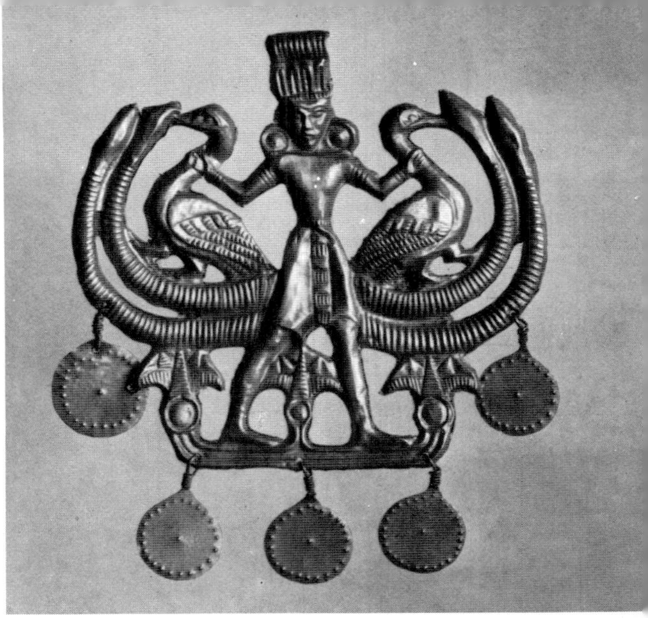

Tafeln 9–11 Handwerkliches Geschick und Naturliebe zeigt diese Sammlung von Schmuck aus verschiedenen Perioden des minoischen Kreta. *Oben links:* Blätter und Blüten aus dünnem, gehämmertem Gold aus Gemeinschaftsgräbern der mittelminoischen Zeit (Fundstätte: Insel Mochlos). Das zum »Schatz von Aigina« gehörende Gehänge *(oben rechts)* stammt wahrscheinlich aus der Gegend von Mallia und wurde im 17. Jahrhundert v. Chr. angefertigt. Ein als »Herrscher der Tiere« dargestellter Mann hält zwei Enten an ihren Hälsen. *Unten:* Südlich von Knossos, in Archanes, fand man im Grab einer Königin oder Prinzessin diese Schmuckstücke. Zusammen mit der Leiche lag der Schmuck in einer mit Giebeldach versehenen Sarglade *(larnax),* in der sich sogar Kleidungsreste der Toten erhalten hatten

Tafel 12 Die abgebildete hölzerne Schrifttafel zeigt, wie man in hieratischer Schrift Personennamen aus Keftiu ins Ägyptische zu übertragen suchte. Sie liefert den Beweis dafür, welches Interesse man auch beim Schreibunterricht in Ägypten dem Land und den Leuten von Keftiu entgegenbrachte

Tafel 13 Die große Siegesstele Thutmosis' III. vom Tempel zu Karnak. Zeile 16 lautet: »Ich bin gekommen, um dich das Land im Westen zerstampfen zu lassen. Keftiu und Isy leben in Furcht vor dir.« Und Zeile 18: »Ich bin gekommen, um dich die zerstampfen zu lassen, die auf den Inseln sind, jene, die inmitten der ›Großen Grünen‹ [See] deinen [Schlacht-]Ruf vernehmen.« So sehr diese Inschrift auf Thutmosis' III. Person zugeschnitten ist – spätere Pharaonen, so Amenophis III., Sethos I. und Ramses III. (vgl. Tafel 90), trugen keinerlei Bedenken, bei großen Teilen dieses Textes »Anleihen« für ihre eigenen Denkmäler zu machen. Am Kopf der Stele erblickt man zwei Kultszenen: Thutmosis opfert Amun, hinter ihm jeweils die Göttin der Totenstadt von Theben. Auf der linken Darstellung hält die Göttin den Bogen, die Pfeile und die Keule des Pharao, der in zwei kleinen Räuchergefäßen Weihrauch darbringt ▷

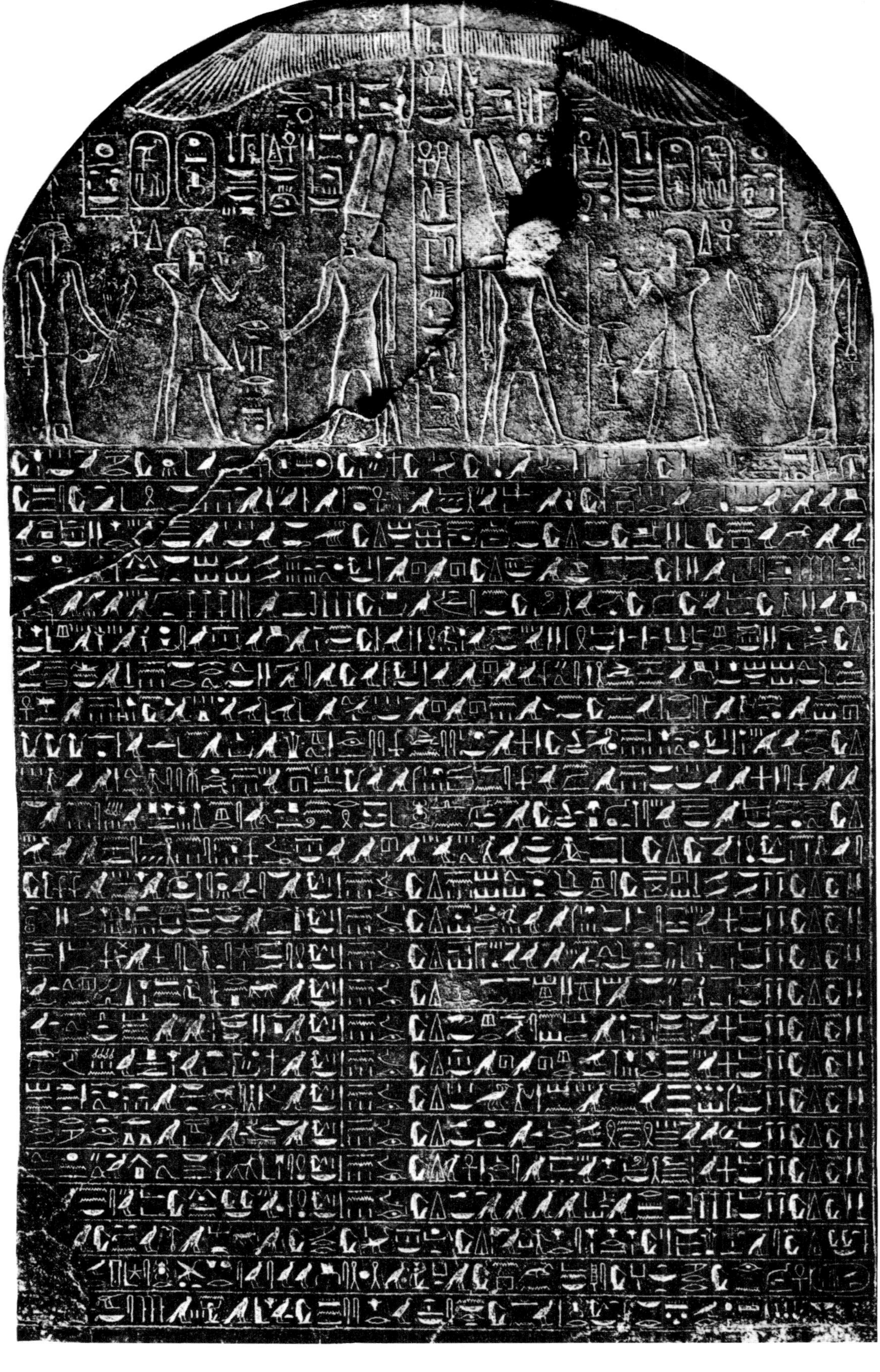

Tafeln 14, 15 Von großer Bedeutung für die kretische Religion waren Pfeiler. Pfeilerkrypten (die man als Architektur gewordene Höhlen bezeichnen könnte) sowie Opferstätten für Sühne- und Reinigungsopfer findet man in jedem Palast. *Oben:* Ringplatte eines goldenen Fingerrings (Vergrößerung). Die Abbildung dieser Platte zeigt eine Figur, die durch die Luft zur Erde herabsteigt. Neben ihr ragt ein mächtiger Pfeiler hoch empor, und zwar erhebt dieser sich vor einer Kultstätte (links im Bild). Die Gestalt zur Rechten trägt einen gefälbelten, ausgestellten Rock (vgl. Tafel 71). Es handelt sich um eine Priesterin oder einfach um eine fromme Beterin – sie nimmt die für die Religion des minoischen Kreta typische Andachtshaltung ein: ihre Hand ist zur Höhe der Augenbrauen erhoben. *Links:* Teil eines massiven Pfeilers in der Pfeilerkrypta von Knossos, die das heilige Symbol der Doppelaxt *(labrys)* trägt, das in den Stein eingehauen ist. Es findet auch als Steinmetzzeichen im ganzen Palast Verwendung und könnte so der Ursprung sein für den Namen Labyrinth: Haus der Doppelaxt

Tafeln 16, 17 Luftaufnahmen der Insel Thera. *Oben:* Die gesamte Thera-Inselgruppe von Westen. Links vor Thera die kleinere Insel Therasia. Inmitten der breiten Einfahrt des Vulkan-Einsturzkessels (der *caldera*) das winzige Inselfragment Aspronisi. In der *caldera*-Bucht erheben sich zwei jüngere Vulkankegel: die kleinere Insel Paläa Kameni (etwa: »Alt-Feuerland«) sowie die größere Nea Kameni (etwa: »Neu-Feuerland«). Nea Kameni ist heute das Zentrum der Aktivität des Thera-Vulkans (vgl. Tafeln 30, 31). *Unten:* Steil fallen unterhalb der Inselhauptstadt Phira die Wände der *caldera* hinab ins Meer

Tafel 18 Der Verlauf der *caldera*-Bruchstufe von Kap Skaros, das von einer alten venezianischen Festung gekrö

Tafel 19 Einst war die Oberfläche der unteren Bimssteinschicht (vgl. Abb. 7) der Erosion ausgesetzt, die einen etwa fünf Meter breiten, V-förmigen Einschnitt schuf. Nachfolgender Bimssteinfall, dem die Schichten »bunter Bänder« ihr Entstehen verdanken (vgl. Tafel IV), füllte die Vertiefung jedoch wieder aus

Tafel 20 Die dunklen Öffnungen lassen erkennen, wie man bei Phira vulkanische Asche *(tephra)* gewinnt: ▷ Stollen werden tief in das weiche Material getrieben, und von dort legt man Quergänge an. So unterminiert man die Aschenmassen, die schließlich einstürzen. Das gewonnene Material wird per Schiff nach Athen verfrachtet

rd, über Merovigli bis Phira

Tafeln 21, 22 Als *rhyta* (Einzahl: *rhyton*) bezeichnet man Trankopfer- oder Trinkgefäße unterschiedlichen Aussehens, die – unabhängig von ihrer jeweiligen Gestalt (es gibt sie beispielsweise auch in Tierkopfform) – nach dem Prinzip eines Trichters (mit weiter Einfüll- und wesentlich kleinerer Austrittsöffnung für die Flüssigkeit) funktionieren. Die außerordentlich elegant geformten *rhyta* aus Kato Zakro *(neben)* und Pseira *(unten)* gehören der Unterstufe I B der spätminoischen Periode an und stammen mithin aus der Zeit um 1500–1470 v. Chr. Ihr Dekor zeugt von der Einheitlichkeit und Pracht des sogenannten »Meeresstils« der Keramik jener Epoche. Unter den Schmuckmotiven bemerkt man Seesterne, Purpurschnecken, Seetang und Delphine. Den gleichen Rhytontyp erkennt man auch auf ägyptischen Darstellungen der dem Pharao von den Keftiu-Leuten gebrachten Tribute (vgl. Tafeln XIV, 96)

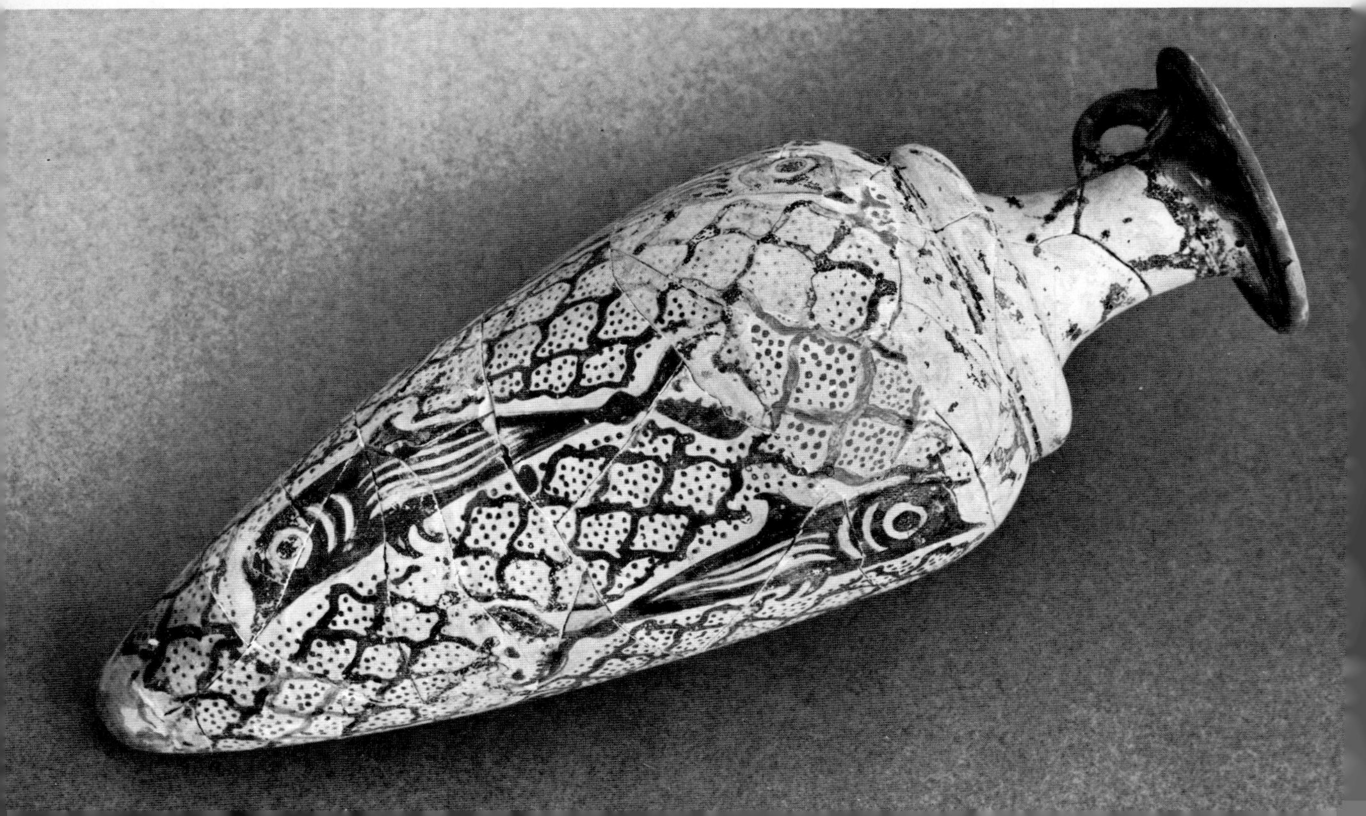

Tafel 23 Die Gestaltung der kugelförmigen Oberfläche dieser kleinen »Feldflasche« aus Palaikastro mit den Tentakeln eines Kraken verrät die leichte Hand eines Meisters der spätminoischen Periode. Diese Art künstlerischer Komposition steht in scharfem Gegensatz zu den verhärteten, erstarrten Formen späterer, mykenisch beeinflußter »Palaststil«-Keramik (vgl. Tafeln 63–65). Zwar bilden weiterhin Tintenfische das bevorzugte Motiv, doch stilisierte man sie bis zur Unkenntlichkeit

Tafeln 24–26 Ein auf den Vasen des »Meeresstils« häufig anzutreffendes Motiv ist der Nautilus (das »Perl-« oder »Schiffsboot«; ein Kopffüßler mit Kalkgehäuse). Das Spendegefäß (Trankopfergefäß) *oben rechts* stammt aus Phaistos, das Fragment eines Alabastron (eines beutelförmigen Salbengefäßes, *links*) dagegen von Keos. In der Folgezeit wanderte das Motiv zum griechischen Festland, wo man es beispielsweise als Einlegearbeit auf der Klinge eines Dolches von Pylos findet. Als schönstes der erhalten gebliebenen Stücke minoischer Keramik gilt die *links oben* abgebildete »Kanne von Marseille«, die angeblich in Ägypten gefunden wurde. Trifft dies zu, hat man es mit einem auserlesenen Stück Exportware vom Anfang des 15. Jahrhunderts v. Chr. zu tun. Es zeigt das gleiche Nautilusmotiv wie die Gefäße der spätminoischen I B-Stufe, die auf den Tafeln 25 und 26 abgebildet sind

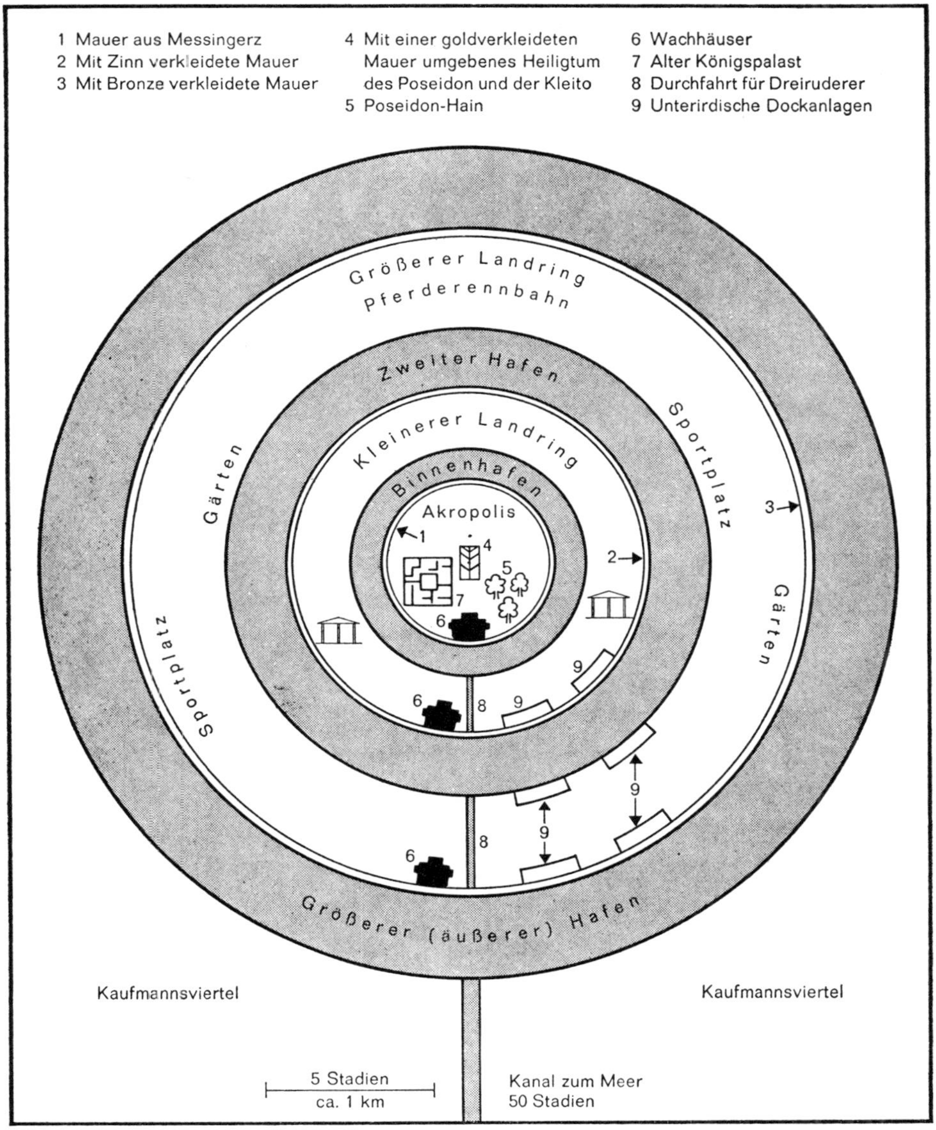

Abb. 2 Die Hauptstadt von Atlantis nach Platos *Kritias*.

scherfamilie der Insel ging auf fünf Paare männlicher Zwillinge zurück, die der Verbindung Poseidons mit einem sterblichen Mädchen namens Kleito entsprossen waren. Der älteste Zwilling hieß Atlas, von ihm hatte die gesamte Insel ihren Namen, desgleichen der die Insel umgebende Ozean. Atlantis war unter die zehn Söhne Poseidons aufgeteilt. In Erbfolge herrschten ihre Nachkommen viele Generationen hindurch, ihr Herrschaftsgebiet erstreckte sich über zahlreiche Inseln sowie über Teile der Mittelmeer-Küstenländer bis nach Ägypten und Italien. Teils durch die natürlichen Hilfsquellen ihrer Insel, teils durch Außenhandel wurden sie sehr wohlhabend. Atlantis besaß einen großen Reichtum an Mineralien, Metallen und Holz, überdies eine reiche, vielfältige Tier- und Pflanzenwelt. Sogar an Elefanten fehlte es nicht.

Poseidon hatte den Urhügel, auf dem seine sterbliche Gemahlin Kleito wohnte, mit zwei konzentrischen Land- und drei Wasserringen umgeben. Als dieser Hügel zur Hauptstadt des Atlantischen Reichs geworden war, errichteten die Atlanter dort einen Königspalast, der nach und nach von Atlantis' Herrschern ausgeschmückt und erweitert wurde, bis er an Größe und Schönheit zu einer wahren Augenweide, ja einem Wunderwerk geworden war. Straßen und Brücken verbanden die Zitadelle mit den sie umgebenden Landringen und desgleichen mit dem Rest der Insel.

Abb. 2

Inmitten der inneren Zitadelle befand sich ein Poseidon und Kleito geweihter Tempel, der von Silber, Gold, Elfenbein und *orichalcum** glänzte. Dort befand sich eine Kolossalstatue des Gottes, der ein Gespann von sechs geflügelten Pferden lenkte und von hundert Nereiden auf Delphinen umgeben war. Reichlich war der Palast mit Einrichtungen für kalte und warme Bäder versehen, und auf einem der Landringe befand sich eine Pferderennbahn. Einige Mauerzüge umgaben die Hauptstadt, ihre Häfen waren stets überfüllt mit Schiffen.

Hinter der Stadt erstreckte sich eine Ebene von 2000 mal 3000 Stadien[15]. Sie war in 60 000 Lose unterteilt, deren jedes zehn Stadien im Geviert maß. Ein kunstvolles System großer Bewässerungskanäle und -gräben umgab und durchzog diese Ebene; nach Süden zu war sie offen, nach Norden hin durch ein hohes, reizvolles Bergland ge-

* Eine Art Messing, entweder aus kupferhaltigem Galmei (Zinkerz) oder aus einer künstlichen Kupfer-Zink-Legierung. Das Wort bedeutet an sich »Bergerz«, »Bergkupfer«, »Bergmessing« (griech. ὀρείχαλκος *[oreíchalkos]* von ὄρος [*óros* = »Berg«] und χαλκός [*chalkós* = »Erz«, »Kupfer«, »Messing« usw.]). Neben dem vom griechischen *»oreíchalkos«* abgeleiteten Wort *orichalcum* gab es im Latein auch noch die paronomastische Bildung *aurichalcum* (mit Anklang an lat. *aurum* = »Gold« [also etwa »Golderz«, »Goldkupfer«, »Goldmessing«; dies wohl wegen des goldähnlichen Glanzes, den Messing besitzt]). *Anm. d. Übers.*

schützt – ein Bergland reich an Bächen, Seen, Wiesen und Wäldern. Steil und abschüssig waren im allgemeinen die Küsten der Inseln. Die Gesetze des Landes befanden sich auf einer Bronzestele im Poseidonheiligtum, wo sich die Könige der Atlanter abwechselnd nach fünf oder sechs Jahren zur allgemeinen Beratung und zum Gericht zusammenfanden. Bevor sie dem Recht zur Geltung verhalfen, hatten sie Stiere zu jagen, die frei im Tempelbezirk weideten. Es galt, einen von ihnen einzufangen, um ihn Poseidon als Opfer darzubringen. Bei dieser Jagd durften keinerlei Waffen außer Stäben und Schlingen benutzt werden. Wenn der eingefangene Stier geopfert wurde, hatte sein Blut über die heiligen Inschriften auf der Stele zu rinnen. Nach dem Opfer wurden Trankspenden ausgegossen. Man trank und speiste, und schließlich hielten die Könige, in azurblaue Roben gekleidet, nachts Gericht. Bei Einbruch der Morgendämmerung verzeichneten sie die gefällten Urteile auf einer goldenen Tafel, die sie zusammen mit ihren Richtermänteln »zum Gedächtnis weihten«.

Im Lauf der Zeit jedoch wichen die Könige vom Pfad ihrer strengen Rechtsnormen ab, wurden gierig und herrschsüchtig. Um sie zu züchtigen, berief Zeus einen Götterrat ein und sprach, wie folgt . . .

Hier – mitten im Satz – bricht Platos *Kritias* leider unvermittelt ab. Warum Plato den Dialog unvollendet ließ, ist nicht bekannt. Plutarch meint, der Tod habe ihn gehindert, das erst spät begonnene Werk zu vollenden[16].

Damit sind vor dem Leser die Hauptzüge der Atlantis-Legende ausgebreitet, wie Plato sie wiedergibt. Das nächste Kapitel wird sich einigen gängigen Deutungsversuchen dieser Sage zuwenden, insbesondere jenem, der einen Zusammenhang zwischen der Atlantis-Überlieferung und dem minoischen Kreta sieht.

II Atlantis und das minoische Kreta

Atlantis im Atlantik?

Die Suche nach dem verlorenen Atlantis hat einer ungemein umfangreichen Literatur zum Dasein verholfen. Im Jahre 1841 noch durchmusterte T. H. Martin mehr als ein Dutzend von Publikationen, die sich zu dieser Frage äußerten[17]. Inzwischen hat sich zumindest die Zahl der Stellungnahmen zum Atlantis-Problem ungemein vergrößert. Insgesamt werden mehr als zweitausend Werke angegeben, die sich mit dem verlorenen Kontinent befassen. In der Tat scheint Atlantis einen Freibrief für jede Art Willkür im Umgang mit der Ur- und Frühgeschichte zu bedeuten. Man suchte ebenso auf dem Grund des Atlantischen Ozeans nach Beweisen für die verlorene Kultur wie in der Kunst der Inkas. Anhänger des Okkultismus glaubten, sich durch Geisterstimmen aus Altägypten detaillierte Hinweise auf den Ort verschaffen zu können, wo Atlantis zu suchen sei; Berlioux meinte, er habe Atlantis in Marokko gefunden; Frobenius sprach sich dagegen für Nigeria aus; Spanuth schließlich behauptete, Mauerreste der Atlantis-Zitadelle auf einem unterseeischen Riff in der Nähe von Helgoland gesehen zu haben; Platos Beschreibung des mit aller Sorgfalt angelegten künstlichen Hafens der atlantischen Hauptstadt hat zur Gleichsetzung mit dem Tartessos der Antike geführt, das freilich selbst noch nicht genau festlegbar ist – und so weiter und so fort[18].

Unmöglich ist es, in vorliegender Darstellung die gesamte Breite all dessen zu durchmessen, was man zur Stütze der unterschiedlichen Atlantis-Hypothesen herangezogen hat. Der Verfasser erblickt seine Aufgabe lediglich darin, *Platos* Darstellung im Licht neuer archäologischer Entdeckungen zu betrachten. Allerdings verlegt Plato Atlantis tatsächlich in den Atlantischen Ozean westlich von Gibraltar. Dies ist der Grund, weshalb der Verfasser sich verpflichtet fühlt, es nicht an einer kurzen Stellungnahme zu neueren Versuchen fehlen zu lassen, das Atlantis-Problem durch »atlantischen Ansatz« der verschollenen Insel zu lösen.

Ein Buch vornehmlich hatte starken Einfluß auf die Vorstellungen, die man sich – dies gilt ganz besonders für die USA – in neuerer Zeit von der Lage Atlantis' machte. Es stammt aus der Feder von Ignatius Donnelly und trägt den Titel: *Atlantis – The Antediluvian World.* Im Jahre 1882 erschien es erstmals in New York, bis 1889 erlebte es nicht weniger als 18 Auflagen, 1895 wurde es ins Deutsche übersetzt (Spanuth gibt eine deutsche Fassung aus dem Jahr 1911 an), und noch 1949 hielt man es einer Neuausgabe für wert. Donnelly war nicht unbegabt, er war Idealist, Schriftsteller, Kongreßmitglied und ein beharrlicher Forscher. Nicht nur der Vorgeschichte galt sein Fleiß, sondern auch auf dem Gebiet der Shakespeare-Forschung entwickelte er Rührigkeit. Sein »Atlantis« war ein ehrgeiziger Versuch, alles zusammenzutragen, was nur als Hinweis auf »jene bedeutende, urtümliche, großäugige versunkene Rasse« in Betracht kommen konnte. Er begann mit einem geschickten Wurf, indem er dreizehn Behauptungen aufstellte, deren Wahrheitsbeweis »viele der Probleme lösen würde, die jetzt noch die Menschheit verwirren«. Sein geographischer Grundgedanke war von Plato entlehnt: die Existenz einer Restinsel, des Überrests eines atlantischen Kontinents, gegenüber der Verbindung zwischen Mittelmeer und Atlantik. Diese von Donnelly angenommene Insel war angeblich die Wiege der Kultur, die Urheimat der Sonnenreligion, die Quelle der Bronze- und Eisentechnik, der Herkunftsort des phönikischen Alphabets. Überdies sei sie ursprünglicher Wohnsitz der Arier, der Semiten und »möglicherweise auch der turanischen Rassen« gewesen. Als Atlantis' erste »Kolonie« habe man vielleicht Ägypten zu betrachten, doch Leute von Atlantis bevölkerten auch die Küsten des Golfs von Mexiko, die pazifische Küste Südamerikas sowie die Anrainerländer der Ostsee, des Schwarzen Meers und der Kaspisee. Mehr noch: Atlantis war »die wahre antediluvianische Welt, der Garten Eden, der Hain der Hesperiden, die elysischen Gefilde, das Land des Alkinoos; hier befanden sich Nabel der Welt, Olymp und Asgard der Überlieferungen antiker Völker«.

Nachdem Donnelly sich auf ein dermaßen umfangreiches Programm eingelassen hatte, konnte es gar nicht ausbleiben, daß er wenigstens ein positives Ergebnis erzielte. Tatsächlich verdanken wir ihm als erstem den wertvollen Hinweis, daß in der Phaiaken-Erzählung der Odyssee ein Nachhall von Atlantis zu spüren sein müsse. Doch im übrigen bleibt Donnellys »Atlantis« in der Sphäre jener »unbedingten Grundbedingungen« Platos, von denen sich schlechthin alles andere ableiten läßt. Dabei prüft Donnelly seine Arbeitshypothesen keineswegs mit jener Strenge, die Plato gewünscht hätte. Nachdem er einmal Platos Atlantis-Bericht, Buchstaben für Buchstaben, als bare Münze genommen hat, läßt er auf das ungeheure Arbeitsfeld, das zu bestellen er unternimmt, ganze Schauer von Tatsachen herabregnen, die an und für sich nicht zu leugnen sind, miteinander jedoch wenig oder gar nichts zu tun haben.

Selbst fast unkritisch, sucht Donnelly seine Leser in einen Rausch blinder Gläubigkeit zu versetzen. Einst gab es eine Landverbindung zwischen Europa und Amerika – also gab es auch Atlantis. Primitive Völker haben ebenso wie Kulturnationen überall auf der Welt ihre Sintflutsagen – also gab es Atlantis. Mexiko und Peru besaßen Kulturen wie nur irgendein Land der Alten Welt – also gab es Atlantis. Hat man all dies geschluckt, fragt man wohl kaum noch, was man von Behauptungen wie etwa der folgenden zu halten hat: »Das biblische Buch der *Genesis* (1. Mose) enthält eine Darstellung der Geschichte von Atlantis.« Oder ein anderes Beispiel: »Homers Karier sind nichts anderes als die Kariben Westindiens.«

Donnellys Buch quillt vor Material förmlich über. Auf um so schwächeren Füßen stehen dagegen seine Argumente. Als sie erschien, war Donnellys Darstellung eine nicht uninteressante Kompilation, eine Materialzusammenstellung, der man allerdings schon damals den Vorwurf der Kritiklosigkeit nicht versagen konnte. Heute muß sie als ganz und gar unbefriedigend angesehen werden. Nicht nur, daß die Schilderung des Ursprungs und der Verbreitung der höheren Kulturen sich vollkommen im Widerspruch zu dem Bild befinden, das gesicherte Ergebnisse archäologischer Grabungen heute vom Mittleren Osten zu entwerfen gestatten; Donnellys Zeit- und Ortsansatz von Atlantis ist mit allem unvereinbar, was wir heute über die Mittlere und Jüngere Steinzeit sowie über das Auftauchen der großen Kulturen in den Flußtälern des Nil, Tigris und Euphrat und endlich des Indus wissen. Es bedeutet, auf geradezu tölpelhafte Leichtgläubigkeit zu spekulieren, wenn man sich unterfängt, noch eine neue, überarbeitete Ausgabe (mit marktschreierischer Reklame für Hörbigers Theorie angereichert, der Mond sei »ein von der Erde eingefangener Planet«) dem Leserpublikum als glaubhafte, zuverlässige Darstellung der Entwicklung menschlicher Kultur und Zivilisation anzubieten.

Donnellys bekanntester Schüler dürfte Lewis Spence sein, der in den zwanziger Jahren unseres Jahrhunderts drei Bücher über Atlantis veröffentlichte[19]. Dabei versuchte er, Donnellys Ansichten in doppelter Hinsicht auf feste naturwissenschaftliche Grundlagen zu stellen. So zimmerte er sich zunächst eine Art geologischen Fundaments für die Behauptung zurecht, im späten Tertiär habe eine gewaltige Landmasse den größten Teil des heutigen Nordatlantiks eingenommen. Dieser atlantische Kontinent sei zunächst in zwei Teilkontinente zerbrochen, und zwar in die Inseln Atlantis (nicht weit im Westen von Spanien) und Antillia (etwa dort, wo sich heute die Inselwelt Westindiens befindet). Zusammen mit zugehörigen kleineren Inseln hätten diese beiden Teilkontinente bis zum späten Pleistozän bestanden.

Ungefähr um 10 000 v. Chr. sei schließlich Atlantis untergegangen, von Antillia dagegen hätten sich noch Reste erhalten, und zwar handle es sich dabei um die westindische Inselgruppe. Von diesem Zeitansatz (Atlantis' Untergang um 10 000 v. Chr.) ausgehend, sucht Spence seine beiden Inselkontinente mit den Menschen des Cro-Magnon-Typs und jungpaläolithischen (oberpaläolithischen) Kulturen Europas (Kulturen der jüngeren Altsteinzeit) wie dem Magdalénien und dem (bereits zum Epipaläolithikum beziehungsweise Mesolithikum [der Mittleren Steinzeit] zählenden) Azilien in Verbindung zu bringen. Namentlich das Magdalénien ist durch seine zahlreichen Höhlenmalereien (Felsbilder) auch dem Nichtfachmann bestens bekannt, und Spence vertrat die Überzeugung, die genannten Kulturstufen hätten einen wichtigen Beitrag zur Kulturentwicklung im Mittelmeerraum, insbesondere in Ägypten, geleistet. Desgleichen nimmt er an, das, was er den »Atlantis-Kulturkreis« nennt, habe auch nach der Neuen Welt ausgestrahlt, und zwar auf dem Wege über die Antillen. Es sei die Mayakultur, deren Entfaltung von diesem Einfluß Zeugnis ablege.

Spences Ansichten verraten mehr Mäßigung als die Donnellys und nehmen sich daher glaubhafter aus. Es läßt sich nicht leugnen, daß, nur am Äquator von der 7730 m tiefen Romanche-Rinne durchbrochen, ein gewaltiges unterseeisches Riff, der sogenannte Mittelatlantische Rücken, den gesamten Atlantik von der Jan-Mayen-Schwelle im Nordpolarmeer bis über den 50. Grad südlicher Breite hinaus durchzieht (wo der Mittelatlantische Rücken nach Osten umbiegt und zum Atlantisch-Indischen Rücken wird). Über diesem mächtigen Unterwassergebirge beträgt die durchschnittliche Wassertiefe nur 1500 m – im Gegensatz zu den Becken, die der Meeresboden im Osten und Westen der Erhebung bildet: Becken, in denen der Grund des Ozeans sich zu einer Durchschnittstiefe von 4500 m hinabsenkt[20]. An einigen Stellen treten die Gipfel der sonst unter den Fluten verborgenen Bergkette sogar über die Wasserfläche und bilden Inseln, die samt und sonders vulkanischen Charakters sind und deren höchste Punkte die Wasser des Atlantik um ein beträchtliches überragen. Vier dieser Inseln (darunter eine so große wie Island) erheben sich mehr als 2000 m über den Meeresspiegel, eines dieser vulkanischen Bergeshäupter (der Pico Alto, der höchste Punkt der Azoren) erreicht sogar 2345 m. Im einzelnen handelt es sich um folgende Inseln (höchste Erhebungen in Klammern): Jan Mayen (2277 m), Island (2119 m), die Azoren (2345 m), Ascension (850 m), Sankt Helena (818 m). Tristan da Cunha (2060 m), die Gough-Insel (889 m) und Bouvet (939 m). Heutige Naturwissenschaftler allerdings weigern sich in der Regel, dieses gewaltige Riff als den Überrest eines *versunkenen* Kontinents zu betrachten (vgl. S. 61). Im Gegenteil sind sich heute Geologen und Ozeanographen darin einig, daß die mächtige Unterseebergkette des Mittelatlantischen Rückens sich mitsamt ihren den Atlantikspiegel überragenden Inselgipfeln aus der Tiefe des Meeres *erhoben* hat, und zwar (man denke an den vulkanischen Charakter der genannten Inseln) wohl infolge vulkanischer Aktivität. Keine Frage, daß damit Spences Auffassung steht und fällt. Bleibt es dabei, daß die Naturwissenschaft die Vorstellung von einem untergegangenen atlantischen Kontinent zurückweisen muß, so ist Spences Ansicht in einem entscheidenden Punkt der Boden entzogen. Im übrigen aber liegt keinerlei hinreichend zwingender Anlaß vor, das ehemalige Vorhandensein einer Landbrücke im Gebiet des heutigen Atlantik zu postulieren. Um beispielsweise Ähnlichkeiten zwischen der ägyptischen Kultur und der der Mayas zu erklären, bedarf es einer solchen Hypothese nicht. Vielmehr hat man sich in diesem Zusammenhang vor Augen zu halten, daß kaum Zweifel an der Besiedlung Amerikas durch die Beringstraße (oder über eine einstige dortige Landverbindung) bestehen, und schließlich darf man die Möglichkeit nicht ausschließen, daß kulturelle Entwicklung unabhängig an verschiedenen Orten den gleichen Weg nimmt.

Um indessen zu Plato zurückzukehren: gleichgültig, was sich an kritischen Einwänden gegen Donnelly und seine Anhänger vorbringen läßt – Atlantisgläubige, dessen ist der Verfasser sicher, werden auch weiterhin nicht davon ablassen, Atlantis im Atlantischen Ozean zu suchen. Dorthin hat Plato es verwiesen, und dort scheint es seinem Namen nach auch hinzugehören. Doch der Name *Atlantis* kann durchaus irreführen. Auf *keinen* Fall ist er auf »Atlantik« zurückzuführen. Vielmehr handelt es sich, sprachgeschichtlich betrachtet, bei beiden Namen um zwei gleichrangige Ableitungen vom Namen jenes Riesen Atlas, der nach dem Mythos das Himmelsgewölbe auf seinen Schultern trug. Man hat es mit nichts anderem als adjektivischen Bildungen zu tun, die beide Zugehörigkeit zu Atlas zum Ausdruck bringen. Betrachtete man der Anschaulichkeit wegen Atlas als den »Vater« beider, dürfte man sich allerdings nicht zu chronologischen Mißverständnissen verleiten lassen (obwohl dann beide einer und derselben »Tochtergeneration« zuzuordnen wären), denn die Form »Atlantis« wäre, sprachhistorisch gesehen, eine recht alte und exklusive »Schwester« neben einem viel jüngeren, weitaus weniger exklusiven »Bruder«: dem Unterschied der Wortbildung nach repräsentieren »Atlantis« und »Atlantik« verschiedene Schichten der Entwicklung des Griechischen (wobei es unerheblich ist, daß beide – auch im Griechischen – außerdem unterschiedlichen grammatischen Geschlechts sind). Überdies bleibt es nicht beim formalen Unterschied, sondern es gesellt sich eine Bedeutungsnuance hinzu: Bei »Atlantis« hat man es mit einem sogenannten *patronymikón* zu tun, einem Wort, das im vorliegenden Fall buchstäblich ein Vater-Tochter-Verhältnis bezeichnet. Das dem deutschen Namen »Atlantik« zugrunde liegende griechische *atlantikós* dagegen gehört zu einer Klasse von Adjektiven, die neben Angehörigkeit Tauglichkeit und Eignung zum Ausdruck bringen. »Atlantis« wäre somit »Atlas' Tochter«, der *atlantikós* (zu ergänzen *pélagos* [»Meer«] oder *ōkeanós* [»Ozean«]) jedoch der »Ozean (beziehungsweise das Meer) des Atlas«. Gleichviel: Atlas ist und bleibt der Bezugspunkt, auf den es ankommt. Bleibt man dabei, vom Namen der Insel Atlantis Rückschlüsse auf deren geographische Lage zu ziehen, wird man sich demnach vor Augen zu halten haben, wo nach den Vorstellungen mythischen Denkens Atlas zu suchen war, und es kann sehr wohl sein, daß man ihn dabei tief im Innern des Mittelmeerraums findet, bevor die Zunahme geographischen Wissens die Griechen veranlaßte, seinen Standort immer weiter nach Westen zu verlegen, bis man ihm schließlich einen Platz im hohen »Atlas«-Gebirge Marokkos zuwies[21]. Überdies hat man die Möglichkeit in Betracht zu ziehen, daß der Name Atlantis Solons Erfindung ist (vgl. S. 81 f.).

Zumindest für einen Teil dessen, was wir heute als Nordatlantik bezeichnen, war bereits eine Generation vor Plato die Bezeichnung »Atlantisches Meer« im Gebrauch. Sie findet sich erstmals bei Herodot (1, 202; wo vom »sogenannten Atlantischen [Meer]« die Rede ist) und scheint sich unabhängig von der Atlantis-Sage eingebürgert zu haben. Herodot wußte, daß es möglich war, Afrika (oder, wie er sagt, »Libyen«) vom Roten Meer aus zu umschiffen und durch die »Säulen des Herakles« (die Straße von Gibraltar) ins Mittelmeer zurückzukommen (vgl. Herodot 4, 42 f.). Er dürfte daher das »sogenannte Atlantische Meer« als ein recht ausgedehntes Gewässer betrachtet haben. Außerdem berichtet er (4, 184 f.) von einem Stamm, den er als »Atlanter« bezeichnet und dessen Wohnsitz eine weit westlich von Ägypten gelegene Wüstenoase sei[22]. Der Name dieses Volkes sei von einem benachbarten Berg abgeleitet, der seinerseits Atlas heiße und von den betreffenden Oasenbewohnern als »Himmelssäule« betrachtet werde. Wie es sich für eine derartige Säule gehört, war dieser Berg »steil, kreisförmig und dabei so hoch, daß man seinen stets wolkenverhangenen Gipfel niemals zu sehen bekommt« (Herodot 4, 184). Kommentatoren Herodots haben darauf hingewiesen, daß bei allen Übertreibungen und Entstellungen die Gewährsleute, denen Herodot diese Nachricht verdankt, doch offenkundig die »kreisförmige« Gestalt des Atlas ganz richtig erfaßt hätten, der tatsächlich ein allerdings eher langgezogenes, elliptisches Gebilde darstellt, das im Norden mit der Kette des Tell-Atlas und im Süden mit dem Zug des Sahara-Atlas das Hochland der Schotts umgibt. Herodots gesamte Darstellung Nordafrikas macht klar, daß die Griechen des 5. Jahrhunderts v. Chr. im Begriff waren, sich ein recht zutreffendes Bild des Verlaufs der afrikanischen Mittelmeer-Küstenlinie von Ägypten bis hin nach Marokko zu verschaffen.

Als Plato diejenigen seiner Alterswerke abfaßte, welche die Atlantis-Erzählung enthalten, waren wohl mehr als 60 Jahre seit dem Tod Herodots vergangen. Plato dürfte all die von Herodot übermittelten Namen und Angaben gekannt haben, und es ist nicht ausgeschlossen, daß ihre Kenntnis bis zu einem gewissen Grade seinen Ansatz der Insel Atlantis beeinflußte. Sein Hauptgrund, Atlantis in das Seegebiet außerhalb der Straße von Gibraltar zu verlegen, dürfte jedoch, wie der Verfasser meint, apriorischer Natur gewesen sein, dürfte – mit anderen Worten – auf allgemeinen Erwägungen des Charakters und der Funktion beruht haben, welche der Atlantis-Erzählung im Gesamtrahmen seiner Darstellung zugedacht war. Mit anderen Gelehrten teilt der Verfasser die Überzeugung, daß Plato unter dem Einfluß einer gedachten Parallele zwischen der persischen Invasion Griechenlands aus dem Osten und einem vor- beziehungsweise frühgeschichtlichen Angriff Griechenlands durch Atlantis stand, der von Westen her erfolgt sein sollte. Zugunsten der Symmetrie mußte Persiens ungeheure Landmacht durch ein nicht minder ungeheures Seereich aufgewogen werden. Die Inseln des Mittelmeerbeckens aber dürfte Plato – teils von seinen »Wanderjahren« her sogar aus eigenem Augenschein – hinreichend gekannt haben, um zu wissen, daß er von keiner von ihnen eine Invasion der als Gegengewicht für Persien erforderlichen Größenordnung ausgehen lassen konnte. So mußte Atlantis, die Hauptinsel des Seereichs, an das er dachte, dermaßen groß werden, daß diesseits der Säulen des Herakles (also im Becken des Mittelmeers) für sie kein Platz mehr war: Plato mußte sie hinausverlegen – hinaus in den grenzenlosen Ozean, der bereits Atlas' Namen trug.

Kürzlich hat P. B. S. Andrews[23] die geistvolle Vermutung ausgesprochen, Plato habe eine schriftliche Notiz Solons über die geographische Lage von Atlantis als Größenangabe mißverstanden und das betreffende Mißverständnis in seiner Darstellung weitergegeben. Anstelle von »*mitten zwischen* Libyen und [Klein-] Asien«, wie es bei Solon geheißen, habe er »*größer als* Libyen und [Klein-] Asien« gelesen und dann seinerseits geschrieben. Tatsächlich ist im Schriftbild der Unterschied zwischen μείζων (*meízōn* [= »größer«]) und dem Umstandswort μέσον (*méson* [= »inmitten«]) nicht allzu groß. Er wird sogar noch geringer, wenn man sich anstelle des attischen μείζων *(meízōn)* der entsprechenden ionischen Form μέζων *(mézōn)* bedient. Doch so scharfsinnig Andrews' Vermutung ist, daß hier eine Verwechslung vorliegen könnte – nach Ansicht des Verfassers kann man ohne sie auskommen. Platos geographische Vorstellungen ließen wohl innerhalb des Mittelmeers keinerlei Raum für eine Insel von der Größe, wie er sie für seine Atlantis-Erzählung benötigte. In seinem Dialog *Phaidon* (109 a–b) gibt es eine Stelle, wo er das Mittelmeer als einen »Teich« bezeichnet und die »wahre Erde« viel größer nennt als alle seinen Zeitgenossen bekannten Länder, und im *Timaios* (25 a) spricht er vom Mittelmeer als einem »Hafen mit enger Einfahrt« im Gegensatz zum »wahren Ozean« außerhalb und dem diesen umgebenden »wahren Kontinent«[24]. Eine besondere Art von Perspektive, eine Perspektive mit umgekehrtem Vorzeichen, die einen Gegenstand desto größer erscheinen läßt, je weiter er vom Betrachter entfernt ist, kennzeichnet Platos Blick nach Westen, und Atlantis mochte ihm selbst um so größer erscheinen, je weiter er es nach Westen verlegte, bis es schließlich zur »wahren« Insel im »wahren« Ozean wurde.

Bis zu einem gewissen Grade war Atlantis somit wohl ein von
Abb. 1 Plato entworfenes Idealbild. Teilweise mochte sein Ansatz im Atlantik Ergebnis der westwärtigen Verlagerung des Atlas-Standorts sein, noch mehr war er aber wohl Resultat der sich in Platos

Augen nach Westen hin erweiternden Größenordnungen. Nichts schien seitdem natürlicher, als Atlantis im Atlantik zu suchen. Heute allerdings liegen unzweideutige geophysikalische Befunde vor, die der Annahme eines in den Fluten des Atlantik versunkenen Kontinents widersprechen. Neuere naturwissenschaftliche Erhebungen über die Fortpflanzung von Primärwellen nach Erdbebenstößen haben erbracht, daß Meeresböden niemals – zumindest nicht seit Bestehen der Menschheit – Kontinente gewesen sein können, weil sie von grundsätzlich anderer Struktur sind. Außerdem hat sich ergeben, daß Meeresböden bei Schwerefeldmessungen höhere Werte erbringen. Im Fall des Indischen Ozeans sagen Geologen, daß die Basalte seines Bettes von ganz anderer Zusammensetzung sind als die des indischen Subkontinents. Zahlreiche Wissenschaftler sind heute der Überzeugung, daß kein Teil des atlantischen Meeresbodens je eine Landmasse gebildet haben kann, die einst infolge einer größeren Erschütterung der Erdkruste in den Fluten versank. Wenn aber die Ansichten der modernen Naturwissenschaft über diesen Punkt zutreffen – und man darf mit gutem Grund erwarten, daß dies der Fall ist –, bleibt nichts übrig, als sich von der Vorstellung zu trennen, Atlantis sei ein in der Frühzeit menschlicher Geschichte im Nordatlantik versunkener Kontinent. Der Verfasser betont, daß dieses Argument nur für den wirklichen Meeresboden gilt, nicht aber für das Kontinentalschelf. Es schließt nicht die Möglichkeit aus, daß sich auf dem Kontinentalschelf oder an seiner Kante der Boden gesenkt haben könnte, und es läßt sich nicht leugnen, daß beispielsweise westlich von Irland das Kontinentalschelf noch weit in die See hinaus reicht, während es sich vor Afrikas Westküste noch fast bis Madeira, auf jeden Fall aber bis zu den Kanarischen und Kapverdischen Inseln erstreckt. Die Azoren allerdings liegen (als Gipfel des Mittelatlantischen Rückens; vgl. S. 56) bereits ein gutes Stück außerhalb seiner Reichweite.

Oft haben Verfechter eines »atlantischen«, eines im Atlantik gelegenen Atlantis die vulkanische Natur dieser Inselgruppen betont, doch erhebt sich gegen ihre Auffassung ein schwerwiegender Einwand, und es ist der Historiker, der ihn vorzubringen hat: Selbst wenn man einräumt, daß in den genannten Randgebieten des Atlantik noch in so später Zeit wie dem Jungpaläolithikum erhebliche Landveränderungen zumindest nicht unvorstellbar sind (wenn auch erhebliche Zweifel bestehen, daß sie sich wirklich ereigneten), so liegt diese Kulturepoche doch viel zu früh, als daß ein zu ihr gehörendes Atlantis dem Bild entsprochen haben könnte, das Plato entwirft. Plato spricht von einer Kultur, deren Träger mit Metall umzugehen wußten, sich auf Lesen und Schreiben verstanden, über eine entwickelte Schiffsbautechnik verfügten und dergleichen mehr. So sehr wir auch die künstlerische Hinterlassenschaft des Magdalénien bewundern – niemand käme doch ernstlich auf die Vermutung, daß Menschen dieser Kulturstufe imstande waren, eine Flotteninvasion auf das prädynastische Ägypten zu unternehmen. Abermals befindet man sich damit im alten Dilemma. Entweder ist demnach die Atlantis-Erzählung vom ersten bis zum letzten Buchstaben nichts als ein Produkt der Phantasie, oder man wird die hochentwickelte Inselkultur, von der Plato spricht, an einem Punkt zu suchen haben, der zeitlich und räumlich Ägypten viel näher war als Platos Text, ganz wörtlich genommen, anzunehmen gestattet.

Die minoische Hypothese

Erst in unserem Jahrhundert wurde die minoische Kultur wieder-
Tafeln 7, 36
entdeckt. Was die Griechen des Altertums angeht, so hatten diese sie so gut wie vergessen. Zwar erinnerten sie sich an Minos' einstige Seeherrschaft, und sie hatten, was immer sich hinter diesem Namen verbergen mag, ihren Homer, dem sich aufschlußreiche Detailangaben über das Kreta der Bronzezeit entnehmen lassen: so das Vorhandensein von 90 Städten, die Existenz einer Mischbevölkerung, die schlechten Hafenverhältnisse in Amnisos und schließlich der »Tanzboden« im weiten Knossos. Doch bei all dem handelte es sich um nicht mehr als einzelne, verstreute Reminiszenzen, alles andere darüber hinaus war im vagen Zwielicht der Welt des Mythos eher zu
Tafeln 4, 5
Schemen geworden, als Erinnerung geblieben. Theseus und der Minotauros, Ariadne und das Labyrinth, Europa und der Stier, Zeus' Geburt in der berühmten »diktäischen Grotte« und endlich

die Kunstfertigkeit eines Daidalos. Heute sind wir imstande zu erkennen, daß selbst die Mythen historische Substanz enthielten. Für Plato und seine Zeitgenossen indessen dürften sie in dieser Hinsicht ohne die mindeste Bedeutung gewesen sein. Für sie war Kreta ein stiller, dorischer Seitenarm, ganz und gar abseits vom Hauptstrom der Geschichte. Nichts erinnerte sie mehr an den Glanz seiner Paläste, an die Pracht minoischer Kunst, an den hohen Stand technischen Wissens in minoischer Zeit. Tafel 14

Nichts hätte Plato oder irgendeinen anderen antiken Schriftsteller veranlassen können, »Atlantis« als das minoische Kreta zu identifizieren. Dergleichen war vielmehr erst nach den Entdeckungen Sir Arthur Evans' möglich, der im Jahre 1900 begann, mit dem Spaten dem Boden Kretas seine lange gehüteten Geheimnisse zu entreißen. Evans entdeckte das alte Knossos, und heute, rund sieben Jahrzehnte später, liegen außer dem Palastkomplex von Knossos auch die Paläste von Phaistos, Mallia und Kato Zakro wie ein aufgeschlagenes Buch vor den Augen der Archäologen und Historiker, die ihre oft verwirrende Architektur durchforschen. Heute können wir wieder durch die winzigen Sträßchen von Gurnia sowie durch die Villen von Tylissos wandern, und im Museum von Iraklion (Herakleion) bieten sich die reizvollen Formen und die kühngeschwungenen Ziermuster der Töpferware aus der Höhle von Kamares unseren Blicken dar. Feiner Kunstsinn und handwerkliche Fertigkeit offenbaren sich in Alt-Kretas Fresken und Steinsiegeln. Im selben Augenblick, da wir die minoische Kultur als Ganzes zu überschauen beginnen, müssen wir uneingeschränkt bekennen, daß »Europas früheste Kultur« zugleich eine der vollendetsten, erfindungsreichsten war, die die Welt überhaupt gesehen hat. Tafeln 77–82 Tafel 38 Tafel 95 Tafeln 14, 35 Tafeln 8–11 Tafeln 85,86

War es die Erinnerung an diese Kultur, was in der Atlantis-Sage fortlebte? Nach Ansicht des Verfassers war dies der Fall. Allerdings: *neu* ist diese Vermutung keineswegs. Soweit der Verfasser das Schrifttum überschaut, gebührt das Erstlingsrecht in dieser Hinsicht einem Gelehrten namens K. T. Frost, der eine Zeitlang an der Queens University in Belfast tätig war und im Ersten Weltkrieg fiel. Er legte seine Auffassung in einem anonymen Aufsatz dar, den die *Times* am 19. Februar 1909 unter der Überschrift *The Lost Continent* (»Der verlorene Kontinent«) veröffentlichte. Später äußerte er sich dann noch ausführlicher in einer altertumskundlichen Fachzeitschrift, und zwar in einem Artikel, der *The »Critias« and Minoan Crete* (*Kritias* und das minoische Kreta) überschrieben war[25].

In recht brauchbarer Form findet man Frosts Hauptargumente bereits in dem *Times*-Artikel des Jahres 1909, der im folgenden angeführt werden soll *(die entscheidenden Passagen werden durch Kursivdruck hervorgehoben)*:

»Die neuen archäologischen Grabungen auf Kreta machen es nötig, sämtliche Vorstellungen von der Geschichte des Mittelmeerraums vor der klassischen Zeit neu zu überdenken. So ungeklärt manches noch ist – außer allem Zweifel steht jedenfalls, daß während in Ägypten die 18. Dynastie herrschte, während Theben auf dem Gipfel seines Ruhmes stand, Kreta der Mittelpunkt eines ausgedehnten Reiches war, dessen Handelsbeziehungen und dessen Einflußbereich sich von der nördlichen Adria bis nach Tell el-Amarna und von Sizilien bis nach Syrien erstreckte. In kretischen Händen lag der gesamte Seehandel zwischen Europa, Asien und Afrika, und der Sagenkreis um Theseus scheint zu zeigen, daß auch die Bewohner der griechischen Inseln und der Küsten Attikas den Minoern untertan waren ... Ihrem ganzen Wesen nach war die minoische Kultur eine Mittelmeerkultur. So scharf, wie es nur möglich ist, unterscheidet sie sich von all den anderen Kulturen, die – sei es in Ägypten, sei es im Osten des Mittelmeerbeckens – aufblühten. In manch einer Hinsicht nimmt sie sich überraschend modern aus. Die mehrstöckigen Paläste, so manches Stück der

Tafeln 24, 27, 71, 78

Keramik, ja sogar die Kleidung der Damen – all dies scheint eher der heutigen Welt als dem Altertum anzugehören. Gleichzeitig übertreffen die Zahl der Fundstätten aus minoischer Zeit und ihr

Tafeln 9–11

außergewöhnlich reicher Ertrag alles, was man sich vom alten Kreta erhofft hatte, bei weitem. Man kann nicht anders, als diesen Reichtum der Seeherrschaft zuzuschreiben, welche nach den Sagen des Altertums Minos besaß.

In der Tat dürften die Herrscher über das minoische Reich, als dieses auf dem Höhepunkt seiner Entwicklung stand, so anderen

Nationen als Herrscher voller Macht erschienen sein, und ihr Ansehen wurde wohl noch durch das Geheimnisvolle ihres Landes vergrößert – des Landes, über das sie herrschten *und das für die Syrier und Ägypter des frühen Altertums im fernen Westen zu liegen schien.* Und noch mehr Achtung dürfte ihnen ihre Herrschaft über jenes Element eingetragen haben, das den Menschen des Altertums stets Scheu einflößte. Darüber hinaus müssen seltsame Erzählungen von verwirrenden Palastanlagen, von Zeitvertreib und von Tänzen, vor allem aber vom Stierkampf im Orient die Runde gemacht haben. Nach all dem war das minoische Reich eine der großen Mächte des Altertums. Dasselbe Meer hielt sie zusammen, das sie von anderen Nationen trennte, *bei denen infolgedessen der Eindruck entstehen mußte, es mit einem Kontinent für sich, einem Kontinent ganz eigener Prägung zu tun zu haben.*«

Frost kommt dann kurz auf den plötzlichen Zusammenbruch der Macht Kretas zu sprechen, einen Zusammenbruch, für den er einen feindlichen Handstreich gegen Knossos verantwortlich macht, und fährt schließlich fort:

»Damit verschwanden Knossos und seine Verbündeten zu einem Zeitpunkt als politische und wirtschaftliche Macht von der Bildfläche, als sie sich auf dem Gipfel ihrer Kraftentfaltung und in voller Sicherheit zu befinden schienen. *Es war, als ob das gesamte Reich im Meer versunken, als ob die Sage von Atlantis wahr wäre.* Die Entsprechung ist keineswegs zufällig. Vergliche man vielmehr die Geschichte Kretas und seiner Beziehungen zu Griechenland und Ägypten mit dem Atlantis-Bericht, so dürfte sich – dies ist wohl so gut wie gewiß – herausstellen, daß man in ihm einen Nachhall der minoischen Welt vor sich hat ... So ganz und gar minoische Züge sind es, welche Platos Atlantis-Beschreibung im *Timaios* und *Kritias* offenbart, daß selbst ein Geist wie der Platos nicht so viele Tatsachen auf einmal erfunden haben könnte, die über jeden Verdacht erhaben sind. Im *Timaios* (24e) heißt es: ›... von dieser Insel konnte man ... zu anderen Inseln übersetzen, von denen man ihrerseits zum jenseitigen, den wahren Ozean begrenzenden Festland gelangte.‹ Weiterhin ist bezeichnend, daß dieses Reich nicht als ein einzelnes, homogenes Machtgebilde beschrieben wird, wie Platos *Staat* und andere nur in menschlicher Vorstellungskraft existierende Gemeinwesen – ganz im Gegenteil: man hat es mit einer Verbindung unterschiedlicher Elemente zu tun, unter denen eine Stadt eine Vormachtstellung einnahm. Auf dieser Insel aber gab es – so weiter laut Plato – ›ein mächtiges Königtum, das alle Bewunderung verdiente. Es herrschte nicht nur über diese gesamte Insel, sondern auch noch über viele andere Inseln sowie über Teile des Festlands‹. *Dieser Satz beschreibt die politische Stellung von Knossos ebenso treffend, wie der Satz zuvor Kretas geographische Lage.*«

Man sollte meinen, die damit wiedergegebenen Auszüge aus Frosts Darstellung seien zwingend genug, so daß man sich nur darüber wundern kann, wie wenig Notiz die Gelehrtenwelt von ihnen nahm. Einmal zu der Gleichung: »Minoisches Reich = ›Atlantis‹« gelangt, findet Frost zahlreiche Einzelheiten, die sich nahtlos in den Rahmen dieser Gleichung fügen. So hebt er hervor:

»Beispielsweise der große Hafen mit seinem Gewimmel von Schiffen und Kaufleuten aus aller Welt, die mit allem technischen Raffinement angelegten Baderäume, das Stadion und das feierliche Stieropfer – all dies ist, wenn auch nicht ausschließlich, minoisch. Liest man dann vollends in Platos *Kritias* (119 e), daß ein im Poseidonheiligtum weidender Stier ganz ›ohne Waffen‹ (wörtlich: ›ohne Eisen‹), ›nur mit Stöcken und Stricken gefangen werden sollte, so hat man es mit nichts anderem als einer unmißverständlichen Beschreibung dessen zu tun, was sich in der ›Stierkampfarena‹ von Knossos abspielte, jener Eigentümlichkeit, die Nichtkreter am meisten befremdete und die Sage vom Minotauros aufkommen ließ. Platos Worte beschreiben haargenau Szenen, wie
Tafeln 88, 89
sie auf den berühmten Bechern aus Vaphio dargestellt sind, die ohne Frage das Einfangen wilder Stiere für die einst bei den minoischen Kretern übliche Art des Stierkampfes wiedergeben – eine Art des Stierkampfes, die sich (wie man auch von Darstellungen im Palast von Knossos selbst weiß) gerade in jenem Punkt, den Plato hervorhebt, von allen anderen Stierkampfarten auf der

ganzen Welt unterschied: nämlich darin, daß keine Waffen wie Schwerter, Säbel, Dolche und dergleichen zur Anwendung kamen.«

Frosts Arbeit legte für künftige Kritik an der Atlantis-Legende die Richtung fest. Einst waren im 19. Jahrhundert Skeptiker wie Martin und Grote, die von einem ägyptischen Ursprung der Sage nichts wissen wollten, hart mit der Atlantis-Erzählung ins Gericht gegangen. Doch fehlte ihnen gleichsam das letzte, entscheidende Element, um ihre Argumentation abzurunden, weil sie noch nicht imstande waren, in der Atlantis-Tradition den Abglanz Alt-Kretas zu erkennen. Frost dagegen konnte bereits auf Evans' Entdeckungen zurückblicken, doch sollte er es sein, der erneut die Rolle herausstrich, die Ägypten bei der Überlieferung des Atlantis-Berichts gespielt hatte. Mit Recht wies er darauf hin, daß sich die Angaben des Atlantis-Berichts für den Historiker recht sinnvoll ausnehmen, *wenn man den Tatsachenhintergrund vom alten Ägypten aus betrachtet.* Bereits oben (S. 27) hat der Verfasser seiner Ansicht Ausdruck gegeben, daß Solon tatsächlich in Saïs war und von dortigen Priestern Auskünfte erhielt. Es ist daher wohl angebracht, sich vor Augen zu halten, was ägyptische Priester ihrerseits damals von der fraglichen Zeit wußten, wie sie ihr Wissen vor einem gebildeten Athener des frühen 6. Jahrhunderts v. Chr. ausbreiteten – und schließlich was dieser mit all dem anfing, was er in Erfahrung gebracht hatte.

Altägyptische Inschriften sind voll des Lobpreises für die Götter und den Pharao. Allerdings enthalten sie im Verhältnis zu ihrer Anzahl enttäuschend wenig historisches Material. Aufs Ganze gesehen, wußten die Ägypter der Bronzezeit wenig über fremde Länder; und davon, daß sie bemüht gewesen wären, sich zuverlässige Nachrichten zu verschaffen, kann erst recht nicht die Rede sein. Sie waren alles andere als Reisende oder Seefahrer, und ihr geographischer Horizont war verhältnismäßig beschränkt. Ihre Welt hörte im Süden mit Nubien und Punt (Eritrea?), im Osten am Euphrat und im Westen bei den Stämmen der Libyschen Wüste auf. Alten Handelsbeziehungen verdankten sie einige Kenntnis der Südküste Kleinasiens sowie der Inseln Kreta und Zypern, und in der ersten Hälfte des 15. Jahrhunderts v. Chr. trat das mykenische Griechenland in

Tafeln 93–95

ihren Gesichtskreis. Doch weiterhin befand sich kein anderes Land als Ägypten im Mittelpunkt ihres begrenzten Blickfeldes, und Fremde waren in ägyptischen Augen nur entweder Lieferanten ersehnter Einfuhrgüter oder Angreifer, die Ägypten bedrohten.

Der Saïtenzeit hinterließ das spätbronzezeitliche Ägypten wohl Aufzeichnungen, die sich kaum von dem unterschieden, was auf uns gekommen ist. Daher wagt der Verfasser die Vermutung zu äußern, daß sich aus der Hinterlassenschaft des Neuen Reiches rekonstruieren läßt, welche Art Informationen Solon von jenen Priestern erhielt, mit denen er während seines Aufenthalts im Land am Nil gesprochen haben dürfte. Aus noch verfügbarem Material läßt sich ableiten, wie die Atlantis-Sage Gestalt angenommen haben *könnte,* wenn auch den Saïten zugestanden sei, daß sie ohne Zweifel über die uns bekannten Dokumente hinaus Papyrusurkunden besaßen, die heute nicht mehr erhalten sind.

Wie also könnten die Nachrichten ausgesehen haben, welche die Priester von Saïs an Solon weitergaben, nachdem sie erfahren hatten, daß er interessiert war, von ihnen zu hören, was sie über Griechenlands frühe Vergangenheit sowie über frühere Berührungen zwischen Ägypten und dem ägäischen Raum wußten? Was sie Solon sagen konnten, beruhte wohl auf schriftlichen Mitteilungen, ähnlich den noch erhaltenen Zeugnissen, in denen von »Keftiu« und den »Inseln inmitten des Großen Grünen [Meeres]« die Rede ist. So gut wie gewiß hat man es bei Keftiu mit dem minoischen Kreta zu tun. Zwar hat es nicht an anderslautenden Vermutungen gefehlt, doch heute darf die Gleichsetzung Keftiu-Kreta als hinreichend gesichert gelten, jedenfalls herrscht in der Fachwelt darüber allgemeine Übereinstimmung. Keftiu ist identisch mit dem akkadischen *Kap-ta-ra,* der Bezeichnung eines Landes »jenseits der Oberen See«, d. h. des östlichen Mittelmeeres, und es handelt sich um nichts anderes als um das biblische Kaphtor[26]. Zum ersten Mal begegnet der Name Keftiu in einem ägyptischen Text, der möglicherweise auf das 3. Jahrtausend v. Chr. zurückgeht, und von etwa 1405 v. Chr. an ist dann – wenigstens gilt dies für zuverlässigere ägyptische Quellen – von ihm nicht mehr die Rede[27]. Unter den »Inseln des Großen Grünen [Meeres]« hat man wohl die Inseln der Ägäis, zumindest ihres Südteils, zu verstehen. Auch einige Küstengebiete des griechischen Festlands dürften dazugehört haben[28]. Als »Großes Grünes« hätte man sich demnach das Mittelmeer vorzustellen. Was die Bezeichnung »Inseln des Großen Grünen« angeht, so erscheint sie um 1470 v. Chr. erstmals in ägyptischen Berichten und verschwindet nach der Mitte des 12. Jahrhunderts. Zeitlich fällt damit ihr Gebrauch ziemlich genau mit dem Aufstieg, dem Höhepunkt und dem Niedergang der mykenischen Kultur Griechenlands zusammen. Vercoutter führt recht überzeugend aus, daß es sich wohl um einen Begriff handelte, den ägyptische Annalisten prägten, als das mykenische Griechenland als unabhängige Macht in ihren Gesichtskreis trat. In den Augen von Ägyptern des 15. Jahrhunderts v. Chr. müssen zwischen Minoern und Mykenern mehr Übereinstimmungen als Unterschiede bestanden haben. Wie wir heute wissen, waren Kunst und Religion im Verbreitungsgebiet der mykenischen Kultur damals aufs stärkste der Kunst und Religion minoischer Zeit verpflichtet. Mykenische Handelsleute benutzten wohl den gleichen Schiffstyp und die gleichen Handelswege wie ihre minoischen Vorgänger. Nachdem die Minoer zuvor im 16. Jahrhundert in Griechenland eingedrungen waren und dort Niederlassungen gegründet hatten, besetzten nun im 15. Jahrhundert die Mykener Kreta, und es fehlt durchaus nicht an Anhaltspunkten, daß man am ägyptischen Hof von einem Umschwung am Hof zu Knossos Kenntnis hatte – einem Wechsel der politischen Verhältnisse auf Kreta, der wohl in den Jahren zwischen 1460 und 1450 v. Chr. stattfand (vgl. S. 67). Sofern das diplomatische Protokoll es erforderte, wußte man demnach in Ägypten anscheinend durchaus zwischen Mykenern und Minoern zu unterscheiden, doch ist kaum anzunehmen, daß man sich allzuviel um derartige Feinheiten kümmerte, wenn es das praktische Leben anging. Daher ist es ganz gewiß recht unwahrscheinlich, daß Kenner der alten Überlieferungen Ägyptens zur Zeit der Saïtendynastie sich überhaupt noch über die Unterschiede zwischen den einzelnen »Seevölkern« im klaren waren, die einst mit ihren spätbronzezeitlichen Vorfahren entweder gekämpft oder Handel getrieben hatten. Auf jeden Fall aber darf man wohl unterstellen, daß Solons Gewährsleute ein vielfältiges Bild der ägäisch-ägyptischen Beziehungen zu entwerfen verstanden, und zwar

Tafeln 90, XIV

aufgrund schriftlicher und bildlicher Zeugnisse der Art, wie sie noch heute erhalten sind, Zeugnisse, denen damals allerdings noch einige detaillierte Berichte zur Seite gestanden haben dürften, die heute verloren sind.

Was aber könnte Solon aus dem gemacht haben, was er in Saïs hörte? Man stelle sich vor, die Priester hätten ihm ein schriftliches

Tafel 13 Dokument wie die Stele Thutmosis' III. aus Karnak gezeigt – jene Stele mit ihrem großartigen Siegeshymnus, bei dem nicht weniger als drei Nachfolger des Pharao, der sie errichten ließ, »Anleihen machten«[29]. In der Vorrede des Hymnus hätte er, wenn er die ägyptischen Schriftzeichen zu entziffern vermocht hätte, Behauptungen wie die folgenden gelesen:

(A) »Ich [*d. h.:* der Gott Amun-Re] gebe dir Mut und verleihe dir den Sieg über alle fremden Länder, alle Länder lasse ich deinen Ruhm erkennen und dich fürchten, zittern soll man vor dir, soweit die vier Stützen [oder Pfeiler, Säulen] des Himmels ...«

(B) »... in ihrer Länge und Breite habe ich die Erde in deine Hand gelegt, so daß die Völker im Westen und Osten unter deiner Aufsicht sind ...«

(C) »Mein Schlangendiadem auf deinem Haupte macht sie zunichte. Rasch sucht es sich seine Beute unter denen, *die vom Schicksal geschlagen sind* [?]; mit seiner Flamme verzehrt es jene, die auf ihren Inseln [oder in ihren Sümpfen] wohnen ...«

(D) »Sie kommen mit Tributen beladen ...«

Darauf folgt der eigentliche Hymnus, der in elf Strophen – sie alle beginnen mit der Wendung: »Ich bin gekommen« – der Reihe nach die den Ägyptern bekannten Länder aufzählt und die Furcht und den Schrecken ihrer Bewohner vor dem Eroberer auf dem Pharaonenthron schildert. In den ersten drei Strophen geht es um die phönikische Küste, das palästinensisch-syrische Hügelland bzw. die noch weiter östlich gelegenen Gebiete. Strophe vier spricht dann wie folgt von Kreta und Zypern:

»Ich bin gekommen,
um dich das Land im Westen [*d. h.:* die von den in der Strophe

vorher erwähnten Gebieten am weitesten entfernten Länder] zerstampfen zu lassen;
Keftiu und Isy [Kreta und Zypern] leben in Furcht vor dir.
Ich lasse sie deine Majestät als jungen Stier erkennen, der, starkmütig und scharf gehörnt, nicht zu Fall gebracht werden kann.«

Andere Strophen vergleichen den Pharao mit einem aufleuchtenden Meteoriten, einem Krokodil, einem Löwen und dergleichen mehr. Wie sehr sich gerade für eine Strophe, in der von Kreta die Rede ist, der Vergleich mit einem Stier eignet, bedarf wohl kaum umständlicher Erklärung. Von großem Interesse ist auch Strophe sechs; hier geht es nicht um Kreta, jedoch um andere Inseln sowie um Küstengebiete der Ägäis:

»Ich bin gekommen,
um dich die zerstampfen zu lassen, die auf den Inseln sind,
jene, die inmitten der ›Großen Grünen‹ [See] deinen [Schlacht-] Ruf vernehmen.
Ich lasse sie deine Majestät als den Rächer erkennen, der in Herrlichkeit auf dem Rücken seines Opfers erscheint [*d. h.:* als Horus beim Sieg über Seth, eine wohlgezielte mythologische Spitze gegen die Mykener].«

Die übrigen Strophen haben u. a. Mitanni (*d. h.:* Obermesopotamien und Nordsyrien) zum Gegenstand (und zwar gilt dies für Strophe 5), Strophe 8 spricht von Libyern, Strophe 9 von »den äußersten Enden der Länder . . . die der Kreis des Ozeans umgibt, Strophe 10 vom »Rand des Landes« (*d. h.:* von den Gebieten der Wüstenbewohner am Rande Ägyptens), Strophe 11 endlich von Nubien.

Der Zweck dieser umfassenden und systematischen Darstellung dürfte auf der Hand liegen: Der Verfasser des Siegesliedes wünscht den Eindruck zu erwecken, Thutmosis III. sei Herr der gesamten Welt.

Spätere Pharaonen »entlehnten« zahlreiche Wendungen dieses vortrefflichen Lobgedichts, und zwar handelt es sich um Amenophis III., Sethos I. und Ramses III. Unter Ramses III. sah sich Ägyp-

Tafel I Steil erheben sich die Klippen der *caldera* (des Vulkan-Einsturzkessels) von Thera (Thira/Santorin) bis zu einer Höhe von mehr als 270 m aus dem Meer, das seinerseits so nahe am Ufer noch mehr als 200 m tief ist, so daß kein Schiff Anker werfen kann. An der tiefsten Stelle der *caldera*-Bucht senkt sich der Meeresboden sogar bis zu einer Tiefe von 400 m hinab. Ein mehr als zwei Kilometer langer Pfad, in flachen Stufen angelegt, führt im Zickzack hinauf in die hoch oben auf dem Steilufer gelegene Inselhauptstadt, die ebenso wie die Insel selbst Thera heißt, wegen der neugriechischen Aussprache dieses Namens jedoch auch als »Phira« bekannt ist – ein Name, an dem im folgenden festgehalten wird, weil er eine deutliche Unterscheidung zwischen Gesamtinsel und Inselhauptstadt ermöglicht. Bei dem oberhalb der Strandhäuser sichtbaren horizontalen dunklen Streifen handelt es sich um eine Lava-Ader. Der Rest der Steilküste besteht zur Hauptsache aus vulkanischer Schlacke sowie aus Bimsstein von Ausbrüchen des Thera-Vulkans in vorgeschichtlicher Zeit.

Tafel II Unmittelbar im Süden der Inselhauptstadt Phira (Thira [Thera]) befinden sich ausgedehnte Gruben, in denen hauptsächlich im Tagebau Vulkanauswurfmaterial gewonnen wird. Das hier abgebaute Material verfrachtet man zu Schiff nach Athen, wo aus ihm Zement bereitet wird. Es befindet sich in den Gruben von Phira in Bänken, deren Höhe bis zu 30 m beträgt. Etwa 20 m davon entfallen auf feine weiße Asche, die farblich verschiedene Schichten grobkörnigeren Bimssteins überlagert (vgl. Abb. 7). Erst darunter stößt man dann auf das Bodenniveau der minoischen Zeit. Im Vordergrund (Mitte) erkennt man die minoische Schicht als dünne, dunkle Linie am Fuß der Grubenwand, und zwar unmittelbar unter dem höchsten Punkt des Absturzes. Hier unten war die Mauer begraben, die Tafel XII zeigt.

Tafel III Teilansicht des auf Tafel II gezeigten Steilabsturzes am Grubenrand des Aschen-Tagebaus von Phira. Hier erkennt man das minoische Niveau noch deutlicher.

Tafel IV Die bei den Abbauarbeiten in der Grube von Phira freigelegte minoische Schicht besteht aus einer Ablagerung lehmigen Bodens, untermischt mit Geröllsteinen und Felsbrocken. Bei der Gewinnung des Rohmaterials für die Zementherstellung ging man bis zu dieser Schicht in die Tiefe, weil sich gerade unmittelbar über ihr der beste Zement-Rohstoff befindet: ein auf der Aufnahme rechts deutlich erkennbarer, graugetönter Flöz von etwa vier Meter Höhe. Über ihm bemerkt man die »Farbband«-Schicht (an anderen Stellen als die »Schicht der bunten Bänder« bezeichnet), die abwechselnd aus Lagen weißen, grauen und rötlichen Bimssteins besteht, wobei die rötliche Farbe auf die Wirkung des in das Magma-Nest des Thera-Vulkans eingedrungenen Seewassers zurückzuführen ist. Eine voll und ganz entsprechende Schicht entdeckte man nach dem Krakatau-Ausbruch des Jahres 1883 auf der Lang-Insel (vgl. Seite 123).

Tafel V Als Kameni (wörtlich: »in Brand gesetzte«, »brennende [Insel]«, »verbrannte Erde«, »Feuerland«, »vulkanisches Land«) bezeichnet man zwei vulkanische Inseln inmitten der Thera-*caldera*, die sich nach dem großen Ausbruch des Thera-Vulkans neugebildet haben, dem die kleine Thera-Inselgruppe ihre heutige Gestalt verdankt. Auf einer der beiden Kameni-Inseln, die heute das Zentrum vulkanischer Tätigkeit auf Thera bilden, und zwar auf Nea Kameni (»Neu-Feuerland«), erblickt man die umseitig oben abgebildete Bank vulkanischer Schlacke (griech.: *skoria*). Allerdings ist sie jungen Datums und stammt erst von den Eruptionen der Jahre 1925/26 (vgl. Tafel 30). Scharf ist der farbliche Gegensatz zu den im Hintergrund sichtbaren weißen Klippen des eigentlichen Thera, der Hauptinsel der Thera-Gruppe.

Tafel VI In den sechziger Jahren des vorigen Jahrhunderts waren die Klippen an der Südküste Therasias für die Suezkanalgesellschaft die Hauptquelle der vielgerühmten »Santorinerde«, eines »Pozzuolanmehls« (nach der Stadt Pozzuoli bei Neapel benannt), das einen wegen seiner Undurchlässigkeit sehr begehrten Zement ergibt. Damals entdeckte man hier die ersten Häuser und die ersten Tongegenstände aus minoischer Zeit (vgl. Seite 161). Die vorherrschenden Farben Rot, Schwarz und Weiß (Bimsstein, Lava und Asche) sind ein charakteristischer Zug dieses feuergeborenen Landstücks mitten im Meer (*Kritias* 116 a). Frühere Abbildungen lassen erkennen, daß einst die Bänke vulkanischer Asche *(tephra)* näher an die Kante des Steilabsturzes herantraten und auch höher waren. Abbau in der Neuzeit sowie Erosion (man beachte insbesondere die durch winterliche Regengüsse in dem weichen Material ausgehöhlten Sturzbachrinnen) ließen das Kliff auf bloße 200 m Höhe schrumpfen.

II

III

V

VI

ten sehr stark in die Verteidigung gedrängt: aus den Ländern westlich des Nildeltas bedrohten es Eindringlinge aus Libyen, und von Palästina her stürmte eine ganze Schar angriffslustiger Stämme herbei, die sogenannten »Seevölker«, die erst nach verzweifeltem Kampf zurückgeschlagen werden konnten. Auch Achäer befanden sich wohl unter den Völkern, die damals Ägypten beunruhigten. Tafel 90

Noch Amenophis III. und Ramses II. verzeichnen Keftiu auf Tributlisten, doch nimmt man an, daß es sich hierbei um bloße Wiederholungen entsprechender früherer Angaben zu propagandistischen Zwecken handelt (vgl. unten, Anm. 27). Wirklich verläßliche Nachrichten über ägyptisch-minoische Beziehungen liegen aus der Zeit nach dem Tode Thutmosis' IV. (kurz vor 1400 v. Chr.) nicht mehr vor.

All dies dürfte hingereicht haben, um den Eindruck zu erwecken, es habe sich bei Keftiu und den anderen Inseln um eine bedeutende, Ägypten feindlich gesinnte Macht gehandelt. Und wenn Solon sich nach Einzelheiten erkundigt hätte, so hätte man ihm wohl erklärt, es handle sich bei Keftiu um eine Insel »weit im Westen«; »[so weit] bis hin nach Keftiu« ist eine Floskel, der man in der sog. »Lehre des Ipuwer« begegnet[30]. Vielleicht ließen sich die Priester über die reichen »Tributlieferungen« kostbarer Gefäße aus, die von Keftiu Tafeln 96, XIV eingegangen waren, und vielleicht wußten sie das eine oder andere von Keftius Einfluß auf die Inseln der Ägäis zu berichten. Ja vielleicht waren sie sogar im Besitz irgendwelcher Nachrichten über die Tafel 12 Ausweitung der Macht Keftius auf Attika – ein Punkt, der für Solon von ganz besonderem Interesse gewesen sein dürfte. Daß sie über derartiges Wissen verfügten, mag sich noch in der Verbindung der saïtischen Göttin Neith mit der Athene der Athener spiegeln[31]. Und wenn Solon weiter gefragt hätte, was später aus Keftiu geworden sei, so hätte man ihm gewiß erklärt, daß der Name Keftiu etwa seit der Mitte der 18. Dynastie in ägyptischen Aufzeichnungen nicht mehr zu finden sei. Daß Solons Gewährsleute etwas von der Katastrophe von Thera wußten, bleibt Vermutung. Zwar enthält die Vorrede des oben zitierten Siegeshymnus Thutmosis' III. (Auszug C) eine rätselhafte Stelle, wo von jenen die Rede ist, die *vom Schicksal geschlagen sind,* doch ist unklar, wie diese Stelle wirklich aufzufassen ist, und man sollte es daher unterlassen, sie in diesen Zusammenhang zu pressen.

In großen Umrissen läßt sich recht gut demonstrieren, wie dieses und ähnliches Material, aus dem Blickwinkel und in der Betrachtungsweise Altägyptens dargestellt und ganz und gar eines klar erkennbaren chronologischen und geographischen Gerüstes ermangelnd, von Solon zu einem Bericht verarbeitet worden sein könnte, wie er dann Platos Atlantis-Erzählung zugrunde gelegen haben mag.

Von ägyptischen Schülern aus der Zeit um 1500 v. Chr. (also aus der Zeit der 18. Dynastie) wissen wir, daß sie die Aufgabe erhielten, nebeneinander ägyptische und kretische Namen aufzuschreiben. Im British Museum befindet sich eine hölzerne Schreibtafel aus jener Zeit, deren Überschrift lautet: »Wie man Namen von Keftiu bildet«[32]. Mit Sicherheit läßt sich daraus schließen, daß ägyptische Archive Listen minoischer Orts- und Personennamen zusammen mit ihren ägyptischen Entsprechungen enthielten (oder dem, was die Ägypter als sinn- oder lautgemäße Entsprechungen ansahen; vgl. dazu die im Frühjahr 1964 vom Schweizer Institut für Ägyptische Bauforschung und Altertumskunde unter Prof. Ricke bei der Ausgrabung des Totentempels Amenophis' III. gefundenen Namenlisten; s. auch Anm. 32). In Platos *Kritias* (113 a/b) heißt es, Solon habe von den Ägyptern ins Ägyptische übertragene Namen seinerseits ins Griechische umgesetzt, indem er auf Griechisch zum Ausdruck brachte, was er für den Sinn der ägyptischen Namen hielt, die man ihm zu Gehör brachte. Wenn dies zutrifft, tat er damit nichts anderes als ägyptische Schüler schon 900 Jahre vor ihm.

Vor dem Hintergrund dieser Überlegung erhebt sich eine Frage, die im Hinblick auf den Ursprung der Atlantis-Erzählung von großer Bedeutung sein kann: Gibt es irgendeinen Sinnzusammenhang zwischen den Namen Atlantis und Keftiu, ließe sich ein solcher Zusammenhang vielleicht allenfalls konstruieren, und wäre es denkbar, daß zumindest in Solons Vorstellungen ein solcher Zusammenhang existiert haben könnte? *Keftiu* bezeichnet stets die »Insel Keft *(Kft)*«, deren Bewohner in ägyptischen Texten keinen eigenen Namen haben, sondern stets die »Leute von Keft *(Kft)*« sind. Keft *(Kft)* hat man mit dem lateinischen *caput* (= das Haupt) zusammengebracht, und zwar unter Hinweis darauf, daß im Alten Testament ein der hebräischen Entsprechung zu *kftjw* (bzw. *kft*) gleichlautendes Wort »kaphtor« zur Bezeichnung des Kapitells (das heißt: des »Kopf«-Stücks) einer Säule gebraucht wird[33]. Möglicherweise betrachteten die alten Ägypter das ihnen fern erscheinende, gebirgige Kreta als einen der vier Himmelspfeiler, als eine jener Säulen, die nach ihren Vorstellungen den Himmel und die vier Ecken der ihnen bekannten Welt trugen. Vielleicht liegt hier der Schlüssel zum Verständnis der dritten Zeile des oben angeführten Hymnus. Darüber hinaus wäre durchaus denkbar, daß die ägyptischen Priester von der bedeutenden Rolle gehört hatten, die Pfeiler und Säulen in der Religion des minoischen Kreta spielten[34]. Tafeln 14, 15

Allerdings sei nicht verschwiegen, daß sich hier ernste Einwände erheben. Auf besonders schwachen Füßen steht die Ableitung des lateinischen *caput* (»Haupt«, »Kopf«) von einem mit dem hebräischen Namen für Kreta (»Kaphtor«) gleichlautenden Wort. *caput* läßt sich hinreichend aus dem Indogermanischen ableiten, einer Ableitung von dem gedachten semitischen Wort dagegen stehen allgemein geschichtliche, insbesondere aber lautgeschichtliche Erwägungen entgegen und auch der umgekehrte Weg einer Ableitung des fraglichen semitischen Wortes vom Indogermanischen oder der gemeinsame Ursprung beider Wörter ist in diesem Fall wenig wahrscheinlich. Kaum ernsthaft bestritten wird heute, daß es sich beim biblischen »Kaphtor« um Kreta handelte, Schwierigkeiten bereitet jedoch schon wieder die Gleichsetzung dieses Namens mit einem gleichlautenden und auch im Schriftbild gleichen Wort, das tatsächlich zweimal in der Bibel (bei den Propheten Amos 9,1 und Zephania [Sophonias] 2,14) in der Bedeutung »Kapitell« (Luther: »Knauf«, »Säulenknauf«) erscheint. Selbst eine derart vollständige Übereinkunft von Laut und Schrift (Homonymie) braucht aber keineswegs Übereinstimmung der Wortbedeutung oder auch nur Verwandtschaft im sprachgeschichtlichen Sinne zu bedeuten. Ein vorzügliches Beispiel dafür bietet der englische Ausdruck für »Ohr« *(ear)*, der in Laut und Schrift vollkommen dem englischen Wort für »Ähre« (gleichfalls *ear*) entspricht, und doch hat dies nichts damit zu tun, daß man etwa die Ähren als »Ohren des Getreides« oder die Ohrmuscheln als »Ähren des Kopfes«

betrachtete, so sehr dies heute Volksetymologie vielleicht auch behaupten mag. Denn in Wirklichkeit sind beide Wörter, lautgeschichtlich betrachtet, nicht miteinander verwandt. Ihre formale Übereinstimmung ist vielmehr Ergebnis eines zufälligen Sich-Überschneidens zweier lautlicher Entwicklungslinien, die an zwei völlig verschiedenen Ausgangspunkten begannen. Bis zum ausdrücklichen Erweis des Gegenteils hat man daher auch der Übereinstimmung des biblischen (noch dazu nicht einmal des altägyptischen!) Namens für Kreta mit einer biblischen Vokabel, die unter anderem »Säulenkapitell« bedeuten kann, nicht allzuviel Gewicht beizumessen, von der angeblichen (und äußerst fraglichen) Beziehung zum lateinischen *caput* ganz zu schweigen. Weiterhin hat man zu bedenken, daß der ägyptische Name Keftiu *(kftjw)* für »Kreta« und »Kreter« recht alt ist und möglicherweise vom 3. Jahrtausend v. Chr. bis zur Zeit kurz vor 1400 v. Chr. im Gebrauch war (vgl. S. 68), während die biblische »Kaphtor«-Entsprechung in der Bedeutung »Kapitell« wesentlich jüngeren Datums ist: der Prophet Amos ist im 8. Jahrhundert v. Chr., Zephania (Sophonias) gar erst im 7. Jahrhundert anzusetzen – beide weisen damit in eine Zeit, in der der Keftiu-Name längst aus den Texten ägyptischer Urkunden verschwunden war.

Dies alles darf nicht außer acht gelassen werden, wenn man sich Gedanken über einen etwaigen Zusammenhang zwischen dem Namen Keftiu und dem Namen Atlantis macht. Andererseits geht es jedoch, dies sei ausdrücklich festgestellt, nicht darum, welche sprachlichen Zusammenhänge tatsächlich bestanden oder, mit anderen Worten, wie sich die Dinge im Licht moderner Sprachforschung ausnehmen, sondern lediglich darum, wie sie möglicherweise in den Augen Solons oder gar denen seiner saïtischen Gewährsleute aussahen. Dabei allerdings hat man durchaus in Erwägung zu ziehen, daß Solon und seine Informanten sich vielleicht aufgrund von Vorstellungen, mit denen sie aufgewachsen waren, Sinnzusammenhänge und Wortableitungen zurechtlegten, die sich bei strengerer Prüfung als unhaltbar erwiesen hätten und die wir im Licht neuerer Erkenntnisse als wissenschaftlich wertlose »Volksetymologie« abtun müßten.

Es sei daher gestattet, als bloße Arbeitshypothese die Vermutung auszusprechen, Solons Gewährsmänner hätten – aufgrund welcher

Mißverständnisse vielleicht auch immer – tatsächlich dem *Keftiu*-Namen eine Deutung gegeben, die in der einen oder anderen Weise an uralte Himmelssäulen-Vorstellungen denken ließ. Es fällt nicht schwer, sich Solons Reaktion auf Erklärungen dieser Art vorzustellen. Ganz ohne jede wie immer auch geartete Erwägung etymologischer oder volksetymologischer Art, allein vor dem Hintergrund ihm wohlvertrauter mythologischer Bilder, hätte er wohl gar nicht umhin gekonnt, einen gedanklichen Zusammenhang mit der Sage vom Giganten Atlas herzustellen, jenem Titanensohn, dessen göttliche Tochter nach der Odyssee auf »waldumschattetem Eiland« fern im Meer lebte und der »selbst die ragenden Säulen aufhebt, welche die Erde vom hohen Himmel sondern«[35]. Und wenn Solon wirklich nur, wie Ägypter, ja ägyptische Schüler lange vor ihm, Namen entweder laut- oder (zumindest, wie man es sich vorstellen mochte) sinngemäß aus einer Sprache in die andere übertrug, dürfte es unter diesen Umständen für ihn nahe gelegen haben, *Keftiu* durch *Atlantis* (»Atlasinsel«; wörtlich sogar: »Atlastochter«) wiederzugeben. Doch nicht genug damit: im Ägyptischen trugen die *Keftiu*-Leute keinen eigenen Namen, sondern wurden immer nur nach der von ihnen bewohnten Insel benannt. Vielleicht war dies der Grund, weshalb Solon seine Atlantis-Bewohner zu Atlantiden, zu »Atlas-Abkömmlingen«, machte.

An dieser Stelle sei noch eine weiter reichende Hypothese eingefügt: Ganz außer Frage steht zunächst, daß (wie bereits hervorgehoben wurde) der Name »Atlantis« *nicht* von »Atlantik«, sondern von »Atlas« hergeleitet ist. Doch vielleicht war »Atlantis« dennoch nicht die »Atlasinsel«, sondern die »Atlantide[ninsel]«. Es sei in diesem Zusammenhang folgendes zu bedenken gegeben (wobei man ganz und gar ohne etymologische Spekulationen auskommt): Daß man Solon von der wichtigen Rolle berichtete, welche *Pfeiler* und *Säulen* im Kult der *Keftiu*-Leute spielten, nimmt auch der Verfasser an (vgl. S. 79). Daß man es wirklich tat, läßt sich zwar nicht nachweisen, doch ebensowenig ausschließen. Angenommen, es sei der Fall gewesen, so liegt eine weitere Vermutung nahe: Solon, der ja wohl mit der griechischen Mythologie und demnach auch mit der Atlas-Sage bestens vertraut war, könnte seinerseits durchaus angenommen haben, daß die *Keftiu*-Bewohner sich als Atlas-Abkömmlinge betrachteten und nur deshalb Pfeilern Verehrung entgegenbrachten, weil sie jenen Giganten als ihren Ahnherrn ansahen, der nach der Göttersage dazu verurteilt worden war, den oder die Himmelspfeiler zu tragen. Dergleichen hätte durchaus auf der Linie antiker Kult-Aitia gelegen, und es bliebe jedermann unbenommen, zu entscheiden, ob Solon selbst an die Atlas-Abstammung der Pfeilerverehrer glaubte oder nicht. Weil aber in dem Bericht, den Solon nach beiden Hypothesen gab, die Leute von *Keftiu* keinen anderen Namen trugen als ihr Land, dürfte auch Solon die Insel der postulierten »Atlantiden« (Atlas-Nachkommen) selbst zur »Atlantide« – eben zu »Atlantis« – gemacht haben. Die Reihenfolge der Assoziationen wäre demnach nicht *Atlas, Atlantis, Atlantiden,* sondern *Atlas, Atlantiden, Atlantis.*

Metrisch hätte der Name Atlantis sich vorzüglich in das epische Gedicht gefügt, das – wie es bei Plato (*Timaios* 21 c; *Kritias* 113 a) heißt – Solon plante, und eine Atlasinsel wäre genau von jener geheimnisvollen Atmosphäre des »fernen Westens« umwittert gewesen, die sein Plan erfordert hätte.

Um jedem Einwand zuvorzukommen, sei abermals ausdrücklich festgestellt, daß damit selbstverständlich nichts bewiesen ist. Als Hypothese freilich hat das damit skizzierte Bild durchaus für sich, daß seine Einzelzüge sich recht gut aneinanderfügen, wenn es sich auch nicht ganz vermeiden läßt, daß die Konstruktion die eine oder andere schwächere Stelle aufweist.

K. T. Frost, von dem oben die Rede war, führte durchaus nicht alle Einzelheiten an, die im vorstehenden Abschnitt zur Sprache gekommen sind, und er bediente sich keineswegs all der Argumente, die der Verfasser zum Tragen zu bringen versucht hat. Doch es war die erstmals von Frost im Hinblick auf die Atlantis-Erzählung angewandte Betrachtungsweise, aus der sich all jene Weiterungen ergaben. Entscheidend für Frost war, daß »Solon tatsächlich in Saïs eine sein Staunen erregende Erzählung vernahm, bei der es sich um einen wahren, wenn auch mißverstandenen ägyptischen Bericht über die minoische Welt handelte«.

Frosts Ansichten blieben in der Gelehrtenwelt ohne sonderlichen Widerhall. So sehr geriet seine Hypothese in Vergessenheit, daß im

Jahre 1951 ein deutscher Gelehrter letzte Hand an ein Werk legte, das zu einer ganz ähnlichen Schlußfolgerung gelangte, ohne je etwas von Frosts Erstlingsrecht auf diesem Gebiet gehört zu haben[36].

Der Untergang des minoischen Kreta durch vulkanische Gewalt

In nur einem einzigen Hauptpunkt seiner Darlegungen erhielt Frost in der Folgezeit Unterstützung von anderer Seite, doch das betreffende Beweismaterial ist so schlagend und dermaßen wichtig, daß es volle Würdigung verdient. Allein dem griechischen Gelehrten Prof. S. Marinatos, dem derzeitigen Leiter der griechischen Altertümerverwaltung, gebührt der Dank für diese Entwicklung der Dinge. Sein 1939 in der Fachzeitschrift *Antiquity* (»Das Altertum«) veröffentlichter Aufsatz *The Volcanic Destruction of Minoan Crete* (»Die vulkanische Zerstörung des minoischen Kreta«) kennzeichnet einen bedeutenden Schritt auf die Lösung des Atlantis-Problems zu. Auch Frost war sich über den plötzlichen Zusammenbruch des minoischen Reichs im klaren, doch streift er die Ursachen dieses schlagartigen Niederganges nur kurz und ohne sich im mindesten festzulegen. Gerade in diesem entscheidenden Punkte sollte Marinatos jedoch sein Hypothesengebäude bestärken. Schon 1932 hatte Marinatos' Auffassung als Resultat seiner Grabungen in Amnisos[37] Gestalt anzunehmen begonnen. Bei seinen Spatenforschungen war Marinatos auf Vertiefungen gestoßen, die mit Bimsstein, vulkanischem Tuff, dem Auswurf vulkanischer Eruptionen, gefüllt waren, und er hatte Orthostaten, mächtige hochkant stehende Quader, gefunden, die aus ihrer Lage gerissen worden waren, als ob die Saugkraft ungeheurer Wassermassen an ihnen gezerrt hätte. Als er sich dann darüber Gedanken machte, daß all die vielen minoischen Paläste und Landhäuser so auffallend plötzlich (und auffälligerweise zur gleichen Zeit) der Zerstörung anheimgefallen und verlassen worden waren, bildete sich in ihm die Überzeugung, daß Kretas Untergang nicht das Werk fremder Eindringlinge, sondern Ergebnis einer Naturkatastrophe von ungeheurer Zerstörungskraft war. Den Ausgangs- und

Brennpunkt der dabei entfesselten zerstörerischen Gewalten vermutete er auf der Vulkaninsel Thera, nicht mehr als 120 km genau im Norden von Knossos.

Die Herausgeber der Zeitschrift *Antiquity* veröffentlichten Marinatos' Aufsatz mit der Anmerkung, es bedürfe weiteren Beweismaterials, um seine Darstellung zu erhärten, man hoffe jedoch auf die Durchführung weiterer Grabungen, um das Problem der Lösung näher zu bringen. Dann brach der Zweite Weltkrieg aus, und einige Jahre war kein weiterer Fortschritt zu verzeichnen. Nach dem Krieg jedoch wurden umfangreiche und bedeutende Forschungsarbeiten durchgeführt, und zwar von Prof. A. Galanopoulos vom Athener Institut für Seismologie (Erdbebenkunde), von D. Ninkovich und B. C. Heezen vom geologischen Lamont-Observatorium der Columbia-Universität, durch N. Platon, der die minoische Ansiedlung bei Kato Zakro (Ostkreta) erforscht hat, nicht zuletzt aber auch von Marinatos selbst, und zwar diesmal an der Küste im Südwesten der Insel Thera. Aufgabe der beiden nächsten Kapitel wird es sein, das dabei zutage gekommene neue Material vorzulegen. Hier mag der Hinweis genügen, daß die langgestreckte Nordküste Kretas den Auswirkungen jeder heftigeren Eruption des Thera-Vulkans schutzlos
Abb. 14 ausgesetzt war. Wenn der bronzezeitliche Ausbruch, um den es hier geht, von solchen Ausmaßen war, wie man heute vermutet, kann man sich die plötzlichen Zerstörungen und die Verluste an Menschenleben, die er auf Kreta hervorrief, gar nicht schlimm genug vorstellen. War dies der Stier aus dem Meere, der, wie die Sage vom Minotauros zu berichten weiß, von Poseidon gesandt wurde und Minos Unheil brachte? Fassen wir hier den bitteren historischen Hintergrund der Worte Platos (vgl. S. 25): »Doch später ereigneten sich gewaltige Erdbeben und Flutkatastrophen, in einem einzigen Tag und in einer einzigen Nacht voller Schrecken ... verschwand ... Atlantis in der Tiefe des Meeres«?

Thera und sein Vulkan

III

Die Insel Thera

Thera (Santorin) ist die südlichste Insel der Kykladengruppe. Einst betrug ihr Durchmesser etwa 16 km, und damals erhoben sich über ihr kegelförmige Gipfel vulkanischen Ursprungs, deren Flanken von steilen Schluchten durchzogen waren. In ihrem Mittelpunkt ragte ihr Hauptkegel bis zu einer Höhe von 1600 m empor. Reben gediehen wohl auf dem gutbewässerten vulkanischen Boden an den Hängen der tiefen Schluchten, die sich an den Berglehnen zum Meer hinab erstreckten. Bevor Thera seinen heutigen Namen erhielt, kannte man es unter der Bezeichnung *Kallístē*, was »Die sehr Schöne« bedeutet. Daneben nannte man die Insel auch *Strongýlē*, die »(Wohl-)Gerundete«; diese Namen vermitteln wohl noch eine Ahnung von ihrem früheren Aussehen, denn heute treffen sie weniger zu. Thera bietet sich nicht mehr als geschlossener Kreis dem Auge dar, ja, man hat es auch nicht mehr nur mit einer einzigen Insel zu tun: das heutige Thera besteht vielmehr aus drei Bruchstücken dessen, was einst eine einzige Insel war. Das größte dieser Inselfragmente, das eigentliche Thera, ist halbmondförmig gekrümmt, trägt vier Erhebungen zwischen 300 und 600 m Höhe und hat etwa 5000 Bewohner. Wesentlich kleiner ist Therasia (Thirassia) im Nordwesten von Thera. Auf diesem Teil der Thera-Gruppe befinden sich zwei Dörfer. Zwischen der Südwestspitze von Thera und dem Südkap von Therasia liegt die »weiße Insel« Aspronisi, eine kleine, schoberähnliche, unbewohnte Inselruine, deren dunkle Klippen von dicken, weißen Aschen- und Bimssteinlagen bedeckt sind – ein so charakteristischer Zug des Landschaftsbildes von Thera.

Tafel 16

Ein einziger Blick auf die Karte macht den annähernd runden

Abb. 3

Umriß der gesamten Thera-Inselgruppe klar. Deutlich erkennt man, wo einst der äußere Rand verlief, als Thera noch eine einzige Insel war, und man sieht auch das Rund des inneren Klippenrandes rings um einen großen, die einstige Inselmitte füllenden Meereseinbruch von mehr als 80 km². Das gesamte Innenrund dieses gewaltigen Naturgebildes kennzeichnen diese jäh abstürzenden Klippen, stumme und dennoch nur zu beredte Zeugen von der zerstörerischen Gewalt vulkanischer Mächte, die sich an dieser Stelle der Erdoberfläche ausgetobt haben. Noch immer spreizt sich inmitten der so entstandenen Meeresbucht die düsterfarbene Kuppel eines Vulkanschlotes über einer weiteren Gruppe kleinerer Inseln jüngeren Ursprungs, die sich mit ihren zerfransten Umrissen wie die Fangarme eines gigantischen Kraken aus der Tiefe erheben: Thera *ist* noch immer ein Vulkan – der einzige tätige Vulkan der Ägäis. Bei seiner großen, von einem mehrfach geborstenen Ring lohfarbener Klippen umgebenen Zentralbucht handelt es sich um nichts anderes als um jenes Naturphänomen, das der Wissenschaft unter der Bezeichnung *caldera* bekannt ist[38]: Grob gesprochen, hat man es mit einer Bruchzone, einem Einsturzkessel über einem erschöpften Magmanest zu tun. In ihren geologischen Verhältnissen, in dem Bild, das sie bei einem Blick auf die Karte bietet, und endlich in dem Eindruck, den man an Ort und Stelle gewinnt, erinnert sie stark an den Crater Lake (»Kratersee«) im Kaskadengebirge (Oregon/USA) mit seiner Wizard-Insel. Die Thera-*caldera* ist das Ergebnis eines furchtbaren Ausbruchs oder einer ganzen Reihe heftiger Ausbrüche, die sich in den Jahren von ungefähr 1500–1470 v. Chr. ereigneten und die Insel zerstörten. Es war nicht anders, als ob tief unter ihr eine Mine von unvorstellbarer Zerstörungskraft explodiert wäre. Gewaltige Grabenbrüche bildeten sich auf dem Meeresboden zwischen den Überresten der einstigen Insel, besonders zwischen den heutigen Inselfragmenten Thera (der heutigen Hauptinsel) und Therasia. Ungeheure Massen feiner vulkanischer Asche wurden ausgeworfen, Massen vulkanischer Trümmer von der immer stärkeren Gewalt der Explosionen, die in dem unterirdischen Magmanest stattfanden, auf den Außenrand der Insel geschleudert. Schließlich brach ein großer Teil des mittleren Inselgebiets zusammen und ließ an seinem Rande

Tafeln 17, 18, I

Tafeln 30, 31, V

Abb. 4

Abb. 3 Die Thera-Inselgruppe. Eingezeichnet sind die Grabungsstätten sowie die Fundorte der aus der Zeit vor dem Ausbruch stammenden Keramik.

die wie abrasiert aussehenden Klippen zurück, die noch heute den Eindruck erwecken, als sei erst vor kurzem ein Zyklop mit seinem Hammer am Werk gewesen und habe die Insel zersplittert.

Tafeln 17, 18 Heute kann man von der Terrasse des Hotels Lukas in Phira*

Tafel I fast senkrecht 250 m hinab auf den kleinen Hafen des Ortes blicken, und auch unter dem ruhigen Wasserspiegel noch setzt sich die fast senkrechte Bruchstufe weitere 200 m und mehr in die Tiefe fort. Selbst unmittelbar am Kai können Schiffe nicht Anker werfen, vielmehr müssen sie an großen Bojen vertäut werden, die ihrerseits durch lange Ketten mit dem Meeresgrund verbunden sind. Innerhalb

Abb. 3, 4 der *caldera* beträgt die Wassertiefe in der Regel 200–400 m. Im Westen von Aspronisi dagegen, auf einer Linie, die den westlichsten Punkt von Therasia mit der westlichsten Spitze der Hauptinsel Thera verbindet, ist das Wasser nicht tiefer als ganze 20 Meter. Eine detaillierte Karte mit Angaben der Meerestiefe zeigt mit aller Deutlichkeit, die eine graphische Darstellung nur zu besitzen vermag, die Tiefenverhältnisse dieses steilufrigen Beckens, das sich hier durch vulkanische Aktivität zwischen den Überresten einer alten Insel auf dem Boden der südlichen Ägäis aufgetan hat.

Als der gewaltige Ausbruch abklang, war das Becken der *caldera* ein einziges neues Stück Wasserwüste. Doch noch immer waren am Boden des steilufrigen Einsturzkessels vulkanische Kräfte am Werk. Sie suchten sich einen neuen Ausweg, und so hat von Zeit zu Zeit unterbrochene vulkanische Tätigkeit im Lauf der Jahrtausende jene

Tafel 31 dunkle Masse von Schlacken (griech.: *skōríai*) aufgetürmt, die sich heute wieder drohend inmitten der *caldera*-Bucht reckt. Tatsächlich sind hier zwei neue Inseln emporgewachsen. Beide bezeichnet man mit dem Wort *kaménē* (neugriechische Aussprache: *kaméni*), das »in Brand gesetzte« oder auch »verbrannte (Insel)«, »brennende« oder »verbrannte (Erde)«, »Feuerland«, »Vulkanland« bedeutet. Die

* Hauptort von Thera auf der Hauptinsel der Thera-Gruppe. Im Griechischen schreibt dieser Ortsname sich genauso wie der Name der Insel selbst, und beide werden heute unterschiedslos als *Thīra* ausgesprochen (wobei die Aussprache des *th* der englischen *th*-Aussprache entspricht). Bei der Wiedergabe des Namens durch lateinische Buchstaben hat sich für die Insel selbst aus Gründen der Tradition die Schreibweise »Thera« empfohlen, den an sich gleichlautenden und auch im Original-Schriftbild gleichen Namen des Hauptortes von Thera findet man dagegen auch in der auf die Türken zurückgehenden Umbildung »Phira«, die auf ihre Weise den lautlichen Verhältnissen des Neugriechischen Rechnung zu tragen versucht. Auch der Verfasser bedient sich ihrer. Sie sei deshalb auch in der deutschen Ausgabe beibehalten, zumal sie die Möglichkeit bietet, deutlich zwischen der Insel, von der hier hauptsächlich die Rede ist, und ihrem Hauptort zu unterscheiden. Zum italienischen Namen der Insel (Santorin) s. unten Anmerkung 9. *Anm. d. Übers.*

westliche der beiden Inseln, *Palaià Kaménē* (heutige Aussprache: *Paläà Kaméni* [»Alt-›Feuerland‹«]) tauchte schon im Jahre 197–196 v. Chr. aus den Fluten auf, erst vor rund 260 Jahren jedoch, zwischen 1707 und 1711, erhob sich der Nordwestteil von »Neu-›Feuerland‹« (*Néa Kaménē* [heutige Aussprache: *Néa Kaméni*]) aus dem Wasser. Abb. 4
Einen weiteren beträchtlichen Teil zuvor vom Wasser der *caldera* bedeckten Gebiets und dazu ein drittes Vulkaninselchen, *Mikrà Kaménē* (bzw. *Mikrà Kaméni* [»Klein-›Feuerland‹«]), verleibte Néa Kaméni sich erst bei dem Ausbruch der Jahre 1925/26 ein, nachdem bereits die vulkanische Tätigkeit der Jahre 1866/67 zu einer Erweiterung dieser jüngsten Vulkaninsel der Thera-Bucht nach Süden hin und dabei zu einer Verdreifachung ihres Gebiets geführt hatte. Tafel 30

Das Leben auf Thera ist nicht leicht. Einst brachte der Weinhandel mit Rußland etwas ein, doch die russische Revolution bereitete ihm ein Ende. Noch immer allerdings baut man einen bekannten Wein an und treibt Weinhandel, und außer dem Wein gedeihen heute Tomaten gut auf dem grauen, vulkanischen Erdreich der Insel. Freilich ist Landwirtschaft auf Thera mit Schwierigkeiten eigener Art verbunden, denn auf der gesamten Insel gibt es kein Süßwasser. So sammelt man das kostbare Naß der Winterregen in tiefen Zisternen, und sommers schleppt ein Logger Wasser in einem mächtigen schwimmenden Plastik-Container aus Paros herbei. Man braucht einen vollen Tag, um den Inhalt des riesenhaften Behältnisses kliffaufwärts in die Vorratstanks von Phira (Thira) zu pumpen.

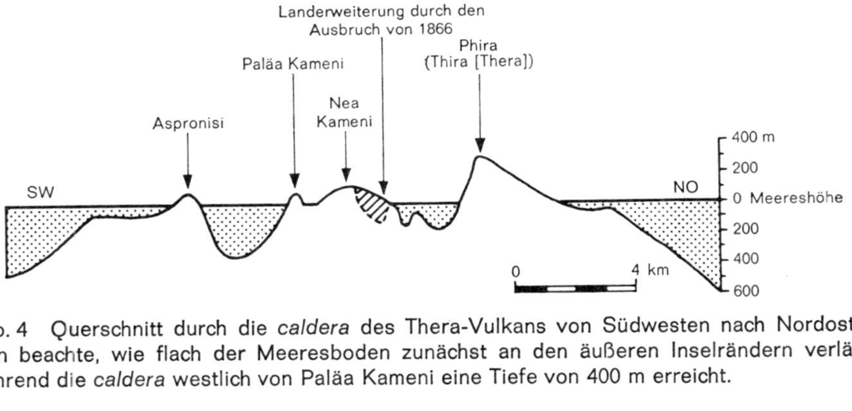

Abb. 4 Querschnitt durch die *caldera* des Thera-Vulkans von Südwesten nach Nordosten. Man beachte, wie flach der Meeresboden zunächst an den äußeren Inselrändern verläuft, während die *caldera* westlich von Paläa Kameni eine Tiefe von 400 m erreicht.

Oliven oder Zypressen sieht man auf Thera nicht. Überhaupt gibt es nur wenige Bäume und Sträucher auf der Insel. Wein und Tomaten wachsen auf grauen, staubigen Feldern, die über und über mit Lava- und Bimssteinbrocken besät sind. Säuberlich aufgeführte mörtellose Mauern, von denen einige mehr als sechs Meter hoch sind, verwandeln das Kulturland in eine Abfolge von Terrassen und verhindern, daß Winderosion oder Winterregen das lose Erdreich abtragen. Reihe um Reihe aufragend, machen sie jedes Querfeldeinwandern zu einer Strapaze, und man sieht sich geradezu gezwungen, den trockenen Betten winterlicher Gießbäche zu folgen, die ihrerseits wie kleine Straßen vorzüglich von Mauern eingefaßt sind – abermals um zu verhindern, daß winterliche Wolkenbrüche zu tiefe Rinnen in die hohen Bänke vulkanischer Aschen und Tuffe reißen.

Diese ungeheuren Lager von Bimsstein und vulkanischer Asche oder *tephra*[39] sind der augenfälligste, ungewöhnlichste Zug der Landschaft von Thera. Unmittelbar im Süden von Phira (Thira) befindet sich eine riesige Grube, wo man die Asche im Tagebau abträgt. Man schaufelt sie in Loren und befördert sie zum Klippenrand, von wo sie über Schütten auf die Schiffe gelangt, die unten im Hafen warten, um sie nach Athen zu transportieren. Hier wird das abgebaute Material, die sogenannte »Santorinerde«, zur Zementherstellung verwendet. Es handelt sich im wesentlichen um den gleichen Rohstoff wie das bei Neapel gefundene »Pozzuolanmehl« (nach der Stadt Pozzuoli bei Neapel benannt), ein an Silikaten und Kalk reiches Ausgangsprodukt für einen begehrten Zement von außerordentlicher Wasserundurchlässigkeit.

Tafel II

Die im folgenden wiedergegebenen Einzelheiten über die Aschenschicht und ihre Ausbeutung sind einem der Grabungsberichte von Prof. Marinatos entnommen[40]. Es heißt hier:

Tafel 20

»In der untersten *tephra*-Schicht legt man zahlreiche tiefe, horizontal verlaufende Gänge an. Innerhalb der Schicht verbindet man diese durch Quergänge, so daß eine Art Gitterwerk kreuzweis verlaufender Stollen entsteht, das die Stabilität des *tephra*-Lagers außerordentlich schwächt. Wochenlang setzen die hier arbeitenden Männer in aller Ruhe ihr Werk fort, bis ihr erfahrener Vorarbeiter eher mit einem sechsten Sinn spürt, als bewußt wahrnimmt, daß die weiße Masse sich zu regen beginnt. Feine, fast haardünne Risse beginnen sich zu zeigen, und nun unterbrechen die Bergleute ihre Arbeit, verlassen die Stollen und gehen anderen Tätigkeiten nach. Eine Woche oder länger dauert es, bis die Masse vollends in Bewegung gerät und einstürzt. Sofort wirft man sie nun auf die Schiffe hinab, die unten unter den Steilhängen des Kraters warten.«

Welches Ereignis war die Ursache, daß diese gewaltigen Aschenlagen die gesamte Insel mit ihrer drückenden Last bedeckten, und wann hat es sich abgespielt? Nicht nur in den Abbaugruben bei der Inselhauptstadt, sondern fast überall auf der Insel gewahrt man diese hohen, leuchtenden Wände weißer Asche. Vieles davon muß im Lauf der Jahrhunderte durch Witterungseinflüsse abgetragen worden sein, doch immer noch sind Millionen von Tonnen übrig. Mehr und mehr fühlt man sich, wenn man durch die Erosionsrinnen schreitet und auf die mitunter bizarr ausgenagten Kliffs blickt, von der Empfindung einer übermächtigen Gewalt niedergedrückt, die all diese Massen aus dem Schoß der Erde emporgeschleudert und mit vernichtender Wucht auf dem einst so fruchtbaren, reich bewaldeten Inselboden aufgetürmt hat. Und dann bemerkt man, daß die Klippe, welche die Inselhauptstadt Phira (Thira) trägt, durchaus keine Klippe im üblichen Sinne ist. Sie besteht nicht aus massivem Felsgestein, sondern aus Lagen über Lagen vulkanischer Trümmer, kreuz und quer durchzogen von flözartigen Lava-Adern – man hat einen riesigen, farblich vielfach abgestuften geologischen Querschnitt vor sich, der einem förmlich mit Gewalt zum Bewußtsein bringt, daß hier Jahrtausende hindurch ein Vulkan seine zerstörerische Macht entfaltet hat.

Tafel IV

Tafeln 50, 51

Tafel I

Abb. 5

Im Zusammenhang mit der Atlantis-Frage geht es einzig und allein um jenen großen Ausbruch vulkanischer Tätigkeit, der sich in der Zeit um 1500 v. Chr. ereignete, jenen Ausbruch, der die oben beschriebene *caldera* und die weißen *tephra*-Hügel entstehen ließ, von denen gleichfalls die Rede war. Am Grund des Aschengewinnungs-Tagebaus bei Phira liegt stellenweise die minoische Schicht frei – die

Tafeln III, IV

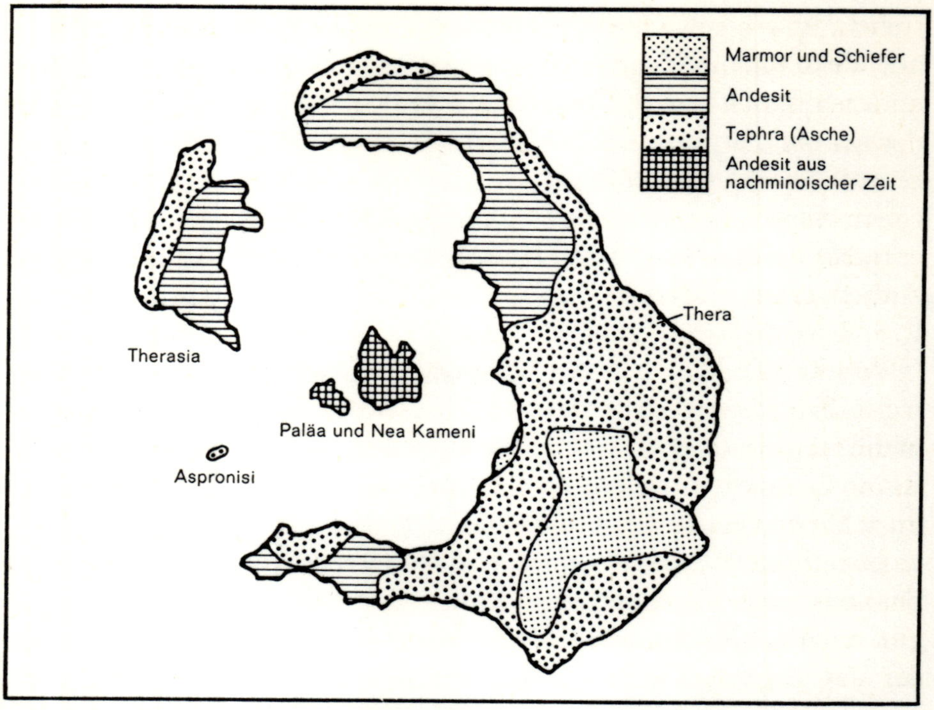

Abb. 5 Geologische Karte der Thera-Inselgruppe

Bimssteinablagerung ruht unmittelbar auf dem braunen, lehmigen Boden –, jene Schicht, die vor dreieinhalbtausend Jahren die Oberfläche der Insel bildete. Ganze Hände voll dieser Erde kann man dort aus dem Boden scharren, und wenn man daran Vergnügen findet, kann man sich Erdreich aus dieser Schicht Krume für Krume durch die Finger rinnen lassen. Hier und dort erblickt man Umrisse von Mauern, und noch immer liegen dort Tonscherben, die keines heutigen Menschen Hand aus der Lage gebracht hat, in der sie einst vom Erdreich umschlossen wurden. Einst muß es hier am damals leicht abfallenden Talboden eine Ansiedlung gegeben haben, die am Ufer eines kleinen Wasserlaufs lag. Allerdings verbietet sich an dieser Stelle jeder Versuch einer archäologischen Grabung, denn Tausende von Tonnen vulkanischer Asche überlagern diesen Punkt und warten nur darauf, sich in Bewegung zu setzen, wenn man auch nur einen einzigen Stein aus seiner Lage bringt. Am Fuß der Wand auch nur zu

Abb. 17
Tafel XII

stehen, ist ein gewagtes Unternehmen, wenn Bulldozer über einem am Werk sind und eine Ladung feiner, weißer Vulkanasche nach der anderen in die Tiefe kippen. In ernster Gefahr ist der Mechanismus der Kamera, die man bei sich trägt – dies wegen der winzigen Aschenteilchen, welche die frische Seebrise aufwirbelt. Dennoch fällt es einem schwer, sich loszureißen. Weniger als ein Kilometer vom Hotel entfernt, ist man hier dreieinhalb Jahrtausende in die Vergangenheit zurückversetzt. Und man ahnt etwas von jenen Empfindungen, die L. S. B. Leakey bewegt haben müssen, als er auf dem Grund der Olduway-(Oldoway-)Schlucht in Tanganjika (Ostafrika) jene urweltlichen Menschenüberreste freilegte, die seinen Namen auf immer in die Geschichte der Paläanthropologie eingehen lassen sollten. Hier ist die Bronzezeit buchstäblich greifbar nahe – so nahe, daß man sie im wahrsten Sinne des Wortes mit Händen greifen kann. Irgendwoher aus der Grube kommt ein Arbeiter herbei und hält etwas Dunkles in der Hand. »Alter Baum«, sagt er, und mit einem Lächeln gibt er einem das Stück, denn er hat bemerkt, wie sehr man im Bann der Vergangenheit steht, die hier begraben ist. Und dann hat man es in der Hand: ein verkohltes Stück Holz, Holz von einem Baum, der einst hier grünte, als Minos das Meer beherrschte, und der den Hitze- und Erstickungstod starb, als feuriger Bimssteinregen allem Leben auf der Insel ein Ende bereitete.

Chronologie des bronzezeitlichen Ausbruchs

Am 9. Juli 1956 erschütterte ein schweres Erdbeben die unteren Schichten in dem großen Aschentagebau bei Phira, und unter dem tiefsten Bimssteinlager wurden Überreste sichtbar, welche vermuten ließen, daß man es mit den Ruinen eines antiken Bauwerks zu tun hatte. In ihrer Nähe fanden sich einige Menschenknochen, desgleichen Zähne und verkohltes Holz, so daß Prof. A. G. Galanopoulos eine Zeitbestimmung aufgrund der Radiokarbonmethode durchführen lassen konnte. Es ergaben sich recht unstimmige Resultate, und zwar erhielt man die Daten 1090 v. Chr. (± 150 Jahre) und 1410 v. Chr. (± 100 Jahre)[40]. Die erste der beiden Angaben braucht jedoch nicht

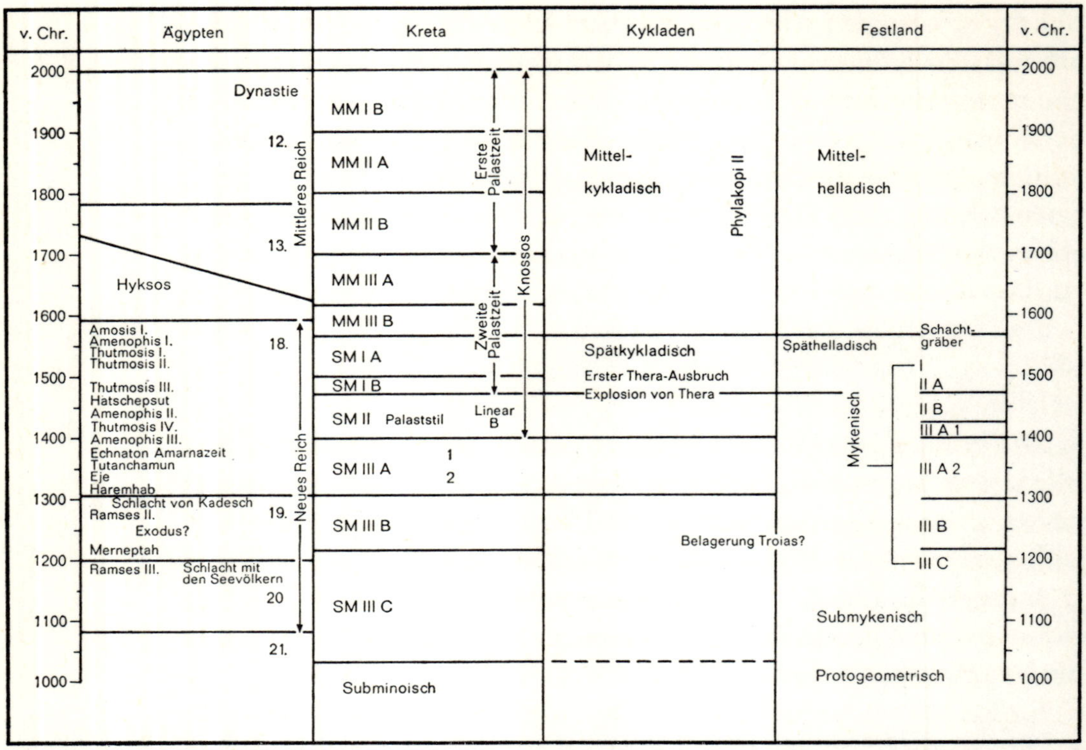

Abb. 6 Zeittafel

berücksichtigt zu werden, da man annimmt, daß die Probe, von der sie stammt, Beimischungen von Huminsäure (Humussäure) enthielt, die das Ergebnis beeinflußten. Das zweite Resultat wurde nach Entfernung der Huminsäure erzielt und darf daher als das zuverlässigere betrachtet werden.

Abb. 6 Erst kürzlich sind neue, verbesserte Datierungen entsprechenden Materials bekannt geworden[41]. Und zwar fand man im Jahre 1967 in der untersten Bimssteinschicht der Grube von Phira den verkohlten Stamm eines Bäumchens. Von großer Bedeutung ist, daß er sich in aufrechter Stellung befand, weil man daraus ersieht, daß der Baum noch lebte, als die Eruption begann. Untersucht man nach der ^{14}C-Methode Zimmerholz, das beim Hausbau Verwendung gefunden hat, so ist stets zu berücksichtigen, daß das Radiokarbondatum des Holzes vielleicht in eine Zeit zurückweist, die weit vor dem Zeitpunkt der Zerstörung des betreffenden Gebäudes liegt, denn Radiokarbondaten beziehen sich auf den Augenblick, in dem das pflanzliche Material »starb« und damit aufhörte, dem Kohlenstoffbestand der Welt Kohlenstoff zu entnehmen. Die Gefahr einer solchen Mißweisung besteht jedoch nicht, wenn es um das Holz eines Baums geht, der so, wie er stand, verschüttet wurde. Der Test mit dem 1967 gefundenen Material wurde vom *Physics Department* der *University of Pennsylvania* ausgeführt und erbrachte folgende Ergebnisse:

Halbwertzeit 5568	Halbwertzeit 5730
1456 v. Chr. ± 43 Jahre	1559 v. Chr. ± 44 Jahre

Die Probe wurde in zwei Hälften geteilt, und jeder der beiden Teile wurde insgesamt sechsmal untersucht.

Nach diesem Resultat muß der erste Bimssteinregen in einer Zeitspanne gefallen sein, deren äußerste Grenzen durch die Jahreszahlen 1603 v. Chr. und 1413 v. Chr. gekennzeichnet sind. Hält man sich an das vorzuziehende Ergebnis, verengen sich diese Grenzen sogar auf die Jahre 1603–1516 v. Chr.

Diese Angaben bedeuten einen wertvollen Hinweis auf die Zeit, in der sich die Eruption des Thera-Vulkans ereignete. Größere Genauigkeit ermöglichen jedoch wohl andere Datierungsmethoden, insbesondere wenn man sich an den Keramikfunden orientiert. Was die Datierung mit Hilfe des Radiokarbonverfahrens angeht, so hat man bei ihr stets eine gewisse Ungenauigkeit in Kauf zu nehmen. Auf eine Reihe unvermeidlicher Fehlerquellen weist H. Baker[42] hin. Es handelt sich dabei um Isotopenverschiebung, die bei Holzproben Abweichungen bis zu ± 80 Jahren hervorrufen kann, und um Irrtümer, die sich bei der Auswahl des Bezugsmaterials einschleichen können. Ferner hat man die Möglichkeit einer Beeinflussung des Testmaterials durch das Verbrennen fossiler Brennstoffe in Erwägung zu ziehen, ganz zu schweigen von den Folgen atomarer Versuchsexplosionen und der Möglichkeit, daß sich im Laufe der vergangenen 1300 Jahre der ^{14}C-Gehalt der Atmosphäre geändert hat. Daß dieser letztgenannte Faktor durchaus in Betracht kommt, ist kürzlich durch Untersuchung dreier Ringe nachgewiesen worden. Wie man annimmt, kann allein diese eine Fehlerquelle Ungenauigkeiten bis zu

± 1,5 % hervorrufen. H. Baker schließt mit der Feststellung: »Man wird sich damit abzufinden haben, daß die besprochene Methode nicht imstande ist, Altersdifferenzen von weniger als einigen Jahrhunderten klären zu helfen.«

Glücklicherweise liefert die Keramik Anhaltspunkte, die eine präzisere Datierung ermöglichen. Im Lauf der letzten hundert Jahre hat man zu verschiedenen Zeitpunkten und an verschiedenen Stellen auf Thera und Therasia beträchtliche und sehr aufschlußreiche Keramikfunde gemacht, auch einige Fragmente von Fresken und eine Dolchklinge in Einlegearbeit gehören zu den Funden, die im genannten Bereich glückten. Einzelheiten der Grabungen wird Kapitel IV bringen. Sämtliche Tonware, die hier gefunden wurde, befand sich in fest verschlossenen Räumen unmittelbar unter der tiefsten Bimssteinschicht. In ihrer Gesamtheit ist diese Keramik von bemerkenswerter Einheitlichkeit in Stil und Dekor, und es dürfte sich bei den hier gefundenen Stücken um Beispiele jener Töpferware handeln, die zur Zeit des ersten Vulkanausbruchs auf der Insel im Gebrauch war. Einige der Gefäße sind an Ort und Stelle hergestellt, andere wurden eingeführt, doch alle zeigen sie den Einfluß jenes minoischen Stils, der als »Spätminoisch I A« bekannt ist. Der erste, der diese Keramik systematisch untersuchte und sie zu kretischen Funden in Beziehung setzte, war L. Renaudin, und zwar lautete sein Ansatz: Ende von Mittelminoisch III sowie Anfang von Spätminoisch I[43]. Åberg war der Auffassung, die Hauptmasse des Materials stamme aus der Zeit der sogenannten *temple repositories** von Knossos und gehöre damit der Mittelminoisch-III-Periode an, räumte jedoch ein, daß einige der Gefäße der Spätminoisch-I-Stufe zuzuweisen seien, mithin der Zeit nach 1550 v. Chr.[44] Vor seinen neuen Entdeckungen bei Akrotiri hatte S. Marinatos das Jahr 1520 als Zeitpunkt der Eruption von Thera ins Auge gefaßt, doch nun gestatteten ihm neue Keramikfunde, bis zum Jahr 1500 v. Chr. herabzugehen[45].

Tafeln 28, 45–47

Tafel 43

Tafel XIII

Tafel 61

* Es handelt sich um kleine, vertiefte Gelasse im Boden zur Aufbewahrung von Kult- und Votivgegenständen. Vergleichsmöglichkeiten bieten sich in etwa, wenn man an den *bóthros* eines späteren griechischen Tempels oder an die Genisa (Geniza) einer Synagoge denkt. *Anm. d. Übers.*

Unzweifelhaft gibt hier den Ausschlag, aus welcher Zeit das letzte datierbare Gefäß stammt. Scholes ist der Auffassung, es sei dies der Tafel 28 von Zahn gefundene Krug[46], dessen Efeublattmuster er mit einem ähnlichen Motiv auf einer mykenischen Vase aus Lachisch vergleicht, Tafel 29 die Stubbings dem Mykenisch-II-Stil zuweist, den man, grob gesagt, zwischen 1500 und 1425 v. Chr. ansetzt[47].

Aus diesen Befunden läßt sich folgern, daß der erste Bimssteinregen auf Thera um 1500 v. Chr., wenn nicht vielleicht sogar noch etwas später, niederging.

Wichtig ist, sich vor Augen zu halten, daß im angegebenen Zeitraum, d. h. um 1500 v. Chr., der große Ausbruch vulkanischer Tätigkeit auf Thera *begann* und daß man es noch keineswegs mit dem Zeitpunkt der allgemeinen Zerstörung zu tun hat, die sich auf Kreta verzeichnen läßt. Vielmehr handelt es sich erst um jenen Zeitpunkt, als der Theravulkan nach einer langen Ruhepause wieder aktiv wurde und das gröbere Bimssteinmaterial auswarf, das in den Ablagerungen vulkanischen Auswurfs die tiefste Schicht darstellt. An die vier Meter beträgt die Dicke dieser Schicht in der Grube von Phira, doch beschränkten sich die Auswirkungen dieser Phase vulka- Abb. 7 nischer Tätigkeit wohl noch auf Thera selbst. Zur Bildung der *caldera* kam es damals noch nicht, doch dürfte so gut wie feststehen, daß schon damals sämtliche Ansiedlungen auf der Insel vom Erdboden verschwanden und ihre Bewohner fluchtartig das Land verließen, wenn sie nicht umgekommen waren. So wenig Skelette und Wertsachen wurden gefunden, daß es scheint, als ob die Einwohner frühzeitig genug Warnzeichen erhalten und die meisten von ihnen daher Zeit gehabt hätten, sich und einen Teil ihrer Habe in Sicherheit zu bringen.

Dem ersten Ausbruch folgte eine Phase relativer Ruhe. Über ihre Dauer ist nichts bekannt. Daß es allerdings eine solche Ruhepause gab, schließt Reck aus Erosionsspuren, die das vom ersten Ausbruch stammende Bimssteinlager aufweist[48]. In der Tat zeugen V-förmige Einschnitte, die sich hier und da in der Schichtung beobachten lassen, Tafel 19 vom Werk erodierender Kräfte. An die Zeit der Ruhe schloß sich ein Zwischenspiel relativ kleiner Ausbrüche an. Von ihnen berichten noch heute fünf gleichfalls an den Wänden der Grube von Phira Tafel IV, Abb. 7

deutlich sichtbare, klar voneinander abgesetzte Schichten in weißem, grauem und rötlichem Ton, die sich wie ein mehrfarbiges Band zwischen die grobkörnigere Bimsstein- und die darüberliegende feinere, weiße Aschenschicht fügen. Nach diesem Zwischenspiel setzte die Eruption abermals mit voller Gewalt ein. Ungeheure Blöcke wurden von der Explosionskraft des inmitten der Insel tätigen Kraterschlotes oder aus Nebenkratern geschleudert, und diese Auswürflinge riefen, wo sie als »vulkanische Bomben« einschlugen, Trichter beträchtlicher Größe hervor, die sich deutlich als Mulden in den tieferliegenden Schichten abzeichnen. Eine dieser Mulden zeigt Tafel X. Die abgebildete Stelle befindet sich etwa drei Kilometer vom heutigen Herd der vulkanischen Aktivität entfernt, und Reck ist der Auffassung, daß der Hauptkrater der bronzezeitlichen Insel sogar noch weiter im Norden lag. Bei weitem größere Auswürflinge dieser Art fand man in den oberen *tephra*-Schichten, und was die feine, weiße, vulkanische Asche angeht, so bedeckt deren Masse die Insel in einer dicken Schicht, deren größte gemessene Höhe 66 m betrug. Zwar fehlt es durchaus nicht an horizontalen Trennungslinien in dieser Schicht, doch Fouqué hält sie für nicht ausgeprägt genug, um von längeren Unterbrechungen der Vulkantätigkeit zu sprechen. Nach seiner Ansicht zeugt eine leicht gelbliche Tönung, wie sie sich an den Trennungslinien wahrnehmen läßt, allenfalls von kurzer Verwitterung, von mehr jedoch nicht. Ober- und unterhalb der betreffenden Zonen gibt es keinerlei Unterschied in der Körnung. Fouqué schließt:

Tafel X

> »Daher ist es wahrscheinlich, daß die Betten [der feinen weißen Asche] einfach aufeinanderfolgenden Phasen eines und desselben Vulkanausbruchs entsprechen, der, wie Berichte von späteren Eruptionen zeigen, durchaus mehrere Jahre gedauert haben kann, wobei Perioden verhältnismäßiger Ruhe mit solchen heftigerer Aktivität abwechselten.«[49]

Damit ist das Bild eines Vulkans umrissen, der um 1500 v. Chr. oder vielleicht sogar etwas später tätig wurde, wobei die Gewalt seiner Ausbrüche stufenweise einem katastrophalen Höhepunkt zustrebte. Leider scheint keine Möglichkeit vorhanden, auf Thera selbst nachzuweisen, wann dieser Höhepunkt erreicht war. Daß man aller-

Abb. 7 Schematischer Querschnitt durch die Schichten des Aschen-Tagebaus (der Aschengewinnungsgrube) von Phira (Thira [Thera]).

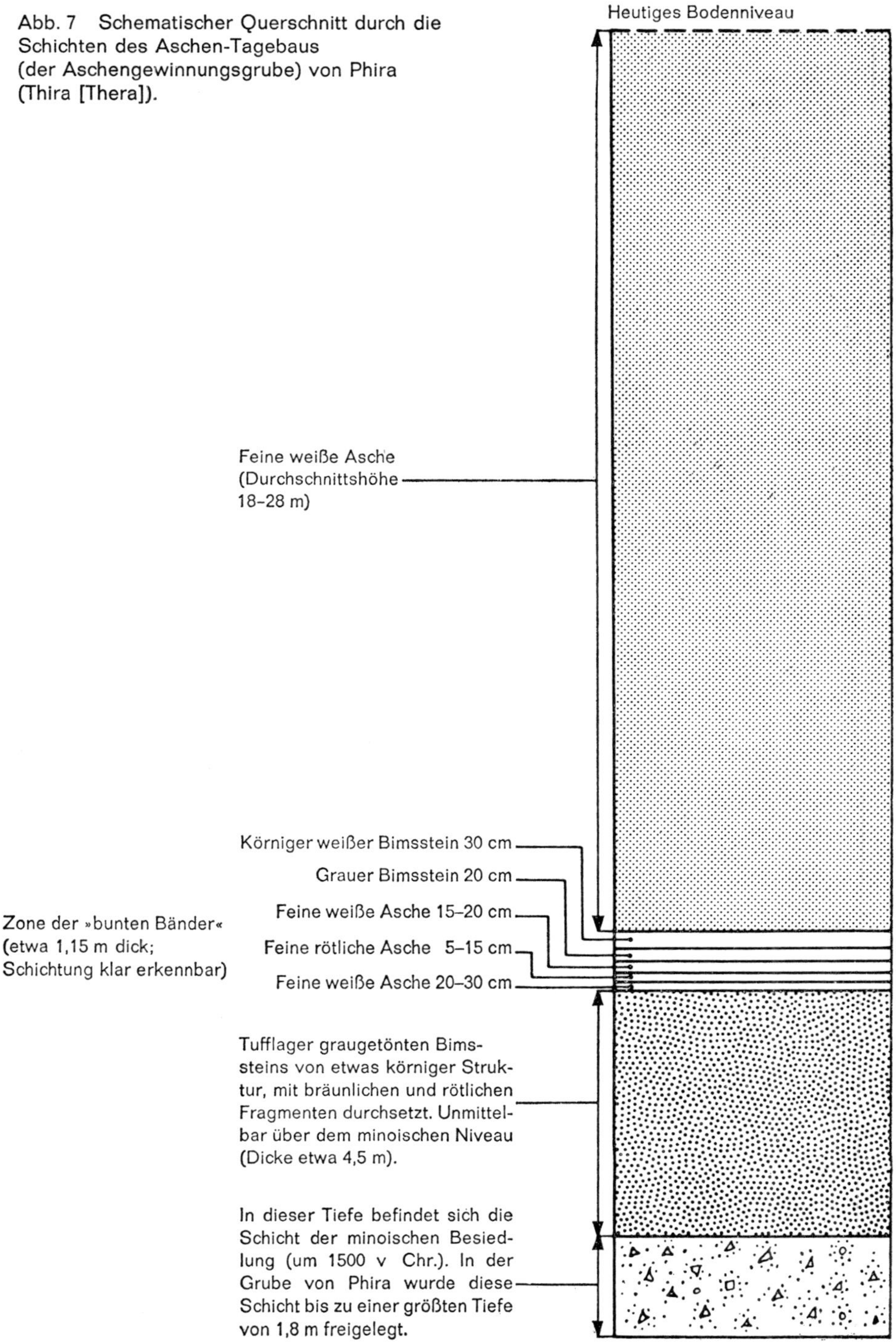

dings einen gewissen Zeitabstand zwischen dem ersten Ausbruch und jenem Augenblick anzunehmen hat, in dem die zerstörerische Aktivität sich zur Katastrophe ausweitete, darüber sind sich Kenner vulkanischer Erscheinungen einig. Wie groß jedoch dieser zeitliche Abstand war – dies anzugeben, ist freilich niemand in der Lage. Damit ist der Augenblick erreicht, da man sich nach Kreta begeben muß, um dort nach weiterem Beweismaterial zu suchen.

Es sind neue, durch Untersuchung der Schichtungsverhältnisse gewonnene Daten aus Knossos, die hier wertvolle Hilfe bringen. Im Jahre 1961 gelang bei Grabungen, welche das Britische Archäologische Institut *(British School of Archaeology)* unter der Leitung von Sinclair Hood durchführte, die Entdeckung eines Lagers von Gefäßen der spätminoischen IB-Stufe[50]. Es war dies eine Entdeckung, von der man gesagt hat, sie sei imstande, auf einem breiten Sektor der Erforschung minoischer Zeit eine »Konterrevolution« hervorzurufen. Evans hatte sich nicht davon abbringen lassen, daß die Keramik der spätminoischen IB-Phase die Jahre von etwa 1500 bis 1450 v. Chr. umfasse und daß man es mit einer sich deutlich abhebenden Stilperiode eigener Prägung zwischen der Stufe Spätminoisch IA (16. Jahrhundert v. Chr.) und dem »Palaststil« der Phase Spätminoisch II (1450–1400) zu tun habe. Es blieb die Schwierigkeit, daß sich keine Gefäße der SMIB-Periode in Knossos gefunden hatten, obwohl es an anderen Grabungsstätten genug von ihnen gab. Evans versuchte, diesen Mangel durch die Hypothese zu erklären, daß kriegerische Könige von Knossos aus Feldzüge unternommen hätten, in deren Verlauf die anderen Paläste Kretas um 1450 den Feindseligkeiten zum Opfer gefallen seien. Bei ihrer Zerstörung hätten ihre Trümmer eine schützende Umhüllung für die dort befindlichen Gefäße der spätminoischen IB-Keramik gebildet, in Knossos dagegen seien Gefäße dieses Stils in der Folge außer Gebrauch gekommen, und man habe nicht daran gedacht, sie aufzuheben. Gegen diese Vermutungen Evans' erhob sich immer heftiger Widerspruch. Zahlreiche Sachkenner schlossen sich nach und nach der Überzeugung an, die beiden Keramikstile (nämlich Spätminoisch IB und Spätminoisch II) seien zeitlich nicht voneinander zu trennen, und die Zerstörung all der heutigen Fundstätten, die in so auffälliger

Tafeln 21–26

Tafeln 63–66

Weise alle um dieselbe Zeit in Trümmer sanken, habe um 1400 v. Chr. stattgefunden.

Der neue Fund bewirkt dreierlei. Erstens bestätigt er, daß Evans recht hatte, wenn er der Auffassung war, es handle sich bei Spätminoisch IB und Spätminoisch II nicht um gleichzeitig nebeneinander, sondern um nacheinander aufgetretene Stilphasen. Zweitens macht dieser Neufund Evans' geistvolle Hypothese überflüssig, nach der Angriffe der minoischen Bewohner von Knossos zur Zerstörung der übrigen Paläste Kretas geführt haben, da ja nunmehr spätminoische IB-Vasen aus Knossos selbst vorliegen. Drittens zeigt dieser Fund – und dies ist im Hinblick auf vorstehende Untersuchung das Wichtigste –: auch in Knossos wurde, wie anderswo auf Kreta, zumindest ein Gebäude zu einer Zeit gewaltsam zerstört, als Keramik des spätminoischen IB-Typs in Gebrauch war.

Man fand jene spätminoischen IB-Gefäße im Keller eines Gebäudes an der Nordseite der zum Palast führenden sogenannten »Königsstraße«. Um 1650 errichtet, war das betreffende Bauwerk von Zeit zu Zeit umgestaltet worden. Nicht weniger als vier unterschiedliche Bodenniveaus ließen sich im fraglichen Kellerraum feststellen, der bis auf mittelminoische Zeit (und zwar bis zur Unterstufe Mittelminoisch III) zurückging. Bruchstücke für die spätminoische IA-Phase typischer Keramik lagen auf Niveau 3, unmittelbar darüber befand sich Niveau 4 mit seinem bedeutenden Lager jener Vasen der spätminoischen IB-Stufe. Dieses war von einer 20–30 cm hohen Aschenschicht umschlossen und von einer dicken Lage zerbröckelten Schlammziegelmaterials bedeckt, das von den oberen Stockwerken desselben Gebäudes stammen dürfte. Eingesprengt waren in diese Schicht einige Bruchstücke großer Bodenplatten aus Kalkstein sowie Spuren roten Stucks, der die Fugen zwischen ihnen gefüllt hatte. Nach Ansicht der Ausgräber müssen diese Platten zusammen mit den Gefäßen vom Obergeschoß eines Nachbarhauses auf ihren heutigen Fundort herabgefallen sein.

Tafel 6

Unmißverständlich ist, was dieser Fund berichtet. Ein massives, 200 Jahre altes Gebäude ist hier zerstört worden, und zwar noch bevor der Keramikstil der spätminoischen IB-Phase aus der Mode gekommen war, dessen Verschwinden einige Kenner der Materie heute in die Jahre um 1470 v. Chr. weisen, obwohl Evans es um 1450 v. Chr. ansetzte. Bei der Katastrophe, der das Bauwerk zum Opfer fiel, sanken die oberen Stockwerke und die Mauern des Gebäudes in Trümmer. Einige Bruchstücke des Materials, aus dem sie bestanden, fielen in den Keller hinab, und dort legte sich eine mehr als ein Viertelmeter dicke Aschenschicht um sie. Bei dieser Asche könnte es sich um das handeln, was vom einstigen Wand- und Dachgebälk übrigblieb. Aufgebaut wurde das Gebäude nicht wieder. Die Luftziegel seiner oberen Mauerlagen lösten sich im Lauf der Zeit auf, und die Masse, aus der man sie einst geformt hatte, bildete nun eine dichte Schutzschicht über den kostbaren Keramikresten.

Bei einigen der spätminoischen I B-Vasen im sogenannten »Meeresstil« handelt es sich um so vortreffliche Beispiele derartiger Keramik, daß sie den Vergleich mit jedem anderen Fund ihrer Art aufnehmen können. Weiterhin fand man steinerne Siegel, darunter zwei von außergewöhnlicher Güte, ferner Überreste eines Elfenbeinkamms, den Arm einer Elfenbeinstatuette sowie Bruchstücke eines Löwenkopf-Rhytons aus Steatit. Schließlich bestand völlige Gewißheit darüber, daß diese Sammlung von Fundstücken aus der spätminoischen I B-Stufe auch nicht die Spur irgendeines Gegenstandes enthielt, der für den späteren »Palaststil« der Spätminoisch-II-Phase charakteristisch wäre.

Damit hat man zwei wichtige neue Tatsachen in den Rahmen der Chronologie des Palastes von Knossos und seiner unmittelbaren Umgebung einzufügen:

1. Bei Neulegung eines Kellerbodens wurden spätminoische Keramikreste der I A-Stufe zugeschüttet.
2. Ein großes Gebäude wurde völlig zerstört. Seine Trümmer verschütteten ein bedeutendes Lager von Gefäßen der spätminoischen I B-Phase. Aufgebaut wurde das Gebäude nicht mehr.

Evans ließ sich nicht davon abbringen, daß der Palast von Knossos und das ein gutes Stück südlich von ihm befindliche Tempelgrab in den letzten Jahren des 16. Jahrhunderts v. Chr. schwere Erdbebenschäden erlitten hätten. Um 1500 v. Chr. wurden an Teilen des Palastes Instandsetzungsarbeiten durchgeführt, die betroffenen Räume erhielten Dekorationen im damals üblichen spätminoischen I B-Stil. Nun aber hat man nachgewiesen, daß allen größeren Ausbrüchen vulkanischer Tätigkeit auf Thera in historischer Zeit heftige Erdbeben vorausgingen und nachfolgten[51]. Wenn es sich in der Spätbronzezeit ebenso verhielt, war das von Evans angenommene Erdbeben von Knossos vielleicht nichts anderes als das Vorspiel zum ersten damaligen Ausbruch des Thera-Vulkans, für dessen zeitlichen Ansatz um 1500 v. Chr. (wenn nicht sogar noch etwas später) sich hinreichender Grund fand (vgl. S. 96 sowie unten Anm. 45). Es ist durchaus möglich, daß die damaligen Erdstöße auch Anlaß für die oben unter 1 angeführte Fußbodenerneuerung waren.

Was aber besagt Punkt 2? Bevor auch nur ein einziges großes Gebäude in Knossos vollständig der Zerstörung anheimfiel, entwickelte sich hier ein vollkommen neuer Keramikstil. Tonware dieses Spät- Tafeln 21–26 minoisch-I-B-Stils mit ihren charakteristischen, der Welt des Meeres entnommenen Motiven fand in der gesamten minoischen Welt ihre Abnehmer. Angemessen dürfte es sein, für die Entwicklung und Ausbreitung dieses Stils mindestens 25 Jahre zu veranschlagen – dies, obwohl Meeresmotive in der minoischen Kunst keineswegs gänzlich neu waren: in der Tat lassen sie sich bis zur mittelminoischen Zeit zurückverfolgen. Gleichviel – irgendwann nach etwa 1475 v. Chr. wird man sich folglich nach einer Ursache dafür umzusehen haben, daß ein massives Gebäude dermaßen in Trümmer sinken konnte, wie es die britischen Ausgräber im Jahre 1961 vorfanden.

Der Verfasser möchte auch dafür die Ursache auf Thera suchen, denkt in diesem Zusammenhang an den Inselvulkan aber nicht als einen Herd von Erderschütterungen, sondern als den Schauplatz eines explosionsartigen Ausbruchs von nie dagewesener, verheerender Gewalt. Es geht ja nicht nur um die Zerstörung eines einzigen Bauwerks in Knossos – könnte dieses doch beispielsweise auch Seeräubern zum Opfer gefallen sein. Nein: die für das Ende der spätminoischen I B-Phase so charakteristische Zerstörung beschränkt sich keineswegs auf den Bereich von Knossos. Verwüstung größten Ausmaßes, von Bränden begleitet, suchte damals weite Teile Mittel- und Abb. 14 Ostkretas heim. Zerstört wurden die großen Paläste von Phaistos und Mallia, zerstört der kleinere Palast von Ayia Triada (Hagia Tafel 37

Triada), und mit den Palästen sank viel von den sie umgebenden Städten in Schutt und Asche. Gleiches gilt für den erst kürzlich ent-
Tafel 39 deckten Palast von Kato Zakro – doch nicht nur Paläste sollten betroffen werden: auch andere große Bauwerke in Tylissos, Niru Chani, Sklavokampos, Amnisos und Apodulu fielen der Zerstörung
Tafel 38 anheim, und dasselbe war mit den Ansiedlungen Gurnia (Gournia), Paläkastro (Palaikastron), Psira (Pseira) und Mochlos der Fall. Doch nicht genug damit: auch die Decke der Kulthöhle von Arkalochori (Arkalochorion) stürzte ein, und neue Feldforschung hat weitere Beweise für die Verwüstung erbracht, die am Ende der spätminoischen I B-Periode überall auf Kreta zu verzeichnen ist, und zwar bei einem mit dem ostkretischen Paläkastro (Palaikastron) gleichnamigen Ort an der kretischen Nordküste, nicht weit im Osten von Rethimnon (Rethymnon), desgleichen in Pirgos (Pyrgos) an der Südküste.

Niemand baute die zertrümmerten Paläste wieder auf, und viele der verwüsteten Siedlungsstätten blieben fortan menschenleer. Nur der Palast von Knossos behielt seine Funktion als Verwaltungszen-
Tafeln 63–65 trum bei, und aus dem Stil der spätminoischen I B-Phase entwickelte sich hier die »Palaststil«-Stufe (Spätminoisch II). Gefäße des für sie
Tafel 66 charakteristischen Stils hat man in einem Grab unweit von Katsamba gefunden, einem der Hafenplätze des alten Knossos; sie befanden
Tafel 100 sich hier zusammen mit einem Alabastergefäß ägyptischer Herkunft, das den Namen Thutmosis' III. (1490–1436 v. Chr.) trägt[52]. Matz folgert hieraus, der »Palaststil« habe eingesetzt, als das zweite Viertel des 15. Jahrhunderts v. Chr. begann.

Pendlebury und andere verfochten die Ansicht, der spätminoische I B-Stil habe, außer in Knossos, überall auf Kreta fortgelebt, und zwar gleichzeitig neben dem in Knossos entwickelten spätminoischen II-Stil, bis eine große Zerstörung hereingebrochen sei, die Pendlebury in die Zeit um 1400 weist. Sämtliche Paläste, so meint er, seien damals zugrunde gegangen. Demgegenüber möchte der Verfasser der Annahme Vorrang geben, daß die Zerstörung des Palastes von Knossos nichts mit einer früheren Welle von Zerstörungen zu tun hat – jener Katastrophenwelle, die das Ende der spätminoischen I B-Phase kennzeichnet. Was den Zeitpunkt des Endes von Knossos angeht, so ist dieser seinerseits außerordentlich umstritten. Einige weisen ihn in die Jahre um 1400 v. Chr., andere dagegen sogar in noch spätere Zeit. Was immer indessen davon zutreffen mag – nach Ansicht des Verfassers hat der Untergang von Knossos nichts mit dem Thera-Ausbruch zu tun. Anders dürfte es sich dagegen bei der ausgedehnten Verwüstung am Ende der spätminoischen I B-Periode verhalten haben, jener so ungewöhnlichen Häufung von Zerstörungen, der all die anderen Paläste und Niederlassungen auf Kreta wie mit einem Schlag zum Opfer fielen. Der Verfasser folgt S. Marinatos, wenn er *diese* Häufung von Katastrophen, unter der Kreta damals zu leiden hatte, allerdings dem Thera-Vulkan zuschreibt, und mit der zeitlichen Festlegung des Endes der spätminoischen I B-Periode ist auch ihr Zeitansatz gegeben. Nach Schachermeyr hat man das Ende der fraglichen Phase um 1470 v. Chr. anzunehmen. Der Verfasser hält diese Jahresangabe für das wahrscheinlichste Datum des kritischen Höhepunkts der damaligen Vulkantätigkeit auf Thera und zögert daher nicht, sie zu übernehmen.

Der Leser mag sich fragen, ob es überhaupt möglich ist, daß ein Vulkan über solche Entfernungen hinweg derartige Zerstörungskraft entfaltet. Zwar fielen Pompeji und Herkulaneum vollständig dem Vesuv zum Opfer, doch sie befanden sich keine 20 km vom Herd des Ausbruchs entfernt. Wie konnten Orte wie Tylissos und Kato Zakro unter den Folgen eines Vulkanausbruchs leiden, dessen Schauplatz nicht weniger als 175 km von ihnen trennten? Durch den nächsten Abschnitt glaubt der Verfasser, den Beweis liefern zu können, daß eine so fernhin wirkende Zerstörungskraft durchaus im Rahmen dessen liegt, was Naturgewalten zu bewirken vermögen.

Art und Heftigkeit des Thera-Ausbruchs: Der Krakatau-Befund

Von ausschlaggebender Bedeutung für jeden Versuch einer Rekonstruktion dessen, was in der Spätbronzezeit auf Thera geschah, sind die Ereignisse beim großen Ausbruch des Krakatau (im Jahre 1883). Vulkanologen stimmen darin überein, daß es sich beim Krakatau um einen Vulkan desselben Typs handelt, den man auch beim Thera-

Vulkan vor sich hat. Soweit man in die Vergangenheit zurückzublicken vermag, haben beide Vulkane sich nachweisbar ähnlich verhalten. Was den Krakatauausbruch von 1883 angeht, so ist dieser durch zahlreiche Augenzeugenberichte sowie durch wissenschaftliche Erhebungen bestens dokumentiert. In aller Welt haben naturwissenschaftliche Meßinstrumente seine Nachwirkungen registriert. Wir wissen, welche Verwüstungen er hervorrief, und die Zahl der Todesopfer steht fest.

Einer der Hauptzwecke dieses Teils der vorliegenden Untersuchung besteht darin, die Zerstörungskraft glaubhaft zu machen, welche der Thera-Vulkan bei seinem Ausbruch in der Bronzezeit entfaltet haben muß. Neuere Berichte über jene Verwüstungen auf Kreta, die auf das Konto des Thera-Ausbruchs zu setzen sind, haben immer mehr Übereinstimmungen mit der Krakatau-Katastrophe hervortreten lassen. Doch längst nicht alle Vergleichsmöglichkeiten, die sich bieten, sind erschöpft, und der Verfasser zögert nicht, die Ähnlichkeiten zwischen beiden Eruptionen und ihren Begleiterscheinungen als sehr weitgehend zu bezeichnen – vermutlich liegen zwischen beiden Vulkanen Entsprechungen vor, die bis ins Detail gehen[53].

Abb. 8 Wie Thera, besteht Krakatau aus einer kleinen Insel*gruppe*, und sogar die *Zahl* dieser Inseln stimmt in etwa überein: mit einiger Großzügigkeit kann man davon sprechen, es in beiden Fällen mit drei Inseln zu tun zu haben. Ähnlich wie die drei Insel-Fragmente des *caldera*-Randes von Thera (Thera, Therasia und Aspronisi) bilden auch die drei Bestandteile der Krakatau-Gruppe (die eigentliche Krakatau-Insel sowie Lang- und Verlaten-Insel) so etwas wie einen Kreis. Die Gruppe liegt in der Sundastraße zwischen Java und Sumatra, nahe einer wichtigen Schiffahrtsroute, die das Chinesische Meer mit dem Indischen Ozean verbindet. Vor 1883 war die Krakatau-Hauptinsel beträchtlich größer als die beiden anderen Teile der Krakatau-Gruppe; die Eruption ließ sie dann allerdings auf ungefähr ein Drittel ihrer früheren Größe zusammenschrumpfen, wogegen die Verlaten-Insel entsprechend an Umfang zunahm.

In großen Umrissen betrachtet, weist die Geschichte beider Vulkaninseln – Krakatau und Thera – manche Übereinstimmung auf. Beide befinden sich am Treffpunkt größerer Verwerfungsspalten,

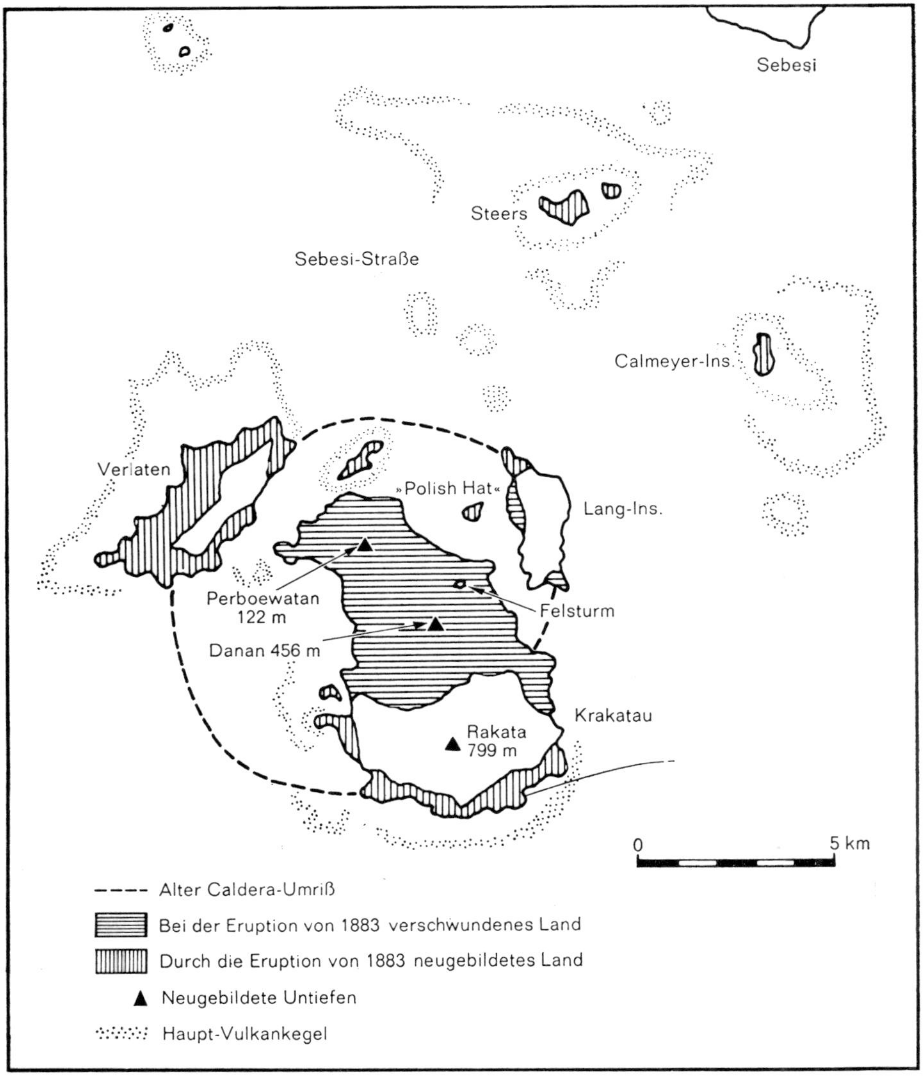

Abb. 8 Krakatau und benachbarte Inseln (nach einer unmittelbar nach dem Krakatau-Ausbruch angefertigte Karte).

beide bildeten, weit zurück im Quartär, mächtige Kegel mit typischem »Vesuv«-Umriß, beide wurden schließlich von Eruptionen schwerster Art erschüttert, die zum Zusammenbruch der Zentralkegel führten und von gewaltigem *tephra*-Ausstoß begleitet waren. Die Ergebnisse der Tiefsee-Sediment-Kernproben vom Grund des

Tafel VII Den Beweis für das Vorhandensein zumindest zweistöckiger Gebäude bei Akrotiri *(Akroterion)* auf Thera (vgl. Tafel 57) liefert dieses rechtwinklig gewendelte Innentreppchen, das einst zu einem Oberstockwerk führte. Auch Mamet und Fouqué berichteten, in dem von ihnen 1870 ausgegrabenen Bauwerk an der Ostseite der Senke eine Reihe von Stufen gefunden zu haben (vgl. Abb. 15).

Tafel VIII Daß das Haus, dessen Reste hier abgebildet sind, bereits während der früheren Phasen des Vulkanausbruchs zerstört wurde, beweisen die vor den untersten Lagen des Mauerwerks am Boden liegenden Steinquader, die von höheren Mauerlagen stammen (Nordmauer des Gebäudes in der Ausschachtung Bronos I A [vgl. Abb. 18]).

Tafel IX Der zusammengebrochene Teil der Westmauer in der Grabung Bronos I A. Das Mauerwerk besteht hier nicht aus behauenen Quadern, sondern es handelt sich um sogenanntes Bruchsteinmauerwerk. Bei der Katastrophe, die Thera heimsuchte, fielen seine Steine nach außen auf den noch nicht von vulkanischem Auswurf bedeckten Boden. Erst danach regnete es Asche und Bimsstein, und das vulkanische Material umschloß einige Holzbalken, die von einem höheren Stockwerk herabgefallen waren. Im Lauf der Zeit zerfielen diese Balken und hinterließen die auf der Aufnahme sichtbaren dunklen Höhlungen (vgl. Abb. 18).

Tafel X Eine einprägsame Zeugin der explosiven Phase des Thera-Ausbruchs ist die hier abgebildete »vulkanische Bombe« - ein mächtiger Gesteinsbrocken, einst vom mindestens drei Kilometer entfernten Eruptionsherd fortgeschleudert; bei seinem Einschlag drückte er die Schicht der »farbigen Bänder« (vgl. Tafeln IV, 19) nach unten ein. Doch der Regen feiner vulkanischer Asche *(tephra)* hielt an und deckte auch dieses »vulkanische Geschoß« zu.

Tafel XI Hier kommt an der Wand eines der von den Archäologen bei Akrotiri ausgehobenen Gräben gerade der Rand eines minoischen Vorratsgefäßes (eines *pithos*) zum Vorschein. Wie es scheint, ist dieses Gefäß durch die Einwirkung des Vulkanausbruchs auf die Seite gekippt und wurde dann so von Unmassen von Bimsstein verschüttet. Weitere Gefäße dieser Art, die von höhergelegenen Stockwerken herabgestürzt waren, fanden sich noch an einer anderen Stelle des Grabungsgeländes bei Akrotiri (vgl. Tafeln 48/49) sowie in den Überresten der minoischen Siedlung bei Ayia Irini (Hagia Eirene) auf Keos (Kea; vgl. Tafel 75).

Tafel XII Unter dem an die 30 m hohen Aschen- und Bimslager, das die Tafeln II und III zeigen, lag in der typisch dunkleren minoischen Schicht ein 1,5 m breiter massiver Mauerzug begraben, bei dem man ein Bruchstück einer Obsidianklinge und Scherben grobkörniger Haushaltskeramik fand. Eine dem vermeintlichen »Boden« oberhalb der Mauer entnommene Probe war pollenfrei. Es könnte sich bei diesem »Erdreich« daher um wieder zu Staub gewordene Luftziegel handeln.

Tafel XIII In den Überresten eines Vorratsraumes (Grabung Arvanitis I) fand man die abgebildeten *pithoi* (Vorratsgefäße) noch *in situ*, so, wie sie einst dort gestanden hatten. Ihr Dekor zeigt die unverkennbaren minoischen »Wirbel«-Motive, während das Stück ganz rechts mit einem Muster geschmückt ist, das an ein Tau erinnert. Das keramische Material der Vorratskrüge weist Sprünge auf, die von der Hitze des Bimssteins herrühren können, der die Gefäße begrub. Zur Rechten hat man absichtlich ein Bimssteinhäufchen nicht entfernt: es enthält eine vertikale Öffnung. Sie rührt von einem hölzernen Pfosten her, der wohl zu dem Balkenwerk gehörte, das die Gefäße stützte.

Tafel XIV Keftiu-Leute von einer Wandmalerei im Grab des Wesirs Rechmire zu Theben (vgl. Tafel 96). Die Gestalt links trägt auf ihrer Schulter einen »Ochsenhaut-Kupferbarren« – so genannt, weil sein Umriß die Form einer abgezogenen Ochsenhaut (mit vier Zipfeln anstelle der Extremitäten an den Ecken) besaß. Der britische Gelehrte Charles Seltman vermutete sogar, es habe sich bei Barren dieser Art um den Gegenwert eines Ochsen gehandelt (doch ist dies unbewiesen und wohl auch unbeweisbar). In den Händen hält der Barrenträger ein *rhyton* von typisch minioscher Form (vgl. Tafeln 21/22). Sein Gefährte dagegen trägt mit beiden Händen eine mit Rosetten geschmückte große Schale.

VII

VIII

IX, X

XI

XII

XIII

XIV

östlichen Mittelmeers (Einzelheiten darüber S. 126 ff.), machen deutlich, daß ungefähr im Jahre 23 000 v. Chr. von Thera stammende Vulkan-Asche durch einen heftigen Ausbruch über ein ungeheures Gebiet geschleudert wurde, das sich von Sizilien bis zur Küste Kleinasiens erstreckte. Ganz ähnliche Resultate dürfen in Kürze aus dem Gebiet rings um den Krakatau erwartet werden. Ob es damals im Fall Theras zur Bildung einer *caldera* kam oder nicht, ist ungewiß. Beim Krakatau jedenfalls läßt sich der Umriß einer alten *caldera* verfolgen.

Nach diesen Urzeit-Katastrophen füllte sich die *caldera* des Krakatau nach und nach mit dem Auswurf neuer Vulkankegel, und gegen das Jahr 1883 war dieser Prozeß recht weit fortgeschritten. Damals besaß der höchste Gipfel, der Rakata, eine Höhe von 790 Metern. Auf Thera dürften nach 23 000 v. Chr. mindestens vier neue Vulkanschlote tätig geworden sein, die eine Gebirgsmasse von keineswegs leicht überschaubarer Kontur auftürmten – ein Gebilde, das vieles, wenn nicht alles von dem bedeckt haben muß, was inmitten der heutigen Thera-Gruppe Meeresbucht ist. Darauf trat für lange Zeit Ruhe ein, und die bronzezeitlichen Bewohner Theras hatten wahrscheinlich nicht die mindeste Ahnung davon, daß sie auf einem – wenn auch schlafenden – feuerspeienden Berg lebten. Die neue Periode vulkanischer Tätigkeit in der Zeit zwischen etwa 1500–1470 v. Chr. weidete Thera förmlich aus: Die gesamte Mitte der Insel wurde vollkommen hinweggefegt, und es bildete sich die mächtige *caldera*. Doch dann begann eine langsame Wiederauffüllung des damals inmitten des alten Inselgebiets entstandenen Beckens. Von ihrem heutigen Stand kann sich jeder Besucher Theras überzeugen, der seinen Blick auf die niedrigen Vulkankuppen der Kameni-Inseln inmitten der Bucht richtet. Ein entsprechender Vorgang hat auch beim Krakatau erneut eingesetzt: Im Dezember 1927 tauchte hier eine neue Insel, Anak Krakatau (wörtlich: »Kind des Krakatau«), aus den Fluten auf.

Abb. 9

Abb. 4

Vor 1883 trug die Krakatau-Gruppe dichten Wald. Sie war unbewohnt, und kaum jemand kannte sie. Geologisch war die Umgebung der Inseln kaum hinreichend erforscht, und die Seekarten für jenen Teil der Sundastraße waren alles andere als ausführlich und zuverlässig. Daß man es mit einem vulkanischen Inselgebilde zu tun hatte, war allerdings bekannt: Zwischen Mai 1680 und November 1681 hatte es einen Ausbruch gegeben. Vermutlich war damals der kleinste unter den damaligen Gipfeln des Krakatau, der Perboewatan (122 m) tätig geworden. Doch dann beruhigten sich die chthonischen Kräfte wieder, und die Ruhe sollte nicht weniger als nahezu 200 Jahre andauern. Dem Ausbruch von 1883 gingen Erdstöße voran – Erdstöße, welche schon sechs bis sieben Jahre zuvor die Unruhe in diesem Teil der Erdkruste anzeigten und deren Heftigkeit immer mehr zunahm. Einige von ihnen waren bis nach Australien spürbar. Schließlich begann am 20. Mai 1883 die Eruption – zunächst in Form eines mittelschweren Ausbruchs – mit krachenden Donnerschlägen, die, Berichten zufolge, noch in einer Entfernung von 100 Meilen hörbar waren. Am 22. Mai erhob sich von den tiefergelegenen Teilen der Hauptinsel eine weithin sichtbare Säule aus Staub und Dampf. Ihre Höhe schätzte man auf 10000 m. Große Mengen von Bimsstein wurden ausgeworfen, und noch in einer Entfernung von 480 km verzeichnete man Staubregen.

Eine Woche später machte sich eine Forschergruppe in Batavia (dem heutigen Djakarta) zu Schiff auf den Weg und landete auf der Insel. Die in der Tat unerschrockenen Männer fanden Krakatau und sämtliche Inseln der Umgebung mit feinem weißen Staub wie mit Schnee bedeckt[54]. Durch den Bimssteinregen hatten die Bäume Laub und Zweige verloren, doch nirgendwo war die Schicht des ausgeworfenen Materials mehr als einen Meter dick. Mit beachtlichem Wagemut begaben sich die Forscher an Land und besichtigten den Kegel des Perboewatan. Hier hatte sich ein 900 m breiter Krater aufgetan. In seinem Grunde öffnete sich ein 45 m breiter Vulkanschlot, aus dem eine ungeheure Dampfsäule zum Himmel stieg, deren entsetzliches Brüllen immer wieder vom Krachen heftiger Explosionen begleitet wurde.

Nach diesem Ausbruch ebbte die Vulkantätigkeit ein wenig ab, doch ganz kam der Krakatau nicht zur Ruhe. Am 11. August fand ein Besucher drei Krater in Tätigkeit und bemerkte darüber hinaus mindestens elf andere Herde vulkanischer Aktivität, die Dampf und Staub ausspien. Die gesamte Vegetation war damals bereits vollständig erstorben, nur einige wenige verbrannte Stümpfe ragten noch aus einer 65 cm dicken Bimsstein- und Aschenschicht. Immer unruhiger wurde es im Lauf der nächsten vierzehn Tage auf Krakatau, und die Besatzungen von Schiffen, welche die Sundastraße passierten, berichteten von zahlreichen lauten Detonationen sowie beständigem starkem Bimssteinregen.

Ihren kritischen Punkt erreichte die Eruption in der Zeit vom 26. bis 27. August. Aus diesen beiden Tagen liegen äußerst lebendige

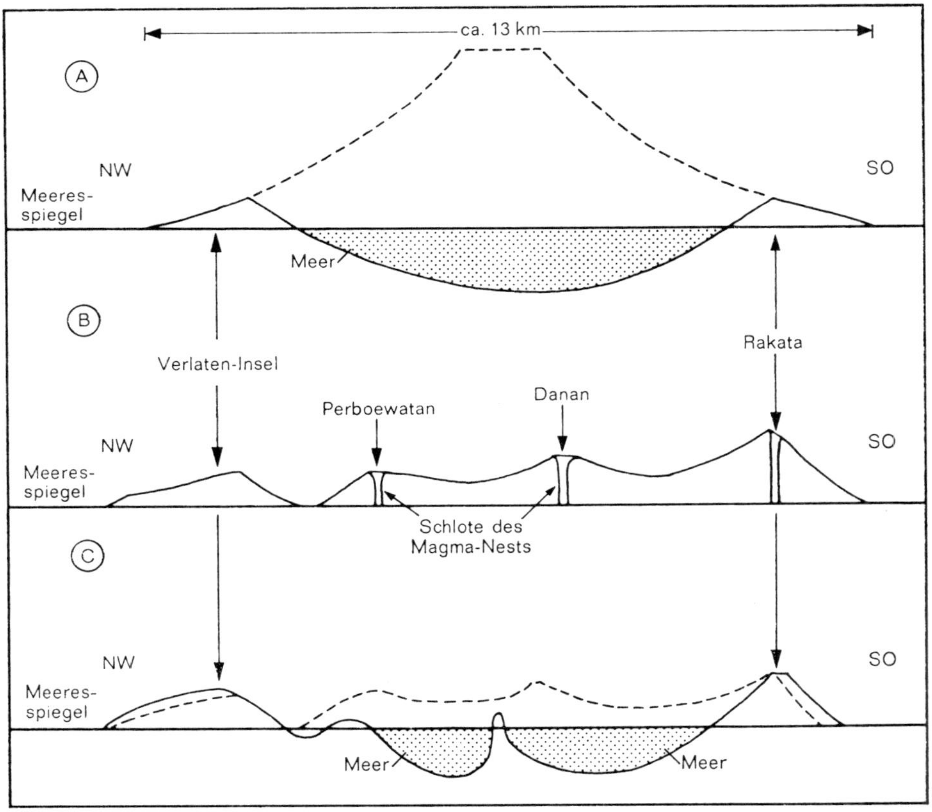

Abb. 9 Drei Phasen der Geschichte des Vulkans Krakatau. Querschnitt A zeigt den wahrscheinlichen Umriß der alten *caldera*. Die gestrichelte Linie deutet den ganz alten Vulkankegel an, der sich vor der Bildung der *caldera* anstelle der heutigen Inselgruppe dort erhob. Querschnitt B zeigt das Profil der Krakatau-Gruppe vor dem Ausbruch von 1883. Die alte *caldera* ist weitgehend aufgefüllt, Rakata hat an Größe zugenommen, und zwei weitere Vulkankegel sind in die Höhe gewachsen. Querschnitt C schließlich zeigt das Profil nach der Eruption von 1883. Die gestrichelte Linie deutet das bei dem Ausbruch fortgeschleuderte, bzw. teilweise auf den Flanken des Rakata und der Insel Verlaten abgelagerte Material an.

Schilderungen vor, und zwar nicht nur Berichte von überlebenden Bewohnern der benachbarten Küstengebiete Javas und Sumatras, sondern überdies Logbucheintragungen von drei Schiffen, die sich zur Zeit der Katastrophe in der Sundastraße befanden, schließlich Beobachtungen, die auf Schiffen im weiteren Umkreis bis hin zu einer Entfernung von 1840 km gemacht wurden.

Um 14 Uhr sichtete ein Schiff, dessen Position sich in einer Entfernung von 120 km Ost-Nordost vom Krakatau befand, eine ungeheure Wolke aus schwarzen Schwaden, die sich bis zu einer Höhe von schätzungsweise 25000 m erhob. Gegen 15 Uhr hörte man den Donner der Explosionen noch in einer Entfernung von 240 km, und gegen 17 Uhr vernahm man das Dröhnen auf ganz Java. Um diese Zeit befand sich das Schiff *Charles Bal* nur 16 km im Süden des Vulkans, und sein Kapitän Watson berichtet von einem Regen heißen Bimssteins, der zwischen 17 und 18 Uhr auf Deck gefallen sei. Von einem anderen Schiff aus betrachtet, das sich 64 km im Nordosten des Krakatau befand, bot die Explosionswolke um 19 Uhr »den Anblick einer riesenhaften Pinie, deren Stamm und Äste sich in den heftigen Blitzen abzeichneten«[55].

Während der Nacht kreuzte die *Charles Bal* im Osten des Krakatau, nur 20 km vom Herd des Ausbruchs entfernt. Die Mannschaft sah »Bälle aus weißem Feuer« (zweifellos weißglühende Lavafetzen) den Südrand der Insel herabrollen. Die Luft war »heiß und stickig, schwefelhaltig, mit einem Geruch nach glühender Schlacke«. In einem Augenblick war der Himmel »schwärzeste Finsternis, im nächsten schon wieder eine einzige Glut«. Die Tätigkeit des Krakatau hatte sich nun bis zum äußersten gesteigert, und es traten genau jene Erscheinungen auf, die auch bei andern derartigen Gelegenheiten stets wahrgenommen wurden. Am Sonntag, dem 26. August, 17.30 Uhr, hatte man erste, noch kleine Flutwellen zu verzeichnen. Während der folgenden Nacht brachte das unaufhörliche Dröhnen sämtliche Bewohner Westjavas um ihren Schlaf. Gegen Morgen freilich beruhigte sich die Gewalt der Eruption ein wenig, doch zwischen 5.30 und 10.25 Uhr des nächsten Tages (also am Montag, dem 27. August) ereigneten sich vier entsetzliche Detonationen, die an Heftigkeit alles Vorangegangene weit in den Schatten stellten. Die dritte dieser Explosionen fand um 10 Uhr früh statt. Ihren Donner hörte man noch auf der Insel Rodriquez – nicht weniger als 4800 km vom Krakatau entfernt! Eine Wolkensäule aus Staub erhob sich bis zu einer Höhe von 80 km. Als man wieder daran denken konnte, sich an Ort und Stelle ein Bild der unmittelbaren Folgen des Krakatau-Ausbruchs zu machen, zeigte sich, daß der gesamte tiefergelegene Nordteil der Insel verschwunden war. Übriggeblieben war der Kegel des Rakata, doch nur zum Teil. Von oben bis unten war dieser Berg buchstäblich mitten hindurch zerborsten, der Aufruhr der Elemente hatte ihm seine Nordhälfte geraubt, so daß das Innere der übriggebliebenen Vulkanruine freilag. Schätzungen zufolge dürfte die Masse des vom Krakatau damals in die Luft geschleuderten Materials nicht weniger als 18 Kubikkilometer betragen haben; zwei Drittel davon stürzten wohl schon im Umkreis von 15 km wieder zur Erde zurück. Vieles von diesem Material häufte sich auf der dem Eruptionsherd abgelegenen Seite der die *caldera* umgebenden Inseln auf. Manches sank ringsum auf den Meeresboden.

Abb. 10

Tafeln 32, 33

Bis zu einer Höhe von 60 m türmte sich auf der Südflanke des vom Rakata-Kegel übriggebliebenen Vulkanfragments die ausgeschleuderte Asche. Im Norden war die Sebesi-Straße vollständig von Bänken vulkanischen Auswurfmaterials blockiert, und um bereits vorhandene Riffe hatten sich vollständig neue Inseln gebildet. Allerdings fielen sie rasch wieder den Wellen zum Opfer, die an ihnen nagten: Bald erblickte man hier nur noch Sandbänke, bald darauf hatte man nur noch Untiefen zu verzeichnen; die neu aufgetauchten Inseln waren buchstäblich wieder im Meer versunken. Der Rest des ausgestoßenen Materials wurde weit in die Höhe geschleudert, und aus einem unvorstellbar weit gedehnten Gebiet liegen Berichte über Aschen- und Bimssteinregen vor.

Abb. 8

Abb. 10

Mit rasender Geschwindigkeit verbreitete sich tiefste Finsternis, als sich die ungeheure Explosionswolke aus Staub und Dampf zu senken begann. Gegen 10.30 Uhr (am Montag, dem 27. August 1883) war es in der Lampong Bay dermaßen dunkel geworden, daß der Kapitän der *Gouverneur-Generaal Loudon* sich gezwungen sah, Anker werfen zu lassen. Schon eine Stunde später lag Batavia (heute: Djakarta), das 160 km vom Krakatau entfernt ist, in vollständiger

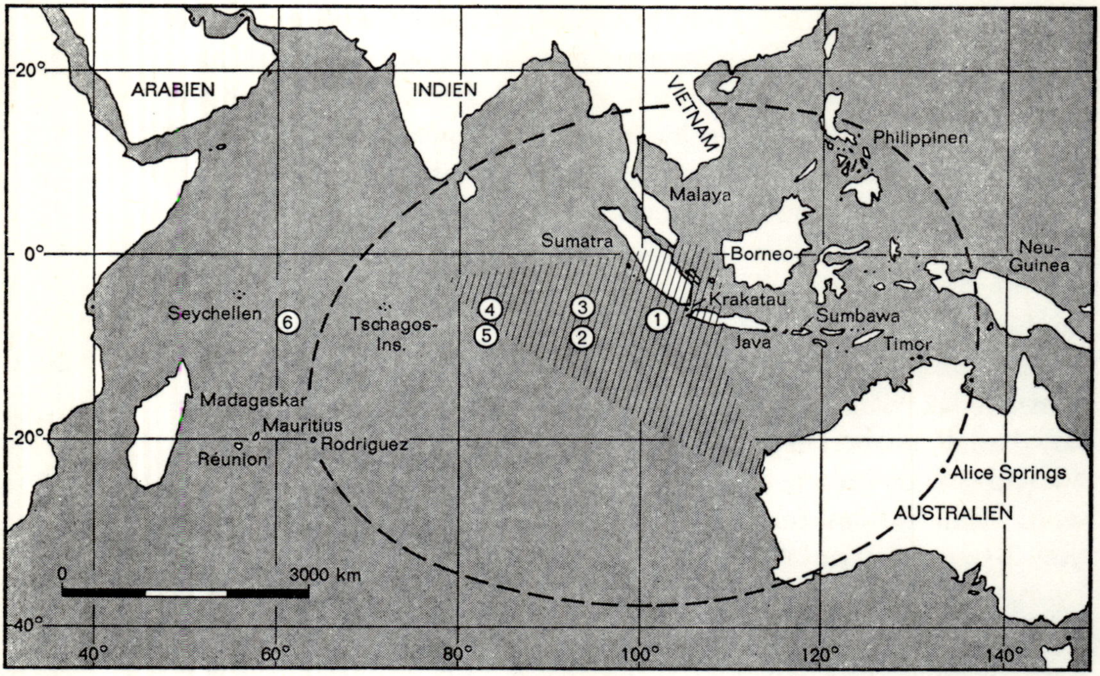

Abb. 10 Auswirkungen der Krakatau-Explosion von 1883. Die Schraffierung bezeichnet das Gebiet, aus dem der Niedergang vulkanischer Asche gemeldet wurde; die gestrichelte Linie gibt die Entfernung an, bis zu der man noch den Donner der Explosionen hörte (Alice Springs liegt gut 3500 km vom Krakatau entfernt!), und die Zahlen beziehen sich auf die Stellen, an denen treibender Bimsstein gesichtet wurde (vgl. den Text auf Seite 121 ff.).

Dunkelheit, und bis 15 Uhr fiel unaufhörlich Aschenregen. Schließlich verfinsterte sich sogar der Himmel über Bandung, das an die 260 km vom Herd des Ausbruchs entfernt war.

Abb. 10

Ungeheuer groß ist das Gebiet, in dem man noch das donnernde Dröhnen der Explosion vernahm. Noch in einer Entfernung von 160 km ließ die Druckwelle Fenster und Häuserwände bersten, ja in dieser Entfernung stieß sie sogar noch einen Gasometer aus seinem Becken. Und schlechthin auf der ganzen Erde waren die Vibrationen der Lufthülle zu registrieren, welche die furchtbare Explosion hervorrief, die um 10 Uhr morgens stattfand. Zwar schließlich nicht mehr hörbar, aber noch durchaus meßbar, liefen die Lufterschütterungen in verschiedenen Richtungen mehrmals um den ganzen Erdball.

Der Papandayang auf Java (1772), der Skaptar Jökull auf Island (1783) und endlich der Tambora auf Sumbawa (1815) – sie alle hatten zwar größere Massen ausgeworfen als der Krakatau, und im Fall des Tambora-Ausbruchs hatte sich die Finsternis über eine doppelt so weite Entfernung erstreckt. Doch, soweit Berichte über Vulkanausbrüche vorliegen, hat der Krakatau, was die außerordentliche Heftigkeit der Explosionen auf dem Höhepunkt des Ausbruchs und was die katastrophalen Druck- und Seebebenwellen angeht, die sich infolge dieser Explosionen ausbreiteten, nicht seinesgleichen.

Von größter Zerstörungskraft waren die Flutwellen. Fast 300 Städte und Dörfer an der Küste der Sundastraße wurden verwüstet, und 36 380 Menschen verloren ihr Leben. Riesig war das Gebiet, in dem man die Wirkung der Flut zu spüren bekam. Als ersten Ort traf es die Stadt Tyringen auf Java, die nur 48 km vom Krakatau trennten. Zahlreiche Häuser an der Küste sanken hier in Trümmer, als am 26. August zwischen 18 und 19 Uhr die ersten Seebebenwogen heranbrandeten. Dieselbe erste Flutwelle richtete auch in Telukbetung Schäden an, das 72 km vom Krakatau entfernt auf Sumatra liegt. Am 27. August, 1 Uhr nachts, stand das Dorf Sirik (auf Java) unter Wasser. Gegen 6.30 Uhr war Anjer fast vollständig zerstört, gleichzeitig lag die Unterstadt von Telukbetung unter den überall Vernichtung hinterlassenden Fluten begraben. Es hat später lange Diskussionen gegeben: Man fragte sich, was wohl derartige Flutwellen hervorgerufen haben mag. Als Hauptursachen sieht man die Bildung unterseeischer Spalten durch (ihrerseits unter Wasser oder in der Nähe des Meeresspiegels stattfindende) Explosionen sowie die gigantischen Lawinen von Erd- und Steinmassen an, die der berstende Vulkan vom unterseeischen Teil seiner Hänge absprengte oder von oben herab in die Wogen schleuderte. Fest steht, daß die gewaltigste Welle nach der lautesten Detonation die heimgesuchten Gebiete überrollte: Nicht lange nach 10 Uhr morgens raste eine ungeheure Flut über alle Küsten der Sundastraße und riß, außer zahlreichen Dörfern, auch das noch hinweg, was die entfesselte Gewalt der Wasserwüste in den Stunden zuvor von den Städten Tyringen, Merak und Telukbetung übriggelassen hatte. Infolge der Dunkelheit und der Panik war es so gut wie unmöglich, zuverlässige Messungen der

Abb. 11

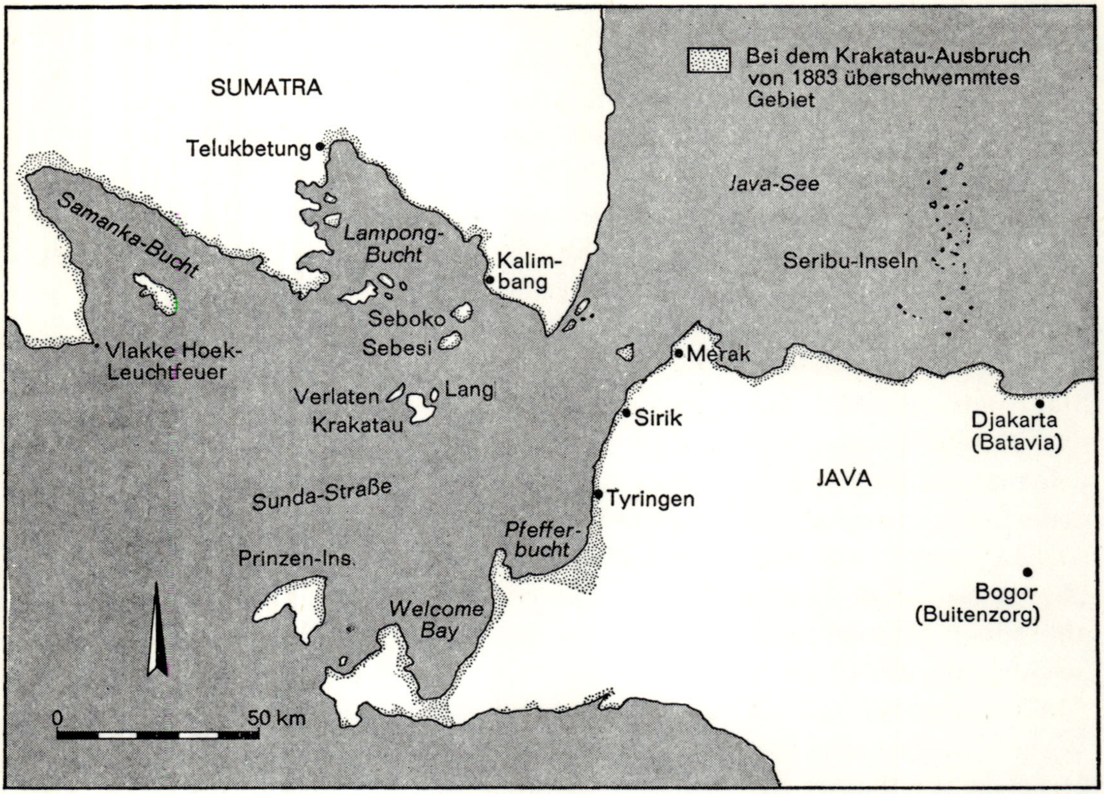

Abb. 11 Sunda-Straße mit Teilen von Java und Sumatra. Die punktierten Gebiete waren nach dem Krakatau-Ausbruch des Jahres 1883 von Flutwellen überschwemmt. Man beachte, wie ausgedehnt die Überschwemmungszone an den Scheitelpunkten der vier Hauptbuchten ist, die sich nach dem Krakatau hin öffnen, desgleichen das Fehlen von Überschwemmungen an der Leeseite (in diesem Fall: der dem Krakatau abgekehrten Seite) mancher Inseln und schließlich die ganz unerwarteten und unregelmäßig verteilten Überschwemmungen an der Südküste Javas.

Fluthöhe vorzunehmen, die stellenweise 36 m betragen haben soll. Eine Höhe von 15 m meldeten die Wärter des Vlakke-Hoek-Leuchtfeuers (88 km vom Krakatau entfernt), und eine andere, recht verläßliche Schätzung liegt aus Telukbetung vor; hier umspülten die Wasser einen 23 m hohen Hügel noch in einer Höhe von weniger als 2 m unterhalb seines höchsten Punktes. Hier wurde sogar das holländische Kanonenboot *Berouw,* das im Hafen vertäut lag, fast 3 km landeinwärts getragen und 9 m über Meereshöhe abgesetzt. Im großen ganzen kann als sicher gelten, daß die durchschnittliche Fluthöhe im Umkreis von 50 bis 80 km rings um den Vulkan 15 m betrug, wogegen sich an den Scheitelpunkten der Buchten beiderseits der Sundastraße die Tendenz zu beträchtlich höherem Anstieg zeigte. Quer über den Indischen Ozean rasten die Wellen nach Westen. Noch an der Küste Ceylons hatten sie eine Höhe von 2–5 m, etwa 65 cm maß man noch selbst vor Mauritius. Spürbar waren sie noch bei Kap Hoorn, und ein schwaches Echo davon mag sich bis zum Englischen Kanal fortgepflanzt haben, wo sich zum entsprechenden Zeitpunkt sowohl auf der englischen als auch auf der französischen Seite eine leichte Einwirkung auf den Gezeitenpegel feststellen ließ.

Was den Aschen- und Bimsstein-*fall-out* angeht, so nahm dieser während des gesamten Ausbruchs nie wirklich verhängnisvolle Ausmaße an, doch verbreitete sich der Ausstoß des Vulkans über ungeheuere Entfernungen. Noch Monate nach der Katastrophe sichteten Schiffe überall im Indischen Ozean beträchtliche Mengen treibenden Bimssteins. Im folgenden seien einige Auszüge aus typischen Logbucheintragungen der Zeit nach dem Krakatau-Unglück wiedergegeben. Die Positionen der betreffenden Schiffe findet man unter den entsprechenden Nummern auf der Karte S. 118. Abb. 10

Bark »Actaea« (1)	»14^{h} 20. Mai – 9^{h} 21. Mai: Ununterbrochener Fall von sehr feinem Staub.«
Bark »County of Flint« (2)	»28. August, nachmittags: Große Mengen von herabfallendem Staub; vermutlich Korallenmehl.«
Brigg »Brani« (3)	»28. August, vormittags 11 Uhr bis zum Nachmittag: Große Mengen äußerst feinen, weißen Sandes; alles bedeckt, wohin man tritt.«
	»29. August: Ununterbrochen äußerst feiner Sandregen; Atmosphäre verfinstert.«
	Die Beobachtungen der *Brani* wurden an einem Punkt gemacht, der 1600 km im Westen des Krakatau liegt!
Bark »Gipsy« (4)	»9. September: Während des ganzen Tages große Mengen treibenden Bimssteins.«
Bark »Ta Lee« (5)	»2. Dezember: Passierten Bimssteinbank von

ca. 25 Seemeilen Ausdehnung; einzelne Stücke etwa 2 Fuß im Quadrat.«

Noch im April des Folgejahres zog der auf dem Meer treibende Bimsstein Aufmerksamkeit auf sich und rief Aufregung hervor, wie aus folgendem letztem Logbuchauszug hervorgeht:

Brigg »Flora« (6) »Kapitän beim Bimssteinfischen über Bord.«

Die letzten Nachwirkungen des furchtbaren Ausbruchs von 1883 bestanden in besonders stimmungsreichen, glanzvollen Sonnenuntergängen und beeindruckenden nächtlichen Lichteffekten (Dämmerlichtwolken) von bezaubernder Schönheit, die während des ganzen folgenden Winters über Europa und Amerika beobachtet wurden. Die Ursache dafür waren hoch in der Stratosphäre schwebende feinste Aschenteilchen, die noch immer Sonnenlicht reflektierten, wenn es unter ihnen auf der Erde längst dunkel war.

Die Krakatau-Eruption wurde hier so detailliert geschildert, weil sie den wichtigsten Maßstab bietet, wenn man sich ein Urteil darüber zu bilden sucht, welche Wirkungen der Ausbruch des Thera-Vulkans in der Bronzezeit gehabt haben könnte. Führende Sachkenner stimmen darin überein, daß die *caldera* dieser beiden einander so ähnlichen Vulkane auf gleiche Weise zustande kamen, und zwar dadurch, daß sich an beiden Stellen der Erdkruste nach Explosionen von äußerster Heftigkeit gewaltige Einsturzkatastrophen ereigneten. Während der letzten 30 Jahrtausende, rund gerechnet, verhielten sich beide Vulkane nach ein und demselben, stets wiederkehrenden Schema: Dem Aufbau eines oder mehrerer Vulkankegel folgte eine kritische Phase aufs höchste gesteigerter Tätigkeit, die ihrerseits auf ihrem Höhepunkt zur Bildung einer großen *caldera* führte. Im Fall Theras fehlen Augenzeugenberichte, doch man hat das stumme Zeugnis der wie abrasiert jäh ins Meer fallenden Klippen vor Augen und kann die ungeheuren Aschenbänke nicht übersehen, die sich, obwohl dreieinhalb Jahrtausende verstrichen sind, stellenweise noch immer bis zu einer Höhe von 66 m erheben. Das ungewöhnlich intensive Weiß und die außerordentlich feinkörnige Beschaffenheit dieser *tephra* deuten sehr stark auf Entstehung durch einen Ausbruch von höchster, konvulsionsartiger Heftigkeit am

Ende einer längeren Ruhepause hin. Außergewöhnliche Übereinstimmungen weist auch die Schichtung der Bimssteinlager auf Thera und Krakatau auf. In beiden Fällen prägt sich in den unteren Lagen die Schichtung viel deutlicher aus, und in beiden Fällen begegnet man einer dünnen Ablagerung rötlich gefärbten Bimssteins. Auf der Lang-Insel (Krakatau) ist die zuletzt genannte Zwischenschicht etwa 10 cm dick und befindet sich etwa 7 m über der untersten Grenze der Auswurfschichten von 1883; in der Grube von Phira (Thera), wo man gleichfalls eine derartige Lage rötlichen Materials bemerkt, entspricht die Dicke des betreffenden Streifens genau der auf der Lang-Insel gemessenen; auch hier sind es 10 cm, doch befindet sich der rötliche Streifen ungefähr vier Meter über dem Fuß der Ablagerungen vulkanischen Ausstoßmaterials aus der Zeit um 1500 v. Chr. Man hat die Vermutung geäußert, der rötliche Ton dieser Zwischenschicht sei auf Seewassereinwirkung zurückzuführen und weise die fragliche Ablagerung als Produkt einer unterseeischen Eruption aus. Weiterhin erwähnt auch Williams im Zusammenhang mit dem *pumex*-Auswurf des Krakatau eine »in rascher Folge wechselnde Reihe von Schichten feinen Bimssteins und Lapilli-Lagen«[56]. Eine ähnliche Reihe rasch wechselnder Ablagerungen findet sich auch bei dem Band rötlich getönten Bimssteins auf Thera, von dem soeben die Rede war. Und sowohl auf Thera als auch auf Krakatau hat man schließlich jene unvorstellbar dicken oberen *tephra*-Lagen, die weit weniger deutliche Schichtungsmerkmale erkennen lassen als die Ablagerungen unter ihnen. Wie es scheint, hat man es bei ihnen mit dem Niederschlag einer ungeheuren Menge schaumiger Lavamasse zu tun, die auf dem Höhepunkt der Eruption binnen kürzester Zeit aus dem unterirdischen Magmaherd des feuerspeienden Berges in die Luft geblasen wurde. Von großer Bedeutung ist der Anteil älteren Felsgesteins an dieser gewaltigen Schicht; auf Krakatau beträgt er fünf Prozent, auf Thera dagegen nur ein Prozent. Demzufolge bildeten die *caldera* von Krakatau und Thera sich nicht durch »Selbstenthauptung mittels Explosion« der alten Vulkangipfel, sondern durch Einsinken und Zusammenstürzen der oberen Inselerdkruste. Unterirdische Explosionen hatten die Magmaherde wenn nicht erschöpft, so doch entspannt. Nachdem der ungeheure Gasdruck ge-

Tafel IV
Abb. 7

Abb. 7

wichen war, der zuvor an diesen Stellen im Innern der Erdrinde geherrscht und sich schließlich in unvorstellbarem Toben der Naturgewalten Luft verschafft hatte, und nachdem darüber hinaus ein beträchtlicher Teil des einstigen Magmaherdinhalts unter wahrhaft infernalischem Brüllen bis in die Stratosphäre geschleudert worden war, stürzte ganz einfach die von der vorherigen Gasspannung und den furchtbaren Erschütterungen der Ausbruchskatastrophe strapazierte Decke des so entstandenen Hohlraums ein.

Daß dies beim Krakatau innerhalb von 24 Stunden geschah, wissen wir. Und es liegt aller Grund für die Annahme vor, daß der Thera-Ausbruch einen durchaus entsprechenden katastrophalen Höhepunkt hatte. Die Untersuchung der Bruchrinnen ergibt für die *caldera* in beiden Fällen ein äußerst ähnliches Bild: ein und dasselbe Muster rechtwinklig abzweigender Furchen, jedes Mal der Verlauf entlang größeren Verwerfungsspalten. Jeden der beiden Einsturzkessel teilt eine Bodenwelle in zwei Becken, und die Unterwasserkonturen sind nicht unähnlich, wenn auch die Thera-*caldera* gegenüber der des Krakatau eine größere Maximaltiefe erreicht (400 m im Vergleich zu 279 m). Weiterhin ist die von den *caldera*-Wänden Theras umschlossene Fläche viermal so groß wie das beim Ausbruch des Krakatau im Meer versunkene Stück Land (83 km² zu 22,8 km²). Daraus folgt freilich noch keineswegs, daß, wie gelegentlich behauptet wird, die Explosion des Thera-Vulkans viermal so stark wie die des Krakatau gewesen sein muß, doch das morphologische Bild der *caldera* und der Umfang des ausgeworfenen Materials deuten allerdings auf die Möglichkeit hin, daß es die Thera-Katastrophe an Zerstörungskraft durchaus mit der des Krakatau aufnehmen konnte, wenn sie diese nicht sogar übertraf (was – nach der größeren Tiefe der entstandenen Gräben zu urteilen – durchaus wahrscheinlich ist, wahrscheinlicher jedenfalls als das Gegenteil). Wie Forschungen ergeben haben, wurde die feine *tephra* von Thera – hauptsächlich in südöstlicher Richtung – über ein Gebiet von 300000 km² geschleudert. Überdies gibt es auf der unfernen Insel Anáfi (Anáphē) gewisse Anzeichen für eine Flutwelle von mehr als 200 m Höhe. Zwar werden hier noch weitere Untersuchungen erforderlich sein, doch erlaubte das bereits Bekannte durchaus, sich die Folgen des Thera-Ausbruchs in recht lebhaften Farben auszumalen, wobei sich nach persönlicher Überzeugung des Verfassers das Schreckensbild einer grauenhaften Katastrophe ergibt. Wenn die Druckwellen der Krakatau-Explosion noch in einer Entfernung von 160 km Mauern bersten ließen, müssen aus gleichem Grunde die Luftziegelwände der oberen Stockwerke altkretischer Paläste die denkbar schwersten Schäden davongetragen haben, zumal sämtliche Hauptorte Mittelkretas weniger als 160 km von Thera entfernt sind. Wenn Wogen von 15–30 m Höhe die Küsten der Sundastraße peitschten, wie muß dann die Überschwemmung an der Nordküste Kretas ausgesehen haben, nachdem bei Thera, grob gerechnet, viermal so viel Land im Meer verschwunden war wie beim Krakatau? Mehr als 36000 Menschen kamen beim Ausbruch des Krakatau innerhalb von 24 Stunden auf Sumatra und Java um, 290 Städte und Dörfer wurden zerstört. Was einst auf Kreta sowie auf den Inseln und an den Küsten der Ägäis geschah, weiß niemand mehr, doch ist die Schätzung wohl nicht aus der Luft gegriffen, daß damals kaum weniger Menschen Eigentum und Leben einbüßten. Im Gegenteil: Die Verluste können recht wohl ein Vielfaches dessen betragen haben, was bei der Katastrophe des Krakatau zu beklagen war. Mit ziemlicher Sicherheit kann man sagen, daß Kreta um die Mitte des 15. Jahrhunderts v. Chr. aufgehört hatte, eine bedeutende Seemacht zu sein. Liegt die Vermutung nicht nahe, daß der Thera-Ausbruch das Seine zu dieser Entwicklung beigetragen hat?

Zusätzlich zu den Auswirkungen der Druck- und Seebebenwellen hat man in diesem Zusammenhang den heftigen *fall-out* vulkanischer Asche zu berücksichtigen. Unten wird dieser Faktor gesondert und in aller Ausführlichkeit zur Sprache kommen (vgl. S. 153 ff.). Hier mag die Feststellung genügen, daß durchaus Grund für die Annahme vorliegt, Berge und Täler Ostkretas seien von einer beträchtlichen Menge Asche, die von der Thera-Explosion herrührte, bedeckt worden. Es hat sich herausgestellt, daß Aschenauswurf Felder, die er 10 cm hoch bedeckt, für zehn Jahre unfruchtbar machen kann. Eine etwa meterdicke Schicht vermag Bäume zu ersticken und Häuser zum Einsturz zu bringen. Man hat daher ins Auge zu fassen, daß die minoischen Bewohner Alt-Kretas, die der Flutkatastrophe entkommen waren, vor unbebaubaren Feldern, ruinierten Obstpflanzungen und dem Erdboden gleichgemachten Wohnstätten standen – diese Folgen des vulkanischen *fall-out* hat man in Betracht zu ziehen, wenn man nach einer Erklärung für die so weitverbreitete Verwüstung sucht (eine Verwüstung, von der selbst Orte nicht verschont blieben, die durchaus in sicherer Entfernung von der flutbedrohten Nordküste lagen), und möglicherweise liegt hier auch die Erklärung für jenen seltsamen Drang nach dem Westen der Insel, der nach Ausweis archäologischer Befunde damals die Bewohner Kretas erfaßt haben muß (vgl. Seiten 157, 213 f. und 266).

Das Resultat der Tiefsee-Sediment-Kernproben

Glücklicherweise ist die Wissenschaft heute, um sich ein Bild von der Art und Heftigkeit des Thera-Ausbruchs zu verschaffen, keineswegs ausschließlich auf die Analogien zwischen Thera und Krakatau angewiesen. Vielmehr liegen aus den Jahren nach dem Zweiten Weltkrieg wertvolle Forschungsergebnisse vor, die unmittelbare Rückschlüsse auf das Ausmaß und die Folgen der Tätigkeit des Vulkans von Thera erlauben. Es handelt sich um die Resultate der Auswertung von Sediment-Kernproben vom Grund des östlichen Mittelmeers. Dargestellt finden sich die betreffenden Befunde in einer Veröffentlichung der beiden amerikanischen Wissenschaftler D. Ninkovich und B. C. Heezen vom geologischen Lamont-Observatorium der Columbia-Universität *(Lamont Geological Observatory of Columbia University)*[57]. Fesselnd schildern Ninkovich und Heezen, wie in 21 Kernproben vom Meeresboden aus einer Tiefe von nicht selten mehr als 2000 Faden Asche ermittelt wurde, die von Thera stammte. Sieben dieser Proben waren seinerzeit von der schwedischen *Albatross*-Tiefsee-Expedition dem Mittelmeergrund entnommen worden, als das Forschungsschiff *Albatross* 1947–1948 das Seegebiet westlich und südlich von Kreta untersuchte. Vierzehn weitere Proben der so beredten Asche konnte das Forschungsschiff *Vema* der Lamont-Geologen auf seiner zehnten und vierzehnten Kreuzfahrt sicherstellen. Mehr als 95 Prozent der Asche bestehen aus feinsten Par-

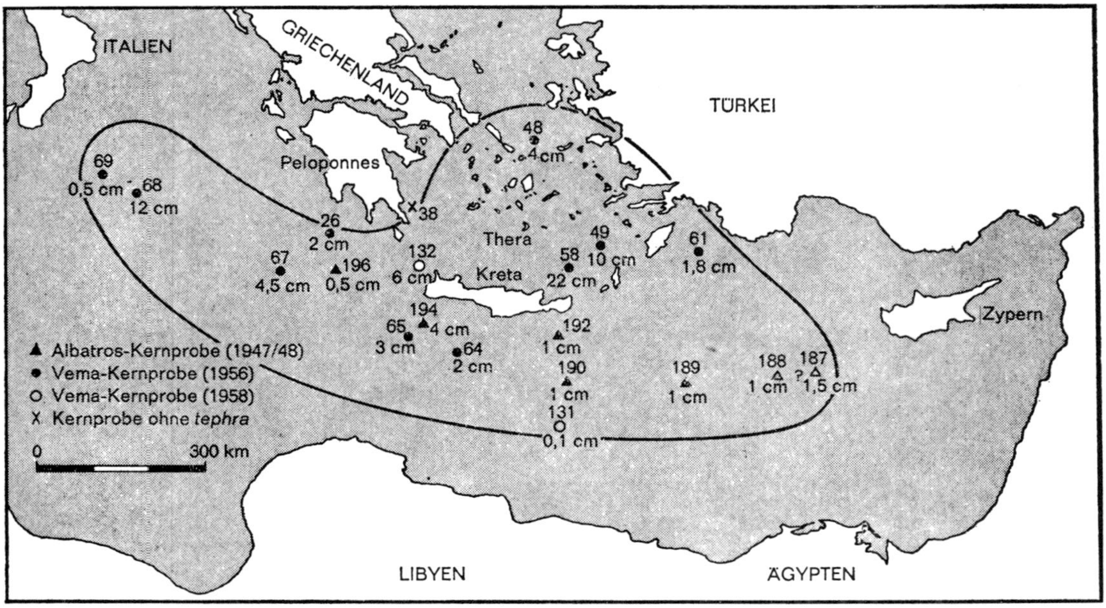

Abb. 12 Verteilung der unteren *tephra*-(Aschen-)Schicht, die von einem größeren Ausbruch des Thera-Vulkans aus der Zeit um 23 000 v. Chr. stammt. Der Nachweis wurde durch Tiefsee-Sediment-Kernproben geführt.

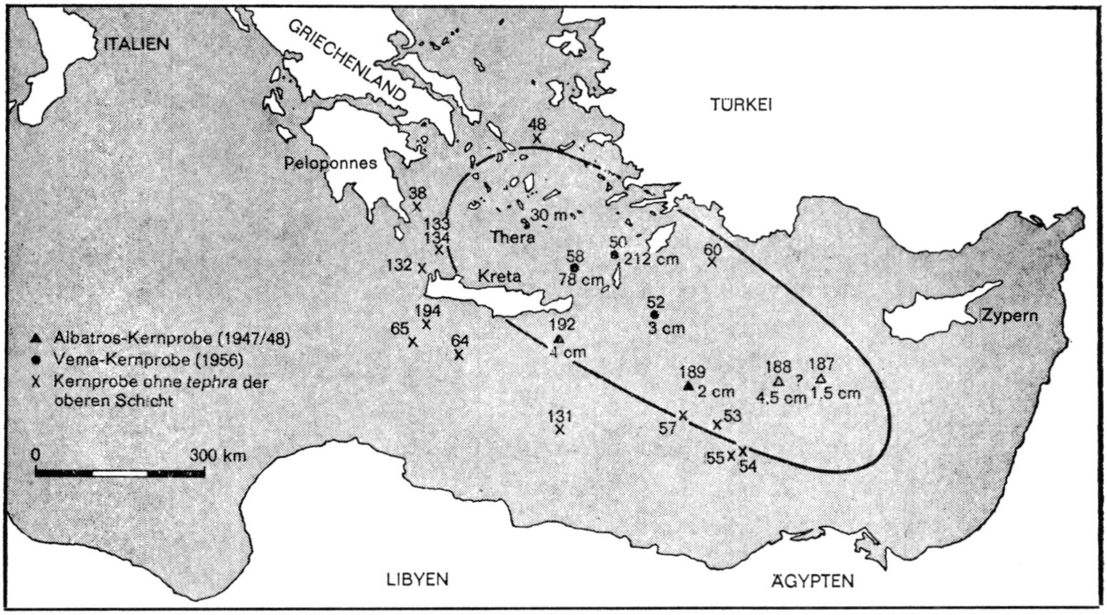

Abb. 13 Verteilung der oberen *tephra*-(Aschen-)Schicht, die von der spätbronzezeitlichen Eruption des Thera-Vulkans stammt. Der Skizze liegen Tiefsee-Sediment-Kernproben zugrunde.

tikelchen farblosen vulkanischen Glases. Daß es sich um das gleiche Material handelt wie auf Thera, steht nach mineralogischer Analyse der Proben fest. Zwei unterschiedliche *tephra*-Ablagerungen lassen sich nachweisen, so daß Ninkovich und Heezen von »oberer« und »unterer« *tephra* sprechen. Beide haben unterschiedliche Brechzahlen (1,509 zu 1,521). Die Analyse der Funde ergab, daß sich die »untere« *tephra* vor etwa 25 000 Jahren, also zur Zeit des Mittleren (oder
Abb. 12 Haupt-) Würm abgelagert haben muß. Die »obere« *tephra* dagegen
Abb. 13 ist Ergebnis jenes Ausbruchs, der in der Spätbronzezeit stattfand. Man findet sie in postpleistozänes Karbonatsediment eingebettet, d. h. in Ablagerungen, die bereits der erdgeschichtlichen Gegenwart angehören.

Anhand der Fundstellen der einzelnen Aschenproben und des mit wachsender Entfernung von Thera abnehmenden Durchmessers der Aschenschicht hat man Karten der Verteilung des Aschenauswurfs angefertigt. Die äußerst feinkörnige Beschaffenheit des Materials läßt es so gut wie sicher erscheinen, daß Luftströmungen in großer Höhe die pulvrige Masse mit sich führten. Nicht weniger als ca. 300 000 km² umfaßt das Gebiet, über das der Thera-Vulkan bei seinem Ausbruch in der Spätbronzezeit *tephra* ausstreute, noch 700 km von Thera entfernt ließen sich positive Kernproben verzeichnen. Noch in einer solchen Entfernung vom Herd der Eruption wurde man auf der Suche nach vulkanischer Asche fündig – ein sehr beredter Hinweis auf die Gewalt der Explosion, die seinerzeit all diese unvorstellbaren Massen weit hinauf in die höheren Schichten der Atmosphäre geschleudert haben muß! Was die gänzlich andere Aschenverteilung bei jenem früheren Ausbruch des Thera im Mittleren Würm angeht, so hat man die Hypothese aufgestellt, die betreffende Explosion habe sich im Winter ereignet, wogegen der bronzezeitliche Ausbruch im Sommer stattgefunden habe. Und damit erkläre sich das unterschiedliche Aschenverbreitungsgebiet: im Fall des »Würm-Ausbruchs« hätten winterliche Luftströmungen in sehr großer Höhe die feine Asche weit nach Westen getragen, im andern Fall dagegen seien die für die Ägäis und das östliche Mittelmeerbecken charakteristischen sommerlichen Etesien am Werk gewesen, was dazu geführt habe, daß der Staubauswurf des Vulkans hauptsächlich nach Südosten hin verteilt worden sei. Für den Ansatz des bronzezeitlichen Ausbruchs in den Spätfrühling bis Sommer (mit anderen Worten: in den Monaten Juni bis August) spricht auch das Verhältnis der Korngröße zur Entfernung. Bei graphischer Darstellung ergeben sich Figuren, denen zu entnehmen ist, daß Luftströme verhältnismäßig geringer Geschwindigkeit die Asche mit sich geführt haben müssen, und in der Tat fügt sich dies ausgezeichnet in das Bild ihrer Verbreitung durch die passatähnlichen sommerlichen Etesien-Winde.

Bei der »oberen« *tephra*-Schicht der Kernbohrungen 50 und 58 handelt es sich um die mächtigsten Aschenlager, die bis zur Stunde überhaupt auf dem Meeresgrund nachgewiesen wurden; ihre Stärke beträgt nicht weniger als 212 bzw. 78 cm. Besondere Aufmerksamkeit verdient Bohrung Nr. 50, weil sie einen Wechsel von grober und feinkörniger Asche erkennen läßt. Man hat es hier mit verschiedenen Lagen zu tun, die sich klar voneinander abzeichnen. Ninkovich und Heezen schlossen aus dieser Abstufung auf drei aufeinanderfolgende Ausbruchsphasen des Thera-Vulkans, denen die betreffenden Schichten zuzuordnen seien. Träfe dies zu, so hätte man die unterschiedliche Schichtung als Anhaltspunkt für eine längere Dauer der bronzezeitlichen Vulkantätigkeit auf Thera zu betrachten. Allerdings läßt sich nicht mehr mit Sicherheit entscheiden, ob die unterschiedliche Schichtung an dieser Stelle nicht doch vielleicht nur das nachträgliche Werk starker Strömungen ist. Ja mehr noch: Man kann einwenden, daß der Befund von Probe 50 sich nur schlecht in den Rahmen der allgemein von Vulkanologen vertretenen Auffassung fügt, die Heftigkeit der Eruption des Thera in der Bronzezeit habe sich stufenweise zu einer katastrophalen Klimax gesteigert und dann schlagartig aufgehört. Beim Bohrungskern 50 dagegen zeichnet sich gerade der unterste (und damit früheste) Abschnitt der vom bronzezeitlichen Ausbruch des Thera herrührenden Schichtenfolge durch besondere Stärke aus. Die Probe ist etwa 12 km westlich des Nordkaps von Karpathos dem Meeresboden entnommen, die betreffende Stelle liegt ungefähr 145 km von Thera entfernt. Es steht sehr zu hoffen, Abb. 13
daß weitere Erforschung des Meeresgrundes in diesem Seegebiet die Fragen beantworten hilft, welche Probe 50 aufgeworfen hat. Stellte

es sich dabei tatsächlich heraus, daß der Aschen-*fall-out* noch in einer solchen Entfernung vom Herd des Thera-Desasters ohne spätere Nachhilfe von Meeresströmungen eine mehr als 2 m starke *tephra*-Schicht aufzuhäufen vermochte, so würfe dies ein bezeichnendes Licht auf die Zerstörungskraft der entfesselten plutonischen Gewalten, die hier am Werk waren, und wäre von größter Tragweite im Hinblick auf die Erklärung jener umfangreichen Verwüstungen auch küstenferner Orte auf Kreta, von denen bereits (S. 125 f.) die Rede war und von denen noch ausführlicher zu sprechen sein wird (vgl. S. 153 ff.).

Von künftiger Spatenforschung auf den übrigen Inseln der Kykladengruppe, deren südlichsten Eckpfeiler die Thera-Inselfragmente bilden, dürfte durchaus der Nachweis von Aschenschichten und damit die Bestätigung des Bildes zu erwarten sein, das sich bei Auswertung der besprochenen Tiefsee-Sedimentkernproben ergeben hat. Tatsächlich berichtete schon 1924/25 Sonder vom Vorhandensein vulkanischer Asche über jüngeren Kalksteinschichten auf Paros, doch scheint man praktisch noch keinerlei systematische Arbeit auf diesem Gebiet in Angriff genommen zu haben, dessen Erforschung von größter Wichtigkeit sein könnte.

Seebeben-Flutwellen *(tsunami*)* und ihr Zusammenhang mit der Tätigkeit des Thera-Vulkans

Das Vorhandensein der »oberen« *tephra*-Lage in einigen der im Abschnitt zuvor erwähnten, durch Tiefseebohrungen gewonnenen Sedimentkerne spricht mit aller Deutlichkeit für die ungeheure Gewalt jenes Thera-Ausbruchs, der in der Bronzezeit stattfand. War dieser Ausbruch von vernichtenden Flutwellen begleitet? Alle übrigen Ent-

* Der Fachausdruck *tsúnami* ist japanischen Ursprungs und schreibt sich mit zwei Zeichen, von denen das erste *(tsu)* für sich allein »Hafen«, aber auch »Fähre« bedeuten kann. Mit *nami* (= »Welle«) zusammengesetzt, dient es zur Bezeichnung einer »Welle, die mit den Gezeiten kommt«, einer »Flut-«, »Sturmflut-« und sodann schließlich einer »Seebebenwelle«. Man hat es also mit einer völligen Entsprechung des englischen *tidal wave* (= eigentlich: »Gezeiten-[niederdeutsch: ›Tiden‹-]Welle«) zu tun. Dabei ist *tsúnami* eines jener zusammengesetzten Hauptwörter im Japanischen, bei dem man sich rein japanischer (nicht – wie in anderen Fällen dieser Art – sinojapanischer) Formen bedient. *Anm. d. Übers.*

sprechungen zwischen dem Thera-Vulkan und dem Krakatau legen dies nahe (vgl. S. 119 ff.), doch kann nicht verschwiegen werden, daß das Belegmaterial für einen Nachweis im naturwissenschaftlichen Sinne zur Stunde noch – sofern überhaupt vorhanden – beklagenswert dürftig ist.

Marinos und Melidonis haben diesen Mangel durch eine beachtenswerte Hypothese abzuhelfen versucht[58]. Am oberen Ende eines Tals auf der etwa 24 km im Osten von Thera liegenden Insel Anáfi (Anáphē) fanden beide eine 5 m dicke Bimssteinschicht, und zwar in einer Höhe von 250 m über dem Meeresspiegel. Beide betrachteten diese Ablagerung als die Hinterlassenschaft einer schlechterdings ungeheuren Flutwelle nach der Vulkanexplosion auf Thera. Auch N. Platon, der Ausgräber von Kato Zakro an der Ostküste Kretas, berichtet von Bimssteinvorkommen, auf die er bei seiner archäologischen Arbeit gestoßen sein will. Ohne Frage bedarf es dringend weiterer Untersuchungen in dieser Richtung.

Auch bei seinen Untersuchungen an der kretischen Nordküste in Amnisos (nördlich von Knossos) glaubte Marinatos schon 1932, den Auswirkungen einer Flutkatastrophe auf der Spur zu sein. Unmittelbar am Strand fand er hier die tieferen Schichten eines Gebäudes von großen Mengen unterschiedlich feinen Bimssteinmaterials (Bimssteine und Bimssand) verschüttet. Eine rechteckige Grube im Innern des Bauwerks war voll von Bimskies, von dem man heute Proben an so manchen Stränden griechischer Inseln auflesen kann. Für Marinatos stand damit fest, daß die Wogen einer gewaltigen Flut das Gebäude fast bis auf die Grundmauern abrasiert hatten, worauf dann die See den Bimsstein anschwemmte und in den Vertiefungen der Überreste des Bauwerks ablagerte. Tafel 36

An der etwas weiter landeinwärts und gleichzeitig ein wenig höher gelegenen »Freskenvilla« fiel Marinatos die ungewöhnliche Art der Zerstörungen auf, die Mauern und Mauerecken aufwiesen. Das Mauerwerk hatte sich förmlich ausgebeult. Dies und die Tatsache, daß mächtige Orthostaten (hochkant stehende Quader) von 2 m Länge und 1 m Breite von ihrem Platz gerissen worden oder gänzlich verschwunden waren, ließ Marinatos an die Saugwirkung denken, welche die von Seebebenwellen an Land gepeitschten ungeheuren Tafel 35

Wassermassen bei ihrem Zurückweichen ausüben. Darüber hinaus wies die Villa ausgedehnte Brandspuren auf. Auf den ersten Blick scheint dies mit Marinatos' Fluthypothese unvereinbar, doch Marinatos konnte darauf hinweisen, daß genau dasselbe auch im Fall der Krakatau-Katastrophe zu beobachten war. Er beruft sich dabei auf einen Bericht von Verbeek, wonach Häuser in Tyringen auf Java, zuerst von den Wogen überrannt, schließlich dennoch durch die Lampen in Brand gerieten, welche die Hausbewohner wegen der dichten Dunkelheit entzündet hatten, die ihrerseits eine Folge der Eruption war[59].

Gewiß kann man einwenden, daß derartige Überlegungen für eine Grabungsstätte wie Amnisos nichts beweisen, sondern allenfalls den Wert gelehrter Vermutungen haben. Und selbstverständlich dürfte es sich als ganz ungewöhnlich schwierig erweisen, gerade in diesem Punkt Marinatos' Deutung des archäologischen Befunds durch unumstößliches Beweismaterial zu erhärten. Andererseits sollten derartige Vermutungen nicht allzu eilfertig von der Hand gewiesen werden. Man hat durchaus in Betracht zu ziehen, daß ein Archäologe seine Grabungsstätte besser kennt, als sich mit Worten darlegen oder mit Argumenten untermauern läßt. Aus diesem Grunde sollte man sich gegen derartige »Ahnungen« keineswegs verschließen.

Soweit der Verfasser den Stand der Dinge übersieht, kommen die angeführten Beobachtungen und Hypothesen von Marinos, Melidonis und Marinatos trotz allem noch immer einem direkten Nachweis am nächsten, was die vernichtenden *tsúnami*-Einwirkungen im Zusammenhang mit der bronzezeitlichen Ausbruchskatastrophe des Thera-Vulkans im 15. Jahrhundert v. Chr. angeht. Man wird sich daher nach indirekten Beweisen umsehen und seine Zuflucht zu Analogieschlüssen nehmen müssen. Dennoch fühlt sich der Verfasser seiner Sache recht sicher[60].

So wurden im Jahre 365 n. Chr. Knossos, Gortyn und acht andere Orte auf Kreta von einem Erdbeben heimgesucht, wobei der *tsunami*-Effekt nicht nur von Kretas Küsten, sondern sogar noch aus Alexandreia (Alexandrien) gemeldet wurde; hier, so heißt es, hob die hochgehende Flut Schiffe noch immer haushoch, trug sie über Gebäude hinweg und setzte sie schließlich auf den Straßen der Stadt ab.

1672 erschütterte ein Erdbeben die Kykladen. Insbesondere hatte Thera darunter zu leiden. Wie berichtet wird, sei damals die der kleinasiatischen Südwestküste vorgelagerte Sporaden-Insel Kos »verschlungen worden« – wohl von einem *tsúnami*-Schwall, der sicherlich von den Stößen der Erdkruste ausgelöst worden war. Immer wieder lassen sich derartige Flutkatastrophen verzeichnen, wenn es auf dem Grund des Meeres zu Erschütterungen kommt.

Schon am 29. September 1650 hatte es auf Thera ein Erdbeben gegeben, das große Schäden anrichtete und von einer unterseeischen Explosion des Kolumbo-Kraters gefolgt war, der vor der Nordostflanke Theras im Meer liegt. Auch damals wurde eine Flutwelle von großer Zerstörungskraft beobachtet. Bevor sie zuschlug, zog sich, namentlich an der Ostküste, die See besonders weit zurück. Von der Insel Ios, etwa im Nordnordwesten von Thera, wurden bis zu 16 m hohe Wellen gemeldet, und im Hafen von Iraklion (Herakleion) an der kretischen Nordküste versanken Ruderboote in den aufgewühlten Fluten.

So entschuldbar ein gewisses Maß an Skepsis gegenüber den Angaben derartiger Berichte sein mag – in allen Einzelheiten bestens dokumentiert ist ein Erdbeben, das sich 1956 ereignete und dessen Herd sich nahe der Südostküste der Kykladeninsel Amorgos (im Nordosten von Thera) befand. Die Erderschütterung war beträchtlich (es handelte sich um ein Beben 7. bis 8. Grades), und es folgten drei starke Flutwellen, die auf Amorgos selbst sowie auf den folgenden Inseln schwere Schäden anrichteten: Ios, Astipaläa (Astypalaia), Leros, Kalimnos (Kalymnos), Kos, Nisyros und Karpathos – alle diese Inseln (mit Ausnahme von Ios) liegen im Osten von Amorgos. Schäden geringeren Ausmaßes meldeten Kreta, Patmos, Milos (Mēlos) und Seriphos. Mehr als achtzig kleinere Seefahrzeuge und Ruderboote trugen Havarien davon oder gingen ganz verloren. Überraschenderweise ertrank bei dieser Flut nur eine einzige Person in den Wogen. Beträchtliche Unterschiede zeigte die Höhe der Wellen: An den dem Epizentrum des Bebens zugewandten Küsten von Amorgos und Astipaläa schwankte sie zwischen 25 und 40 m, wogegen sie an den gegenüberliegenden Küsten derselben Inseln nur zwei bis vier Meter betrug.

Gefährliche Flutwellen, soviel hat sich ergeben, waren stets die Folge, wenn sich auf Thera oder in der Umgebung seismische Aktivität zeigte, wenn sich die Erdkruste an dieser Stelle als unruhig erwies. Darüber hinaus steht einwandfrei fest, daß sie auch die Krakatau-Eruption von 1883 begleiteten, die in so vielem dem Thera-Ausbruch ähnlich gewesen sein muß, der in der Spätbronzezeit zwischen 1500 und 1470 v. Chr. stattfand. Daher läßt sich durchaus die Annahme rechtfertigen, daß auch jene bronzezeitliche Katastrophe Flutwellen hervorrief, insbesondere in ihrer letzten Phase, als sich die *caldera* bildete.

Wie gefährlich aber waren jene *tsúnami*? Welche Zerstörungskraft entfalteten sie? Dies hängt nicht allein von ihrer Höhe und Geschwindigkeit, sondern auch von der jeweiligen Küstengestalt ab. Mehr als 200 m hohe Flutwellen liegen durchaus noch im Bereich des möglichen und sind tatsächlich beobachtet worden. Was die Flutkatastrophe angeht, die man im Zusammenhang mit dem Thera-Ausbruch anzunehmen hat, so ist unbekannt, wie hoch das Wasser stieg, wenn man nicht die oben (S. 131) mitgeteilte Angabe als verläßlichen Anhaltspunkt und damit die vermeintliche Anschwemmung auf Anáfi (Anáphē) als sichere Flutmarke betrachtet. Gewiß ist demgegenüber, daß die Geschwindigkeit derartiger Flutwellen von der Tiefe des Seegebiets abhängt, durch welches sie sich fortpflanzen. Je tiefer das Meer, desto größer die Geschwindigkeit. Rings um den Krakatau ist es recht flach; zwischen 50 und 150 m liegen die hier gemessenen Tiefen. Dennoch erreichten die *tsúnami*, die den Krakatau-Ausbruch zu einer so verheerenden Katastrophe machten, noch immer eine Schnelligkeit bis zu schätzungsweise 41 m pro Sekunde. Zwischen Thera und Kreta dagegen beträgt die durchschnittliche Wassertiefe 1000 m – eine Tiefe, die zu einer unheimlichen Flutwellengeschwindigkeit führen kann. Selbst kurz vor der Küste Kretas ist die See noch immer 500 m tief. Dann erhebt sich der Meeresboden urplötzlich zum Küstenschelf – vielleicht wurde hier die Gewalt der heranrasenden Flut ein wenig gehemmt. Andererseits kann man sich jedoch vorstellen, daß sich die brechenden Wogen hier mit schäumenden Gischtkämmen auftürmten, und am Ufer schließlich dürfte ihre Geschwindigkeit noch immer groß genug gewesen sein, um Verwüstungen der furchtbarsten Art hervorzurufen. Ein einziger Blick auf die Kartenskizze (S. 154) zeigt, wie ungeschützt die Nordküste Kretas Flutwellen ausgesetzt ist, die von Thera heranrollen. Überall in den Küstenebenen und auf den der Küste vorgelagerten Inseln mußten *tsúnami* verheerende Wirkungen haben. Gleiches gilt für die Scheitelpunkte der Buchten – man denke etwa an den Golf von Mirabello oder die Bucht von Sitia (Sēteia). Nur etwa 600 m vom Meer entfernt lag der große Palast von Mallia, kaum über den Meeresspiegel erhob sich das Terrain, auf dem er und die ihn umgebende Stadt erbaut waren. Hafenstädte wie Amnisos, Katsambá und Niru Chani fielen wohl ebenso vollständig den Wellen zum Opfer wie an der javanischen Küste der Sundastraße beim Krakatau-Desaster Tyringen und Anjer von den Fluten verschlungen wurden. Leicht konnte die See auch Gurnia (Gournia) überfallen, desgleichen das Tal von Sitia (Sēteia) und Piskokephalo. Und falls mächtige Ausläufer der gewaltigen Flutwellen die Ostspitze Kretas umrundeten, lagen Itanos, Paläkastro (Palaikastron) und Kato Zakro in ihrem Angriffsbereich – all diese Niederlassungen befanden sich unmittelbar an der Küste. Heute ist der neuentdeckte Palast von Kato Zakro nur ganze 100 m vom Strand entfernt, und im Altertum mag die Küstenlinie noch mehr in seiner Nähe verlaufen sein.

Abb. 14

Tafel 36

Tafel 38

Tafel 39

Von all den großen Palästen und Ansiedlungen in der Nähe der kretischen Nord- und Ostküste hatte allein Knossos die Chance, vollständiger Vernichtung zu entgehen. Seine Entfernung von der See beträgt zwischen fünf und sechs Kilometer, und eine niedrige Hügelkette deckt den Ort gegen die Küste hin. Dieser selbst bietet die vorgelagerte Insel Dia als »Wellenbrecher« an dieser Stelle einen gewissen Schutz; sie befindet sich direkt auf der Luftlinie zwischen Knossos und Thera. Gewiß wurde auch sie von den ungeheuren Wellen umlaufen, doch wenigstens vor totaler Zerstörung könnte sie Knossos bewahrt haben.

Absolut unklar ist das Schicksal von Phaistos und Ayia Triada (Hagia Triada). Ohne Zweifel erlitten auch diese beiden Orte zur selben Zeit wie die anderen Paläste und Ansiedlungen auf Kreta schwerste Schäden. Doch sie befinden sich an der Südküste und sind gegen Norden hin durch mehr als 2000 m hohe Bergketten geschützt, über die auch die entsetzlichste Flutwelle nicht hätte hinwegschlagen können. Zwar liegt Hagia Triada dicht an der See, doch Phaistos befindet sich ebenso weit vom Meer entfernt wie Knossos – und dies in einer Höhe von 70 m; zumindest im Fall dieses Palastes kann man es daher kaum mit Flutschäden zu tun haben. Als Ursache der Verwüstung hat man hier wohl andere Begleiterscheinungen der Thera-Katastrophe anzunehmen: Erdbeben, die dem Ausbruch des Vulkans vorangingen oder nachfolgten, Beschädigung der oberen Gebäudestockwerke durch die Druckwelle der Thera-Explosion und späteren Einsturz der Dächer und Zwischenböden infolge des heftigen Aschenregens – nicht zuletzt aber auch Plünderung durch dem Hungertod nahe, in ihrer Not und Verzweiflung zu allem fähige Überlebende des furchtbaren Unglücks.

Tafel 37

Abb. 14

Anfang des 15. Jahrhunderts v. Chr. waren Mittel- und Ostkreta von einem dichten Netz menschlicher Niederlassungen verschiedenen Umfangs, einem Netz von Dörfern und Straßen überzogen. Nach den vorhandenen Überresten zu schließen, war es dicht besiedelt, und zwar gilt dies ganz besonders für die Küstengebiete. Wenn die Katastrophe, die sich damals ereignete, die hier nur skizzierten Ausmaße hatte, so befand sich eine zahlreiche Bevölkerung in höchster Gefahr, und die Rate der Verwundeten und Toten muß hoch gewesen sein. Man kann sich durchaus vorstellen, daß die Zahl der 36380 Opfer, die der Krakatau forderte, damals auf Kreta noch bei weitem übertroffen wurde. Im allgemeinen ruft eine starke Seebebenflut, die ein Küstenland heimsucht, schlimmere Verluste an Leben und Eigentum hervor als alle Erdbeben – die verheerendsten ausgenommen. Berechnungen der Folgen von 18 wirklich schweren Beben, die sich von 1703 bis 1927 in Japan ereigneten, lassen erkennen, daß nur eines mehr Todesopfer forderte als die Flutwellen, die dem Ausbruch des Krakatau folgten, und nur ein weiteres kam in dieser Hinsicht der Krakatau-Katastrophe einigermaßen nahe. Man muß schon zu den Verlustlisten der allergrößten Erdbebenunglücke greifen – so beispielsweise Lissabon 1755 (50000 Tote) oder Messina 1908 (100000) –, um höhere Verlustquoten zu finden als beim Krakatau-Ausbruch.

Tafel 27 Ein gutes Beispiel für den »Pflanzenstil« der ersten Hälfte des 15. Jahrhunderts ist dieser Krug aus dem Palast von Phaistos. Seine charakteristische Wasserkannengestalt entspricht überlieferter Form. Typisch spätminoisch dagegen ist der Pflanzenschmuck (Gras- oder Schilfmotive)

Tafeln 28, 29 Ein höchst wichtiges Beweisstück für die zeitliche Einordnung des ersten Vulkanausbruchs von Thera stellt dieser 1899 von Zahn auf der Akrotiri-Halbinsel gefundene Krug dar *(links)*. Er stammt aus der Zeit um 1500 v. Chr., und sein Haupt-Ziermotiv, Efeublätter und -ranken, findet sich auf einem aus dem 15. Jahrhundert stammenden frühmykenischen Trinkgefäß aus dem kanaanäischen Tempel von Lachisch (Südwest-Palästina) wieder *(unten)*

Tafeln 30, 31 Auch in der Neuzeit war der Thera-Vulkan heftig tätig: 1925/26 *(oben)* sowie 1938–1941. Darüber hinaus läßt sich von Zeit zu Zeit geringere Aktivität verzeichnen, die keinen nennenswerten Schaden verursacht *(unten)*. Vor derartigen Eruptionen und während ihres Verlaufs verfärbt sich meist das Wasser um Paläa und Nea Kameni milchig. Die Nordostecke von Nea Kameni wuchs bei dem Ausbruch von 1925/26 ein beträchtliches Stück auf die Thera-Hauptinsel zu

Tafeln 32, 33 Der Rakata-Kegel auf der Insel Krakatau nach dem Ausbruch von 1883. *Oben:* Blick von Südosten. Die starke Aschenablagerung auf den Hängen wurde von Wolkenbrüchen, die oft heftige Vulkaneruptionen begleiten, zerfurcht. Die See nagt den unteren Rand der Aschenablagerungen aus, wodurch sich ein deutlich wahrnehmbares Kliff bildet. *Unten:* Der Einsturz des Nordwestteils der Insel spaltete den Berg förmlich, so daß man einen fast senkrechten Querschnitt von etwa 800 m Höhe vor sich hat. Auf beiden Flanken des Gipfels sieht man die weißen *tephra*-Ablagerungen (Aschenschichten) und Lavaadern, die vom freigelegten Mittelschlot verlaufen

Tafeln 34–36 Als nicht besonders günstigen, ja sogar schwierigen Ankerplatz erwähnt die Odyssee (19, 188–189) Amnisos, den Hafen des antiken Knossos. 1933–39 führte hier S. Marinatos Grabungen durch. Eine freigelegte minoische Villa (»Haus des Hafenkommandanten«) erbrachte vorzügliche Fresken *(oben rechts)*, auf denen man vor rotem Hintergrund weiße Lilien in einer Umgebung erblickt, die vielleicht einen Garten darstellt. Am oberen Rand erkennt man farbige Bänder. Parallelen dazu finden sich auf Fresken in Häusern, die 1870 auf Thera entdeckt wurden, während man dem Lilienmotiv auf einer aus Thera stammenden Amphore wiederbegegnet *(oben links)*. Das minoische Fresko könnte um 1600 v. Chr. entstanden sein. *Unten:* In der Brandung bei Amnisos erkennt man Mauerreste minoischer Häuser. Diese Stelle ist durch von Norden hereinbrechende Flutwellen stark gefährdet, wenn auch die am Horizont sichtbare Insel Dia als »Wellenbrecher« gewissen Schutz gewährt. Obwohl die eigentliche Ausgrabung von Amnisos erst 1933–1939 durchgeführt wurde, trieb S. Marinatos hier schon zuvor Spatenforschung (insbesondere durchsuchte er 1930/31 die nahegelegene, schon 1895 von J. Hazzidakis entdeckte Eileithyia-Höhle [Odyssee 19, 188]). 1932 entdeckte er mächtige Mauerblöcke, welche offensichtlich die Saugkraft einer starken Flut aus ihrer Lage gebracht hatte. Desgleichen wies er auf eine mit (vulkanischem) Bimsstein gefüllte Vertiefung hin ▷

Tafeln 37, 38 Zwei Orte an der Küste Kretas, die gleichzeitig in der ersten Hälfte des 15. Jahrhunderts v. Chr. der Zerstörung anheimfielen. *Oben:* Das Dorf Hagia Triada bei Phaistos, unweit vom Meer gelegen. *Unten:* Die einzige vollständig ausgegrabene bronzezeitliche Stadt im Bereich der Ägäis ist Gurnia (am Golf von Mirabello/Nordostkreta). Die Mauern im Vordergrund bildeten die Kellergelasse kleiner, zweistöckiger Häuser (vgl. Tafeln VII, 57)

Tafel 39 Auf einer kleinen Ebene an der Ostküste Kretas, wo sich das »Todestal«, eine tiefe Kalksteinschlucht, zum Meere hin öffnet, liegt der ab 1961 von Prof. N. Platon ausgegrabene Palast von Kato Zakro. Dieser Ort mit seiner bedeutenden Flottenbasis wurde zur gleichen Zeit wie die Paläste in Mallia, Phaistos und an anderen Orten auf Kreta zerstört

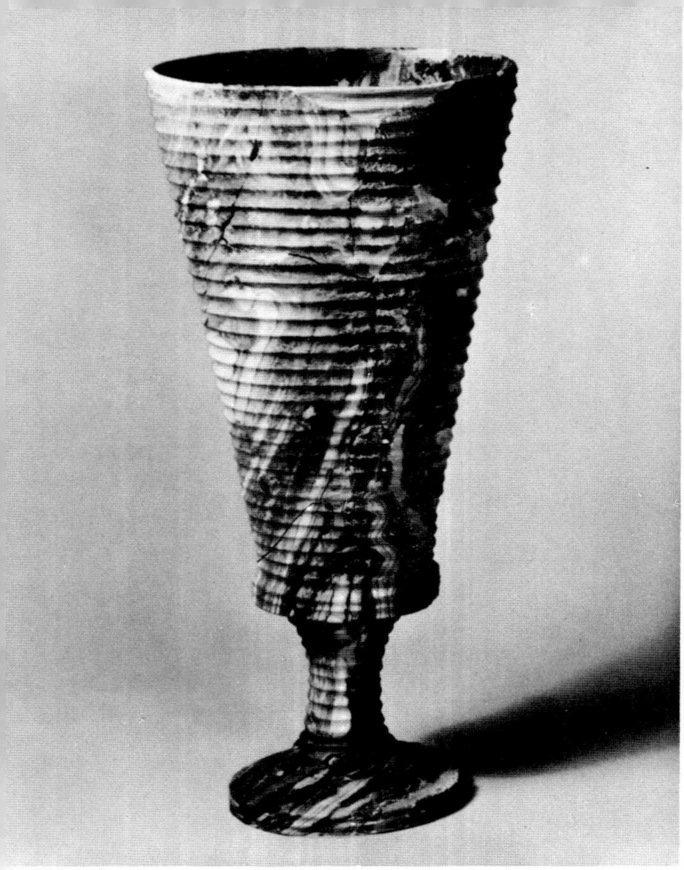

Tafeln 40, 41 Als einziger der großen minoischen Paläste blieb der Palast von Kato Zakro nach seiner Zerstörung von Plünderern verschont. Einer seiner Räume erbrachte reiches Fundmaterial. Die Abbildungen zeigen zwei vortreffliche Kelche aus geädertem Marmor *(links oben)* und gesprenkeltem Obsidian *(rechts)*. Bei Obsidian hat man es mit einem besonders harten vulkanischen Gestein zu tun, das im Fall dieses Kelches vielleicht von der kleinen vulkanischen Insel Yiali bei Kos eingeführt wurde. Ein in der Form ähnliches, doch aus Tonware bestehendes Stück fand man auf Thera (vgl. Tafel 46)

Tafel 42 Dieser neben der berühmten Schlangengöttin (s. Tafel 71) in den *temple repositories* von Knossos gefundene kleine Krug, der möglicherweise einst als Weinkrug diente, ist Importware von Melos. Zwischen Kreta und Melos bestanden von der mittelminoischen Zeit an enge Beziehungen. Von Melos nimmt man an, daß es Einfluß auf die Kultur von Thera ausübte. Tatsächlich erscheint das Vogelmotiv auch auf Keramikgefäßen von Thera

Tafeln 43, 44 Bronzewaffen, die schon im 19. Jahrhundert auf Thera ausgegraben wurden: Die Dolchklinge *oben* besitzt ein Mittelfeld mit in einer charakteristischen Technik eingelegten Äxten aus Gold. Der gleichen Technik begegnet man auf ähnlichen Funden aus Mykene und Pylos, die von minoischen Handwerkern stammen könnten. Bei dem Bruchstück *rechts* handelt es sich um das Heft eines Schwertes von typisch minoischer Form. Entsprechungen fanden sich in Knossos

Tafeln 45–47 Ältere Keramikfunde von Thera. Der Krug *oben links* (vgl. Tafel 34) weist den aus Kreta bekannten Pflanzenstil auf (vgl. Tafeln 27, 35). Stücken aus Kato Zakro (Tafeln 40, 41) ähnelt sehr stark der Terrakottakelch *oben rechts*. Das stilisierte Spiralmuster der großen Kanne *(links)* nimmt schließlich ein Schmuckmotiv des auf Tafel 65 abgebildeten riesigen irdenen Vorratskruges, des »Palaststil«-*pithos* von Pseira, vorweg

Tafeln 48, 49 Der obige Pithos muß aus einem Obergeschoß gefallen sein, als die Vulkaneruption bereits längere Zeit andauerte. Die Hitze ließ seine tönernen Gefäßwände springen; er zerbarst aber nicht. In seinem Inneren lagen Webstuhlgewichte *(unten)* und zwei Steinbrocken vulkanischen Ursprungs, die wohl durch das Dach gefallen und in dem Gefäß gelandet waren

Tafeln 50, 51 *Oben:* Kiesbedeckte Klippen aus vulkanischen Trümmern – hauptsächlich Bimsstein – erheben sich an der Südküste der Akrotiri-Halbinsel mehr als sechs Meter hoch. Die Erosion ließ einen schmalen Strandstreifen von Lavageröll und Staub entstehen, und noch ein beträchtliches Stück seewärts ist das Wasser hier sehr flach. Es scheint, daß der Ausbruch des Vulkans von Thera die Küstenlinie spürbar seewärts verlagert hat. Vorher muß das Meer bis unmittelbar an die heutige Grabungsstätte herangekommen sein, die ungefähr 500 m vom jetzigen Strand entfernt liegt. *Unten:* In der Senke südlich der heutigen Grabungen von Akrotiri ließ Erosion ein »Fenster« unter der Kiesbank entstehen, die an dieser Stelle den Bimsstein überlagert

Tafeln 52, 53 Typisch für die Anlage vieler minoischer Siedlungen an oder nahe der See ist der Platz der jetzigen Grabungen bei Akrotiri (vgl. Tafeln 37–39). Einst mag das Meer bis zu der Siedlung herangekommen sein und eine schmale, geschützte Bucht gebildet haben, die später von vulkanischen Trümmern aufgefüllt wurde. *Oben:* Der Blick durch die Senke südwärts zur See. *Unten:* Südabschnitt des Grabungsgeländes von Südwesten gesehen

Tafel 54 An der Ostseite des Lagerraums (vgl. Tafeln XIII, 48, 49) fand sich ein recht großes Fenster. Es öffnete sich über einem aus dünnen Platten bestehenden Sims etwa ein Meter über Bodenniveau. Die hohlkehlenartige Zurücksetzung des Mauerwerks zur Rechten des Fensters war vermutlich dafür bestimmt, einen hölzernen Fensterrahmen aufzunehmen

Tafel 55 Das rätselhafteste Bauwerk von Akrotiri besteht in einer monumentalen Mauer aus behauenen Blöcken. Ihr östliches Ende verschwindet unter einem Feld oberhalb des Einschnitts, in dem die Grabungen stattfinden. Die Mauer scheint auf weicher Asche erbaut zu sein und hat (offenbar durch sehr starke Hitze) schweren Schaden gelitten. Sie entstand wohl in den etwa 25 bis 30 Jahren zwischen dem ersten und dem zweiten großen Ausbruch des alten Thera-Vulkans

Tafel 56 Blick über das Grabungsgelände von Akrotiri nach Osten. Im Hintergrund der Berg des Propheten Elias. Bei der Ausschachtung im Vordergrund handelt es sich um Bronos II (vgl. Abb. 17). Oben im Bild unausgegrabenes Gebiet

Tafel 57 Eine Vorstellung vom Aussehen der Häuser in der minoischen Ansiedlung auf Thera geben obige Fayence- und Elfenbeinplatten aus Knossos. Die drei aus Fayence bestehenden Stücke (1–3) waren Teil eines Mosaiks, das eine Stadt darstellte. Einige der Häuser haben (einschließlich des Erdgeschosses) drei Stockwerke, mitunter auch eine Art Mansarde. Die dunklen horizontalen Linien deuten möglicherweise Holzgebälk an

Tafel 58 Die heutigen Bewohner Theras haben entdeckt, wie einfach sie durch Aushöhlung der Bimssteindecke Ställe oder Bootshäuser anlegen können. Die Wände solcher Höhlen, frisch ausgehoben, lassen sich durch Einfeuchten leicht zementieren. Das Mineral bindet ohne weitere Zutat in sich ab

Auswirkungen des *fall-out* vulkanischer Aschen

Nach der Thera-Eruption muß Kreta – ganz besonders gilt dies für seine Osthälfte – von einer Schicht vulkanischer Asche bedeckt worden sein. Als erste bemerkten dies Ninkovich und Heezen, die gleichzeitig erörterten, was dies für Folgen gehabt haben muß. Wie oben (S. 128 f.) dargelegt wurde, besteht Wahrscheinlichkeit, daß der Ausbruch im Spätfrühling bzw. im Sommer *(d. h.:* in den Monaten Juni bis August) stattfand. Trifft dies tatsächlich zu, so muß die gesamte Pflanzenwelt Mittel- und Ostkretas schwerste Schäden davongetragen haben. Wahrscheinlich vernichtete der Aschenregen die gesamte Ernte auf den Feldern, entlaubte Ölbäume und Weinstöcke und was dergleichen mehr ist. Abb. 13

Von einigen neueren Vulkanausbrüchen stammen Angaben, die ein recht grelles Licht auf die Spätfolgen derartiger Katastrophen werfen. So brach beispielsweise im Jahre 1815 auf der hinterindischen (heute zu Indonesien gehörenden) Insel Sumbawa (Kleine Sundainseln) der Tambora aus – und zwar gleichfalls im Sommer, und 80000 Menschen starben an Hunger und Seuchen infolge der katastrophalen Auswirkungen des Aschen-*fall-out* auf die Landwirtschaft.

Auch auf Island konnten die Auswirkungen derartigen Aschenauswurfs eingehend untersucht werden. Dank enger Zusammenarbeit zwischen Archäologen und Geologen wurde hier die Erforschung von *tephra*-Schichten im Lauf der letzten 25 Jahre auf feste naturwissenschaftliche Grundlagen gestellt. S. Thorarinsson, einer der führenden Fachleute auf diesem Gebiet, prägte einen vollständig neuen Begriff: Tephrachronologie (etwa: Aschen-Zeitrechnungskunde)[61]. Hinter diesem Begriff verbirgt sich ein Wissenschaftszweig, der seine Aufgabe in der Identifikation der unterschiedlichen Schichten vulkanischen Lockermaterials sieht, die einen so charakteristischen Zug isländischer Bodenprofile darstellen, und den einzelnen Lagen absolute Zeitangaben zuordnet, sei es durch Vergleich der Schichtenfolge und -beschaffenheit mit den Angaben annalistischer Aufzeichnungen, sei es unter Anwendung der ^{14}C-Methode. Aus einer Reihe von Gründen wird dabei den Ablagerungen weißen Auswurfmate-

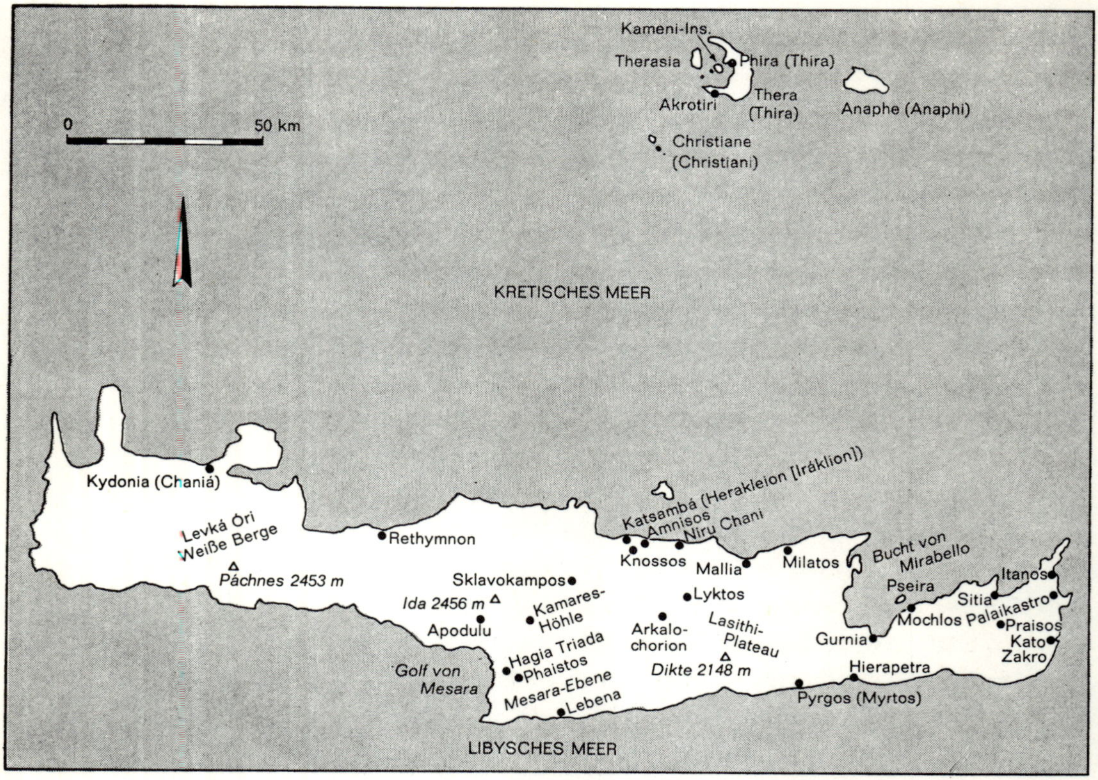

Abb. 14 Kreta und Thera mit den im Text erwähnten Grabungsstätten.

rials Vorrang eingeräumt. Erstens sind sie leichter auszumachen, zweitens übertrifft ihre Stärke meist die anderer Schichten, drittens hat man sie als Ergebnis vulkanischer Explosionskatastrophen nach längeren Unterbrechungen der Vulkantätigkeit zu betrachten, und schließlich ist ihr Gehalt an Kieselsäure stärker als der dunklerer Lockerprodukte, so daß man geradezu von rhyolithischer Asche sprechen kann.

Nicht nur bei dem im Englischen *pumice* (lat. *pumex* [= Bimsstein]) genannten grobkörnigeren Material, wie man es in den unteren *tephra*-Schichten auf Thera findet, sondern auch bei der feinen, weißen »Asche«, von der hier die Rede ist, handelt es sich um Bimsstein (bzw. Bimstuff): nämlich um feinste Partikelchen farblosen vulkanischen Glases (vgl. dazu S. 128). Man hat es mit einem Lockerprodukt zu tun, das die gleiche, stark kieselsäurehaltige Magmagrundlage und die gleiche glasige Beschaffenheit hat wie Obsidian, nur daß es dem Einwirken der bei einer besonders heftigen Vulkanexplosion frei gewordenen Kräfte die für Bimsstein charakteristische Porosität verdankt. Hat dermaßen kieselsäurehaltiges Magma, wie es die Grundlage derartigen Vulkanglases bildet, beim Erkalten Zeit zum Kristallisieren, so entsteht ein äußerst quarzreiches Ergußgestein (Rhyolith). Daher verwendet der Verfasser an dieser Stelle den Begriff »rhyolithisch« zur Kennzeichnung des Kieselsäuregehalts der weißen Vulkanasche. Doch kann sich dies nur auf deren chemische Zusammensetzung beziehen, und zwar ohne Rücksicht auf die unterschiedliche Struktur, da die fragliche Asche nicht von kristalliner, sondern glasiger Beschaffenheit ist.

Groß ist die Anzahl der Vulkane auf Island, und seit die Insel vor mehr als 1100 Jahren besiedelt wurde, konnte man hier mehr als 120 Ausbrüche verzeichnen. Ausgrabungen frühmittelalterlicher Bauernhöfe, die unter Schichten aschenartigen Lockermaterials begraben waren, das von einer dieser Eruptionen herrührte, haben aufschlußreiche Ergebnisse erbracht. So war beispielsweise das bei Stöng im Pjórárdalur ausgegrabene Gehöft von einer dicken Lage weißen Bimssteins verschüttet worden, der vom Ausbruch des Hekla im Jahre 1104 herrührte. Der fragliche Ausbruch ereignete sich nach einer längeren Periode vulkanischer Untätigkeit. Der Bimsstein füllte das Haus und bewahrte dessen Mauern in voller Höhe, als ob das Gebäude unversehrt wäre. In den Jahren 1955–57 wurde ein weiteres Gehöft in der Nähe von Gröf im Südosten der Insel freigelegt. Es war einst (1362) verschüttet worden, als Islands höchster Vulkan, der Öraefajökull (2119 m), eine Eruption katastrophalen Ausmaßes hatte. Zu den Bimssteintrümmern in den Hausruinen zählten »Bomben«-Fragmente von beachtlicher Größe. Teilweise waren die betreffenden Bruchstücke bis zu 60 cm lang. Der Ausbruch war rein explosiver Natur. Keinerlei Lava wurde ausgespien, sondern nur lockeres Auswurfmaterial (der Untersuchungsbericht spricht von »einer enormen Menge rhyolithischer [kieselsäurereicher] *tephra*«), die am Fuß des Berges eine bis zu 40 cm dicke Schicht bildete. Dies muß den Eindruck eines sehr geringfügigen Aschen-*fall-out* erwekken, wenn man sich im Vergleich dazu die nach 3500 Jahren nicht weniger als 66 m starken Aschenschichten auf Thera vor Augen hält; doch es reichte hin, ein ganzes Anwesen, eine ganze Gemeinde vom Erdboden verschwinden zu lassen und einen großen Teil Islands (insbesondere nach Osten hin) mit einer deutlich wahrnehmbaren Aschenschicht zu überziehen. Für ungefähr ein Jahrzehnt war die gesamte Umgebung zur Wüste geworden. Aus Feststellungen wie diesen folgert Thorarinsson, daß ein Aschen-*fall-out* von 10 cm genügt, um Bauern zur Aufgabe ihrer Höfe zu zwingen, bis Winde den Boden von seinem Aschenbelag gereinigt haben oder die Asche unter Witterungseinfluß vom Boden absorbiert worden ist.

Wie gefährlich die Auswirkungen des Aschenregens sind, hängt nicht nur von der Stärke des Aschenfalls und der sich folglich bildenden Aschenschicht, sondern darüber hinaus von ihrer chemischen Zusammensetzung ab. Man hat festgestellt, daß der Auswurf des Thera-Vulkans einen größeren Anteil an schwefelsauren Salzen und Chlorverbindungen enthält, als dies bei den meisten anderen Vulkanen der Fall ist. Ein derartige Bestandteile aufweisender Aschen-*fall-out* aber dürfte an Böden und Pflanzen schwere Schäden angerichtet haben. Nach Schätzungen von Ninkovich und Heezen muß die Aschenschicht über Mittel- und Ostkreta »mehr als 10 cm dick« gewesen sein. Wie das Beispiel Islands zeigt, muß dies dazu geführt haben, daß große Teile des Kulturlands beträchtliche Zeit hindurch unbestellbar waren. Man hat dabei in Erwägung zu ziehen, daß die durchschnittliche Regenmenge auf einer Mittelmeerinsel kaum erheblich zu einer raschen Absorption der Asche durch den Boden beiträgt und es sicher auch an Arbeitskräften für eine künstliche Freilegung der Felder und Pflanzungen fehlte, weil die den Thera-Ausbruch begleitende Flutkatastrophe zu viele Todesopfer gefordert hatte. Man darf daher als sehr wahrscheinlich annehmen, daß Kretas gesamte Wirtschaft in dem Jahrzehnt nach der furchtbaren Eruption von Thera vollkommen am Boden lag. Auf Jahre hinaus dürfte ein großer Teil des kretischen Kulturlandes für landwirtschaftliche Zwecke unbrauchbar geworden sein. Gleiches gilt für die übrigen Inseln innerhalb des Gebiets, über dem der Aschenregen niederging – Inseln, auf denen sich vordem zum großen Teil gleichfalls minoische Ansiedlungen befunden hatten.

Dabei besteht die Möglichkeit, daß der Aschen-*fall-out* erheblich stärkere Aschenschichten aufhäufte als das von Ninkovich und Heezen vermutete Minimum von 10 cm. Kernprobe Nr. 58 wurde dem Meeresboden an einer Stelle entnommen, die 110 km vom Herd des bronzezeitlichen Ausbruchs entfernt war und 40 km genau im Norden von Itanos liegt. Sie erbrachte eine einzige Aschenlage von 78 cm Dicke. Knossos und Mallia aber sind nur 120 km von Thera entfernt. So ist es durchaus möglich, daß die Stärke der Aschenschicht, die sich über diese Städte legte, zwischen 50–75 cm betrug. Selbst in Kato Zakro, dessen Entfernung von Thera 165 km beträgt, kann die durchschnittliche Stärke der Aschenschicht noch 30–40 cm betragen haben. N. Platon, der Ausgräber dieses Ortes, hat die Vermutung ausgesprochen, daß sogar steinerne Auswürflinge Kato Zakro noch erreichten[62], doch hat sich diese Auffassung bei eingehender naturwissenschaftlicher Untersuchung der Grabungsstätte bisher noch nicht bestätigt. Zwar hat man noch rund 115 km vom Crater Lake (Oregon/USA) entfernt Bimssteinbrocken und Steinpartikel von 0,5 bis 1 cm Größe nachgewiesen, und gleiches gilt für ein oder zwei andere Vulkane; doch dabei handelt es sich um die bisher längsten Flugstrecken derartiger Auswürflinge, die für die Wissenschaft »aktenkundig« geworden sind[63]. Bis zum ausdrücklichen Erweis des Gegenteils wird man daher vorerst davon ausgehen müssen, daß Kato Zakro außerhalb der Reichweite vulkanischer »Bomben« lag; doch selbstverständlich nicht außerhalb der Reichweite feiner vulkanischer Asche, die von atmosphärischen Höhenströmungen mitgeführt wurde.

Kapitel V wird sich eingehender mit den historischen Folgen des Thera-Ausbruchs befassen. An dieser Stelle sei daher nur kurz auf die Tatsache hingewiesen, daß die Ergebnisse der archäologischen Erforschung Kretas auf eine bedeutende Verschiebung des bevölkerungsmäßigen Schwergewichts nach dem Westen der Insel schließen lassen – eine Verschiebung, die im 15. Jahrhundert v. Chr. stattfand. Wie bereits zum Ausdruck gebracht wurde, kommt als Ursache für eine derartige Westwärtsbewegung durchaus der vor allem über dem Zentrum und dem Osten der Insel niedergegangene, heftige *fall-out* der Asche des Thera-Vulkans in Betracht.

Spätere Ausbrüche des Thera-Vulkans

Vom plötzlichen Entstehen einer vulkanischen Insel bei Thera berichtet Kaiser Augustus' Zeitgenosse Strabon aus Amaseia (ca. 63 v. – ca. 25 n. Chr.). Er führt das Ereignis als besonders eindringliches Beispiel des Wechsels an, den das Walten der Naturkräfte hervorzurufen vermag. Mit folgenden Worten berichtet er von der Eruption, die sich 197/196 v. Chr. ereignet hatte[64]:

> »Vier Tage lang brach mitten zwischen Thera und Therasia Feuer aus der See, so daß das Meer kochte und aufbrauste. Wie aus rotglühender Masse bestehend, tauchte, als ob sie aus der Tiefe emporgehievt würde, nach und nach eine Insel aus den Fluten, bis sie einen Umfang von 12 Stadien (= knapp 2 km) besaß.«

Die Insel besteht noch heute: Paläa Kameni.

Philostrat (Flavius Philostratos [um 200 n. Chr.]) beschreibt einen Besuch des neupythagoreischen »Wundertäters« Apollonios von Tyana auf Kreta und bezeugt im fraglichen Abschnitt seiner Darstellung, daß auch zu seiner Zeit zwischen Naturereignissen auf Thera und auf Kreta ein Zusammenhang bestand[65]. Nach seiner Schilderung suchte Apollonios den Asklepiostempel zu Lebena bei Phaistos auf, als plötzlich ein Erdbeben Kreta erschütterte. Die Erdkruste gab ein donnerndes Geräusch von sich, und das Meer wich fast eine Meile von der Küste zurück. Viele fürchteten, das Wasser werde zurückkehren und sie mit sich fortreißen, doch Apollonios rief: »Fürchtet euch nicht: die See hat Land geboren.« Niemand verstand, was er meinte. Doch wenige Tage später traf die Kunde ein, daß um die Mittagsstunde jenes Tages, an dem sich das Zeichen ereignet hatte, im Seegebiet zwischen Thera und Kreta eine Insel aus den Fluten aufgetaucht war.

Von einem weiteren Ausbruch, der 726 n. Chr. stattfand, berichtet der byzantinische Heilige Theophanes der Bekenner (ca. 725–818 n. Chr.) in seiner Weltchronik; das ausgespiene Bimssteinmaterial habe sogar noch die Küsten Kleinasiens und Makedoniens erreicht, und noch an den Dardanellen, 500 km von Thera entfernt, vernahm man den brüllenden Donner der Eruption des Jahres 1650 – einer

Eruption, die zum Auftauchen einer Insel im Nordosten Theras führte (inzwischen ist dieser Ableger Theras allerdings wieder in den Fluten versunken; heute bildet er nur mehr ein unterseeisches Riff). Im Jahre 1707 erhob sich Nea Kameni aus den Fluten, und 1866 erweiterte sich diese jüngste Insel der Thera-Gruppe nach Süden hin, wobei sich ihre Oberfläche um das Dreifache vergrößerte. Bei diesem Ausbruch sah sich die gesamte Küste Kretas einem Bimssteinregen ausgesetzt, und auch damals trugen wenigstens die Wellen Bimssteine noch immer bis nach Kreta.

Auch in unserem Jahrhundert ruhte die vulkanische Tätigkeit auf Thera keineswegs. Immer wieder lassen sich die gleichen Erscheinungen beobachten. All die Eruptionen, von denen hier die Rede war, waren von Seebebenwellen begleitet, die nicht selten an den umliegenden Küsten schwere Verwüstungen hervorriefen. Oft wurde den Einwohnern Theras und den Bewohnern der benachbarten Inseln das Leben alles andere als leicht gemacht. Nicht nur, daß die Vulkanschlote Auswürflinge größten Kalibers auf sie herniederprasseln ließen – auch die den Kratern entweichenden Gase und giftigen Dämpfe verursachten Schwindelanfälle, Kopfschmerzen, Brechreiz, ja in gewissen Fällen hatten sie sogar den Tod zur Folge. Rostfarbe überzog weiße Häuserwände, die mit den Schwaden vulkanischer Dämpfe in Berührung gekommen waren, wenn nicht buchstäblich »giftgrüne« Farbe sie infolge derartiger Berührungen bedeckte. Unterseeischer Ausstoß giftiger Chemikalien ließ in großen Mengen die Fische sterben, und nicht zuletzt die Pflanzenwelt trug immer wieder schwere Schäden davon. Säurereicher Staub führte zu Entzündungen der Augenbindehaut, und Schwefelwasserstoffdämpfe riefen Halsentzündungen und Bronchialkatarrh hervor – noch auf so weit entfernten Inseln wie Ios, Anáfi (Anáphi/Anáphē) und Sikinos kann bei bestimmten Windverhältnissen die Verunreinigung der Luft durch die »Abgase« des Thera-Vulkans Krankheiten verursachen.

Es sei gestattet, diesem Kapitel, in dem so viel von Katastrophen die Rede war, zum Schluß eine persönlichere Note zu geben, und zwar durch persönliche Erinnerungen des Eigentümers des Hotels Lukas in Phira. Dieser berichtete dem Verfasser von einem Warnsignal, das eine drohende Eruption anzeigt: Zwei oder drei Tage vor

einem Ausbruch verfärbt sich das Wasser der *caldera*-Bucht rings um die Kameni-Inseln. Zunächst zeigen sich seltsame Flecke von schwef-
Tafel 31
ligem Gelb und tiefem Rot neben schwarzen und weißen Schwaden. Mit fortschreitender Eruption werden die Farben immer heller, ändern sich und bilden kaleidoskopartige Muster. Dies stimmt recht gut mit einem Augenzeugenbericht aus dem 19. Jahrhundert überein, und zwar schilderte P. Dekigalla, am Abend des 20. Januar 1866 sei die See rings um die Kameni-Inseln milchigweiß gewesen. Am folgenden Tage hätte sich dann die Farbe in Grün und Violett gewandelt[66].

Wie der Gewährsmann des Verfassers versicherte, dauerte die am 28. Oktober 1938 begonnene Vulkantätigkeit bis zum 10. August 1941. Tag für Tag gab damals der Vulkan donnerndes Dröhnen von sich, und immer wieder dampfte die See, wenn Blöcke glühendheißen Gesteins in die Fluten geschleudert wurden.

Viele Häuser auf der Insel Thera haben stark tonnenförmig gewölbte Dächer, Dächer, die daran erinnern, daß die Insel häufig Erderschütterungen ausgesetzt ist. So forderte am 9. Juli 1956 ein heftiger Erdstoß 53 Menschenleben und zerstörte nicht weniger als 2400 Häuser. Viele wanderten nach dieser Katastrophe aus, andere blieben und bauten mit der ihnen eigenen Zähigkeit ihre in Trümmer gesunkenen Kirchen und Häuser wieder auf. Und heute bietet schon wieder eine lange Reihe weißgetünchter Wohnstätten von Kap
Tafel 18
Skaros bis zur Bucht von Phira (Bucht von Thera) über das blaue Wasser der gewaltigen *caldera* hinweg den dunklen Lavamassen
Tafel V
Trotz, die sich inmitten des ungeheuren Einsturzkessels spreizen.

Ausgrabungen auf Thera

IV

Frühere Grabungen

Der erste unzweideutige Nachweis bronzezeitlicher Besiedlung Theras glückte in den sechziger Jahren des vorigen Jahrhunderts. Er war das Nebenergebnis von Abraumarbeiten, die der Gewinnung vulkanischer Asche dienten. Man brauchte diese Asche beim Bau des Suezkanals. Port Said mußte neue Hafenanlagen bekommen, und man hatte entdeckt, daß Bimsstaub, im Verhältnis 3 zu 1 mit Kalk gemischt, einen äußerst haltbaren Zement ergibt, der besondere Widerstandskraft gegenüber Seewasser an den Tag legt. Thera bot sich als geradezu unerschöpfliche Bezugsquelle für das benötigte Bimssteinmehl an, und die Suezkanalgesellschaft ließ ungeheure Mengen des begehrten Materials abbauen, und zwar ausschließlich am Rand der *caldera,* also an der »inneren« Küste Theras selbst (im Norden von Akrotiri) sowie bei Kap Tinos im Nordosten Therasias und schließlich fast an der gesamten Südküste Therasias. Hier und da Tafel VI kennzeichneten an der letztgenannten Stelle zahlreiche Steinblöcke, die die Arbeiten behinderten, die Untergrenze der Bimssteinschicht. Bei diesen Blöcken handelte es sich um nichts anderes als um Reste antiken Mauerwerks, und den Verantwortlichen war dies durchaus bewußt. Schließlich zog der heftige Vulkanausbruch des Thera, der im Januar 1866 begann, die Aufmerksamkeit der Gelehrten auf die Insel, und zwar zunächst die der naturwissenschaftlichen Welt. Ein Mitglied der wissenschaftlichen Untersuchungskommission, die von der griechischen Regierung ausgesandt worden war, um die Vulkantätigkeit auf Thera zu studieren, war M. Christomanos, Professor für Chemie an der Universität Athen. Er sollte der erste sein, der das Interesse der Wissenschaft auf die Mauerreste von Thera lenkte und der darauf hinwies, daß es sich um Ruinen aus der Zeit vor der Entstehung der gewaltigen Bimssteinschicht handeln müsse, wenn auch viele damals der Überzeugung waren, man habe es mit später angelegten Gräbern zu tun. Zum ersten Mal in der Geschichte der Archäologie standen hier nachweislich die Interessen eines kommerziellen Unternehmens in scharfem Gegensatz zu der Forderung nach sorgfältiger wissenschaftlicher Erforschung einer Grabungsstätte. Ohne Zweifel wurde vieles wertvolle Material vernichtet, da man nicht daran dachte, den Abbau des Pozzuolanmehls zu unterbrechen. Der Besitzer des Grundes und Bodens jedoch, auf dem der Fund gemacht worden war, ein Mann namens Alafousos, sowie ein gewisser Nomikos, der auf Thera als Arzt praktizierte, brachten es dahin, daß eine Grabung durchgeführt wurde, bei der man ein vielräumiges Haus mit der zugehörigen Keramik freilegte.

Glücklicherweise befanden sich damals auch französische Gelehrte auf Thera, um den Thera-Ausbruch zu Forschungszwecken auszuwerten. Zu ihnen gehörte M. Fouqué, der über die nötige Sachkenntnis verfügte. Wenn auch in erster Linie Vulkanologe, erkannte er doch, welche Bedeutung die damit geglückte Entdeckung für die Geschichtswissenschaft haben mußte, welche Konsequenzen all das für den Historiker besaß, was hier im Begriff war, ans Tageslicht zu kommen. So trieb er seinerseits die Grabungen weiter voran, suchte überall Unterstützung für sein Vorhaben und fertigte von einem großen Teil der Funde Verzeichnisse und Beschreibungen an[67]. Beispielsweise schildert er eine Pfeilerkrypta mit einem Mittelpfeiler aus zwei mächtigen Lavablöcken von rechteckiger Gestalt, jeder 1 m hoch und 50 cm breit. Überdies erwähnt er das Skelett eines alten Mannes von mittelgroßem Körperbau. Man schrieb das Jahr 1867, als Spatenforschung auf Thera sich in dieser Phase befand.

Auch über Altertümer in der Nähe von Akrotiri stellte Fouqué Erhebungen an. Ein Bauer führte ihn dort zu einer Bodensenke, und Fouqué unternahm hier, was als erste systematische Feldforschung an der Stätte einer minoischen Ansiedlung in die Geschichte einzugehen verdient. Nach Fouqués Beschreibung handelt es sich bei dieser Senke um das gleiche Geländestück, wo heute Spyridon Marinatos seine Grabungen durchführt. Man zeigte Fouqué die Mauerüberreste, die dort noch, von einer Bimssteinschicht umgeben, stehengeblieben waren, und er erkannte, daß es sich um Mauerreste handelte, die den auf Therasia gefundenen sehr ähnlich waren. Er konnte nicht erwarten, auch hier mit Grabungsarbeiten zu beginnen; doch ein »Mißverständnis« mit dem Grundbesitzer hinderte ihn daran, sich sofort an die Arbeit zu begeben. Inzwischen setzte er in der nächsten Nachbarschaft seine Untersuchungen fort und machte später in derselben Bodensenke unter einer drei bis vier Meter dicken Bimskiesschicht ein ca. 30 cm starkes Lager aus, das »fast ausschließlich aus Gefäßfragmenten bestand«. Nach mehrstündiger Grabung hatte er eine beträchtliche Menge von Scherben ans Licht gebracht, aus denen er später mehr oder weniger vollständige Vasen zusammensetzte. In einer weiter östlich gelegenen Senke machte man ihn auf zwei kleine, überwölbte Gräber aufmerksam, die allerdings geplündert worden waren. In ihrer Nähe stieß er auf weitere Tonscherben und Obsidianklingen, und sein Führer rückte mit zwei Goldringen heraus, die von derselben Fundstätte stammten.

Fouqués Entdeckungen führten zur Entsendung einer regelrechten archäologischen Expedition. Leiter des Unternehmens waren die beiden Gelehrten Mamet und Gorceix vom Französischen Archäologischen Institut in Athen. Sie waren in den Monaten April/Mai 1870 auf Thera. Was sie fanden, schilderte Mamet in einer schwungvollen lateinischen Abhandlung unter dem Titel *De Insula Thera,* die er 1874 veröffentlichte, und auch Fouqué gab 1879 eine ausführliche Beschreibung sowie Planskizzen der Gebäude, die man entdeckt hatte. Von Akrotiri abgesehen, erwähnt Mamet nicht einen einzigen Orts-, Flur- oder Grundbesitzernamen; doch aus seiner mit größter Sorgfalt gezeichneten Karte ergibt sich, daß die erregendsten Funde an der Ostseite jener Senke zum Vorschein gekommen waren, in der heute Spyridon Marinatos seine Grabungen durchführt. Gewisse topographische Angaben Fouqués bestätigen dies.

Den Plan eines der damals ans Licht gekommenen Bauwerke findet der Leser auf Seite 164. Die Ausgräber betrachteten Raum Nr. 1 als eine Zisterne, da von X nach Y ein Wasserkanal läuft, der vermutlich das Wasser von den Dächern höherer Stockwerke ableitete. Im Raum Nr. 2 stieß man auf zahlreiche Kannen bzw. Krüge, doch der Höhepunkt der Grabung sollte erst kommen, als die Spatenforscher die Hinterwand des Raumes Nr. 2 durchbrachen und sich dort Abb. 15

vgl. Tafel 51

eine offene, von Bimssteinmaterial überwölbte Passage vor ihnen auftat. Die Öffnung setzte sich innerhalb einer 3–4 m hohen, steilen Geländestufe fort; hoch oben an ihrem oberen Rand befand sich ein Weinberg. Trotz einer drohend über ihren Köpfen lastenden Kiesschicht wagten sich die Ausgräber in die Höhle hinein – und ihr Wagemut wurde belohnt: Als erste Menschen der Neuzeit sahen sie sich einem minoischen Fresko gegenüber. Die Mauer der Passage und auch die Wand eines großen Raumes hinter dieser Mauer waren mit feinem weißen Stuck überzogen, den man mit Fresken geschmückt hatte, mit Fresken in leuchtenden Farbtönen: einem blutfarbenen Rot, einem etwas fahlen Gelb, einem dunklen Braun sowie schließlich einem strahlenden Blau, das indessen förmlich unter den Augen der Entdecker ausblich, sobald es in Kontakt mit der Luft kam. Den unteren Teil des Mauerwerks zierten einander abwechselnde Bänder, die gleichfalls in den genannten Farbtönen ausgeführt waren. Dar-

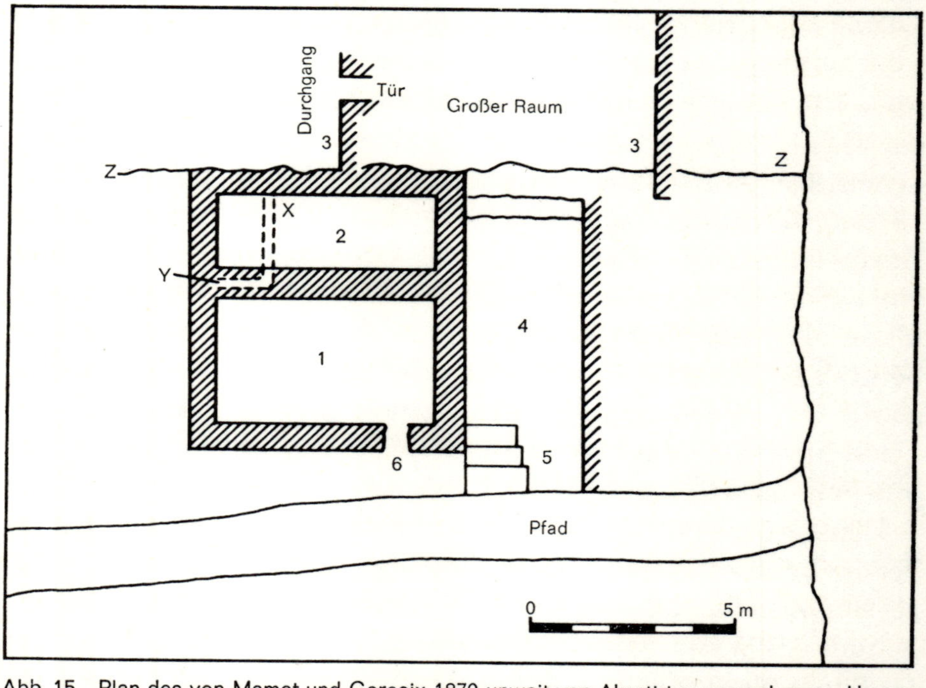

Abb. 15 Plan des von Mamet und Gorceix 1870 unweit von Akrotiri ausgegrabenen »Hauses der Fresken«. 1 Regenwasserzisterne (?), 2 Gefäß-Aufbewahrungsraum, 3 mit Fresken bedeckte Mauer, 4 mit Steinplatten überdachter Keller, 5 Treppe, 6 fehlende Blöcke. X–Y: Wasserleitung, Z–Z: Verlauf der Steilstufe an der Ostseite des Einschnitts.

über blühten auf weißem Grund rote Blumen »mit Staubfäden, deren Länge die der Blütenblätter übertraf«. Zahlreiche glasierte Fragmente auf dem Boden ließen den Schluß zu, daß die Räume einst auch bemalte Decken gehabt hatten. Freilich fürchteten sich die Gelehrten, mehr von dem fraglichen Gebäude freizulegen, da Gefahr bestand, daß die darüberliegende Bimsstein- und Kiesbank einstürzte (und tatsächlich war dies kurz nach Einstellung der Arbeit der Fall). Doch war es gelungen, an die hundert Gefäße sicherzustellen, von denen einige vorzüglich bemalt sind. Es sind Stücke aus diesem Fund, die heute den Kern und die Hauptmasse der Sammlung theräischer Vasen des Französischen Archäologischen Instituts in Athen bilden. Tafeln 45–47

Als nächstes gruben Mamet und Gorceix 60 m unterhalb dieser Fundstätte in derselben Bodensenke ein kleineres Haus aus, desgleichen ein Haus auf dem Kliff der Balos-Bucht im Norden von Akrotiri. Dort legten sie zwei Räume von mehr als 4 m^2 frei, deren Mauern aus rechtwinklig behauenen Kalksteinblöcken bestanden, und abermals glückten Keramikfunde. Zum Teil war hier das Mauerwerk regelrecht gekappt worden, als der Mittelteil der alten Insel einstürzte und sich die *caldera* bildete. Zwei riesenhafte *pithoi* (Vorratsgefäße) enthielten noch Reste von verkohltem Stroh und verkohlter Gerste, andere Vorratskrüge hatten Gerste, Linsen und Erbsen zum Inhalt. Bei einem der Gefäße lief noch »ein Stück von einem rohen Strick durch den Deckel«, der »aus (den Fasern von) Baumrinde gedreht« zu sein schien; doch sobald Mamet es berührte, zerfiel das uralte Flechtwerk zu Staub. Weiterhin fand man ein kupfernes Sägeblatt sowie in einem Hof den Stamm eines mächtigen Ölbaums.

Der Leser wird sich anhand dieser Schilderung bereits in etwa eine Vorstellung von den Schwierigkeiten machen können, mit denen künftige Ausgräber auf Thera zu kämpfen haben werden; zugleich aber auch von den Erwartungen, die man in weitere Spatenforschung setzen darf. Es besteht durchaus die Möglichkeit, daß wertvolle Gegenstände und an sich leichtverderbliche Materialien in Räumen unter der Bimssteinschicht luftdicht verschlossen sind, und man darf durchaus hoffen, eines Tages mit Fresken geschmückte Wände, ja Textilien und Möbel aus minoischer Zeit zu bergen. Emily Vermeule stieß im Jahre 1967 auf Fragmente bemalten Stucks, und Spyridon Marinatos zweifelt nicht, daß die vollständige Erforschung der Grabungsstätte noch beträchtliche Zeit in Anspruch nehmen wird. Mit äußerster Sorgfalt und Geduld wird man Räume zugänglich zu machen haben, die sich heute unter der Erde befinden, und vielleicht gilt es, zu diesem Zweck sogar unterirdische Stollen anzulegen. Daß man sich für die Erhebung der archäologischen Befunde, für die Registrierung und, wenn möglich, Konservierung auch der anfälligsten, am wenigsten haltbaren, am wenigsten widerstandsfähigen Fundstücke Unterstützung durch all die Hilfsmittel wünscht, welche die heutige Naturwissenschaft dem Altertumswissenschaftler nur zu bieten vermag, liegt auf der Hand.

Sowohl Fouqué als auch Mamet gelangten zu der Folgerung, daß die ehemaligen Bewohner ihrer Grabungsstätten auf einer hohen Kulturstufe standen und einen ausgeprägten Kunstsinn besaßen, allerdings beschäftigten sie sich nicht sehr eingehend mit den Fragen Abb. 16 des Zeitansatzes, der Herkunft und der Volkszugehörigkeit dieser Leute.

Nach 1870 fanden bis kurz vor die Jahrhundertwende keine weiteren Grabungen auf Thera statt. Erst 1899 nahm R. Zahn die so lange unterbrochene archäologische Erforschung der Insel wieder auf. Und zwar setzte er den Spaten bei Kamara im *potamós-*

Abb. 16 Bei diesem auf Thera gefundenen *pithos* (Vorratsgefäß), der schon 1866 der Öffentlichkeit vorgestellt wurde, dürfte es sich um das älteste Beispiel der Keramik minoischen Typs handeln, das überhaupt je Eingang in die Fachliteratur fand. Selbstverständlich konnte man vor Evans' Wiederentdeckung der minoischen Kultur im Jahre 1900 nicht erkennen, aus welcher Kulturepoche das Stück stammte. Daß es sich um ein Gefäß aus vorklassischer Zeit handelte, bemerkte man allerdings schon damals.

(»Fluß«-)Tal an, das in einiger Entfernung östlich des heutigen Grabungsplatzes von Akrotiri liegt. Doch abgesehen von einem kurzen Bericht in Hiller von Gaertringens monumentaler, vierbändiger *Thera*-Publikation[68], veröffentlichte Zahn über seine Ausgrabung nichts. Nur N. Åberg gibt – neben vorzüglichen Abbildungen der von Zahn gefundenen Keramik – noch einige Mitteilungen weiter, die auf Zahns Tagebüchern beruhen[69]. Tafeln 34, 45–47

Was die Arbeit Hiller von Gaertringens angeht, so ist diese von außerordentlicher Bedeutung – allerdings nicht für die vorliegende Untersuchung. Vielmehr geht es dabei um die archäologischen Forschungen auf Kap Mesa Vunó (der Südostspitze Theras). Was man hier fand, stammt hauptsächlich aus hellenistischer Zeit: Thera diente damals den über Ägypten herrschenden Lagiden (Ptolemäern) als Flottenbasis. Überdies gibt es dort, bei in den Fels geschnittenen uralten Opferstätten, äußerst wichtige Felsinschriften in alttheräischem Alphabet – sie gehören zu den ältesten Zeugnissen griechischer Schrift, die überhaupt vorliegen. Hiller von Gaertringens Werk war die entscheidende Tat – entscheidend im Hinblick auf unser Bild des klassischen und des hellenistischen Thera. Zur Kenntnis des frühen Thera der Bronzezeit haben diese Forschungen dagegen nur wenig oder nichts beigetragen. Abb. 3

Gleichviel: Ergebnis der zuvor erwähnten mehrfachen Grabungen war, daß das Thera-Museum eine recht einheitliche Sammlung spätbronzezeitlicher Kykladen-Keramik besaß, die sich sehen lassen konnte. Im Jahre 1956 charakterisierte K. Scholes diese Sammlung wie folgt: »Im ganzen scheint diese Keramik von zeitgenössischen minoischen Formen beeinflußt worden zu sein, einige ihrer Beispiele jedoch haben etwas so unverkennbar Melisches an sich, daß man sich des Gefühls nicht erwehren kann, auch der Einfluß dieser größeren Insel habe sich einst hier geltend gemacht.« Scholes vermutete daher, die Melier aus Phylakopi hätten eine oder mehrere Kolonien auf Thera gegründet, um auf seinem fruchtbaren und damals auch gutbewässerten Vulkanboden Wein anzubauen[70]. Tafel 62 Tafel 42

Fouqué hatte seine beiden Goldringe bekommen. Überdies gab es einen vorzüglich gearbeiteten Bronzedolch aus Thera, dessen Klinge in Einlegearbeit mit Goldäxten verziert war[71]. Doch von derartigem Tafel 43

Zierrat und den Fresken abgesehen, ließ nicht allzuviel an den frühzeitlichen Funden darauf schließen, daß Theras bronzezeitliche Bewohner in Reichtum oder gar Luxus lebten. Daß sie mit der minoischen Kultur in Berührung standen und wie weit die betreffenden Berührungen gingen, wußte man noch nicht in vollem Umfang zu würdigen.

Die Grabungen von 1967

Nach Zahns kurzer Grabungskampagne kam zwar das griechische Thera des Altertums ans Tageslicht, doch lange Zeit geschah nichts, was zur Erweiterung unserer Kenntnisse der bronzezeitlichen Verhältnisse auf Thera beigetragen hätte. Erst 1967 begann Spyridon Marinatos mit außerordentlich bedeutenden neuen Grabungen bei Akrotiri. Im folgenden hält sich die Darstellung eng an den ausführlichen Bericht, den Marinatos schon rasch nach dem Ende des ersten Grabungsjahrs vorlegte[72].

Auf der Suche nach bronzezeitlichen Siedlungsplätzen auf Thera hat der Spatenforscher sich nach Stellen umzusehen, an denen der Bimssteinbelag der Insel dünn genug ist, um ein gefahrloses Eindringen in die Tiefe zu gestatten und die Kräfte der Wissenschaftler sowie ihrer Helfer nicht zu überfordern. Gewiß stellen Mauerreste, die – wie im Tagebau bei Phira – unter 20–30 m mächtigen Aschenlagen begraben sind, eine Herausforderung für den Forscher dar, doch zu seinem Kummer ist ihm der Zugang zu ihnen verwehrt. In der weiten Ebene dagegen, die sich südlich und östlich des Dorfs Akrotiri sanft nach der See hin senkt, ist die Erosion schon recht weit fortgeschritten. Stellenweise tritt am Grund der Betten winterlicher Regenbäche schon wieder die ursprüngliche Bodenfläche der Insel hervor – man steht hier teilweise wieder auf dem Erdreich der alten Insel, das sonst überall noch metertief, ja streckenweise sogar viele Meter tief, unter Aufschüttungen vulkanischen Auswurfmaterials verborgen liegt. Dies war es, was Fouqué und jenen anderen, die nach ihm hier im Lauf des 19. Jahrhunderts den Spaten ansetzten, ihre Entdeckungen ermöglichte. In den Jahren 1962–64 unterzog

Tafeln III, XII

Tafeln 52, 53

Tafel 59 Eine massive Mauer aus behauenen Blöcken läuft 14 m neben der Ausschachtung Arvanitis 2 entlang. Es scheint sich um die Außenwand eines stattlichen Gebäudes zu handeln. An der Ostseite befand sich eine Art Estrich aus winzigen in den Grund gestampften Strandkieseln

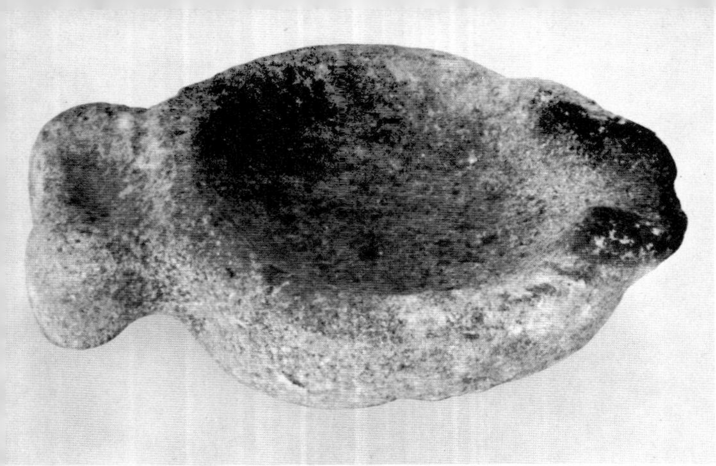

Tafel 60 Einer der ersten Funde der Grabung Bronos 1 war die abgebildete steinerne Lampe. Noch immer zeigt die kleine Ausbuchtung des Ölschälchens die Flammenspuren des brennenden Dochtes

Tafeln 61, 62 Das meiste der auf Thera gefundenen Tonware war an Ort und Stelle hergestellt worden, verrät jedoch deutlich den Einfluß minoischen Keramikschmucks, so die beiden bei früheren Ausgrabungen gefundenen Pithoi *(rechts)*, deren einer zylindrische Gestalt hat. Grabung Bronos 1 förderte einige Scherben spätminoischer Keramik der I A-Periode zutage, die zwischen 1550 und 1500 v. Chr. aus Kreta nach Thera gelangte

Tafel 63 Pithos im »Palaststil« aus Knossos. Sein Dekor verrät die für diesen Stil charakteristische Verhärtung der Formen. Im vorliegenden Fall hat man es mit einer stilisierten Papyrusstaude zu tun

Tafeln 64, 65 Zwei Beispiele kretischer »Palaststil«-Keramik (Stufe spätminoisch II; um 1470–1425 v. Chr.). Ein Vergleich mit den zeitlich unmittelbar davorliegenden Gefäßen des »Meeresstils« und des »Pflanzenstils« (Tafeln 21–29) führt deutlich die formale Verhärtung der Motive vor Augen. Es kann sehr wohl der Einfluß des griechischen Festlands nach Besetzung der Inselhauptstadt Knossos sein, den diese Entwicklung verrät. Sämtliche »Palaststil«-Beispiele stammen aus der Palastwerkstatt von Knossos; die abgebildeten Stücke fanden sich allerdings auf der Insel Pseira (im Golf von Mirabello vor Nordostkreta). Stierköpfe und Doppeläxte *(links)* sind vertraute Motive aus früheren Perioden des minoischen Kreta, und die Ölbaumzweige erinnern an den »Pflanzenstil«. Ein hinzutretendes Spiralmuster (vgl. Tafel 47) bleibt bei dem *links* abgebildeten Gefäß auf den unteren Teil beschränkt; bei dem *unten* gezeigten Beispiel hat es dagegen die Oberhand gewonnen

Tafel 66 Dieser große Pithos aus einem Kriegergrab in Katsamba ist mit Eberhauerhelmen eines Typs geschmückt, den auch die griechischen Epen kannten. Es dürfte sich um Importware vom griechischen Festland handeln, da es damals auf Kreta wohl keine Wildschweine gab

Tafeln 67, 68 Ein ungewöhnlich kriegerischer Zug macht sich ab 1460 v. Chr. in Knossos bemerkbar, und zwar gilt dies insbesondere für Gegenstände, die in den sogenannten »Kriegergräbern« gefunden wurden. Aus demselben Kriegergrab bei Knossos, das die *unten* abgebildete Sammlung von Schwertern, Speer- und Pfeilspitzen erbrachte, stammte auch der nach oben spitz zulaufende Bronzehelm *(rechts)* mit Wangenschutz und Federbuschhalter

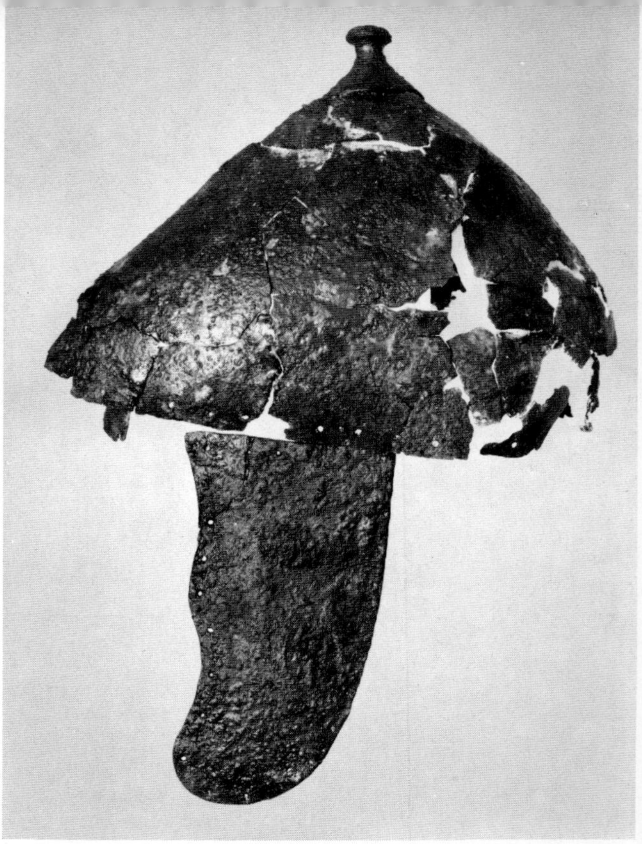

Tafel 70 Am unteren Ende der Palasttreppe von Knossos liegt die als »Wachraum« bekannte Vorhalle. Fresken zeigen eine Reihe von Schilden in Eieruhr- oder Achterform (»Turmschilde«), die nach Ilias 2, 389 sowie 15, 646 die gesamte Gestalt des Kämpfers deckten und in mykenischer Zeit das Hauptstück der Rüstung eines Kriegers bildeten. Typisch für die minoische Bauweise sind die am Kapitell dickeren, sich nach unten hin verjüngenden Säulenschäfte (vgl. Tafeln 5, 80, 82 und 91) ▷

Tafel 69 In der Schlußphase des Palastes von Knossos erfuhr der Thronraum *(oben)* eine Erneuerung; vielleicht nachdem Festlandsgriechen um 1460 v. Chr. Knossos erobert hatten. Echt sind der Thron und die Bänke. Die Originale der Wandfresken, an ihrem ursprünglichen Ort in den Überresten des Palastes gefunden, befinden sich heute im Museum von Iraklion (Herakleion). Sie zeigen einen heraldischen Fries von Greifen und Lilien

Tafel 71 Eines der bekanntesten minoischen Bildwerke ist diese kleine Fayencefigur einer Göttin oder Priesterin aus den *temple repositories* von Knossos (heute im Museum von Iraklion [Herakleion]). Ihr langer, gefälbelter Rock, ihr Schürzchen, ihre schmale, offensichtlich enggeschnürte Taille, ihre unbedeckten Brüste sowie die bis zum Ellenbogen reichenden Ärmel sind typisch für die minoische Damenmode. Die Schlangen in den Händen sind Symbole einer Schutzgottheit des Haushalts

Tafeln 72–74 Eine große Anzahl von Fragmenten weiblicher Terrakottastatuen fand sich im Tempel zu Ayia Irini (Hagia Eirene) auf der der Südspitze Attikas südöstlich vorgelagerten Insel Keos. Im Gegensatz zu der Fayencestatuette aus Knossos (Tafel 71), die in der Höhe nicht einmal 30 cm mißt, erreichen einige derartige Plastiken mehr als 1,5 m – die *rechts* abgebildete Figur fast 1 m. Sehr minoisch wirken der ausgestellte Rock und die enggeschnürte Taille. Andere Fragmente *(unten)* lassen deutlich den tiefen Ausschnitt erkennen, der die Brüste unbedeckt läßt, desgleichen *(ganz unten)* die kurzen Ärmel (vgl. Tafel 71). Man nimmt an, daß man es hier mit Resten einer Figurengruppe – von Priesterinnen oder Beterinnen umgebene Göttin – zu tun hat

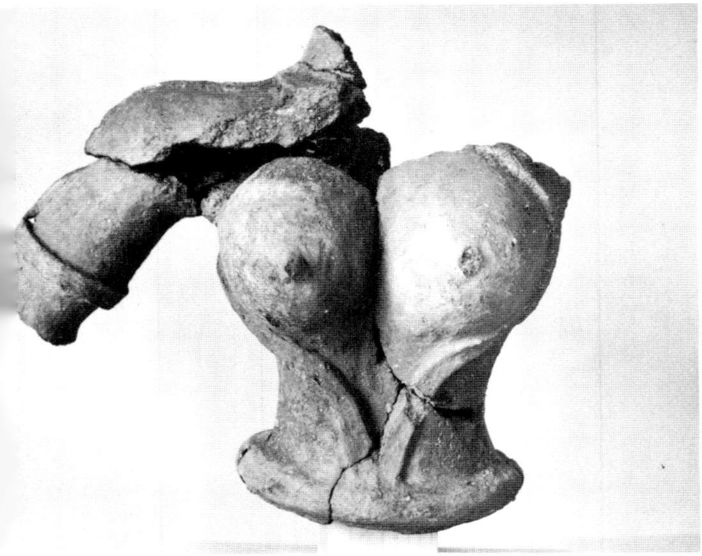

Tafel 75 Das zwischen den Mauern eines Kellerganges eingeklemmte große Vorratsgefäß ist von einem höheren Geschoß eines minoischen Gebäudes bei Ayia Irini herabgestürzt, und zwar in der spätminoischen I B-Periode. Offensichtlich wichen bei einem Erdbeben ganz kurz die Mauern so zurück, daß das Gefäß Platz hatte, in den sonst zu engen Gang zu fallen

Tafel 76 In einem abgelegenen Tal Ostkretas liegt Praisos. Es wurde in minoischer Zeit besiedelt; bis etwa 140 v. Chr. hielten sich hier die Eteokreter (»echte Kreter«) unabhängig. Von ihrer eigenständigen Sprache liegt nur spärliches, zur Zeit noch undeutbares Zeugnismaterial vor

Tafeln 77, 78 Schon in der Jungsteinzeit war der Kephalahügel bei Knossos bewohnt; um 2000 v. Chr. begann hier der Bau des gewaltigen Palastkomplexes, der erst im 15. Jahrhundert v. Chr. zerstört wurde. Im Jahre 1900 setzte Sir Arthur Evans hier den Spaten an. Weitgehende Restaurationen ermöglichen heute dem Besucher, sich ein Bild von der komplexen Bauweise dieser ausgedehnten mehrstöckigen Palastanlage zu machen (vgl. Tafeln 69, 70, 79, 82, 85, 86). *Oben:* Der Palast von Osten heute. *Unten:* So stellt man sich den Baukomplex in unzerstörtem Zustand vor. Die einzelnen Gebäude gruppieren sich um einen zentralen Hof. Das bebaute Grundstück umfaßt insgesamt 20 000 m²; allein der Zentralhof mißt 50×28 m

Tafel 79 Unterhalb der Südwestecke des großen Palastes von Knossos erhob sich ein vierstöckiges Gebäude, oft als »Priesterhaus« bezeichnet. Es besitzt eine eigene kleine Pfeilerkrypta (eine kryptenartige Kapelle). Mit dem Palast muß eine enge Verbindung bestanden haben, da man den Bau dieses Hauses am Hang des Palasthügels zuließ

Tafeln 80, 81 Genau im Süden des Palastes von Knossos liegt das Tempelgrab. Zweistöckig angelegt, erinnert es an die Beschreibung, welche Diodor vom Grab des Minos auf Sizilien gibt. Hier wie dort hat man das eigentliche Grab im Untergeschoß zu suchen, hier wie dort hat man es beim Oberraum mit einem Grabheiligtum zu tun. Die Anlage führt in den Abhang des Hügels hinein, an dessen Flanke sich das Grab befindet. Über einen offenen, gepflasterten Hof *(oben)* gelangt man durch ein Tor und einen Korridor in eine Pfeilerkrypta *(links;* vgl. Tafeln 14, 15, 79) und schließlich in die eigentliche Grabkammer. Oberhalb der Pfeilerkrypta befand sich ein weiterer mit Pfeilern versehener Raum: die Grabkapelle

Tafel 82 Eine mit Stufen versehene Rampe, die von einer Pfeilerhalle hinter einem erhöhten Portikus aufwärts führt, bildet an der Nordseite einen der Haupteingänge des Palastes von Knossos. An der Wand hinter den sich auf hohem Podest erhebenden Säulen des Portikus erblickt man das in Freskotechnik bemalte Relief eines angreifenden Stiers. Es mag sein, daß auch nach 1400 v. Chr. noch dieser Teil die Überreste des in Trümmer gesunkenen Palastes überragte und Anlaß zur Entstehung der Minotauros-Sage wurde ▷

Tafel 83 Beredt spricht der ausgeglichene, friedfertige Charakter der minoischen Zivilisation aus dieser Weinkelter, die in einer minoischen Villa bei Vathypetro (unweit von Archanes auf Kreta) *in situ* gefunden wurde. Der in den Boden eingelassene Pithos zur Linken der beiden anderen großen Behälter hatte den Traubensaft aufzunehmen, der ihm aus dem flachen Ton-»Faß« (rechts) zufloß. Hinter dem Pithos erblickt man eine Überlaufrinne

Tafel 84 Die auf dem Boden liegenden mächtigen Steinblöcke im Vordergrund (unterhalb der Südmauer des Palastes von Knossos) hielt Evans für Trümmer der Palastmauern – Trümmer, die das schwere Erdbeben um 1570 v. Chr. dorthin geschleudert habe, wo sie sich noch heute befinden. Ihrer Größe und ihres Gewichts wegen habe man sie beim Wiederaufbau des Palastes nicht wiederverwendet. Daneben befand sich eine kleine Kultstätte mit Hörnern geopferter Stiere – vielleicht Poseidon, dem »Erderschütterer«, geweiht

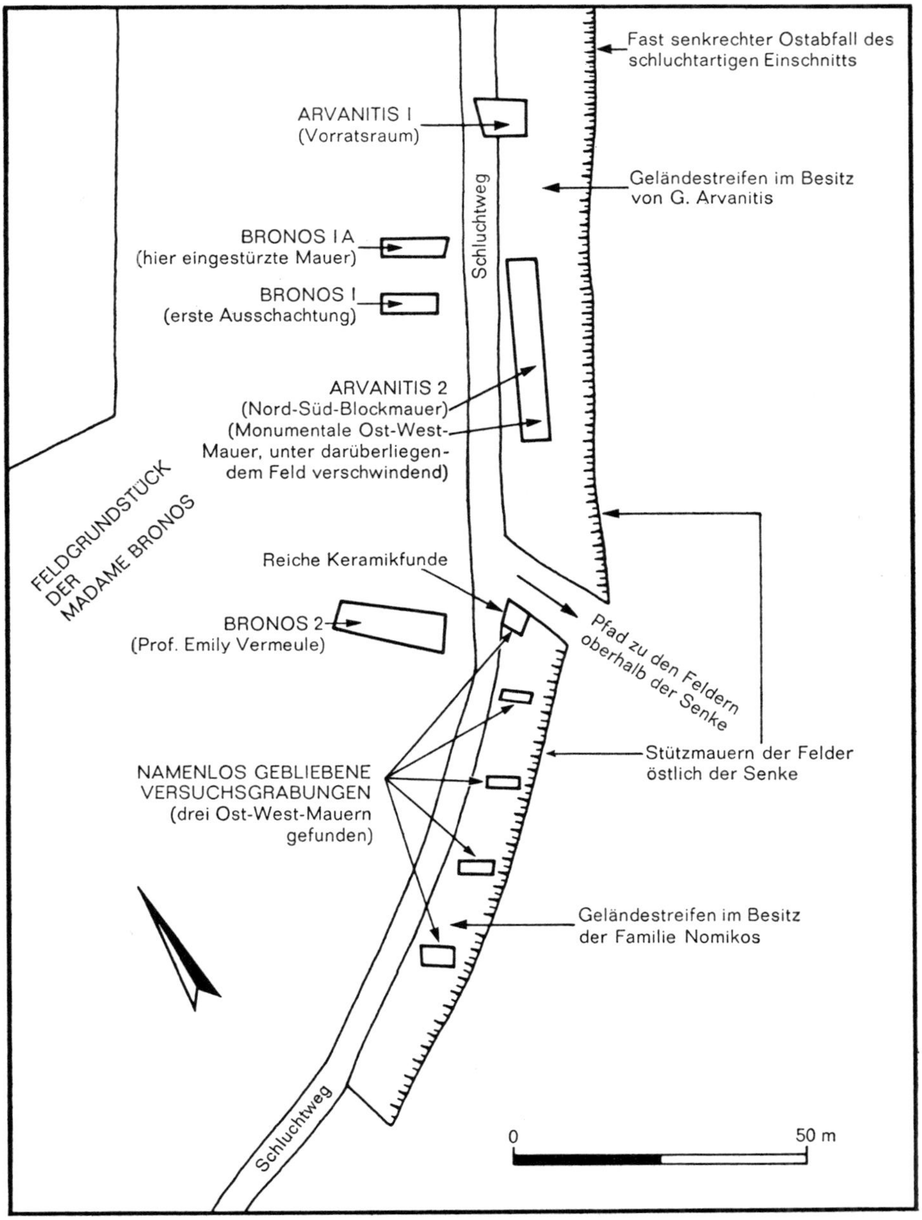

Abb. 17 Skizze der 1967 bei Favata in der Senke nahe Akrotiri auf Thera durchgeführten Grabungen.

Marinatos das dortige Gelände einer erneuten Inspektion, wobei er zu dem Ergebnis gelangte, daß weitere Grabungen erforderlich seien. Im Jahre 1967 nahm man dann schließlich die Arbeit in Angriff.

Abb. 17 Den ersten Spatenstich zur ersten Versuchsgrabung (Ausschachtung Bronos I) tat man am 25. Mai 1967 auf einem Feld, dessen Besitzerin Kalliope Bronos hieß, und zwar an einer Stelle mit dem Flurnamen Favata. Schon der erste Tag brachte ermutigende Resultate: Man legte die oberen Partien von Mauerzügen frei, die sich
Tafel 60 kreuzten, und fand eine Lampe, deren Rand noch von Ruß geschwärzt war. Nur eine Woche lang durchwühlte man zunächst die
Tafel 61 Erde, und doch zeigten sich Tonscherben minoischen Ursprungs aus der Zeit zwischen 1550 und 1500 v. Chr., desgleichen stieß man auf einen charakteristischen Zug minoischer Bauweise: einen »Türpfosten«, dessen ausgekehlte Ecke einst einen hölzernen Pfosten aufgenommen hatte, der allerdings nicht mehr vorhanden war. Diesen letzterwähnten Fund machte man im Zug der Grabung Arvanitis I.

Tafel 54 Am 21. Juni fuhr man mit der Arbeit fort, wobei sich der vermeintliche »Türpfosten« als Teil eines breiten Fensters erwies. Was man für die »Türschwelle« gehalten hatte, stellte sich als Fensterbank heraus, die noch etwa 1 m über dem damaligen Bodenniveau angebracht war. Das Fenster führte in einen Raum, wo die am
Tafel XIII meisten aufsehenerregenden Funde glücken sollten. Sechs große Vorratskrüge standen hier noch in einer Reihe an der Südwand; einige von ihnen trugen farbige Muster, andere waren mit »Strickmuster«-Reliefs geschmückt. Marinatos sprach von einem Magazin *(storeroom)*, doch kann es durchaus sein, daß man hier Vorratsraum und Küche gleichzeitig vor sich hat; denn an seiner Westseite fand man einen niedrigen, viereckigen Herd mit Trinkbechern, einem steinernen Mörser und einem großen dreibeinigen Kochgefäß – alles noch *in situ*, so wie es sich an seinem Platz befunden hatte, als der Bimssteinregen das Haus verschüttete. Möglicherweise hat man es bei den Krügen mit Vorratsbehältern für Korn, Öl, Gemüse und dergleichen zu tun. Drei in Scherben gegangene Gefäße an der Nordseite des Herdes enthielten eine noch nicht identifizierte »schwarze, fettige organische Substanz«, und eine neben dem Herd in den Boden eingelassene nierenförmige Steinschale diente vielleicht als Kochstelle.

Die Reihe der Vorratsgefäße war von Bimsstein umschlossen, der sie so vorzüglich bewahrt hatte, daß man sofort fotografische Aufnahmen machen konnte, sobald die Krüge freigelegt worden waren. Weiterhin stellte ein mit reizvollen Mustern geschmückter *pithos*, Tafel 48
der neben dem Fenster und fast auf gleicher Höhe mit der Fensterbank auf der Seite liegend gefunden wurde, auf recht dramatische Weise die Zerstörung des Bauwerks durch vulkanische Kräfte unter Beweis. Anscheinend war er von einem über dem Vorratsraum befindlichen Stockwerk herabgefallen und auf eine Lage von Bimsstein gestürzt, die sich inzwischen vor dem Fenster aufgehäuft hatte. Zwar wies er Sprünge auf, war jedoch nicht in Stücke zerborsten – oder vielmehr: er war zwar zerbrochen, doch seine Scherben lagen noch so auf- und beieinander, hielten noch so zusammen, daß man bei flüchtigem Hinsehen das große Gefäß hätte für unversehrt halten können. Seine Bergung mußte jedoch stückweise vor sich gehen, und als man das Oberteil des geborstenen Gefäßes entfernt hatte, fand man im Innern Webstuhlgewichte und steinerne Vulkanauswürf- Tafel 49
linge.

Damit begann sich mehr und mehr von der Geschichte der Thera-Katastrophe abzuzeichnen. Als der Ausbruch begann, muß es Bimssteine geregnet haben. Die Einwohner flüchteten und nahmen nur mit, was sie in der Eile erraffen, was sie bei hastiger Flucht tragen konnten. Um Vorratskrüge, ja auch nur Töpfe und Pfannen mitzuschleppen, blieb keine Zeit. Trümmer stürzten durch das offene Fenster ins Innere des Bauwerks und bedeckten bald den Boden in meterdicker Schicht. Dann verstärkte sich die vulkanische Tätigkeit. Lava-»Bomben« durchbrachen das Dach und schlugen im Zimmer oberhalb des Magazins ein. Zwei derartige Auswürflinge landeten wie gezielt in jenem Krug, in dem man die Webstuhlgewichte aufzubewahren pflegte. Der Krug stürzte zur Seite, und nun gab das Dach unter der Bimssteinlast nach, die sich inzwischen aufgehäuft hatte. Bei seinem Einsturz riß es das Obergeschoß mit in die Tiefe. Krug und Webstuhl stürzten hinab und landeten eine Etage tiefer im Vorratsraum. Unaufhörlich regnete es weiter Asche und Bimsstein, bis das gesamte Bauwerk vollständig bedeckt und begraben war. Die Hitze der ausgeworfenen vulkanischen Trümmer ließ das keramische

Material der Krüge zerspringen, ohne die Gefäße jedoch gänzlich zu zerstören. Sie blieben, wo sie lagen und standen, bis tastende Archäologenhände sie mit aller erdenklichen Vorsicht dreieinhalb Jahrtausende später wieder ans Tageslicht brachten.

An einer anderen Stelle der Grabungsstätte (und zwar im Graben Bronos I A) stieß man innerhalb von drei Metern unter der Oberfläche auf die Ecke eines sehr massiven Bauwerks. Einer der dort noch an seinem ursprünglichen Bestimmungsort befindlichen Quadern maß 1,4 m in der Länge, 65 cm in der Breite und 38 cm in der Höhe. An der Nordmauer des betreffenden Gebäudeteils bestanden die beiden untersten Lagen aus regelrechten Quadern dieser Art, darüber setzte sich das Mauerwerk in Bruchsteinbauweise fort. Völlig aus Bruchsteinmauerwerk bestand die westliche Wand. Von gewaltsamer Zerstörung und der Heftigkeit der Katastrophe, die über das Bauwerk
Tafel VIII hereinbrach, zeugen ein Haufen zerschmetterter Blöcke vor der Quadermauer sowie die Tatsache, daß die Westwand zusammen-
Tafel IX gebrochen und nach außen hin auf eine Bodenlinie gestürzt ist, bei der es sich um den Lavaboden handeln dürfte, der vor dem gewaltigen bronzezeitlichen Ausbruch die Oberfläche der Insel bildete. Umschlossen und bedeckt waren die Steine von den Überresten der auf-
Abb. 18 gelösten Schlammziegelwände oberer Stockwerke. In der Schicht des

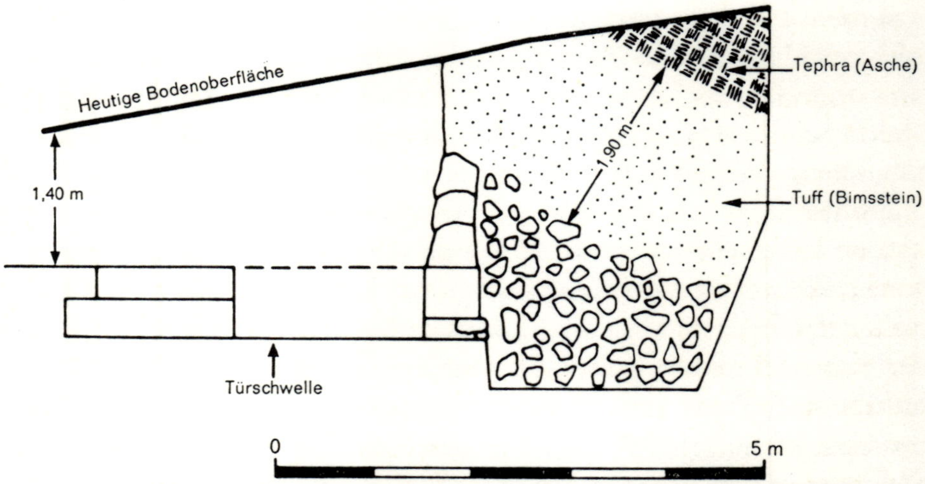

Abb. 18 Querschnitt durch die Grabung Bronos I A. Blick auf eine Hausmauer, deren Oberteil zusammengestürzt ist, darüber Tuff (Bimsstein) und *tephra* (vgl. Farbtafel IX).

eingestürzten Mauerwerks fand sich nicht ein einziges Stück Bimsstein; doch über ihr lag Bimsstein fast zwei Meter dick, und auf dem Bimsstein befand sich noch eine dünne Schicht feiner vulkanischer Asche. Kleine, gradlinig verlaufende Aushöhlungen im Bimsstein sind der einzige Hinweis auf das Vorhandensein inzwischen zerfallenen Wand- und möglicherweise auch Dachgebälks, das einst wohl zersplittert vor den Resten des eingestürzten Hauses lag und wie alles andere von Bimsstein umschlossen wurde. Daß man Mauern, die aus luftgetrockneten Ziegeln bestanden, durch Balkenwerk verstärkte, war in der Architektur der Minoer durchaus üblich. Tafel 57

Aus der Tatsache, daß die Bimssteinschicht *über* dem geborstenen Mauerwerk liegt, folgerte Marinatos: Zuerst hätten »ein oder mehrere schwere Erdbeben die Gebäude zerstört, und erst dann habe der Bimssteinfall eingesetzt, der den Ausbruch begleitete«. Beim gegenwärtigen Stand unserer Kenntnis der Vorgänge auf Thera empfiehlt sich allerdings die vorsichtigere Formulierung »*dieses* Gebäude«. Denn der vom Obergeschoß herabgefallene Krug im Vorratsraum ruhte auf einer nahezu ein Meter dicken Trümmerschicht (zu der wohl auch Bimsstein-Auswurfmaterial gehörte), die sich angehäuft haben muß, bevor die oberen Stockwerke nachgaben und einstürzten. Sicherlich fanden die einzelnen Bauwerke auf Thera auf recht unterschiedliche Weise ihr Ende, und sicher sanken nicht alle während ein und derselben Eruptionsphase in Trümmer. So hat man durchaus die Möglichkeiten der Zerstörung durch die Druckwellen heftiger Explosionen vulkanischer Gase sowie durch die bloße Last der Aschenschichten, die sich auf den flachen Dächern angesammelt hatten, in Erwägung zu ziehen. Tafel XI

Bei der Grabung Bronos 2 (sie war das Werk Emily Vermeules) kamen Fragmente arg in Mitleidenschaft gezogenen Quadermauerwerks, Teile verputzter Hauswände und große Brocken des Materials zerfallener Schlammziegeln zum Vorschein. Hier und da war der eine oder andere luftgetrocknete Ziegel sogar noch gut genug erhalten, so daß man seine Maße nehmen konnte. Bei einem der Stücke betrugen sie 56 × 30 × 9 cm. Weiterhin stellte man Hohlräume fest, welche einst zur Aufnahme hölzerner Stützbalken bestimmt waren, und fand einen Pfeiler, der sich vielleicht noch *in situ* befand – der Tafel 56 wohl noch dort stand, wo man ihn einst errichtet hatte. Teile des Mauerbewurfs ließen noch Farben und Muster erkennen. »Das normale Dessin bestand aus mittels Schwammabdruck erzeugten Sprenkeln – entweder in Braun auf bräunlichgelbem (›hautfarbenem‹) oder in Schwarz auf weißem Grund.« Einige Stücke verbanden rötliche und rote Töne mit einem grünen Anstrich, andere wieder enthielten nur einfarbigen – und zwar weißen oder gelben – Hintergrundton. Eine bauliche Einzelheit, die gleichfalls bei dieser Grabung ans Licht kam, doch über die zur Zeit noch Unklarheit herrscht, dürfte sich vielleicht eines Tages als Hinweis darauf herausstellen, daß man über keineswegs primitive Türen verfügte. Sicher hat man es mit einer steinernen Schwelle minoischen Typs zu tun – der Schwelle einer Tür, die, »wenn man von Osten her eintrat, rechts in Angeln hing und nach innen schwang, so daß der Eingang frei wurde«. Man gelangte durch sie in einen Raum, dessen Plattenfußboden nicht eingestürzt war, obwohl es sich um den Boden eines Obergeschosses handelte. Nach Ansicht der Ausgräber hat man es bei diesem Bauwerk vielleicht mit einer Kultstätte, einer Art »Kapelle«, zu tun. Daß man hier einen noch verhältnismäßig gut erhaltenen Raum eines oberen Stockwerks vor sich hatte, sollte über so manche Einzelheit minoischer Bauweise Aufschluß geben. An Keramik enthielt dieser Raum eine vorzügliche tönerne Schale – Importware minoischer Herkunft. Unglücklicherweise hat das im Zug der Grabung Bronos 2 freigelegte Gebäude schwer unter Erosion durch einen winterlichen Regenbach gelitten, der quer über seine Überreste grauen Kies und Geröll ablagerte.

Tafeln 55, 59; Abb. 17

Im Graben Arvanitis 2 stieß man auf einen von Norden nach Süden verlaufenden Mauerzug aus vortrefflichem Quadermauerwerk. Rätsel gibt überdies ein großer Mauerzug auf, »das bedeutendste, zugleich aber merkwürdigste Bauwerk, das hier bisher zum Vorschein kam« – ein Bauwerk, dessen »große Steine außergewöhnlich brüchig sind, als ob sie der Einwirkung eines besonders heftigen Feuers ausgesetzt gewesen wären«. Bis zu einer Höhe von 2 m erhebt sich diese Mauer, doch ruht sie unverkennbar auf dem weichen Grund vulkanischer Asche. Wurde sie bereits auf solchem Grund erbaut, oder stieß eine heftige Erderschütterung sie aus ihrer ursprünglichen Lage? Es bedarf weiterer Grabung, um diese Frage zu beantworten – weiterer Grabung, die vermutlich schwierig und kostspielig sein wird, weil die Mauer unter Kulturland verschwindet; ihr noch nicht freigelegter Teil verbirgt sich unter dem Weinanbaugebiet östlich der archäologisch so ertragreichen Senke. Prof. Marinatos hält es noch immer nicht für gänzlich ausgeschlossen, daß nach einer ersten heftigen Phase vulkanischer Tätigkeit in einer Periode relativer Ruhe entweder Inselbewohner, die auf dem gefährlichen Boden Theras ausgeharrt, oder Rückkehrer, die in der Zeit höchster Gefahr vorübergehend auf Nachbarinseln Zuflucht gesucht und gefunden hatten, diese imponierende Mauer auf dem inzwischen angehäuften Auswurf des Vulkans errichteten, bevor es zur endgültigen Katastrophe kam.

Sollte sich diese Vermutung als begründet erweisen, hätte man in dieser Mauer ein wichtiges Zeugnis vor sich: ein Zeugnis für einen beträchtlichen Zeitabstand zwischen dem ersten Ausbruch, der damals nach langer Ruhezeit das Wiederaufleben vulkanischer Tätigkeit auf Thera einleitete, und der furchtbaren Explosionskatastrophe, welche die damalige Tätigkeitsperiode beschloß und zur Zerstörung der Insel führte. Einen weiteren Hinweis auf eine solche Zeitlücke erblickt Marinatos darin, daß, wie es scheint, an manchen Punkten der Ansiedlung noch Mauerwerk aus luftgetrockneten Schlammziegeln über die Oberfläche der vom ersten Ausbruch herrührenden Bimssteinschicht herausgeragt haben muß. Die betreffenden Mauerpartien zerfielen dann und verformten sich zu braunen Fladen auf der Bimssteinablagerung, bis schließlich feinere Vulkanasche sie vollständig »einschneite«.

Damit haben die 1967 bei Akrotiri durchgeführten Grabungen bereits bedeutende Ergebnisse erbracht; doch ist klar, daß es sich dabei nur um einen Vorgeschmack dessen handeln kann, was diese Grabungsstätte noch erwarten läßt. Beispielsweise steht noch keineswegs fest, ob es sich bei den bisher gefundenen Bauwerken um Einzelgebäude oder um Teile eines größeren Baukomplexes handelte. Stellt es sich heraus, daß sie tatsächlich einem größeren Gebäudeblock angehörten, so könnte Marinatos mit Fug und Recht von einer »beachtlichen Palastanlage« sprechen. Vor allem läßt einen das Rätsel der

Tafel 53

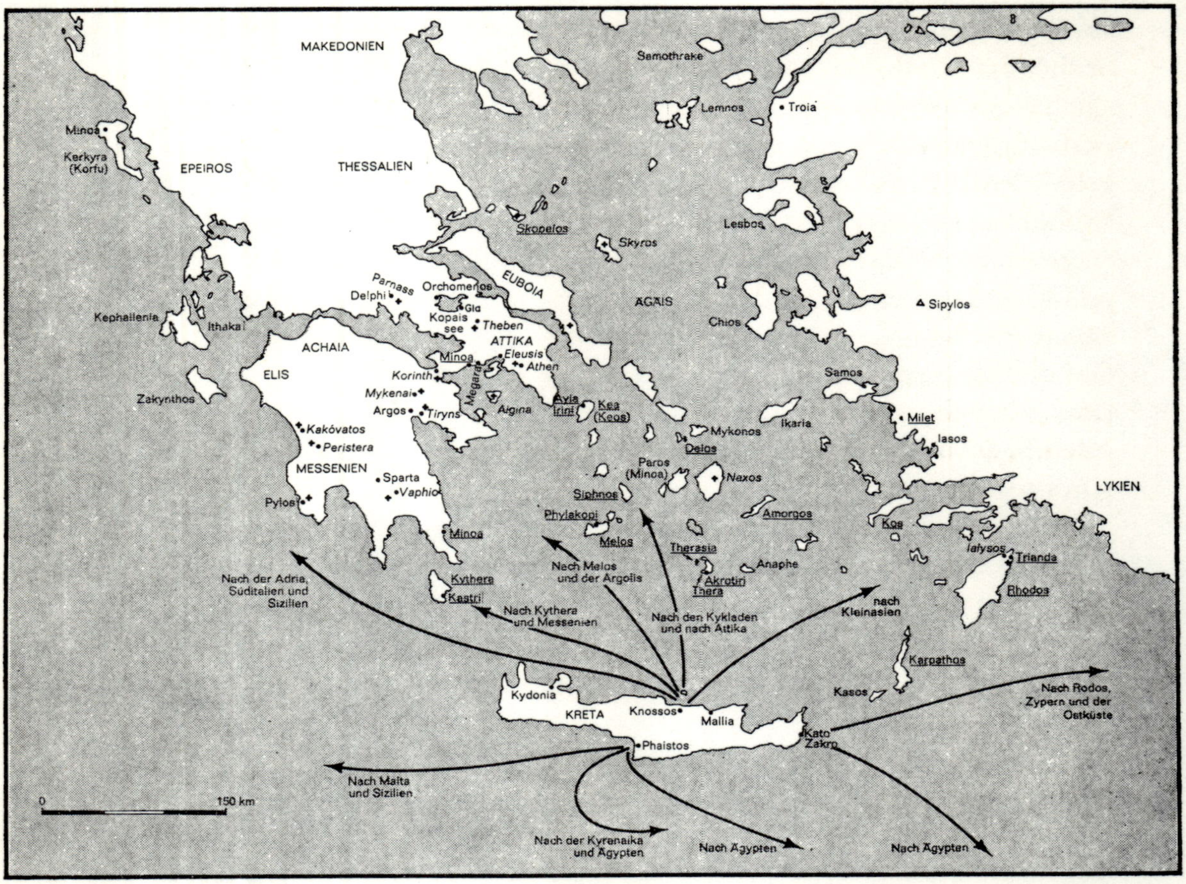

Abb. 19 Griechenland, Kreta und die Ägäis mit den wichtigsten Handelswegen und Übersee-Stützpunkten der Minoer. An Orten, deren Namen unterstrichen sind, gibt es Anhaltspunkte für eine minoische Besiedlung; an mit einem Kreuz gekennzeichneten Orten läßt sich minoischer Einfluß nachweisen.

auf einer Aschenlage ruhenden Mauer nicht wieder los. Von weiteren Forschungen an dieser Stelle wird man sich wichtige Aufschlüsse über die Periode zwischen dem Beginn der bronzezeitlichen Vulkantätigkeit und der Endphase der Katastrophe erhoffen dürfen. In einer Hinsicht freilich reicht das bisher zusammengetragene Beweismaterial bereits aus: Es läßt klar erkennen, daß die menschliche Niederlassung, mit der man es hier zu tun hat, minoische Züge trug und mit Abb. 19 Kreta in Verbindung stand. Es ist durchaus möglich, daß es sich um eine minoische Kolonie oder um ein Stück unter minoischer Herrschaft stehenden Landes, vielleicht den Sitz des minoischen Statthalters der Insel, handelte. Vor dem Ausbruch des Thera-Vulkans kann die See durchaus bis in unmittelbare Nähe der ausgegrabenen Gebäude gereicht haben; denn es steht fest, daß bei der Explosion der Insel gewaltige Trümmermassen auf die gesamte heutige Akrotiri-Halbinsel geschleudert wurden, so daß die Küstenlinie sich hier bedeutend erweiterte. Man kann sich ausmalen, daß einst am Scheitelpunkt der kleinen, geschützten Bucht, die das Meer hier gebildet haben dürfte, ein Flüßchen oder ein größerer Bach in die See mündete und daß sich die Bauten eines von regem Leben erfüllten Hafens am Ufer erhoben – eines Hafens, der in strategisch günstiger Position an jenem Teil der Insel angelegt war, der Knossos am nächsten lag. Alles in allem wird man auf weitere Grabungen bei Akrotiri die größten Erwartungen setzen dürfen.

Tafeln 50, 52

Tafeln 57, VII

V

Nachwirken und Nachhall des Vulkanausbruchs von Thera

Der Zusammenbruch der minoischen Seemacht

Um 1500 v. Chr. scheint in der Welt der Ägäis das Vorhandensein
Abb. 19 einer minoischen Seeherrschaft, die auf einem Netz minoischer Inselkolonien und Küstenstützpunkte beruhte, von eminenter Bedeutung gewesen zu sein. Weit in die Zeit der mittelkykladischen Kulturstufe zurück geht die Ausdehnung minoischen Einflusses auf die Kykladen
Abb. 6 – man hat sie spätestens um 1700 v. Chr. anzusetzen, wenn nicht schon früher. Beweise dafür liefert das minoisierte Viertel von Phylakopi auf Melos, liefert die Ausbreitung minoischer Kultur bis nach Delos, Thera und Keos (Kea). So haben beispielsweise einfach oder doppelt durchbohrte Webstuhlgewichte, die auf Delos, Thera und Keos gefunden wurden, genau dasselbe Format wie die entsprechenden Gegenstücke aus Gurnia (Gournia). Gegen Ende des 16. Jahrhunderts v. Chr. zeichnet sich auch in der Kunst und im Handwerk des griechischen Festlands unverkennbar minoischer Einfluß ab. Nach Scholes' Worten lehnte sich die mykenische Keramik dieser Periode »dermaßen eng an typisch minoische Vorbilder und Ziermuster an, daß sie das Werk von Töpfern sein muß, die durch Kretas Schule gegangen waren«[73]. Den gleichen weitgehenden, ja alles durchdringenden Einfluß kretischer Handwerkskunst zeigen die mit herrlicher Einlegearbeit geschmückten Dolchklingen aus den
Tafeln 88, 89 Schachtgräbern von Mykene sowie Meisterstücke wie die Goldbecher aus Vaphio.

Diese Periode maritimer und kultureller Vorherrschaft Kretas lebte in der Erinnerung der Griechen als Minos' »Thalassokratie« fort. Nach einer kritischen Auseinandersetzung mit dem nach seiner Auffassung historisch wertlosen Mythos führt kein Geringerer als Thukydides (ca. 460–ca. 400 v. Chr.), der große Geschichtsschreiber des Peloponnesischen Krieges, den man als »unübertroffenen Meister der Geschichte« gefeiert und als »Begründer der wissenschaftlichen Geschichtsschreibung« apostrophiert hat, Minos' Seeherrschaft als erste gesicherte historische Tatsache an. Wörtlich heißt es in seiner Darstellung[74]:

> »Als erster all derer, von denen Überlieferung berichtet, versah Minos sich mit einer Flotte und schuf sich so die Vormacht über den größten Teil des heute griechischen Meeres. Auch über die Kykladen gewann er die Herrschaft, und nachdem er die Karer vertrieben hatte, ließ er Kolonisten sich dort ansiedeln, denen er seine Söhne als Herrscher gab. Wie zu erwarten, bereitete er, soweit es in seinen Kräften stand, dem Seeräuberunwesen ein Ende, um seine eigenen Einkünfte zu erhöhen.«

Mehr und mehr bestätigen die Fortschritte der Archäologie im ägäischen Raum, wie sehr Thukydides' Schilderung auch in diesem Punkte zutrifft. Auf Kythera (vor der Südspitze der Peloponnes) beispielsweise gestatteten Forschungen des Britischen Archäologischen Instituts *(British School of Archaeology)* den Nachweis, daß die Minoer sich hier schon bald nach 2000 v. Chr. niedergelassen hatten[75]. Auf Kéōs (Kéa [unweit der Südspitze Attikas]) ergaben die Untersuchungen des Archäologischen Instituts der USA *(American School of Archaeology)*, daß sich hier, und zwar beim heutigen Ayia (Aja) Iríni (Hágia Eirēnē), im 16. Jahrhundert v. Chr. eine blühende, vorzüglich befestigte Stadt befand, die enge Beziehungen zur Welt der Minoer hatte (vgl. S. 214). Ferner ließ sich für eine weitere Anzahl von Inseln der Kykladengruppe der sichere Nachweis minoischer Handelsbeziehungen und minoischer Besiedlung führen, und zwar für Mēlos (Mīlos), Sífnos (Síphnos), Dēlos, Thēra, Amorgós. Erweiterung dieser Liste um die Namen der noch ausstehenden Kykladeninseln und damit vollständige Rechtfertigung der Behauptung Thukydides', Minos habe »auch über die Kykladen« geherrscht, dürfte nur mehr eine Frage der Zeit sein. Doch beschränkte sich minoische Expansion keineswegs auf Kykladen und Peloponnes. Vielmehr fehlt es nicht an Anhaltspunkten, daß die minoische Seemacht noch an von Kreta so weit entfernten Punkten, noch auf so weit im Norden liegenden Inseln wie Eúboia (Euböa/

Abb. 19
Tafel 42

Évvia), Skýros (Skíros) und Skópelos spürbar war – eine nicht uninteressante Bestätigung jener dunklen Anspielung der Odyssee, nach der Rhadamanthys, den die Ilias (14, 322) als Minos' Bruder bezeichnet, einst eine Expedition nach Euböa unternahm[76]. Und die recht starke Tradition, Minos habe auch von den Bewohnern Attikas Tribute gefordert, erscheint durchaus glaubhaft, wenn man sich den Ring minoischer Basen vergegenwärtigt, die von Kéōs (Kéa) über Aígīna (Ägina/Éyina) bis Minōa gegenüber von Mégara Attika umgaben. In östlicher Richtung erstreckte sich das minoische Siedlungsgebiet bis nach Kárpathos und Rhódos, und minoische Handelsbeziehungen reichten bis zur Küste Kleinasiens: die Insel Kōs sowie auf dem Festland Ías(s)os in Karien und Milet waren Umschlagplätze minoischer Waren. Schließlich darf man auch das Vordringen der Minoer in westlicher Richtung nicht vergessen: reichte doch ihr Einfluß bis Süditalien, ja bis Sizilien.

Nach unserer Kenntnis waren die Minoer das erste Volk der Geschichte, das, um es mit den Worten des Arneschen *Rule Britannia* auszudrücken, »über die Wogen« herrschte und auf der Grundlage weitverzweigter Seehandelswege ein Reich errichtete. Von Piraten abgesehen (und man wird Thukydides glauben dürfen, daß man deren Unwesen in Schranken zu halten verstand), scheint es für die Minoer keinerlei Bedrohung gegeben zu haben. Offensichtlich dachte niemand daran, ihnen den Rang abzulaufen, was ihre Herrschaft über das feuchte Element anging, war niemand darauf aus, ihnen ihre Vormacht im östlichen Mittelmeerbecken streitig zu machen, auf der ein Reich so ungewohnter Prägung beruhte. Die alten Imperien des Ostens waren weitgehend erdgebunden, stützten sich hauptsächlich auf ihren Territorialbesitz – kurz: es handelte sich in erster Linie um Landmächte, und was von ihnen noch bestand, bedeutete keine Konkurrenz für Kretas Bewohner. Die Griechen aber, die später ihrerseits Seemacht entfalten sollten, waren als Nation noch nicht vorhanden und stellten daher damals keinerlei Herausforderung zur See dar.

Abb. 19

Wie die Ergebnisse archäologischer Forscherarbeit zeigen, nahm ab 1600 v. Chr. Kretas Reichtum in stärkerem Maße zu als je zuvor. Der um 1570 von einem Erdbeben schwer in Mitleidenschaft ge-

Tafeln 77–79, 82

zogene große Palast von Knossos erstand prächtiger aus seinen Trümmern als vordem; auch sämtliche anderen Paläste Kretas befanden sich auf dem Höhepunkt ihres Glanzes. Ein regelrechtes Netz reich ausgestatteter Landsitze, wo möglicherweise Provinzialgouverneure residierten, überzog das Land. Man beherrschte die Kulturtechnik des Schreibens und bediente sich bei seinen Aufzeichnungen der Linear-A-Schrift. Nicht zuletzt hatte man auch hervorragende Leistungen auf den Gebieten der Freskenmalerei, der Gemmenschneidekunst und der Töpferei aufzuweisen.

Tafeln 27, 40, 41

Tafeln 21–25

Und dann brachen, während die Kunst der spätminoischen IB-Stufe in voller Blüte stand, unvermittelt überall auf Kreta Katastrophen herein. All die großen Paläste – mit Ausnahme des Palastes von Knossos – sanken in Trümmer, desgleichen all die Städte, die sie umgaben, desgleichen auch kleinere Städte und Dörfer. Von nun an ging es mit der vordem so glänzenden, so hochentwickelten Kultur der Minoer rasch bergab. Aufgegeben oder zerstört wurden minoische Handelsplätze, minoische Kunst und handwerkliche Fertigkeit verloren ihre schöpferische Ausstrahlungskraft und damit ihren Vorrang. Wie mit einem Schlage verlagerte sich das Schwergewicht der Machtverhältnisse im ägäischen Raum von Kreta nach dem griechischen Festland.

Bestehen blieb der Palast von Knossos – erst um 1400 v. Chr., wenn nicht sogar noch etwas später, fand auch er sein Ende. Noch stellte man hier hochwertige Keramik her – Keramik in einem Stil, den man als »Palaststil« oder als »spätminoische Stufe II« (SM II) zu bezeichnen pflegt. Nach wie vor waren Formgebung und Dekor unverkennbar minoisch, doch es war nicht mehr der alte Geist, der hier waltete: Formalismus legte nun dem einstigen Einfallsreichtum Schranken auf. Frühere Meisterschaft, die kaum noch Mühe erkennen ließ, war in protzige Effekthascherei, war in Großmannssucht umgeschlagen. Neue Herren herrschten in Knossos. Griechisch ist die Sprache der neuen Palastaufzeichnungen in der Linear-B-Schrift, und die sogenannten »Kriegergräber« beschwören den Geist eines Militarismus, wie Kreta ihn zuvor nie gekannt hat. Als schließlich um das Ende des 15. Jahrhunderts v. Chr. Knossos selbst der Zerstörung anheimfiel, bedeutete dies den endgültigen Untergang

Tafeln 63–65

Tafeln 66–68

einer Kultur, die sich mehr als sechs Jahrhunderte lang rings um Kretas Paläste kristallisiert hatte.

Überschaut man die Entwicklung, die sich damals im östlichen Mittelmeerraum vollzog, so können einem nicht die eindeutigen Zeichen mykenischer Expansion und schließlich mykenischer Vormacht entgehen. Bezeichnend ist, welche Rückschlüsse auf die Geschichte die aus der Zeit zwischen 1600 und 1200 v. Chr. stammenden Keramikfunde auf den Kykladen erlauben. Was die erste Hälfte des fraglichen Zeitraums angeht, so fand man importierte mykenische Tonware hauptsächlich auf Mēlos und Naxos, von gewissen Funden auf Kéōs (Kéa) und Dēlos abgesehen. Im übrigen dominierten Keramikerzeugnisse minoischer Herkunft. Zwischen 1400 und 1200 jedoch fand man mykenische Tonware auf nicht weniger als zwölf Kykladeninseln, und zwar auf Andros, Kéōs (Kéa), Tēnos (Tīnos), Ký́thnos, Dēlos, Sérīphos, Paros, Naxos, Síphnos, Kímōlos, Amorgós, Mēlos (Mīlos [Milo]). Die Aufzählung erfolgte in geographischer Reihenfolge, und zwar von Norden nach Süden sowie von Westen nach Osten[77]. Wie es in der Ilias heißt, herrschte der Herr von Mykene nun über Argos und »viele Inseln«[78]. Am besten dokumentiert sind die Grabungen auf einer der südlichsten Kykladeninseln: auf Mēlos (Mīlos bzw. Milo). Wie es scheint, hielten sich hier während der ersten beiden (durch die römischen Ziffern I und II gekennzeichneten) Phasen der spätkykladischen Kultur mykenische und minoische Keramik die Waage, doch in der Folgezeit verdrängt die Ware mykenischer Herkunft alles Minoische fast vollständig.

Auch nach 1400 v. Chr. gab es noch einen eigenen kretischen Stil, doch blieb dieser auf die Insel selbst beschränkt. Vom Gebiet von Knossos aus verbreitete er sich über ganz Kreta, doch von Export kann kaum noch die Rede sein. Zwar fand man Proben des fraglichen Stils auf Amorgós im Osten ebenso wie auf Kímōlos und Mēlos im Westen, doch handelt es sich um Funde kaum nennenswerten Umfangs. Überall außerhalb Kretas beherrscht nun ausschließlich die auffallend einförmige mykenische Ware das Bild. Ein wenig freilich erlangte Kreta gegen Ende der mykenischen Periode von seinem früheren Wohlstand zurück. So entsandte die Insel nach Angabe des Epos ein bedeutendes Truppenkontingent, das vor

Troia für die Sache Agamemnons zu kämpfen hatte; doch keine Rede mehr von jener imperialen Macht, die Kreta in den Tagen jenes »Minos« besessen hatte, von dessen Herrschaft Thukydides, der den Mythos verwarf, als einer historischen Tatsache spricht.

Ursachen des Zusammenbruchs

Den Historikern ist der schlagartige, radikale Wechsel, der sich im 15. Jahrhundert auf Kreta vollzog, keineswegs entgangen, wenn es ihnen auch an überzeugenden Erklärungen fehlte. Ungewißheit bestand schon, ob man die Zerstörung, von welcher ein Großteil der Insel betroffen wurde, in die Zeit um 1450 oder um 1400 v. Chr. zu weisen habe. F. Matz und Pendlebury bevorzugen den späteren Zeitansatz, Evans und A. Furumark den früheren (außer für Knossos)[79]. Ungewißheit bestand weiterhin, ob sich der Keramikstil der spätminoischen Unterstufe I zeitlich teilweise mit dem »Palaststil« der spätminoischen Phase II überlagert, mit anderen Worten: ob beide Stile eine gewisse Zeit nebeneinander existierten.

Als Ursachen des Niedergangs minoischer Macht betrachtete Evans teils Erdbeben, teils Angriffe der Leute von Knossos auf Kretas übrige Paläste. Allerdings pflegen sich Erdbebenschäden auf gewisse relativ eng begrenzte Gebiete zu beschränken, und überdies waren die Minoer an Erdbeben gewöhnt. Früher schon hatten Erderschütterungen ihre Bauwerke schwer in Mitleidenschaft gezogen, doch immer wieder hatte man sich von der Katastrophe erholt – mehr noch: man hatte sich durch derartige Rückschläge nicht in der steten Aufwärtsentwicklung aufhalten lassen, welche die Zeit vor dem furchtbaren Unglück des 15. Jahrhunderts v. Chr. kennzeichnete. Nun aber gab es kein Erraffen der Kräfte mehr. Evans ließ sich wohl – und wer könnte ihm dies verdenken? – von einer Betrachtungsweise bestimmen, die Knossos allzusehr als den Mittelpunkt des Geschehens auffaßte. Es bedarf einer weiter ausgreifenden Hypothese, um den Zusammenbruch der minoischen Handelsmacht und der minoischen Seeverbindungen zu erklären.

Nach Pendleburys Auffassung deutet alles auf »vorsätzliche

Plünderung der Hauptorte Kretas« hin[80]. Die »unnachsichtliche Zerstörung« gehe, so meint er, zu Lasten fremder Eindringlinge, die in Massen über Kreta hereinbrachen, wenn sie nicht Ergebnis eines Volksaufstandes gegen auswärtige Garnisonen sei – gleichviel: das fragliche Ereignis habe um 1400 v. Chr. stattgefunden. Tatsächlich dürfte damals der Palast von Knossos zerstört worden sein, und es liegt durchaus im Bereich des Vorstellbaren, daß die damals in Knossos herrschenden Machthaber, bei denen es sich so gut wie gewiß um Griechen handelte, entweder durch eine Erhebung ihrer einheimischen Untertanen oder von Rivalen gleichfalls griechischer Herkunft (möglicherweise vom griechischen Festland) vom Thron gestoßen wurden. Doch dies betrifft allein das Ende von Knossos. Sämtliche archäologischen Befunde aus Kreta, wenn man die Insel in ihrer Gesamtheit nimmt, deuten darauf hin, daß jene Verwüstung, die so weite Teile ihres Gebiets heimsuchte, an die zwei Generationen früher anzusetzen ist. Geht man aber bis auf das Jahr 1450 v. Chr. oder noch weiter zurück, so zeigt sich nichts, was damals die Bevölkerung Kretas veranlaßt haben könnte, sich gegen ihre Herren zu erheben – dies selbst unter der Voraussetzung, daß ihr Aufstand bei fremden Angreifern Unterstützung fand. Und woher hätten derartige Angreifer kommen sollen? Vom griechischen Festland?
Abb. 19 Wie hätten sie, wenn dies der Fall war, mit ihrer Flotte den Schutzschirm kretischer Flottenbasen durchbrechen können, der Minos' Insel im Norden umgab? Wie hätte es ihnen gelingen sollen, mit ihren Schiffen unbemerkt jene Gewässer zu durchqueren, die so lange Zeit ein kretisches Binnenmeer gebildet hatten? Gewiß – die Inselbewohner der Ägäis waren seit Hunderten von Jahren erprobte Seefahrer; doch man möchte es kaum für möglich halten, daß sie imstande waren, eine Koalition zu bilden, die stark genug war, um mit einiger Aussicht auf Erfolg einen Angriffskrieg gegen Kreta zu führen und Kreta zu besetzen. Daß es bis zum Ende der SM I-Phase (genauer: bis zum Ende der SM I B-Stufe) auf Kreta keinerlei Befestigungsanlagen gab, zeigt, wie wenig die minoischen Bewohner der Insel die Gefahr einer Invasion fürchteten. Immerhin denkbar wäre ein vereinzelter Piratenüberfall – doch selbst ein solcher ist nicht allzu wahrscheinlich, und auf keinen Fall hätte er zu einem

Tafeln 85, 86 »Wasserkünste«, kunstvolle Be- und Entwässerungssysteme, finden sich in allen minoischen Palästen; auch die Schilderung des alten Königspalastes der Hauptstadt von Atlantis nennt sie. In Knossos gab es ein unterirdisches System von Tonrohren und oberirdisch verlaufende steinerne Rinnen zur Ableitung des Regenwassers *(oben)*. Eine besonders kunstreiche Vorrichtung leitete an der Nordost-Palastecke Wasser einem großen Steintrog (vielleicht eine Wasch- und Spülstelle) zu. Enge, gewundene Kanäle, die den Fluß des Wassers verlangsamten, folgen den Windungen der Treppe. Bevor das Wasser den unteren Trog erreichte, hatte es zwei Klärbecken zu durchfließen *(unten)*

Tafel 87 Spätminoische Badewanne. Ihre Innenseite ist mit Fischen geschmückt; sie besitzt ein Abflußrohr. Man fand sie bei Pachyammos in der Nähe von Gurnia; sie hatte als Sarkophag gedient. Tatsächlich benutzte man Wannen dieses Typs nicht selten bei Bestattungen

Tafeln 88, 89 Aus einem geplünderten Tholosgrab in Vaphio, unweit von Sparta, stammen die beiden prachtvollen Becher aus getriebenem Gold *(rechts)* – Meisterwerke minoischer Metallbildnerei. Die Szenen stehen miteinander in Zusammenhang und zeigen, in ländlicher Umgebung, wie man wilde Stiere anlockte und fing. *Unten:* Ein Mann in typisch minoischer Kleidung mit einer Art kurzen Rocks und Phallostasche (vgl. Tafel 96, Abb. 20) zieht eine Schlinge um das Hinterbein eines Stieres, der auf eine als Köder dienende Kuh zuläuft. Im Hintergrund ein Ölbaum, während im Vordergrund die Felsen und das Gebüsch einer Hügellandschaft angedeutet sind. *Oben:* Ein Stier hat sich in einem Seilgeflecht verfangen, das an zwei Bäumen befestigt ist. Ein anderer Wildstier dagegen konnte sich befreien und sucht eilends das Weite. Man beachte, daß nur Stricke bei diesen Jagdszenen Verwendung finden: eine Jagdart, die völlig der in der Atlantis-Erzählung beschriebenen entspricht (vgl. Plato, *Kritias* 119 e) ▷

Tafel 90 Um 1190 v. Chr. wurde Ägypten von einer Koalition von »Seevölkern«, von »Leuten aus allen Ländern des Nordens«, angegriffen, die in gewaltigem Zug entlang der palästinischen Küste vorrückte. Die entscheidende Niederlage bereiteten ihnen Flotte und Heer Ramses' III., der seinen Sieg auf den Mauern seines Tempels zu Medinet Habu verewigte. Die Szene zeigt, wie der Ansturm der Ägypter die an ihrem typischen Federkopfputz kenntlichen Eindringlinge von ihren Schiffen wirft. Zu den Invasoren gehörten Peleset (Philister), Schekelesch oder Schakalusch (ein Name, der mit Sizilien zusammenhängt) und Denyen oder Danuna (?; die Danaoi [Danaer] des Epos bzw. Griechen?)

Tafeln 91, 92 Über dem Haupteingangstor der Burg von Mykene (dem »Löwentor«) erblickt man ein Relief, das zwei Löwen (Löwinnen?) zeigt, die in heraldischer Pose eine sich nach unten hin verjüngende Säule minoischen Typs flankieren (vgl. Tafeln 5, 70, 80, 82). Ihre Vordertatzen ruhen auf zwei Altarbasen eines Typs, dessen genaue Entsprechung vor nicht allzulanger Zeit in Archanes (Mittelkreta) gefunden wurde *(rechts)*

Tafeln 93–95 Beweise für einen wechselseitigen Handel zwischen Kreta und Ägypten zur Zeit des Mittleren Reiches (11.–13. Dynastie). *Oben:* In Knossos gefundener ägyptischer Skarabäus, dessen Unterseite einen Glückwunsch trägt. *Unten:* In einem unversehrten Grab zu Abydos entdeckte man die reizvolle zweihenklige Schnabelkanne des Kamares-Typs. Durch den Stil der Funde sowie durch die Zylindersiegel Sesostris' III. und Amenemhets III. ist das Grab einwandfrei datiert; auch der Krug besitzt unverwechselbare Gegenstücke aus der berühmten Höhle von Kamares am Südhang des Ida-Gebirges auf Kreta

Tafeln 96, 97 Mehrere ägyptische Grabmalereien aus dem 15. Jahrhundert v. Chr. zeigen Tributträger aus Keftiu (Kreta); am kunstvollsten dargestellt im Grab Rechmires *(oben)*. Ursprünglich mit kurzem Lendenschurz und Phallostaschen, hat man die Träger später übermalt und mit längeren, dekorativeren Röcken versehen, für die es Beispiele vom griechischen Festland gibt. Bei den Figuren (von links) 1, 4, 5 und 6 erkennt man Spuren der ursprünglichen Darstellung (vgl. Abb. 20). Die Männer tragen ein Rhyton (der fünfte) sowie andere Gefäße von typisch kretischer Form. Einer ist mit einem ochsenhautförmigen Kupferbarren beladen. Ein weiterer (ganz links) trägt einen Elefantenstoßzahn. – Im Grab des Mencheperre-seneb, des Sohnes Rechmires, erblickt man eine Gruppe unterschiedlich gekleideter Gestalten, deren eine (in der typischen Art eines Kreters ägyptischer Darstellungen) auf einer Platte einen Stierkopf-Rhyton trägt *(unten*, rechts). Die sich links zu Boden werfende Gestalt verkörpert zwar den Typ eines Syrers, trägt jedoch über sich die Beischrift: »Prinz von Keftiu«

Tafeln 98–100 Drei weitere Gegenstände, die von Beziehungen zwischen Kreta und Ägypten zur Zeit des Mittleren Reiches, der Zweiten Zwischenzeit der ägyptischen Geschichte sowie der Zeit des Neuen Reiches zeugen. Die zerbrochene Statue des User *(links)* wurde in Knossos gefunden. Man darf annehmen, daß sie sich hier als Weihgabe befand. *Unten links:* Auf dem Deckel eines Alabastron (eines kleinen, beutelförmigen Salbengefäßes), das gleichfalls aus Knossos stammt, findet sich die Kartusche des Hyksos-Pharao Chian aus der 17. Dynastie. Die vorzügliche Alabastervase *(unten rechts)*, die in einem Kriegergrab bei Katsamba gefunden wurde, trägt Namen und Titel Thutmosis' III. Es handelt sich um dasselbe Grab, aus dem der prächtige Pithos stammt, den Tafel 66 zeigt

derartigen Ausmaß von Zerstörung im ganzen Land geführt, wie es sich den Blicken der Kreta mit dem Spaten durchforschenden Archäologen darbietet.

In der ersten Hälfte des 15. Jahrhunderts v. Chr. herrschten die Hethiter über Kleinasien – doch kann keine Rede davon sein, daß sie auch als Seemacht in Erscheinung getreten wären. Was Ägypten unter Thutmosis III. (1490–1436 v. Chr.) angeht, so erstreckte sich sein Macht- und Einflußgebiet über Palästina und Syrien bis zum Euphrat, doch abermals hat man es nicht mit einer Seemacht zu tun, die eine Herausforderung für Kreta bedeutet hätte. Allenfalls den Griechen des Festlands könnte man zutrauen, daß sie über die erforderliche Seemacht verfügten und daß ihnen daran lag, Kreta anzugreifen. Ohne Zweifel hat griechische Überlieferung die Erinnerung an Reibungen bewahrt, die es einst zwischen Attikas Bewohnern und dem Kreta minoischer Zeit gegeben haben dürfte. So berichtete nach dem unter dem Namen des Apollodoros von Athen (2. Jh. v. Chr.) laufenden mythographischen Handbuch, der »Bibliothek« (1. oder 2. Jahrhundert n. Chr.), der bekannte »Atthidograph« Philochoros (1. Hälfte des 3. Jahrhunderts v. Chr.), zur Zeit des Königs Kekrops hätten sich Athen und Attika in der Gewalt König Minos' befunden und seien ihm tributpflichtig gewesen. Der zu leistende Tribut bestand in je sieben jungen Männern und ebensoviel jungen Mädchen für die Stierkampfarena in Knossos, und es heißt, er sei den Bewohnern Athens und Attikas zur Strafe auferlegt worden, weil Minos' Sohn Androgeos in Attika umgekommen sei (über die Art und den unmittelbaren Anlaß seines Todes gehen die Darstellungen auseinander)[81]. Angesichts der nur 24 km vor Kap Sunion (Sounion), der Südspitze Attikas, auf Kéōs ansässigen Minoer, die ein recht ansehnliches Aufgebot darstellten, und angesichts der Tatsache, daß sich auch am Saronischen Golf (genauer: an der Bucht von Mégara westlich von Salamis) ein minoischer Stützpunkt (Minōa) befand, konnten die Athener nicht allzuviel unternehmen. Unter diesen Umständen bedeuteten wohl die Bewohner des griechischen Festlands am Anfang des 15. Jahrhunderts v. Chr. kaum eine ernstzunehmende Gefahr für Kreta – es sei denn, Kretas Macht wäre durch andere Umstände gebrochen gewesen. Dafür aber

Tafel 13

liegt keinerlei Anhaltspunkt vor. Im Gegenteil: die aus dem ersten Viertel des 15. Jahrhunderts stammenden Funde an minoischen Plätzen sprechen eine klare Sprache. Sie zeigen unzweideutig, daß Kreta damals so reich und mächtig war wie nur eh und je – keine Rede davon, daß es sich auf einem »absteigenden Ast« befand.

In der revidierten Ausgabe der *Cambridge Ancient History* schreibt F. Matz[82]:

> »Daß die Macht auf Kreta so friedlich von den Trägern der minoischen Kultur auf die Träger der mykenischen Kultur überging, ist nicht leicht zu erklären. Da alle anderen Hypothesen in der einen oder anderen Weise das archäologische Beweismaterial vergewaltigen, dürfte sich vielleicht die Annahme rechtfertigen, daß passiver Machtverzicht dem Charakter der Bevölkerung des minoischen Kreta entsprach.«

»Passiver Machtverzicht« – ist dies wirklich eine einleuchtende Lösung des Problems? Nach Auffassung des Verfassers besitzt die Hypothese einer Zerschlagung der minoischen Macht durch die Gewalt entfesselter Elemente, insbesondere durch vulkanische Kräfte, größere Überzeugungskraft. Gewiß ist der Historiker gewöhnt, die Ursachen geschichtlicher Ereignisse, die Beweggründe geschichtlicher Entwicklungen, bei Menschen zu suchen – bei jenen Menschen selbst, welche auf die eine oder andere Weise in die Ereignisse verflochten sind, um die es jeweils geht. Daher ist es nur allzu verständlich, wenn Historiker zögern, sich der Ansicht des Verfassers anzuschließen, zumal sich eines nicht abstreiten läßt: Seit dem Untergang Altkretas wurde kein zweites Mal ein mächtiges Reich infolge einer Naturkatastrophe derartig ruiniert. Freilich kann man andererseits keineswegs kategorisch erklären, etwas Derartiges sei überhaupt nie geschehen – insbesondere wenn man an den Tell al-Muqayyar im südlichen Mesopotamien (Ur in Chaldäa) denkt, wo C. L. Woolley im Sommer 1929 auf die Spuren einer gewaltigen Flut gestoßen ist, die im 4. Jahrtausend v. Chr. das Land bedeckt und eine mehrere Meter dicke Lehmschicht hinterlassen hatte. Doch gleichviel: Man wird, wie der Verfasser meint, ernsthaft die Möglichkeit in Erwägung ziehen müssen, daß sich *doch* im 15. Jahrhundert v. Chr. im ägäischen Raum eine Katastrophe furchtbarsten Ausmaßes *ereignete*. Thera lag mitten im Zentrum des Netzes minoischer Flottenbasen und Handelsplätze, das die Ägäis überzog, und von allen Inseln der Kykladen ist es Kreta am nächsten. An klaren Tagen, unter besonders günstigen Sichtverhältnissen, kann man von seinem höchsten Punkt aus noch den 2456 m hohen Gipfel des Ida erkennen. Das hier bisher ausgebreitete Material spricht eine Sprache, wie man sie sich deutlicher kaum wünschen könnte, was die ungeheure Zerstörungskraft jenes Vulkanausbruchs angeht, der von etwa 1500 bis 1470 v. Chr. auf Thera stattgefunden haben muß. Und zwar bereitete die erste Phase dieses Ausbruchs einer blühenden minoischen Ansiedlung auf Thera selbst ein jähes Ende. Die kritische Phase, in der die damalige Vulkantätigkeit gipfelte: Katastrophale Flutwellen als Begleiterscheinung, mit dem Regen unvorstellbarer Massen ausgeschleuderter feinster Aschenpartikelchen, die sich in einer alles Leben erstickenden Schicht wie ein Leichentuch über Häuser, Saaten und Fluren breiten, sind eine schlechterdings tödliche Bedrohung des Lebenszentrums der minoischen Welt – und damit ist nicht mehr nur von Thera, sondern von Kreta die Rede. Man greift wohl nicht zu hoch, wenn man die Möglichkeit ernsthaft in Betracht zieht, daß die entsetzlichen Flutwellen der minoisch-kretischen Flotte einen vernichtenden Schlag zufügten und daß der Aschenausfall sich nicht minder verheerend auf Kretas Landwirtschaft auswirkte. Über Nacht lag Kreta am Boden, seiner Hilfsmittel und seiner Verteidigungskräfte beraubt. Tobende Fluten hatten den Schutzschild seiner Flottenstützpunkte buchstäblich hinweggefegt, Tausende seiner Bürger waren ertrunken, der Rest war von Panik erfaßt und dem Hungertod nahe. Es war ein Tiefschlag, von dem es kein Erholen gab. Die Natur selbst in all ihrer Erbarmungslosigkeit hatte zugeschlagen, hatte Kreta zu Boden geschmettert; nie wieder sollte es sich nach dieser Katastrophe erheben. Abb. 19

Der einzige unter den kretischen Palästen, der auch in der zweiten Hälfte des 15. Jahrhunderts v. Chr. noch bestand, war der Palast von Knossos. Wie es scheint, lag er weit genug landeinwärts, um dem ungebrochenen Anprall der Flutwellen zu entgehen. Hier waren archäologischer Forscherarbeit Ergebnisse von ganz besonderer Bedeutung beschieden, die in die Zeit um und nach 1460 v. Chr. weisen. Und zwar wurde jener Palastteil erneuert, der den Thronraum enthielt, und den Thronraum selbst schmückte man mit einem Greifen-

Tafel 69

fries – einem Motiv, das später im mykenischen Palast von Pylos wieder begegnen sollte. Eine recht charakteristische kriegerische Tonart stimmt ein Fresko an, das Neger unter dem Kommando eines weißen Offiziers zeigt. Handelt es sich um die Leibgarde der neuen Machthaber, die nun in Knossos residierten? Reich mit Helmen und

Tafeln 66–68

Fechtwaffen bestückt sind die aus jener Zeit stammenden »Kriegergräber«, und Griechisch ist nun die Sprache der schriftlichen Aufzeichnungen, wozu man sich der Linear-B-Schrift bedient. Wenn nicht alles trügt, ist Knossos eine Zitadelle mykenischen Typs geworden.

Daß Festlandsgriechen nach dem Schlag, der Kreta getroffen hatte, ihren Vorteil wahrnahmen und aufbrachen, um die Hauptstadt der schwer heimgesuchten Insel zu unterwerfen, ist keineswegs an den Haaren herbeigezogen – nie wäre die Gelegenheit für ein erfolgreiches Unternehmen gegen die vormaligen Herren der Ägäis günstiger gewesen! Die Frage ist: Zeigt sich noch eine schwache Erinnerung an einen solchen Kriegszug in der Sage von Theseus, der den Minos-

Tafeln 4, 5

Stier (griech.: *Minṓtauros*, lat.: *Minotaúrus*) besiegte und mit Amphitrites Hilfe jenen Ring wiedergewann, den Minos (vielleicht zum Zeichen seiner Seeherrschaft?) ins Meer geworfen hatte? Gewiß dürfte auch Griechenland von den Flutwellen in Mitleidenschaft gezogen worden sein, die der Thera-Ausbruch aller Wahrscheinlichkeit nach ausgelöst hatte. Andererseits waren die damaligen Machtzentren auf dem Festland weit weniger der Gefahr ausgesetzt, durch Fluten vernichtet zu werden, als Kreta und seine Inselstützpunkte. Sie waren weiter vom Herd der Katastrophe entfernt und lagen zudem weiter landeinwärts. Vermutlich waren tiefergelegene Landstriche (so die unmittelbaren Küstengebiete der Bucht von Argos, desgleichen die Ufer des Saronischen Golfs) unter den hochgehenden Wogen begraben (vgl. S. 238 f.), doch für das Festland bedeutete die Überschwemmung keine *tödliche* Gefahr mehr. Wenn Theseus damals über Attika herrschte, so brauchte er nur die Gelegenheit zu ergreifen, die sich ihm bot – die noch nie dagewesene Chance, den Spieß umzukehren und gegen die ehemaligen Unterdrücker zu wenden, die nunmehr am Boden lagen. Es galt nurmehr, Seeleute anzuheuern und eine Flotte aufzustellen. Nach Kreta zu segeln, war unter den gegebenen Umständen eine Kleinigkeit, da man keinerlei Widerstand zu befürchten hatte. War man aber erst in Kreta, so war das unbefestigte Knossos für die bronzegepanzerten Männer vom Festland eine nur zu leichte Beute[83].

Auch wenn man den Blick auf Gesamt-Kreta richtet, sprechen die archäologischen Befunde eine nicht minder klare Sprache. Und zwar beschränkt sich der Keramikstil der spätminoischen Stufe II im wesentlichen auf Knossos. Nur drei Grabungsstellen in Mittel- und vier in Ostkreta haben sich im Hinblick auf diesen Stil als fündig erwiesen – ein beredter Gegensatz zum Reichtum und zur Allgegenwart der Keramik der spätminoischen Stufe I. Die in Trümmer gesunkenen Paläste bleiben Ruinen, von Wiederaufbau kann keine Rede sein. Einige der Orte, wo sich früher Ansiedlungen städtischen Charakters befanden, werden als Siedlungsplätze völlig aufgegeben. Offenkundig ist eine Tendenz zur Auflösung ehemaliger »Ballungszentren« (um diesen Ausdruck mit allen Vorbehalten aus der Gegenwart auf die Bronzezeit zu übertragen). Obwohl Pendlebury keineswegs der Eruptionshypothese zugetan ist, schildert er die Lage nach der Katastrophe wie folgt: »Wie es scheint, waren es die führenden Schichten und die Städte, die Schaden davongetragen hatten, und kleinere Gemeinden nehmen nun die Stelle ehemals größerer Gemeinwesen ein.«[84] In sicherer Entfernung vom Meere entstehen nun Dörfer auf Geländestücken, die höher über dem Meeresspiegel liegen als die alten Siedlungsstätten, und nicht zuletzt läßt sich ein beachtlicher Bevölkerungszustrom im Westen Kretas verzeichnen. So entwickelt sich Kydōnía (südlich des heutigen Chaniá) zu einem bedeutenden Zentrum; man darf hoffen, daß gerade in diesem Gebiet geplante Grabungen noch mehr Licht auf den Gang der Ereignisse nach der Katastrophe werfen werden, die für Kreta so verheerende Folgen hatte (vgl. Seiten 126, 157 sowie Anm. 133).

Tafeln 63–65

Tafeln 21–27

Tafel 76

Folgende Erklärung bietet sich schon heute an: Nach dem Thera-Ausbruch zog sich, was von Kretas Bevölkerung den Fluten und dem Aschenregen entgangen war, auf höhergelegenes Terrain zurück.

Man verließ die mit so furchtbaren Erinnerungen belasteten Stätten der Verwüstung, die Schauplätze so entsetzlicher Ereignisse gewesen waren, und suchte Zuflucht weitab in sicherer Entfernung von der See, die sich so unvermittelt als Gefahr erwiesen hatte. Überdies war man weiter im Binnenland, wenn diese Bezeichnung für Kreta statthaft ist, auch vor den Übergriffen plündernder Piraten sicherer, die von den Inseln der Ägäis oder vom griechischen Festland aus auf Raub ausziehen mochten, um mitgehen zu heißen, was auf der einst so reichen, die Meere beherrschenden Insel noch übriggeblieben war. Jeden Versuch eines Wiederaufbaus der alten Paläste vereitelten wohl die neuen Herren, die in Knossos residierten. Auf jeden Fall dürften die fruchtbaren Ebenen um Mallia und Phaistos ebenso wie das Hinterland von Kato Zakro vollkommen von Asche verschüttet gewesen sein. Man kann sich vorstellen, daß Landwirtschaft, Kunst und Handel vollständig zum Erliegen gekommen waren. Daß demgegenüber jedoch das westliche Drittel Kretas ohne größeren Schaden davongekommen sein dürfte, zeigt ein Blick auf die Kartenskizze der Aschenverteilung. Daher der Drang nach Westen, daher Kydonias plötzlicher Aufstieg zu einer Bedeutung, die der Ort zuvor nie besessen hatte.

Abb. 13

Im nächsten Abschnitt soll der Versuch unternommen werden, anhand der Resultate archäologischer Forschung den Verlauf der Ereignisse auf eine der minoischen Überseestützpunkte zu schildern.

Keos: Ein Beispiel für die Übereinstimmung von archäologischem Befund und Überlieferung

Nur etwa 24 km liegt die Insel Kéōs (auch Kéa) im Osten von Kap Sunion (Sounion), der steilabfallenden, wegen ihres Poseidontempels gerühmten Südspitze Attikas. Seit 1960 führt hier die Universität von Cincinnati (Ohio) in Zusammenarbeit mit dem Archäologischen Institut der USA *(American School at Athens)* unter Leitung von Prof. John L. Caskey Grabungen durch, denen die Wissenschaft außerordentlich bedeutende Ergebnisse verdankt[85]. Von ganz besonderer Wichtigkeit erwies sich eine Grabung, die auf einer Landspitze an der Bucht von Ayios Nikolaos (Hágios Nikólaos) gegenüber von Vurkari bei Ayia Irini (Hágia Eirēnē) durchgeführt wurde. Zumindest in der Mittleren Bronzezeit war die hier freigelegte Ansiedlung schon bewohnt, und in der Frühphase der Spätbronzezeit, als sie Beziehungen zum minoischen Kreta und zu anderen Inseln sowie zum Festland unterhielt, entwickelte sich hier eine stattliche Ortschaft. Man fand eine große Anzahl entweder aus Kreta eingeführter oder unter starkem kretischem Einfluß entstandener Tongefäße, die der spätminoischen IB-Stufe bzw. der späthelladischen Stufe II zuzuordnen sind. Überdies hat man hier auch Linear-A-Schriftzeichen entdeckt. Im 15. Jahrhundert v. Chr. wurde der Ort – wie Caskey meint: durch Erdbeben – aufs schwerste verwüstet, doch baute man ihn später wieder auf.

Zum mindesten ein »öffentliches Gebäude« (auf jeden Fall aber ein größeres Bauwerk) mit einem Hof, einer Treppe, mit Gängen und Kellern hat man hier gefunden, dessen Fläche 22×17 m maß. Die meisten der Keller waren mit Trümmern (darunter großen Mengen von Tonscherben) förmlich vollgestopft. Auch Fragmente von Tafel 75
Fresken und die verschiedensten Gegenstände gehörten zu dieser »Füllung«, die anscheinend bei der Zerstörung des Hauses aus oberen Räumlichkeiten herabgestürzt war. Caskey schreibt Zerstörungen dieser Art »der letzten, besonders heftigen Erderschütterung« zu, doch der gesamte Ort liegt nicht weit vom Strand entfernt, und die Möglichkeit einer Überschwemmung durch Seebebenwellen sollte daher nicht außer acht gelassen werden. Ein 1963 freigelegter Raum enthielt »eine außergewöhnlich gute Auslese importierter Keramik, neben dem üblichen Bestand einfacher, am Ort entstandener Tonware«. Besonderes Augenmerk verdienen fünf in Caskeys Bericht von 1964 wiedergegebene Gefäße. Bei zweien davon handelt es Tafel 26
sich um Fragmente von Alabestren (Einzahl: *alábastron* [beutelförmiges Salbfläschchen]) kretischen Ursprungs, das eine weist den typischen »Meeresstil« der spätminoischen IB-Phase auf, das andere ist mit einem Farn- und Rosettenmuster geschmückt. Die Freskenbruchstücke erinnern mit ihren farbigen Bändern, zwischen denen Blätter, Blüten sowie Schilf- und Grasmotive angeordnet sind, an Arbeiten aus der Zeit der mittelminoischen Stufe III bis zur spät-

minoischen Stufe I. Ein großer Vorratskrug »könnte in der Argolis entstanden sein«, zwei weitere Stücke sind »minoischen oder mykenischen Ursprungs«. Die Ausgräber sind der Ansicht, daß all diese Gefäße zusammen zu ein und demselben Zeitpunkt verschüttet wurden. Trifft dies zu, so hat man in diesem Lager ein vortreffliches Zeugnis einer florierenden minoischen Kolonie vor sich, die in enger Berührung mit dem mykenischen Griechenland stand, bis sie – am Ende der spätminoischen I B-Periode – plötzlich irgendeiner Naturkatastrophe zum Opfer fiel.

Bestätigung dafür bietet der angrenzende Tempel, ein hochinteressantes Gebäude, das weit mehr als nur einen Raum umfaßte und dessen Geschichte in der Mittleren Bronzezeit begann; doch noch in römischer Zeit erfüllte das Bauwerk seine sakrale Aufgabe. Auch dieses Heiligtum erlitt zur gleichen Zeit wie der benachbarte Profanbau schwerste Schäden. Zu den Funden, die man in seinen Überresten machte, gehörten eine importierte Bronzestatuette minoischer Herkunft sowie Keramik, »nicht später als spätminoisch I B und späthelladisch II«. Am meisten Aufsehen erregte jedoch die Entdeckung der Fragmente von mindestens neunzehn Terrakottastatuen,
Tafel 72 von denen einige eine Höhe bis zu 1,5 m oder mehr erreichten. Es handelte sich durchweg um Statuen von Frauen in weit ausgestellten, bis zum Boden reichenden Röcken, stark abgesetzten Bändern oder Gürteln am Rockbund, engen »Wespentaillen«, enganliegenden
Tafeln 73, 74 Halsteilen, doch brustfreiem Dekolleté. Es bedarf kaum des Hinweises auf die starke Ähnlichkeit dieser Plastiken mit der berühm-
Tafel 71 ten »Schlangengöttin« auf Knossos. Bei einigen der größten dieser Statuen hat man es wohl mit ehemaligen Kultbildern zu tun, andere wieder stellten vielleicht Priesterinnen oder Beterinnen bzw. Opfernde dar. Die Bildwerke sind Erzeugnisse ortsansässiger Handwerker, doch zeugen sie von einem Kult minoischen Ursprungs mit gewissen Querverbindungen zur Peloponnes. Als man die Bruchstücke fand, war zunächst in der Tat »Bruch« der beherrschende Eindruck. In einem derartigen Durcheinander befanden sich die einzelnen Fragmente, daß die Statuen wohl einen schweren Sturz aus einer gewissen Höhe hinter sich hatten – vielleicht waren sie von einer hölzernen Bank oder aus einem Obergeschoß herab in die Tiefe ge-

fallen. Ja, zahlreiche Fragmente dieser Statuengruppe waren weit im gesamten übrigen Tempelbau verstreut, so daß der Gedanke an eine mit der Zerstörung des Bauwerks Hand in Hand gehende Flut recht nahe liegt. Interessant genug ist, daß spätere Bewohner den Kopf einer solchen Statue bargen und ihm – im 12. Jahrhundert v. Chr. – anscheinend kultische Verehrung erwiesen. Einem anderen Statuenkopf wurden sogar noch im 8. Jahrhundert v. Chr. derartige Ehren zuteil!

All dies deutet auf eine plötzliche Zerstörung des Ortes am Ende der spätminoischen IB-Phase sowie auf spätere Neubesiedlung und späteren Wiederaufbau unter mykenischer Hoheit hin. Doch mehr noch: Abermals hat man hier ein Beispiel für die Übereinstimmung zwischen archäologischem Befund und literarischer Überlieferung vor sich. Und zwar verfaßte der von der Insel Keos stammende Chorlyriker Bakchylides (5. Jahrhundert v. Chr.) ein Siegeslied für einen gewissen Argeios von Keos, der bei den Isthmischen Spielen den Kampfpreis gewonnen hatte. Wie bei Dichtungen dieser Art üblich, erging er sich dabei ausführlich in der mythischen Geschichte der Heimat des Gefeierten, die in diesem Fall ja auch die seine war. Insbesondere schilderte er die Vorgeschichte der Geburt Euxantios', eines Herrschers sagenumwobener Frühzeit. Nur noch fragmentarisch ist das Gedicht erhalten, doch die nachstehend paraphrasierten Verse äußern sich deutlich genug[86]:

> »Am dritten Tag darauf traf Minos ein, der Kriegerische. Mit ihm ein kretisches Heer auf fünfzig Schiffen mit bunten Hecks. Von Zeus Eukleios begünstigt*, bezwang er Dexithea, die Tiefgegürtete. Die Hälfte des Kriegsvolks ließ er bei ihr und gab seinen Mannen das felsige Land, bevor er zum lieblichen Knossos zurücksegelte . . . Im zehnten Monat danach gebar die Schönlockige der ruhmreichen Insel künftigen Herrn Euxantios.«

In die nüchterne Sprache des Historikers übertragen: Wir haben es mit einem Bericht zu tun, in dem von einer Besetzung der Insel Keos durch kretische Streitkräfte die Rede ist, desgleichen von einer dyna-

* Womit wohl gesagt ist, daß Minos' Brautwahl auf eine würdige Bewerberin gefallen ist: auf ein edles Mädchen, das (wörtlich) »in gutem Ruf« stand. *Anm. d. Übers.*

stischen Heirat, durch die man die besetzte Insel noch enger an Kreta zu binden suchte. Kaum kann man sich – mit den Ergebnissen der amerikanischen Grabungen im Hintergrund – der Folgerung entziehen, Bakchylides' Darstellung müsse eine uralte, echte, noch auf die minoische Kolonie zurückgehende Tradition zugrundeliegen, die bis auf Bakchylides' Zeit auf Keos noch lebendig war.

Ja – ein Päan, den Bakchylides' älterer Zeitgenosse, der Chorlyriker Pindar (geb. um 520 v. Chr. in Kynoskephalai bei Theben [Böotien]) auf Verlangen der Inselbewohner von Keos zu Ehren der heiligen Insel Delos verfaßte[87], scheint eine solche Folgerung noch zu stützen. Abermals ist hier von Euxantios die Rede, und zwar legt der Dichter ihm das Lob des zurückgezogenen Lebens in der Geborgenheit einer kleineren Insel in den Mund – eines Lebens, das der Hektik und dem Hader vorzuziehen sei, die in größeren, wohlhabenderen Königreichen herrschten. Wie es heißt, trugen ihm die [Kret]er an, [zusammen mit] den »Söhnen der Pasiphaë« (= vielleicht Könige von Knossos?) über »den siebenten Teil von hundert Städten« zu herrschen. Doch Euxantios lehnte das Angebot ab: Er »weigerte sich, Herrscher zu sein«, und um seine Weigerung zu begründen, beruft er sich auf ein »Zeichen«, ein »Schreckbild«, etwas »Ungeheuerliches«. Den dann folgenden Text hält der Verfasser im Hinblick auf seine Hypothese für besonders wichtig:

> »Ich zittre vor dem Kampf zwischen Zeus und dem lauthallenden (bzw. ›gewaltig donnernden‹) [Erd-]Erschütterer (= Poseidon). Mit Donnerkeil und Dreizack sandten sie einst ein Land und dessen gesamte Streitmacht hinab in den Tartaros. Doch schonten sie meine Mutter und das ganze wohlbehütete (wörtlich: ›wohlumzäunte‹, ›wohlumhegte‹) Haus.«

Die so geschilderte Katastrophe deutet Euxantios als ein Warnzeichen, das ihn davon abhalten soll, seine Heimat zu verlassen, und daher fährt er fort (Vers 50 f.):

> »Laß ab, mein Herz, von den Zypressen, laß ab von den Weidegründen rings um den Ida.«

Es scheint, als ob der bronzezeitliche Ausbruch des Thera-Vulkans die Möglichkeit böte, all das zu enträtseln, was an dieser Passage rätselhaft ist. In der Tat muß die Eruption von »lauthallendem« (oder »gewaltig donnerndem«) Dröhnen begleitet gewesen sein, desgleichen von heftigen elektrischen Entladungen und Seebebenwellen (was im Nebeneinander von »Donnerkeil« [des blitzeschleudernden Zeus] und »Dreizack« [des ja nicht nur »die Erde erschütternden«, sondern auch die Meere beherrschenden Poseidon] zum Ausdruck kommen könnte). Und ganz gewiß führte die Katastrophe zum Versinken, zum buchstäblichen »Untergang« eines großen Teils der alten Thera-Insel: Es könnte sich hierbei sehr wohl um das »Land« handeln, das die miteinander streitenden Götter »hinab zum Tartaros« sandten. Und wenn von einer »Streitmacht« die Rede ist, die bei diesem Desaster umkam, so könnte man an den furchtbaren Schlag denken, den die Katastrophe für Kretas Seemacht bedeutete – und in der Tat läßt sich das von Pindar gebrauchte Hauptwort auch zur Bezeichnung von Seestreitkräften verwenden. Im übrigen könnte man sich durchaus vorstellen, daß ein Teil der minoischen Flotte Thera wieder angelaufen hatte, nachdem der erste schwere Ausbruch vorbei war (vgl. S. 109f.), und daß dann, als die Katastrophe ihren Höhepunkt erreicht hatte, ein ganzes Flottenkontingent im unmittelbar betroffenen Seegebiet zugrunde ging. Auch Keos wurde natürlich in Mitleidenschaft gezogen, doch versank es wenigstens nicht wie Thera in den tobenden Fluten. Das »wohlbehütete« oder »wohlumzäunte« Haus blieb erhalten. Noch in mykenischer Zeit, ja noch später, blieb Keos eine Insel, die durchaus ihre Bedeutung besaß.

Der Verfasser vermutet daher auch in den hier besprochenen Worten Pindars den Niederschlag einer echten Überlieferung über die Thera-Katastrophe. Vermutlich wird man sich der Versuchung zu erwehren haben, weiteren Spekulationen über die betreffende Stelle nachzuhängen, doch möchte der Verfasser sich wenigstens den Hinweis nicht versagen, daß eine Situation, wie das Gedicht sie schildert, durchaus nicht undenkbar wäre. Immerhin liegt durchaus im Bereich des Möglichen, daß es nach der Katastrophe auf Kreta unbesetzte Statthaltereien, ja vielleicht sogar einen leeren Thron gab – und was hätte in einem solchen Fall näher gelegen, als daß man das betreffende Amt einem Minos-Abkömmling antrug (in diesem Fall einem Minos-Nachkommen, dessen Linie zuvor auf Keos geherrscht hatte)? Und man könnte sich durchaus vorstellen, daß der Erwählte (aus gleichfalls naheliegenden Gründen) das Angebot ausschlug. Was schließlich den Kampf zwischen Zeus und Poseidon angeht, so handelt es sich keineswegs um ein Allerweltsmotiv griechischer Mythologie; allerdings klingt es gerade bei Pindar noch an anderer Stelle an (und zwar in einem seiner Siegeslieder[88]); desgleichen findet es sich noch in der orphischen Argonautendichtung, die allerdings recht jungen Datums ist (sie entstand erst in der römischen Kaiserzeit). Hier ist von der Zerstörung eines Landes infolge dieses Götterstreits die Rede, eines Landes, bei dem es sich wohl um Kreta handelt (vgl. S. 259). An der zweiten Pindarstelle geht der Zwist um die Nereide Thetis, die jeder der beiden Götter heimführen will – vielleicht spiegeln sich hierin Spannungen, die, als die Thera-Katastrophe über die Ägäis hereinbrach, wegen der Seeherrschaft zwischen den Kretern und den Bewohnern des griechischen Festlandes bestanden.

Trianda auf Rhodos

Unmißverständlich zeichnet sich der Übergang von minoischer zu mykenischer Vormacht in Trianda auf Rhodos ab[89]. Es sind drei Phasen, die sich an dieser Grabungsstätte voneinander abheben. Die erste Stufe (Trianda I) geht bis zum 16. Jahrhundert v. Chr. zurück. Die bessere Keramik ist von recht entwickeltem spätminoischem I A-Typ, minoischer Prägung ist jedoch auch die schlichtere Ware für den Hausgebrauch. Der zweiten Phase (Trianda II A) gehört hauptsächlich Keramik eines Typs an, den Furumark als »subspätminoisch I A« klassifiziert. Er bestand gleichzeitig neben spätminoischem I B-Typ von Knossos, und tatsächlich fand man auch in Trianda in der entsprechenden Schicht viele Scherben knossisch-spätminoischer I B-Keramik, doch handelt es sich hierbei um *Einfuhrware*. Dies weist die Trianda II A-Phase in die rund fünf Jahrzehnte von etwa 1500 v. Chr. bis ungefähr 1450 v. Chr. Zusätzlich fanden sich Bruchstücke von Importware der *mykenischen* II A-Stufe (die Furumark ihrerseits in das halbe Jahrhundert zwischen 1500–1450 v. Chr. datiert), woraus hervorgeht, daß die hier ansässigen minoischen Kolonisten ebenso zum griechischen Festland Handelsbeziehungen unterhielten wie zur kretischen Hauptstadt Knossos. Dann lassen sich an den Bauwerken der Niederlassung schwere Schäden feststellen – wie man meint, war ein Erdbeben die Ursache –, doch baute man die Ansiedlung wieder auf, und diese Aufbauphase führt zur dritten und letzten Stufe, die sich feststellen läßt: Trianda II B. Die Töpferware dieser Stufe zeigt sowohl minoische als auch mykenische Prägung, und zwar gilt dies für die besseren Stücke ebenso wie für das alltägliche Hausratsgeschirr. Vieles der Keramik minoischen Typs stammt aus der Zeit, da in Knossos der Stil der spätminoischen Phase II herrschte, und die mykenischen Stücke gehören hauptsächlich in die Jahre von 1425–1400, doch fehlt es daneben nicht an einigen importierten Beispielen des Typs Mykenisch II B (1450 bis 1425 v. Chr.); auch einige Scherben der Stilphasen Spätminoisch I A–B fanden sich. Zum großen Teil war die mykenische Ware auf Rhodos selbst hergestellt, und es scheint, als habe man hier den Beweis für eine kurze, durch friedlichen Handel und Wandel gekennzeichnete Periode der Koexistenz zwischen der älteren minoischen und einer jüngeren mykenischen Kolonie vor Augen (man denke nur an das nicht weit entfernte Ialysos). Doch bald, gegen 1410 v. Chr., sinkt Trianda in Trümmer, und mit der Herstellung minoischer Keramik auf Rhodos ist es vorbei. Furumark brachte Triandas Ende mit der endgültigen Zerstörung des Palastes von Knossos in Zusammenhang und schrieb beide »dem Sturz der minoischen Zentralgewalt« zu. Doch hat sich gezeigt, daß der Sturz der minoischen Macht vermutlich schon wesentlich früher anzusetzen ist und wohl mit dem Ende der spätminoischen I B-Stilphase und der damaligen Verwüstung fast ganz Kretas zusammenfällt. Aus diesem Grunde schlägt der Verfasser eine völlig andere Deutung der Grabungsbefunde von Trianda vor. Zunächst sollte man wohl die Erdbebenschäden, die sich zwischen den beiden jüngeren Stufen (Trianda II A und II B) feststellen ließen, auf das Konto der Thera-Katastrophe setzen, die vielen anderen überseeischen Ansiedlungen der Minoer ein furchtbares Ende bereitete. Trianda freilich war weit genug vom

Herd des Unglücks entfernt, um dem vollen Ansturm der Flutwellen zu entgehen; doch ein gewisses Maß von Überschwemmung gab es wohl selbst hier noch (vgl. S. 240f.). Immerhin wirkten sich die Elemente hier nicht mehr stark genug aus, um die Kolonisten zu vertreiben. Diese blieben vielmehr ansässig und verstanden es, sich mit den neuen Einwanderern zu arrangieren, die sich auf dem benachbarten »Einsiedlerberg« niederließen, so daß unter anderem auch Keramik der Neuankömmlinge in ihre Haushalte wanderte. Daneben benutzten sie offensichtlich ihr altes Geschirr des spätminoischen I B-Stils weiter, sofern es der Zerstörung entgangen war, und stellten vielleicht sogar noch neues Geschirr dieses Typs her. Doch das Intermezzo »friedlicher Koexistenz« endete jäh, als die Mykener Kreta fester in ihren Griff nahmen und im Zuge eines »härteren Kurses« nicht nur dem Erdboden gleichmachten, was vom Palast von Knossos die Thera-Katastrophe überdauert hatte (bzw. seither wieder instandgesetzt worden war), sondern offenbar gleichzeitig auch dem letzten minoischen Außenposten auf Rhodos dasselbe Schicksal bereiteten.

Die Überlieferung der Praisier von der Entvölkerung Kretas

Herodot, der »Vater der Geschichte« (um 485 v. Chr. bis nach 430 v. Chr.), gibt eine Überlieferung weiter, die vollkommen allein steht und bei der es sich durchaus um das späte Echo einer echten Volksüberlieferung handeln kann, in der sich die furchtbare Katastrophe der Spätbronzezeit spiegelte[90]. Herodot beruft sich auf Gewährsleute aus Praisos, wo noch zu seiner Zeit »Eteokreter« (»wahre«, »echte Kreter«) lebten, die eine eigene (zur Zeit infolge der Spärlichkeit des Zeugnismaterials noch immer nicht enträtselte) Sprache sprachen und denen es gelang, sich bis etwa 140 v. Chr. als selbständiges Gemeinwesen in der Welt des Altertums zu behaupten. Der Verfasser mißt dieser Überlieferung genügend Wichtigkeit bei, um die fraglichen Herodotstellen in vollem Wortlaut anzuführen:

Tafel 76

»Wie die Sage berichtet, gelangte Minos, als er den Daidalos suchte, auch nach Sikanien, dem heutigen Sizilien. Dort aber erlitt er einen gewaltsamen Tod. Auf göttliches Geheiß zog daraufhin ganz Kreta gegen Sikanien in den Krieg, nur Polichne und Praisos beteiligten sich nicht an diesem Unternehmen. Fünf Jahre lang belagerte man die Stadt Kamikos, die heute Akragas heißt (das spätere Agrigent), doch die Stadt erwies sich als uneinnehmbar. Schließlich gingen den Belagerern die Lebensmittel aus, und der Hunger zwang sie, den Feldzug abzubrechen. Als sich die Flotte bei der Rückkehr aber unweit von Iapygia (im Golf von Tarent) befand, kam ein furchtbares Unwetter über sie und warf die Schiffe an den Strand. Damit war den Seefahrern die Möglichkeit genommen, Kreta zu erreichen: Ihre Schiffe lagen als manövrierunfähige Wracks am Ufer. Die gestrandeten Expeditionsteilnehmer blieben daher dort, wohin die Katastrophe sie verschlagen hatte, und gründeten unweit vom Ort ihrer Havarie die Stadt Hyria (das heutige Oria, zwischen Tarent und Brindisi). Von Inselbewohnern waren sie damit zu Festlandsbewohnern, aus Kretern iapygische Messapier geworden ... *Wie man aber in Praisos erzählt, siedelten sich in Kreta, das entvölkert war, andere Völkerschaften an, und zwar insbesondere Griechen.* Drei Menschenalter nach Minos' Tod aber brach der Troianische Krieg aus, und die Kreter erwiesen sich keineswegs als die schlechtesten Verfechter der Sache des Menelaos. Doch als sie von Troia zurückkehrten, peinigten Hungersnot und Seuchen Mensch und Vieh. Zum zweitenmal wurde Kreta entvölkert, bis eine abermalige Einwandererwelle, die jetzigen (dorischen) Kreter, ins Land kam und sich mit den Resten der alten Bevölkerung in dessen Besitz teilte.«

Aufs Ganze gesehen, hält der hier abgesteckte historische Rahmen jeder Kritik stand: Anfänglich wohnten Minoer auf Kreta, dann kamen Griechen (Mykener) und schließlich eine weitere Einwanderungswelle (Dorer). Wie aber steht es um die Einzelheiten? Zweifelsohne erstreckte sich die minoische Einflußsphäre bis nach Süditalien und Sizilien (Gegenden, die ja später als »Großgriechenland« auch sehr stark griechischem Einfluß ausgesetzt, ja griechisches Siedlungs-

gebiet sein sollten, bis die Römer kamen; doch selbst noch im Mittelalter machte sich hier stärker als anderswo griechischer, nun byzantinisch gefärbter, Einfluß geltend – auf jeden Fall war Goethe vollkommen im Recht, wenn er seine Italienreise, die ihn zwar bis nach Süditalien und Sizilien brachte, doch nicht darüber hinaus, als »Hellasfahrt«, als Reise in griechisches Gebiet, ansah). Daß ein Minos (bei diesem Wort handelt es sich möglicherweise nicht um einen Namen, sondern um den altkretischen Königstitel) mit seiner Flotte vor Sizilien operierte und dabei den Tod fand, ist nicht undenkbar. Caesars und Augustus' Zeitgenosse Diodor, der auf Sizilien zu Hause war und daher den Beinamen *Siculus* (einfach im Sinne von »der Sizilianer«) führte, berichtet von einem »Minos-Grab« auf Sizilien (von dem heute allerdings nichts mehr zu finden ist), dessen Beschreibung stark an das unweit von Knossos gelegene Tempelgrab
Tafeln 80, 81 erinnert[91]. Vielleicht hatte jener Herrscher, den hier sein Ende ereilte, versucht, den westlichen Seehandelsweg der Kreter zu sichern oder auszubauen, vielleicht aber war es ihm tatsächlich nur um Auslieferung eines prominenten Flüchtlings gegangen. Immerhin gibt es eine Überlieferung, nach der Daidalos Athener war – hinter seinem Namen könnte sich eine heute unbekannte, zu ihrer Zeit jedoch wichtige Persönlichkeit aus Attika verbergen, die zuvor am kretischen Hof eine bedeutende Rolle gespielt hatte, jedoch wegen Attikas Unterdrückung geflohen war. Eine solche Persönlichkeit könnte, dies wäre durchaus nicht undenkbar, das ganze Unternehmen ausgelöst haben. Auch in einer zeitgenössischen Quelle des 14. Jahrhunderts v. Chr. vernehmen wir, daß damalige Herrscher hinter Flüchtlingen her waren: In dem berühmten *Tawagalawa*-Brief heißt es, der Hethiterkönig verlange die Auslieferung eines aufrührerischen Untertanen, der zu Schiff von *Milawata* (Milet?) in das Gebiet des Herrn von *Aḫḫijawa* geflohen sei – ein Name, der mit jener aus dem griechischen Epos bekannten Bezeichnung *Achäer* zu tun haben könnte[92] (wenn auch die Namensgleichsetzung zur Zeit noch umstritten ist; erst in letzter Zeit lebte die Diskussion wieder auf). Kurz: Es ist absolut nichts Unwahrscheinliches daran, daß jener Minos, von dem bei Herodot die Rede war, seinerseits mit dem gleichen Ansinnen auf Herausgabe eines Flüchtlings vor Sizilien aufgekreuzt

sein soll. Ebensowenig wird man gegen die Angabe einwenden können, daß die Kreter, nachdem ihr König ums Leben gekommen war, eine Strafexpedition gegen die Schuldigen aussandten. Nachdem der Mißerfolg dieser Expedition feststand, begab sich die minoische Armada auf den Rückweg, doch wurde sie an der Küste der Südostspitze Italiens an Land geworfen. Gewiß – auch ein gewöhnlicher Sturm, ein Unwetter besonders starken Kalibers könnte dies vollbracht haben; doch ebensogut könnte man sich vorstellen, daß selbst in dieser Entfernung die *tsúnami* der Thera-Eruption noch eine solche Wirkung hatten. Jedenfalls glaubten die Überlebenden der gestrandeten Flotte nicht, daß sie jemals ihre Heimat wiedersehen würden. Warum dies? Wenn die Minos-Insel noch immer die Meere beherrschte, so hätten sie doch auf das Eintreffen einer neuen Flottenabteilung hoffen dürfen, die man dann wohl ausgesandt hätte, um nach den Vermißten Ausschau zu halten. Freilich – war bei der Katastrophe, bei der die Schiffbrüchigen ihre Seefahrzeuge verloren hatten, ganz Kreta oder doch der größte Teil der Insel zur Wüste geworden und war es mit der kretischen Vorherrschaft zur See vorbei, dann empfahl es sich, lieber zu bleiben, wo man dem Aufruhr der Elemente entgangen war, und hier eine neue Ansiedlung zu gründen. Mit charakteristischer Wendigkeit fand man sich, vordem Bewohner einer Insel, nun in der Rolle von Festlandbewohnern zurecht; ebenso wie zuvor mit der See, machte man sich mit dem Lande vertraut, oder (um mit Herodot zu sprechen): »aus Kretern« wurden »iapygische Messapier«. Möglicherweise fanden sich weitere Flüchtlingsscharen aus Kreta ein, die sich den unfreiwilligen Kolonisten anschlossen; dies könnte deren Erfolg erklären, denn von Hyria aus besiedelten sie, wie Herodot auseinandersetzt, einen recht beträchtlichen Teil Süditaliens. Ihr Mutterland dagegen, Kreta, war, wie es bei Herodot unter Berufung auf die Überlieferung der Praisier heißt: »entvölkert«. Des Großteils seiner Bevölkerung beraubt, lag es weitab, fern im Osten des neuen Siedlungsraums.

Wie es scheint, war den Leuten von Praisos nicht ganz klar, was zur ersten »Entvölkerung« Kretas geführt hatte. Wie Herodot die Dinge schildert, gewinnt man den Eindruck, die Menschenleere auf der Insel sei auf die Strandung der Flotte und das damit zusammenhängende Fernbleiben der Schiffsbesatzungen zurückzuführen – eine allerdings kaum überzeugende Erklärung! Nach Herodot ereignete sich die Katastrophe »drei Menschenalter« vor dem Troianischen Krieg, und man muß an diesem Zeitansatz erheblich zerren, will man ihn mit aller Gewalt bis in die Jahre um 1470 v. Chr. strecken. Doch ergibt sich daraus kaum ein schwerwiegender Einwand gegen einen Zusammenhang der »Entvölkerung« Kretas mit den Folgen des Thera-Desasters. In der Regel sind chronologische Angaben griechischer Schriftsteller für die Zeit vor dem Troianischen Krieg recht wenig verläßlich; und jedes Datum, das im Zusammenhang mit »Minos« genannt wird, kann leicht mit Nachrichten verwechselt worden sein, die sich auf einen jeweils anderen, nicht zuletzt späteren Träger dieses Namens (oder Titels) auf dem Thron von Knossos beziehen. Wie man die Dinge wenden mag: Im großen ganzen scheint es durchaus nicht unglaubhaft, daß sich in Praisos, wo man ziemlich abgeschieden von der übrigen Welt lebte, tatsächlich die Erinnerung an die ungeheure Zahl von Todesopfern bis zu den Tagen Herodots lebendig erhalten hat – die Erinnerung an jene Todesopfer, welche einst die Thera-Katastrophe gefordert hatte.

Kürzlich besuchte auch der Verfasser Praisos. Die Stätte besteht
Tafel 76
aus einem vortrefflich gewählten Burghügel, an dessen Flanken blanker Kalkfels zutage tritt, und zwar liegt sie 20 km südlich von Sitia (Sēteia) in einem von Bergen umgebenen fruchtbaren Tal. Es liegt auf der Hand, daß man es hier mit einem vorzüglich geschützten Winkel zu tun hat, wie geschaffen, um den letzten Resten der Ureinwohner Kretas lange Zeit Zuflucht zu gewähren. Der Boden ist fruchtbar und gut bewässert. Der Burghügel bildet eine natürliche Festung und ist weit genug von der See entfernt; auch nach Süden hin zeichnet sich keinerlei auffällige Paßöffnung in der das Tal begrenzenden Gebirgskette ab, die etwa einen bequemen Übergang anzeigte; auch von dieser Seite drohte demnach einst kaum Gefahr. Der Verfasser nahm den kleinen Fußpfad, der sich vom heutigen Dorf Nea Praisos bergab windet. Teilweise war er recht ordentlich gepflastert; wenn man auf ihm, den natürlichen Konturen der Landschaft folgend, an Apfel-, Granatapfel- und Feigenbäumen vorbeischritt, konnte man sich sehr wohl vorstellen, auf minoischem Kopf-

steinpflaster zu gehen. Apfel-, Granatapfel- und Feigengärten reihten sich an wohlbestellte Zwiebel- und Tomatenpflanzungen, diese wiederum – nachdem man eine kleinere Senke durchquert hatte – an Weinberge, wo bereits bräunliche Sultaninen trockneten. Kaum kann man umhin, an die Verse der Odyssee zu denken, wo von Alkinoos' Gärten die Rede ist[93]: Auch dort jene säuberlichen »immerduftenden Beete voll balsamischer Kräuter und tausendfarbiger Blumen«, auch dort jene

»Wipfel . . .
Voll balsamischer Birnen, Granaten und grüner Oliven
Oder voll süßer Feigen und rötlichgesprenkelter Äpfel«

– Wipfel, in denen einen fruchtbaren Monat nach dem anderen, wie es in der Odyssee heißt:

»Birnen reifen auf Birnen, auf Äpfel röten sich Äpfel,
Trauben auf Trauben erdunkeln, und Feigen schrumpfen auf Feigen.«

Und nicht einmal die an der Sonne dörrenden Trauben fehlen:

»Allda prangt auch ein Feld, von edlen Reben beschattet.
Einige Trauben dorren auf weiter Eb'ne des Gartens
An der Sonne verbreitet, und andere schneidet der Winzer,
Andere keltert man schon . . .«

Wieder im Dorf, nötigte man den Verfasser ins *kafenion* (das überall in Griechenland unentbehrliche Café); man bestand darauf, ihn zu bewirten. Natürlich galt es, die üblichen Fragen zu beantworten, und wenn das Gespräch wegen Verständigungsschwierigkeiten ins Stocken kam, sprang ein stämmiger Kreter als Dolmetscher ein, der zu kurzem Urlaub in sein Heimatdorf zurückgekehrt war, nachdem er zwanzig Jahre in Melbourne zugebracht hatte. Als die Einheimischen dann vom brennenden Interesse des Besuchers an ihrer Vergangenheit überzeugt waren, verschwand einer aus der Runde und kehrte bald darauf mit Professor N. Platons neuestem Bericht über die jüngsten Ausgrabungen in Kato Zakro zurück. Beim Abschied überhäufte man den Gast so mit Bündeln von Trauben und reifen Feigen, daß er mit der Überzeugung nach Sitia zurückkehrte, die weithin gerühmte Gastfreundschaft der Phäaken sei keine Sage. Man sollte meinen, in jenem abgelegenen Tal seien die »echten« Kreter bis auf den heutigen Tag nicht ausgestorben.

Die Katastrophe von Thera und ihr Widerhall in ägyptischen Berichten

In den bisherigen Abschnitten dieses Kapitels hat der Verfasser in großen Zügen ein nicht allzusehr in die Einzelheiten gehendes Bild skizziert, ein Bild, das eher einen allgemeinen Überblick gibt. Und zwar handelt es sich um eine Umrißskizze des minoischen Reiches, eine Skizze nicht zuletzt auch seines plötzlichen Zusammenbruchs. Dabei bedarf es kaum noch einmal des ausdrücklichen Hinweises, daß der Verfasser diesen Zusammenbruch als unmittelbare Folge jener Katastrophe ansieht, die sich in der ersten Hälfte des 15. Jahrhunderts v. Chr. auf Thera ereignete – einer Katastrophe, die einen großen Teil des umgebenden Seegebiets sowie dessen Insel- und Festlandsküsten in Mitleidenschaft zog. Der Verfasser hat oben seine These erläutert, daß die von Herodot weitergegebene Überlieferung der Praisier einen echten Kern enthält, der tatsächlich etwas von der Erinnerung an jenes grauenhafte Unglück bewahrt. Im folgenden soll die Frage nach weiteren Darstellungen im Mittelpunkt stehen, bei denen es um den Sturz minoischer Macht geht (oder doch gehen könnte). Dabei sei in diesem Teil selbstverständlich von der Atlantis-Sage abgesehen, von der der Verfasser annimmt, sie enthalte ihrerseits einen schwachen Nachhall der fraglichen Ereignisse, der seinen Weg freilich durch den Filter ägyptischer Darstellung nahm, ehe er den Griechen zur Kenntnis gelangte.

Allerdings scheint es keinerlei klare Bezugnahme auf den Niedergang Kretas in jenen Dokumenten zu geben, die aus dem 15. Jahrhundert v. Chr. erhalten sind. Freilich darf dies keinesfalls überraschen. Wie bereits bemerkt (vgl. S. 67), sind altägyptische Inschriften im allgemeinen recht enttäuschend im Hinblick auf ihren Gehalt an soliden historischen Informationen. Voll Lobhudelei für den jeweils regierenden Pharao, strotzen sie von rhetorisch verbrämten Versicherungen des besonderen göttlichen Wohlwollens, dessen der Herrscher sich auf allen seinen Wegen erfreue, doch werden sie gewöhnlich sehr schweigsam, wenn es um harte Tatsachen geht. Außerdem registrieren sie nur in sehr geringem Umfang, was außerhalb Ägyptens in der Welt vor sich ging. Stets hat man von den Ägyptern des Altertums den Eindruck, sie seien eine recht auf sich selbst bezogene Nation gewesen: Alles, so scheint es, drehte sich um Ägypten. Gewiß wurden fremde Eindringlinge, wenn sie eine wirkliche Bedrohung darstellten, hin und wieder eingehender gewürdigt – besonders gilt dies für die berühmten Inschriften der Pharaonen Merenptah (ca. 1224 – ca. 1204 v. Chr.) und Ramses III. (1181 bis 1150 v. Chr.)[94]. Doch im allgemeinen kümmerte sich der Durchschnittsägypter der Bronzezeit wohl kaum sonderlich um auswärtige Angelegenheiten. Tafel 90

Etwas anderes freilich war der Außenhandel. In großem Umfang war Ägyptens Wirtschaft auf Holzeinfuhr angewiesen, darüber hinaus gab es ein weiteres Baumprodukt, an das man freilich normalerweise nicht zuerst denkt. Doch scheint es, als ob eine wohlbekannte Passage der sogenannten »Lehre des Ipuwer«, der »Mahnworte eines Weisen« (oder »Propheten«), ihren Verlust beklagte[95]. Es handelt sich um eine bestimmte Flechte *(Pseudevernia furfuracea;* englisch: *sprout lichen* [rein vom Sprachlichen her etwa: »Sproß-« oder wohl auch »Sprossenflechte«]), von der man Spuren in altägyptischen Gräbern gefunden hat. Im heutigen Ägypten gibt es diese Flechte nicht, und Botaniker sind der Meinung, auch im Altertum habe man sie aus Kreta oder von den Kykladen einführen müssen[96]. Im Englischen spricht man von Flechten dieser Art auch als *Oak moss* (wörtlich: »Eichenmoos«), und einen aus ihnen gewonnenen Extrakt nennt man daher *Oak moss resin* (wörtlich: »Eichenmoos-Harz«), wobei man sich freilich darüber klar sein muß, daß weder die Bezeichnung »Eichenmoos« noch die Bezeichnung »Harz« irgendwelche Relevanz im naturwissenschaftlichen Sinne besitzt. Noch immer ist der fragliche *Oak-moss*-Extrakt nicht ohne wirtschaftliche Bedeutung: Tatsächlich verwendet man ihn mancherorts noch immer bei der Parfümherstellung. Die alten Ägypter benutzten *Pseudevernia* Tafeln 93–95, 98–100 *furfuracea* zur Ausstopfung von Mumien. Sei es, daß man sich davon eine das Körpergewebe erhaltende Wirkung versprach, sei es nur wegen des aromatischen Duftes: Man füllte die von den Eingeweiden befreite, leere Körperhöhle des Toten mit diesem Gewächs, das außerdem auch beim Brotbacken Verwendung fand. Wichtig für Bestattungszwecke waren auch Pinienharz und Zedernholz (für Särge) – beides gleichfalls Einfuhrgüter, und für beides kam Kreta als Herkunftsland ebenso in Frage wie der für seine Zedern sprichwörtliche Libanon. Dies erklärt wohl viel von der folgenden Klage aus Ipuwers »Mahnworten«:

»Niemand mehr segelt nach Byblos. Woher sollen wir Zedern für unsere Mumien bekommen? Mit ihrer Gabe [*d. h. wohl:* dem betreffenden Außenhandelsprodukt] begrub man Priester, und [Edle] balsamierte man mit deren Öl bis hin nach Keftiu, [doch] sie kommen nicht [mehr]. Weniger wird das Gold ... Welch bedeutendes Ereignis scheint es uns [jetzt] zu sein, wenn die Oasenbewohner kommen, uns Festvorräte zu bringen: Schilfmatten, ... frische Pflanzenprodukte.«

Unzweideutig spielt der letzte Satz der angeführten Stelle auf den Gegensatz zwischen dem unbedeutenden Warenaustausch im örtlichen Bereich und den viel weiter gespannten sowie wesentlich ertragreicheren früheren »Außenhandelsbeziehungen« an. Keftiu ist Kreta. Zwar könnte man die betreffende Passage zunächst so deuten, als ob auch in Kreta einst das erwähnte pflanzliche Erzeugnis zur Einbalsamierung von Leichen verwendet worden sei (und als ob Kreta nun zusammen mit Ägypten an ihm Mangel litte), doch möglicherweise hat man die betreffende Äußerung einfach als Hinweis darauf zu verstehen, daß einst Ägypter und Kreter die fragliche Essenz besaßen (dabei stillschweigend vorausgesetzt, daß Kreta das Herkunftsland und Ägypten der Partner war, der die Ware bezog). So gesehen, könnte man die Stelle, um die es hier geht, durchaus (wenn auch mit einigen Vorbehalten) als Zeugnis für einen Abbruch gerade der Einfuhren aus Kreta betrachten (und zwar sogar für einen Abbruch der Einfuhr just jener Flechte, von der oben die Rede war). Allerdings könnte die entscheidende Passage nur dann auf das 15.

Jahrhundert v. Chr. bezogen werden, wenn man sie für einen späteren Einschub in den ursprünglichen Ipuwer-Text erklärte. Die »Mahnworte« gehören in die Zeit des Mittleren Reiches (etwa 2060 bis 1674 v. Chr.) und beziehen sich gewiß auf den Zusammenbruch von Recht und Ordnung nach dem Ende des Alten Reiches. Was es damals an Unruhen und Wirren gab, reicht vollständig hin, um einen Zusammenbruch des Warenaustauschs mit dem Ausland zu erklären. Hält man die Stelle daher für authentisch, so hat man sie als mit großem Abstand älteste Erwähnung des Namens Keftiu, als bei weitem früheste Erwähnung Kretas in einem ägyptischen Schriftzeugnis zu betrachten. Gerade dies aber erregte den Verdacht, es müsse sich um eine Interpolation, um einen späteren Einschub, handeln, da man zweifelte, ob man eine so frühe Erwähnung des Keftiu-Namens widerspruchslos hinnehmen dürfe. Überdies liegt der Text der Ipuwer-»Mahnworte« nicht im Original, sondern nur in einer Kopie aus der Zeit der 19. oder 20. Dynastie (1320–1200 v. Chr./1200 bis 1085 v. Chr.) vor. Doch ist es sehr schwer, den oben ausgesprochenen, außerordentlich vagen Verdacht zu erhärten. Alles in allem betrachtet, bezieht man die fragliche Stelle besser auf die Zustände während der »Ersten Zwischenzeit« der altägyptischen Geschichte (ca. 2181–2040 v. Chr.) und nicht auf das »Verschwinden« Kretas nach dem Thera-Ausbruch[97].

Deutlicher und im Hinblick auf vorliegende Untersuchung ergiebiger sind die Hinweise auf Kreta in der ägyptischen Kunst des 15. Jahrhunderts v. Chr. So findet man auf einer ganzen Reihe wohlbekannter Grabgemälde Männer von Keftiu dargestellt, die »Tribute« nach Ägypten bringen[98]. Sie tragen Kupferbarren sowie metallene Becher und sonstige Gefäße. Unter diesen erkennt man Tafeln 96, XIV deutlich Keramikerzeugnisse minoischen Typs, so beispielsweise Stierkopf-Rhyta und Becher von der Art, wie man sie in den mykenischen Kuppelgräbern von Vaphio, südlich von Sparta, gefunden hat. Nach einiger Zeit des Zögerns sind die Gelehrten sich heute weitgehend darüber einig, daß man es bei Keftiu mit der ägyptischen Bezeichnung des minoischen Kreta zu tun hat. Zunächst glaubte man, Keftiu in Kilikien (am östlichen Teil der Südküste Kleinasiens) suchen zu müssen, doch daß es dafür Anhaltspunkte gab, erklärt sich aus der Tatsache, daß der minoische Ägyptenhandel durch nordsyrische Häfen ging. Bekanntlich befanden sich minoische Handelsniederlassungen am Orontesknie in Syrien (Alalach [Tell Açana]) sowie in Ugarit am »Fenchelkap« (Rās Šamra), mithin einem Gebiet, wo zwischen etwa 1480 und 1450 v. Chr. Thutmosis III. durch militärische Aktionen recht energisch Ägyptens Präsenz unter Beweis stellte. Der syrischen Häfen bediente er sich als Flottenbasen; es dürfte sich daher aus diplomatischen Gründen empfohlen haben, daß die Herren Kretas sich bereit fanden, den weiteren freien Zugang ihrer Handelsflotten zu den fraglichen Seestützpunkten durch Geschenke zu erkaufen, die man in Ägypten in gewohnter Weise für »Tribute« erklärte – jene Geschenke, die man auf den Wandmalereien in den Gräbern der einflußreichsten Minister Thutmosis' dargestellt sieht.

Es sind vier Wandmalereien hintereinander, auf denen Keftiu-Leute erscheinen. Die erste davon befindet sich im Grab des Senmut bei Theben (um 1492 v. Chr.). Unter anderen Gaben bringen die Tributträger dem Pharao einen Becher des in den mykenischen Gräbern von Vaphio gefundenen Typs, den zwei Stierköpfe zieren. Die Männer sind mit kurzen Röcken und der für die minoischen Kreter charakteristischen Phallostasche (einem »Hosenlatz«-ähnlichen Schutz für die Geschlechtsteile) bekleidet. Eine Inschrift findet sich in Senmuts Grab nicht. Die nächste Malerei stammt aus dem Grab des User-Amun (um 1476 v. Chr.). Hier trägt einer der abgebildeten Männer ein Stierkopf-Rhyton, und sämtliche Keftiu-Leute sind mit Phallostaschen versehen. Eine Inschrift spricht von Gaben der Leute von den »Inseln der Großen Grünen [See]«. Am bedeutendsten jedoch ist die dritte Reihe von Wandmalereien im Grab des RechmiRe (um 1470 v. Chr.). Hier handelt es sich um drei Wandfelder. Auf dem ersten sieht man den minoischen »Tribut« auf drei Regale gestapelt. Ein ägyptischer Schreiber ist dabei, eine Liste der Gaben anzufertigen, zu denen auch ein typisch langhalsiges Rhyton des spätminoischen IB-Keramikstils sowie ein Stierkopfrhyton gehören. Auf den beiden anderen Wandfeldern bringen vierzehn Mann Gaben dar, darunter Kupferbarren in Rinderhautform und den Stoßzahn eines Elefanten. Ursprünglich waren die hier Abgebildeten mit den von den zuvor genannten Wandmalereien her

Tafeln 96, XIV
Abb. 20

bekannten Phallostaschen dargestellt. Später allerdings (etwa zwischen 1460 und 1450 v. Chr.) übermalte man die Figuren und stattete sie mit einem reicher geschmückten, vorn in einen langen Zipfel auslaufenden Rock aus. Man hat es hier mit einem Rocktyp zu tun, wie er ungefähr von 1560 v. Chr. an in Mykene bekannt ist. Schachermeyr[99] hält es für wahrscheinlich, daß RechmiRe durch derartige Übermalung der »diplomatischen Anerkennung« eines Regierungswechsels Ausdruck verlieh, der inzwischen in Knossos stattgefunden hatte. Ihm als Wesir oblag die Pflicht, Vasallenfürsten und ihre Gaben zu empfangen. Mit dem gebotenen Vorbehalt könnte man ihn daher als ägyptischen »Außenminister« bezeichnen. In der Tat läßt sich die Änderung seiner Grabdekoration kaum einer bloßen geschmacklichen Laune zuschreiben, vielmehr dürfte sie wohl von größerer, politischer Bedeutung gewesen sein. Daher ist man wohl berechtigt, sie als brauchbares Zeugnis für einen dynastischen Wechsel in Knossos zu betrachten, der, rund gerechnet, in dem Jahrzehnt vor 1450 stattgefunden haben dürfte. Schon oben (vgl. S. 212) hat der Verfasser die Ansicht geäußert, daß erst die katastrophalen Folgen des Thera-Ausbruchs eine Einnahme von Knossos durch Griechen ermöglichten – Folgen des Aufruhrs in der Erdrinde, die der einstigen Macht der Minoer ein Ende bereitet hatten. Nach Ausweis der Übermalung im Grab RechmiRes zu Theben, die man in die Zeit zwischen 1460 und 1450 v. Chr. zu weisen hat, dürfte Kretas Verwüstung durch die Auswirkungen jenes Vulkanausbruchs wenige Jahre vor der Mitte des 15. Jahrhunderts stattgefunden haben: zu einem Zeitpunkt, der nicht allzuweit von der auch durch andere Überlegungen nahegelegten Zeitmarke 1470 entfernt war. Die Gabenträgerübermalung im Grab RechmiRes im politischen Sinne zu deuten empfiehlt sich, so sollte man meinen, auch nach Betrachtung der beigefügten Inschriften. Über all den abgebildeten Vertretern der Völker aus Retenu (Kanaan), Punt (an der Ostspitze Afrikas bei Kap Guardafui [Somaliküste]) und Keftiu (Kreta) läuft ein Text, der sich auf die gesamte Darstellung bezieht. Über dem Keftiu-Abschnitt heißt es: »Sie kommen in Frieden von den Fürsten des Landes Keftiu und den Inseln inmitten des Meeres ...« Handelt es sich beim zweiten Teil dieser Formulierung um einen nachträglichen Zusatz? Träfe dies zu, so hätte man es mit einem weiteren Hinweis darauf zu tun, daß Kreta und die mykenische Welt nunmehr unter der Herrschaft eines griechischen Fürsten, dem auch Knossos untertan war, gemeinsam dem Pharao Gaben darbrachten.

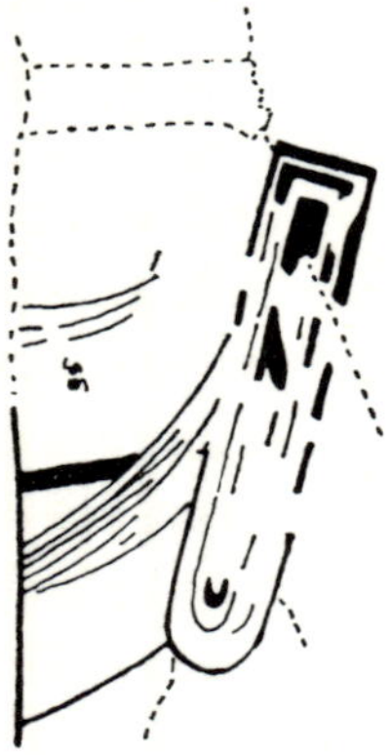

Abb. 20 Detailansicht der Lendenbekleidung eines der Keftiu-Leute im Grab des RechmiRe (Theben). Man sieht, daß man die ältere Phallostasche minoischen Stils übermalte, um der dargestellten Person ein längeres Hüftgewand der späteren mykenischen Art zu geben.

Zum letzten Male erscheinen Keftiu mit Gegenständen minoischen Aussehens im Grab des Men-cheper-Re-seneb*, das zur Zeit Amenophis II. (1444–1412 v. Chr.) herabführt. Hier besteht keinerlei Zweifel mehr über die Art der Kleidung: Die Keftiu-Männer tragen einen reicher geschmückten, gesäumten Rock. Eine durch die Beischrift als »Prinz von Keftiu« ausgewiesene Person erweist ihre Ehrerbietung durch Fußfall.

Tafel 97

Soviel von den Erwähnungen des Landes Keftiu und seiner Leute im 15. Jahrhundert v. Chr. Beachtung verdient auch eine Nachricht, die in einem späten Auszug aus dem Werk des Manetho erhalten ist. Noch immer bildet Manethos Darstellung die Grundlage der altägyptischen Chronologie. Ihr Verfasser, der aus Sebennytos stammende Manetho, war in hellenistischer Zeit Oberpriester zu Heliopolis (1. Hälfte des 3. Jahrhunderts v. Chr.). Er ist Autor einer dem Lagidenkönig Ptolemaios II. Philadelphos (285–246 v. Chr.) ge-

* Der Name enthält einen Glückwunsch für Thutmosis III., dessen Thronname Men-cheper-Re (*Mn-ḫpr-Rc* [= »Es bleibt das Wesen des ⟨Sonnengottes⟩ Re«]) lautete. Seneb *(snb)* bedeutet »Gesundheit« (bzw. »gesund sein«). Men-cheper-Re-seneb *(Mn-ḫpr-Rc-snb)* heißt demnach: »Gesundheit für Men-cheper-Re« (bzw.: »Men-cheper-Re sei gesund«). Man könnte sich auch damit helfen, daß man den Königsnamen – entsprechend dem ägyptischen Brauch, ihn in Kartuschen zu setzen – einklammert, so daß sich in vollständiger Übersetzung ergibt: »(Es bleibt das Wesen des Re) er sei gesund.« *Anm. d. Übers.*

widmeten Geschichte Ägyptens, die leider nur bruchstückhaft in Exzerpten späterer Schriftsteller erhalten blieb. Insbesondere ist in diesem Zusammenhang der jüdische Historiker Yoseph ben Matatyahu zu nennen, der unter seinem römischen Namen Flavius Josephus bekannter ist (37 bis ca. 100 n. Chr.), ferner ein weiterer Palästinenser: der Kirchenvater Eusebios, Bischof von Kaisareia (rund 260–340 n. Chr.), schließlich der byzantinische Mönch und Chronograph Georgios Synkellos (Syncellus: gest. kurz nach 810 n. Chr.). Man war weit davon entfernt, unbesehen hinzunehmen, was Manetho berichtet hatte, vielmehr mußte sich der Sebennyt nachträglich manche Kritik gefallen lassen. Nicht zuletzt war es seine Darstellung des Auszugs der Juden, die auf Widerspruch stieß. Man kann sich vorstellen, daß dies der Überlieferung seines Originalwortlauts nicht unbedingt förderlich war: In der Tat stellt die Weitergabe des Manethoschen Textes den Wissenschaftler immer wieder vor neue Probleme. Allerdings gesteht man Manetho zu, daß er eine auf guten Quellen fußende Schilderung gegeben hat, und wo immer man sich einigermaßen guten Gewissens für die Echtheit eines auf ihn zurückgeführten Auszugs verbürgen kann, ist man bereit, den darin enthaltenen Angaben jeden Respekt zu zollen. Manetho schrieb in griechischer Sprache, und seine Darstellung war für ein griechisches, zum mindesten für ein mit griechischer Überlieferung vertrautes Publikum bestimmt. Immer wieder bemühte er sich daher, Synchronismen, zeitliche Entsprechungen zwischen der griechischen und ägyptischen Überlieferung aufzuzeigen. Infolgedessen liegt keinerlei Grund vor, die folgende Mitteilung von vornherein als unecht zu verdächtigen. Sie findet sich in der Pharaonenliste der 18. Dynastie, ihr Übermittler ist der erwähnte byzantinische Chronist Georgios Synkellos (Syncellus), der im zweiten Jahrzehnt des 9. Jahrhunderts unserer Zeitrechnung starb. Die Stelle lautet: »Der sechste [Pharao], Misphragmuthosis, [regierte] 26 Jahre. In seiner Regierungszeit ereignete sich die Deukalionische Flut.«[100]

Nach Breasteds Ansicht handelt es sich bei Misphragmuthosis um eine Verballhornung der beiden Namen Men-cheper-Re und Thutmosis – mit anderen Worten: der beiden Namen Thutmosis' III. Diese Identifikation hat allgemein Zustimmung gefunden. Thutmosis III. regierte von 1490–1436 v. Chr.; mit Recht hat kürzlich Spyridon Marinatos darauf hingewiesen, daß dies nichts anderes bedeutet, als daß hier ein Ereignis aus dem Raum der griechischen *Mythologie* in einen durchaus *historisch* faßbaren, zeitlich fest umrissenen Abschnitt des 15. Jahrhunderts v. Chr. eingefügt wird. Und zwar handelt es sich um keinen anderen Zeitabschnitt als um jenen, in dem sich nach vollkommen unabhängigen, sich in ganz und gar anderer Richtung bewegenden Forschungen die Thera-Katastrophe ereignet haben muß. Daher läßt das angeführte Manetho-Fragment zumindest die Möglichkeit offen, daß die Sage von der Deukalionischen Flut etwas von der Erinnerung an jene Seebebenwellen spiegeln könnte, die fast sicher den Thera-Ausbruch begleiteten.

Die Flutsage von Deukalion und Pyrrha und Seebebenwellen in der griechischen Tradition des Altertums

Böotien (Boiotien) war wohl das Ursprungsland der Sage von der mit Deukalions Namen verbundenen Flut, denn ursprünglich war es der Parnaß, wo Deukalions »Arche« wieder Land fand und aufsetzte[101]. Sir John Forsdyke deutete die Sage als dem Mythos verhaftete Erinnerung an eine »örtlich begrenzte Katastrophe in Böotien, wo Überschwemmungen häufig waren und sich nach Zerstörung des zur Zeit der Minoer wirksamen Entwässerungssystems der gewaltige Kopaissee gebildet hatte«[102]. Bei der einst von diesem See gefüllten Wanne handelt es sich um eine Senke im Kalksteingebiet, für deren Entwässerung natürliche »Schlucklöcher«, unterirdische Abflüsse (Katavothren [Karstphänomene]), sorgen. Immer wieder versuchten Menschenhände, hier der Natur nachzuhelfen. So wird von Arbeiten berichtet, die Ingenieure Alexanders des Großen durchführen ließen, um das Gebiet trocken zu legen, doch erst in den achtziger Jahren des vorigen Jahrhunderts glückte es, den Boden dieses Landstrichs zu entsumpfen und urbar zu machen. Verstopft hier ein Erdbeben die natürlichen oder künstlichen Kanäle und wird so das Abflußsystem blockiert, dann könnte dies in der Tat erhebliche Überschwemmungen zur Folge haben. So ließe sich durchaus denken, daß die als Deukalionische Flut besungene Überschwemmungskatastrophe Ergebnis eines Erdbebens war, das mit dem Thera-Ausbruch zusammenhing. Die als *Marmor Parium* in die Geschichte eingegangene, in Marmor gemeißelte Chronik aus hellenistischer Zeit (entstanden 264/263 v. Chr.) weist die Flut in das Jahr 1529 v. Chr. – ein Zeitpunkt, der keineswegs allzu weit von den Daten der bronzezeitlichen Vulkantätigkeit auf Thera entfernt war. Überdies hat man im Auge zu behalten, daß oft genug größere Eruptionen von Wolkenbrüchen begleitet sind. Wie Apollodor von Athen (2. Jahrhundert v. Chr.) versichert, dauerte die Flut nicht länger als neun Tage – dies klingt nach einem zwar ernsten, sich jedoch noch immer in Grenzen haltenden Unglück. Als das Wasser sank, ging Deukalion nach Athen. Hier soll er den Grundstein zum Tempel des Olympischen Zeus gelegt haben. Noch im 2. Jahrhundert n. Chr. zeigte man dort sein Grab sowie eine Höhle, wo das Wasser abgeflossen sei. Weiteste Verbreitung hatte die Deukalion-Erzählung zur augusteischen Zeit gefunden, als Ovid ihr eine neue Fassung gab. Inzwischen hatte sie eine Wendung ins Moralische erhalten. Wie die biblische Sintflut betrachtete man auch diese Überschwemmung als göttliche Strafe; als Strafe, die zwar nicht, wie in der Bibel, Jahwe, sondern Zeus verhängt hatte – für die Schlechtigkeit der Bronzezeitmenschen. Nimmt man die Erzählung im Kern für bare Münze und betrachtet die Flut als geschichtliche Gegebenheit, so hat man vielleicht den sichersten Hinweis auf ihren Zeitansatz aus der Angabe, Deukalion sei Vater Hellens gewesen, der seinerseits Stammvater der Hellenen wurde[103]. In der Ausdrucksweise eines dem Mythos verhafteten Weltbegreifens könnte dies bedeuten, daß das fragliche Ereignis unmittelbar vor jenem geschichtlichen Augenblick stattfand, da sich griechisches Nationalbewußtsein zu entwickeln begann – in der frühen Spätbronzezeit.

Allerdings möchte der Verfasser keineswegs die Flut Deukalions mit aller Gewalt in einen möglichen, aber wohl so gut wie kaum beweisbaren Zusammenhang mit dem Thera-Ausbruch pressen. Wolkenbrüche und Seebebenwellen sind völlig verschiedene Dinge. Sieht man sich nach Äußerungen um, in denen etwas vom Nachhall der Thera-Katastrophe mitschwingen könnte, befindet man sich auf festerem Boden, wenn man jene Erinnerungen an Küstenüberflutungen durchmustert, die sich hier und da gehalten haben. Recht häufig finden sich Erzählungen dieser Art im altgriechischen Sagenschatz, und zwar beziehen sie sich ebenso auf Orte an der Ostküste wie an der Westküste der Ägäis. Die folgenden Seiten geben einen summarischen Überblick über die betreffenden Stellen nebst kurzen Erläuterungen[104].

1. *Attika*

   Der Thera am nächsten liegende Punkt des griechischen Festlands ist nicht etwa Kap Malea (die Südostspitze der Peloponnes), sondern Kap Sunion (Sounion), das steilfelsige Vorgebirge im Süden von Attika. Wenn irgendwo, erwartet man daher, in Attika auf Überlieferungen zu stoßen, die einen Kataklysmós, eine Überschwemmung gewaltigen Ausmaßes, zum Gegenstand haben. Tatsächlich wird diese Erwartung nicht enttäuscht. Und zwar hängt die Tradition, um die es hier geht, mit jenem mythischen Kampf zwischen Athene und Poseidon um den Besitz Attikas zusammen, der seinerseits möglicherweise auf das Bestehen politischer Spannungen zwischen der minoischen und der mykenischen Welt der Zeit um 1500 v. Chr. hindeutet. Nach der Überlieferung schenkte Athene dem Land einen Ölzweig, während Poseidon eine Quelle entspringen ließ. Zwar fand Athenes »Erfindung« größeren Beifall, doch Poseidon erwies sich als schlechter Verlierer: In seinem Zorn ließ er ungeheure Wassermassen das Land überfluten. Wörtlich heißt es bei Apollodor: »Poseidon, äußerst ergrimmt, überschwemmte die Thriasische Ebene [rings um Eleusis] und ließ Attika in den Fluten der See versinken.«[105]

2. *Die Argolis*

   Ähnliches wird von Argos berichtet. Hier heißt es, Poseidon habe mit Hera um den Besitz des Landes gestritten und dieses, nachdem ihm kein Erfolg beschieden war, überflutet[106].

   Die Versuchung ist wirklich groß, Überlieferungen wie diese auf die *tsunami* der Thera-Eruption zu beziehen: Dürften doch neben den Küstengebieten Attikas gerade die Ufer der Bucht von Argos am meisten von allen Festlandsgebieten unter den von Thera ausgehenden Seebebenwellen gelitten haben.

3. *Troizen und der Saronische Golf*
Abermals handelt es sich um einen Landstrich, um den zwischen Poseidon und Athene Streit entbrannte, was Überflutung und längere Unfruchtbarkeit zur Folge gehabt haben soll[107]. Und noch bei einer zweiten Überlieferung geht es um eine Flutwelle, welche diese Gegend heimsuchte: Es handelt sich um jene Woge, die Poseidon aussandte, um Hippolytos zu ertränken. Von größter Anschaulichkeit ist die Schilderung, die Euripides in den Mund des Boten legt, der Theseus die »Trauerbotschaft« bringt[108]:

»Als wir uns einer öden Gegend zugewandt –
Jenseits der Grenze liegt die Küste dort
Am Rande der Saron'schen Meeresbucht –
Wie unterird'scher Donner brüllt es dort.
Den Kopf erhoben hoch, gespitzten Ohrs,
Erschreckt die Pferde, Furcht kam über uns:
Woher das Dröhnen? Nach dem Meeresstrand
Den Blick wir wandten – dort: Ein Wasserberg,
Zum Himmel hoch getürmt, daß meinem Aug
Verborgen Skirons Küstenklippe war,
Verdeckt der Isthmos und Asklepios' Fels.
Noch höher bäumt sich's auf, und schaumgekrönt,
Gischtendes Brausen, Hauch vom Meeresgrund –
Naht sich's der Küste, wo der Wagen stand ...«

Nicht spürbar wird in diesem Zitat eine gewisse »minoische« Komponente der Atmosphäre dieses Dramas, in dessen Mittelpunkt Theseus' Familie steht und bei dem gleichfalls ein *Stier aus dem Meere* die Katastrophe bringt; denn nichts anderes als ein solches Ungeheuer ist es, das die aufgeregten Wogen gebären und an Land speien, so daß Hippolytos' Pferde scheuen und den Unglücklichen zu Tode schleifen. Es erscheint uns wichtig, auch auf diesen »minoischen« Zug hinzuweisen.

Die Einzelheiten, welche Euripides' Schilderung anführt, entsprechen sehr weitgehend dem, was man an der Bucht, um die es geht, von einer Flutwoge unterseeischen Ursprungs zu erwarten hätte. In der Tat hätte man beim Anrollen einer derartigen Welle zunächst den Eindruck, als ob das Wasser des Meeres anschwelle und sich auftürme, bis das jenseitige Ufer der Bucht dem Blick entzogen wäre, ohne daß sich klar ein Wogenkamm ausmachen ließe. Erst in größerer Ufernähe, wo geringere Tiefe aus Wellen sich überschlagende Brecher werden läßt, hätte es den Anschein, als ob die See zu sieden begänne.

4. *Lykien (Südwest-Kleinasien)*

Nach Plutarch (ca. 45–125 n. Chr.) bat einst Bellerophon, dem König Iobates von Lykien übel mitgespielt hatte, Poseidon (der nach einem Teil der Überlieferung Bellerophons Vater war), er möge das Land »fruchtlos machen und es der Vergessenheit preisgeben«. Daraufhin habe Poseidon eine »sich hoch aufbäumende Woge« gesandt, »die das Land überflutete – ein entsetzlicher Anblick, da, hoch aufgetürmt, die See über das Land hereinbrach und alles, was in der Ebene lag, in den Wogen begrub«[109].

5. *Die Troas (Nordwest-Kleinasien)*

Der Historiker und Geograph Strabon aus dem kleinasiatischen Amaseia (augusteische Zeit) berichtet von einem »großen Erdbeben, das vorzeiten Lydien und Ionien [= die kleinasiatische Westküste] bis hinauf zur Troas erschütterte. Ganze Dörfer wurden verschlungen, und verwüstet lag der Sipylos. Das Unglück ereignete sich, als Tantalos König war. Sümpfe wurden damals zu Seen, und eine Flutwelle begrub alles Land rings um Troia«[110].

Man mag über die Angabe überrascht sein, daß Sümpfe sich in Seen verwandelten. Doch vielleicht spiegelt sich hierin eine vage Erinnerung an heftige Wolkenbrüche, wie sie oftmals Eruptionen begleiten. Ähnliches findet sich im nächsten Bericht.

6. *Rhodos*

Nach Diodor (Diodorus Siculus) lagen einige Überlieferungen über eine große Überschwemmung auf Rhodos vor[111]. Groß war die Zahl der Todesopfer, welche die Katastrophe forderte, und nur wenigen Überlebenden gelang es, sich auf höhergelegene Plätze im Innern der Insel zu retten. Außergewöhnlich heftige Regengüsse verwandelten das tiefergelegene Inselland in einen Sumpf; eine gewaltige Flutwelle verwüstete die Stadt Kýrbē und machte sie dem Erdboden gleich. Diodor verwendet eine Vokabel, die sich normalerweise auf die Gezeiten des Ozeans bezieht und in anderen Berichten dieser Art nicht zu finden ist. Vielleicht deutet gerade dies auf eine zuverlässige örtliche Überlieferung hin. Nach der Katastrophe teilten sich Lindos, Ialysos und Kameiros in das Land und jeder gründete eine Stadt, die seinen Namen trug. Dies fügt sich vorzüglich zu den archäologischen Ergebnissen über die Zerstörung der minoischen Kolonie von Trianda (vgl. S. 220).

7. *Samothrake (vor der Nordküste der Ägäis)*
Abermals Diodor berichtet, noch zu seinen Lebzeiten (Diodor war der Zeitgenosse von Männern wie Caesar, Cicero und Augustus) hätten die Bewohner Samothrakes auf Altären Opfer dargebracht, die rings um die Insel aufgestellt waren und eine Linie markierten, bis zu der einst bei einer großen Flut das Meer gereicht hatte[112].

Thera und die Argonauten

Soviel von Flutwellen und Wolkenbrüchen, von denen die griechische Überlieferung zu berichten weiß, von Überschwemmungskatastrophen, die möglicherweise mit dem Ausbruch des Thera-Vulkans zusammenhingen. Wie steht es dagegen mit dem Vulkan selbst? Hinterließ er keinerlei Spur in der Erinnerung der Griechen? Tatsächlich scheint es zunächst, als ob sich eine solche weder in der griechischen Geschichtsschreibung noch in der griechischen Mythologie abzeichnete. Freilich überrascht dies keineswegs. Als sich der Ausbruch ereignete, gab es auf dem griechischen Festland noch keinerlei Aufzeichnungen historischer Geschehnisse, so aufsehenerregend die Ereignisse auch gewesen sein mochten, und die mykenische Kultur befand sich noch in einer frühen Entwicklungsphase. Nicht sehr wahrscheinlich ist, daß Griechen auf Thera selbst unmittelbar Zeugen des Untergangs der Insel wurden. Und nachdem der Vulkan in den Fluten versunken war, hatte er für die Menschen jener Zeit zu existieren aufgehört. Wie es scheint, fehlte es nicht an Erinnerungen an die vom Thera-Ausbruch ausgelösten Flutwellen, die wirklich das griechische Festland erreichten. Doch darf man sich kaum wundern, wenn offensichtlich keinerlei unzweideutige, leicht zu entschlüsselnde Erwähnung des Vulkans selbst vorliegt.

Allerdings waren den Argonauten einige seltsame Abenteuer beschieden, in deren Zusammenhang der Name Thera fällt. Es ist nicht ausgeschlossen, daß sich hier in mancherlei Verzerrung die Erinnerung an vulkanische Phänomene erhalten hat[113]. Und zwar überquerten die Argonauten während der letzten Phase ihrer Reise den Tritonischen See in Libyen, in dem man den heutigen Salzsee Schott el-Dscherīd in Tunesien wiedererkannt haben will. Dort begegnete ihnen die Meergottheit Triton, die ihnen eine Erdscholle schenkte. Einer der Seefahrer warf später diesen Erdklumpen nördlich von Kreta ins Meer, wo sich aus ihm die Insel Thera bildete. Triton wies die Fahrensleute an, wie sie die »Minoische See« zu kreuzen hätten. Sie bewegten sich in der Folgezeit bis nach Libyen an der nordafrikanischen Küste entlang, von wo sie schließlich nach Karpathos gelangten. Von dort wandten sie sich nach Kreta zurück und waren gerade im Begriff, auf der »Diktäischen Reede« Anker zu werfen, als sie sich der entsetzlichen Gestalt des Riesen Talos gegenübersahen. Es handelte sich um ein gigantisches Wesen aus Bronze, das Felsblöcke nach ihnen warf und sie so an der Landung hinderte. Wie es heißt, hatte einst Zeus das Ungeheuer Minos' Mutter, der von ihm in Stiergestalt entführten syrischen Königstochter Europa, zum Geschenk gemacht, nach anderer Überlieferung verdankte Europas Sohn Minos selbst Poseidon diese Gabe. Gleichviel: Aufgabe des Monstrums war es, »Wächter der Insel« zu sein. Sich behende auf seinen Bronzegliedmaßen einherbewegend, patroullierte der Riese rings um die Insel. Bis auf eine Blutader an seiner Ferse, die nur von dünner Haut bedeckt war, bestand seine gesamte Gestalt aus unversehrbarer Bronze. In panischer Furcht vor seinen Geschossen ließen sich die Argonauten von der Küste zurückjagen; schon setzten sie Segel, um sich von der Insel zu entfernen. Doch Medea zeigte ihnen, wie der Gigant zu überwinden sei. Mit ihrer Zauberkunst beeinträchtigte sie seine Sehkraft, so daß der Riese, gerade im Begriff, einen gewaltigen Felsbrocken hochzustemmen, um ihn den Davonsegelnden nachzuschleudern, sich an einem Felszacken riß und sich an der Ferse verletzte – der einzigen Stelle, an der er verwundbar war. »Nun strömte das Blut gleich einer Flut geschmolzenen Bleis.« Zusehends verlor der Riese von einem Augenblick auf den anderen an Kraft, und »mit entsetzlichem Krachen« stürzte er von seiner Klippe herab.

So lautet die Erzählung in der Fassung, die im 3. Jahrhundert v. Chr. Apollonios von Rhodos dem Argonautenstoff gab. Doch führt dieser Stoff selbst in die Frühzeit griechischer Dichtung zurück, und es fehlt nicht an der Vermutung, man habe es bei der Argonautensage mit nichts anderem als einem Bericht zu tun, der auf seine Weise die Ergebnisse frühmykenischer Entdeckungsreisen schildere. Andererseits wurde die Ansicht geäußert, bei der Talos-Episode handle es sich um ein spätes Element, das durch nachträglichen Einschub dem ursprünglichen Sagengut hinzugefügt worden sei. Allerdings gibt es für eine solche Auffassung keinerlei wirklich zwingenden Grund, und was oben vom Talos-Intermezzo angeführt wurde, weist sogar eher in die entgegengesetzte Richtung. Die Begegnung mit dem steineschleudernden Inselwächter spielt sich in der »Diktäischen Bucht« bzw. auf der »Diktäischen Reede« ab, einem kretischen Hafen, der sich einem Schiff anbot, das von Osten oder Nordosten, kurz: von Karpathos her die Minos-Insel anlief. Sicherlich benutzten Seeleute des Altertums an Kretas Ostküste die wohlgeschützten Häfen von Itanos, Palaikastro und Kato Zakro. Läßt sich vielleicht eines der genannten Küstengewässer mit der »Diktäischen Bucht«, der »Diktäischen Reede« identifizieren? Immerhin hat kürzlich Prof. G. Huxley ohne Bezugnahme auf die Schilderung des Apollonios von Rhodos die Ansicht vertreten, in minoischer Zeit könne der Name der beim heutigen Kato Zakro gefundenen Ansiedlung »Dikta« gelautet haben[114]. Trifft dies zu, so hat es fast den Anschein, als ob Apollonios noch den Namen eines minoischen Hafenplatzes in

Tafel 39

Ostkreta bewahrt habe, der sich sonst im Schriftgut des Altertums nicht wiederfindet – es sei denn, in irgendwelchen, noch ungedeuteten Umschreibungen. Dies bestärkt die Auffassung, auch Talos' Erwähnung könne auf einer guten, althergebrachten Überlieferung beruhen.

Um jedoch zu Talos zurückzukehren: Was kann man mit diesem bronzeleibigen Schlagetot anfangen, der nach Schiffen, welche Kreta anzulaufen versuchen, Felsblöcke schleudert? Handelt es sich schlicht um eine Gestalt des Volksmärchens, eine Projektion aus unguten tieferen Schichten der »Volksseele«, ein Spiel der Phantasie – oder läßt sie sich auf andere Weise in die Kategorien begrifflichen Denkens einordnen? Hat man es nur mit einer Umschreibung zu tun, welche dem Mythos verhaftetes Weltbegreifen für Erscheinungen und Vorgänge fand, die sich keineswegs wissenschaftlicher Erklärung entziehen? Es ist versucht worden, den Bronzegiganten als minoischen Sonnengott zu deuten, und in der Tat gäbe die Sonne, die alles sieht, einen vorzüglichen Wächter ab. Doch wenn auch die Blutader an Talos' Ferse, wenn auch Talos' Zusammenbruch und Tod zur Not auf das Schauspiel eines Sonnenunterganges bezogen werden können, so ist doch nirgendwo davon die Rede, daß der Gigant sich wieder erhebt, und seine Gewohnheit, Fremde mit felsigen Wurfgeschossen zu empfangen und zu verscheuchen, fügt sich ganz und gar nicht in den Rahmen sonst üblicher Sonnengottvorstellungen. Eine vollkommen andere, äußerst geistvolle Erklärung versucht der niederländische Gelehrte J. Schoo zu geben[115]. Nach ihm verkörpert Talos nichts anderes als eine aus der Frühzeit des Griechentums in die Zeit griechischer Hoch- und Spätkultur gerettete, schemenhafte Erinnerung an das Thera von einst – eine Erinnerung, die in jenem riesenhaften »Inselwächter« buchstäblich Gestalt angenommen hat. Tatsächlich »bewacht« und »bewachte« Thera die nördliche Zufahrt nach Kreta, den Seeweg, dem Seeleute aus Mykene und anderen griechischen Festlandorten folgen mußten, um zur Insel des Minos zu gelangen. Talos' »unzerbrechliche«, »unversehrbare Bronzehaut« war der neugebildete Kraterwall rings um den damaligen Gipfel der Insel. Bei den Felsen, die der Riese schleuderte, handelte es sich um nichts anderes als vulkanische Auswürflinge, jene »Bomben«, die der

Vulkanschlot ausspie. Talos' blutende Ferse aber war dann wohl einer der Subsidiärkrater des Thera, wie man sie bei Kap Kolumbo oder Kap Mavrorachidi findet. Der Riese, so heißt es in Apollonios' Argonautendichtung, bricht zusammen und stirbt, nachdem all sein Blut »wie geschmolzenes Blei« ausgeströmt ist. Hat man es hier mit einer Anspielung auf das Ausströmen von Lava und das langsame Abkühlen des Lavastromes nach dem Ende einer Eruption zu tun? Schließlich bleibt der Vulkan gleichsam »geblendet« zurück – geblendet wie der Kyklop, jener andere mythische Steineschleuderer –, zurück bleibt klaffend die »tote Augenhöhle« der *caldera*. Abb. 3

Schoos außerordentlich geistvolle Mutmaßung gewann die Zustimmung von Hennig, nach dessen Auffassung der Einfluß vulkanischer und seismischer Phänomene auf die griechische Mythologie im allgemeinen viel zu gering eingeschätzt wird[116]. Er hält es für möglich, daß die Talos-Sage jenen 20 oder 30 Jahren ihr Entstehen verdankt, da der um 1500 v. Chr. erwachte Vulkan mehr oder weniger starke Tätigkeit zeigte, bis diese Tätigkeit um 1470 v. Chr. ihren kritischen, katastrophalen Höhepunkt erreicht hatte. Wahrscheinlich war damals Thera von seinen Einwohnern, sofern diese den ersten Ausbruch überlebt hatten, verlassen worden, und gewiß bildete sein feuerspeiender Gipfel für die Bewohner der umliegenden Inseln ein Objekt ebenso furchtsamer wie ehrfürchtiger Spekulation. War sein Zentralgipfel wirklich, wie einige Geologen annehmen, 1500 m hoch, so mußten die Kreter ihn deutlich sehen können. Daher dürften die Leute von Knossos diesen seltsamen, höchst angriffslustigen »Wächter« ihrer Insel sehr wohl und mit nicht geringer Besorgnis wahrgenommen haben – diesen gefährlichen »Wächter«, den die Götter ihnen gesandt hatten, diesen Berg-»Riesen«, der vielleicht nach undenklichen Menschenaltern der Ruhe plötzlich begonnen hatte, sich wie ein Schmelzofen zu benehmen, in dem man Bronze flüssig machte. Und segelte einer der am Leben gebliebenen ehemaligen Bewohner Theras in der Hoffnung zurück, noch etwas von seinem früheren Besitztum auf der Insel zu bergen, so konnte es sehr wohl sein, daß er mit Wurfgeschossen empfangen wurde, daß das Bombardement vulkanischer Auswürflinge ihn in Panik die Flucht ergreifen ließ, bevor er überhaupt das Ufer erreicht hatte.

Diese Deutung der Talos-Erzählung läßt Simonides' Behauptung in einem neuen Licht erscheinen, der bronzene Riese sei ein »Werk des Hephaistos«; noch ein weiterer Einzelzug der Talos-Sage, der bei Apollonios fehlt, scheint anzudeuten, daß es sich bei Talos tatsächlich um eine Personifikation des Thera-Vulkans handelt. Und zwar heißt es, der Riese habe einen Sohn namens Leukos gehabt, der Kretas rechtmäßigen König vertrieben, zehn kretische Städte zerstört und seine Braut, die Tochter des Königs, ermordet habe. Ein seltsamer Zufall – doch ist es überhaupt ein Zufall? – will es, daß jene Braut Kleisithera hieß, die »den Schlüssel für Thera besitzt« oder selbst »Schlüssel Theras« ist. Leukos' eigener Name bedeutet »der Weiße«. Könnte sich hierin eine Erinnerung an den heftigen Regen weißer vulkanischer Asche verbergen, die, nachdem »Talos«-Thera »gestorben« war, Kretas Städte und Fluren mit einem todbringenden Leichtuch bedeckte? Der Verfasser ist der Überzeugung, daß dies in der Tat der Fall ist[117].

Nach Talos' Überwindung segelten die Argonauten nach Norden davon. Das nächste Abenteuer, das sie zu bestehen hatten, läßt sich gleichfalls mit den Begleiterscheinungen und Nachwirkungen des Thera-Ausbruchs in Verbindung bringen. Die (im griechischen Original metrische) an starken Ausdrücken nicht sparende Beschreibung des Apollonios spricht (im folgenden in Prosa wiedergegeben) für sich selbst[118]:

> »Und dann, als der Wind sie rasch über die Abgründe des Kretischen Meeres dahintrug, überfiel sie urplötzlich entsetzliche Nacht, die man als geradezu ›handgreifliche Finsternis‹ bezeichnen könnte. Es war ein grabesähnliches Dunkel, das weder Sterne noch Mond durchdrangen. Des Chaos Schwärze schien sich vom Himmel herabzusenken oder tiefste Finsternis sich aus dem innersten Schoß der Erde zu erheben. Und die Seefahrer wußten nicht mehr, ob sie auf dem Wasser des Meeres oder in den Abgründen des Hades segelten. Hilflos verließen sie sich auf die Elemente und ließen ihr Fahrzeug treiben, wohin es die See trug.«

In dieser äußersten Not flehte Iason zu Apoll, und mit dem Funkeln seines Bogens führte der Gott sie nach Anáphē (Anáphi) im

Osten von Thera, wo die der Gefahr Entronnenen landeten und die wiedererschienene Sonne mit einem Opfer begrüßten.

Könnte hierin eine Erinnerung an jene Dunkelheit enthalten sein, welche die Explosion des Thera-Vulkans über einen großen Teil der Ägäis kommen ließ? Als im Jahre 79 n. Chr. der Vesuv ausgebrochen war, schilderte Plinius der Jüngere in einem Brief an seinen Freund, den Geschichtsschreiber Tacitus, den Verlauf der Katastrophe, bei der auch sein Onkel, Plinius der Ältere, sein Leben einbüßte. In diesem berühmt gewordenen Brief ist mehrmals von einer »Dunkelheit« die Rede, »die schwärzer war als die schwärzeste Nacht«, ja an einer Stelle spricht Plinius davon, die Finsternis habe »die Dunkelheit einer mondlosen, wolkenverhangenen Nacht« übertroffen und sei nur mit der »vollkommenen Schwärze eines verschlossenen Raums« zu vergleichen gewesen, »in dem man die Lichter ausgelöscht« habe[119]. Das gleiche ereignete sich beim Ausbruch des Krakatau. Seltsamerweise hat niemand die Dunkelheit zu erklären versucht, welche die Argonauten in Verwirrung und Schrecken versetzte. Sie war wohl kaum Folge einer Sonnenfinsternis oder eines Sturms. Viel eher trifft die Bezeichnung »Schwärze des Chaos« auf eine jener Staub- und Dampfwolken vulkanischen Ursprungs zu, von denen im Zusammenhang mit Vulkanausbrüchen berichtet wird – erst recht gilt dies für die Umschreibung »Finsternis aus dem innersten Schoß der Erde«. Zumindest befanden sich die Argonauten genau dort – nämlich im tiefen, offenen Seegebiet zwischen Thera und Anáphi (Anáphē) – wo man am ehesten erwarten darf, bei einem Ausbruch des Thera, wie er sich in der Bronzezeit ereignete, in eine derartige Wolke schwärzester Finsternis zu geraten.

Man könnte einwenden, kein Schiff könne imstande gewesen sein, den furchtbaren Erdbebenwogen, die noch auf Kreta so schwere Verwüstung hinterließen, in der Nähe von Thera zu trotzen. Doch die Erfahrungen, die beim Krakatau-Ausbruch von 1883 gesammelt werden konnten, widerlegen diesen Einwand. Als der Krakatau-Ausbruch seine kritische Phase erreicht hatte, war die Sundastraße keineswegs unbefahren, vielmehr befanden sich einige europäische Schiffe mitten im Katastrophengebiet. So kreuzte beispielsweise das britische Schiff *Charles Bal* fast während der gesamten Unglücksnacht vom 26. zum 27. August 1883 nur 20 km vom Krakatau entfernt, und als sich um 10 Uhr morgens jene heftigste aller Explosionen ereignete, die den Höhepunkt der Katastrophe signalisierte und die verheerendsten Seebebenwellen zur Folge hatte, betrug die Entfernung des Schiffes vom Herd des Ausbruchs noch immer keine 50 km. Zur gleichen Zeit befanden sich die *Norham Castle* und die *Sir Robert Sale* in den etwas weiter nach Osten hin entfernten Meerengen, und die *Gouverneur-Generaal Loudon* hatte nur 40 km vom Vulkan entfernt Anker geworfen. Keines dieser Schiffe hatte die geringste Havarie, bei keinem waren Verluste unter der Besatzung zu beklagen. Die einzigen Opfer, welche der Aufruhr der Elemente unter Seeleuten forderte, welche sich an Bord befanden, waren vier Besatzungsmitglieder der holländischen Bark *Marie,* die dicht bei Telukbetung vor Anker gegangen war. An den umliegenden Küsten dagegen fanden zur gleichen Zeit nicht weniger als 36 380 Menschen ihr Grab in den Fluten.

Dies sind bemerkenswerte Tatsachen. Die gewaltigen Seebebenwellen türmten wahre Wogengebirge auf – doch unter den Schiffen auf hoher See glitten sie rasch und geräuschlos hinweg. Erst an Land bäumten sie sich zu Brechern von alles vernichtender Gewalt auf. Nicht auf einem einzigen der genannten Schiffe beobachtete man auch nur ungewöhnlich hohen Wellengang. Alles was man merkte, war eine gewisse Unruhe des Meeresspiegels, auf dem sich hier und da in allen Richtungen Wirbel zeigten. Es ist immer wieder von tiefster Finsternis die Rede, die nur vom Zucken elektrischer Entladungen aufgehellt wurde. Überdies fiel ein starker Schlamm- und Bimssteinregen. Ein Chaos, das an Schwärze nichts zu wünschen übrigließ.

Um auf die Argonauten zurückzukommen: Wie obige Schilderung zeigt, dürfte es sehr wohl möglich gewesen sein, daß selbst in unmittelbarer Nähe von Thera (und dies sogar im Augenblick des kritischen Höhepunkts der Katastrophe) ein Schiff den Aufruhr der Naturgewalten relativ unbehelligt überstand. Unbemerkt unterliefen es jene Seebebenwellen, die erst bei ihrem Aufprall an Kretas Küste so verheerende Wirkungen entfalten sollten. Möglicherweise hörten die Seefahrer nicht einmal viel vom Lärm des Ausbruchs. Im Fall des Krakatau beispielsweise beobachtete man, daß sich nach der großen

Explosion die Wolke ausgestoßenen Lockermaterials dermaßen verdichtete, daß sie förmlich jedes weitere Geräusch verschlang und alles folgende Zerstörungswerk sich geradezu in unheimlicher Stille abspielte, zumal man noch das vorherige Dröhnen unvorstellbarer Detonationen im Ohr hatte. Nicht einmal die in den nähergelegenen Küstengebieten der Sundastraße noch Lebenden vernahmen etwas von weiteren Detonationen.

Die Frage erhebt sich: War es wirklich der Fall, daß um 1470 v. Chr. ein griechisches Schiff just in jenem Augenblick in geringer Entfernung Thera passierte, als vulkanische Gewalt die Insel zersprengte und ihre Reste in brüllendem Kataklysmos im Meer versinken ließ? Gelangte so die Kunde von der das Meer verfinsternden Dunkelheit auf das Festland? Ging dieser Bericht in die Repertoires mykenischer Barden ein, und wurde er dann von einer Erzählung der Argonautenabenteuer zur nächsten weitergegeben, bis mehr als tausend Jahre später Apollonios von ihm Kenntnis erhielt? Man mag meinen, es lohne sich nicht, derartige Fragen zu stellen, die sich ohnehin nicht beantworten ließen. Der Verfasser indessen ist vom Gegenteil überzeugt und bekennt sich zu der Auffassung, daß die Antwort in jedem Fall, daß die Antwort auf jede dieser Fragen bejahend ausfallen müsse. Oder wäre es sonst nicht zuviel des Zufalls? Zuviel des Zufalls, daß eine nur erfundene Wolke tiefster Finsternis ausgerechnet jenen Seeweg überschattet haben sollte, der durch das Seegebiet in unmittelbarer Nähe Theras führte?

Nachdem den Argonauten wieder die Sonne schien und nachdem sie bei ihrem Schein glücklich Anáphē (Anáphi) erreicht hatten, brachten sie Apollo Opfer dar, um bald darauf das letzte Abenteuer ihrer Rückreise zu erleben[120]. Als sie bei ruhiger See heimwärts segelten, warf Euphemos jenen Erdklumpen über Bord, den der Meergott Triton ihm geschenkt hatte, und aus dieser Scholle bildete sich die Insel Kallístē. Später sollte sich Euphemos' Nachkomme Theras auf ihr niederlassen, dem die Insel Kallístē angeblich ihren Namen Thera verdankt, jenen Namen, den sie noch heute trägt.

Möglicherweise birgt sich hinter diesem seltsamen Bericht noch etwas vom Innewerden der durch den Vulkanausbruch bewirkten Veränderungen der alten Inselgestalt. Schiffsleuten, die kurz nach dem damaligen Ausbruch an Thera vorbeisegelten, bot sich ein ganz anderes Bild als früher. Unmöglich konnten sie übersehen, daß ein großer Teil der alten Insel verschwunden war und daß sich statt dessen »neue« Inseln aus dem Meer erhoben, bei denen es sich in Wahrheit freilich nur um Bruchstücke des alten Inselgebildes handelt. Immerhin könnte der Bericht von all diesen Veränderungen die Grundlage jener merkwürdigen Erzählung bilden, wonach Kallístē im Kielwasser der Argo aus der See auftauchte. Ganz ähnliche Kunde fand wohl ihren Weg nach Ägypten, wo sie ihrerseits in die Überlieferung vom verschwundenen »Atlantis« eingegangen sein dürfte: Meldet doch der Schluß des Platonischen Atlantisberichts, daß nach dem Untergang der einst so blühenden Insel das Seegebiet, wo sich die Katastrophe ereignet hatte, unbefahrbar geworden sei, da die versunkene Insel Untiefen und Schlammbänke hinterlassen habe. Erstaunlich ähnlich nehmen sich Berichte von Seeleuten unmittelbar nach dem Krakatau-Ausbruch des Jahres 1883 aus. Danach waren zwei Drittel der ehemaligen Krakatau-Insel einfach von der Bildfläche verschwunden, andererseits war die Sebesi-Straße im Norden vollständig von Bänken vulkanischer Trümmer verstopft. Dazu gehörten Massen rauchend auf dem Wasser treibenden Bimssteins, so daß kein Schiff imstande war, sich einen Weg hindurchzubahnen. Und in einem letzten Anflug von Aktivität, in einer Art Nachwehe der großen Eruption, spien die Überreste des Krakataus am 10. Oktober des Katastrophenjahres eine gewaltige Menge schwarzen Schlammes aus.

Schwimmende Inseln

Lange Monate hindurch müssen nach der Thera-Katastrophe Unmassen treibenden Bimssteins die Ägäis bedeckt haben. Unvorstellbar, daß Seeleute jener Tage keine Berichte von dieser zwar nie gesehenen Erscheinung mit nach Hause gebracht haben sollen, die sich plötzlich auf den vertrauten Schiffahrtswegen ihren Blicken darbot. Fanden Berichte dieser Art ihren Niederschlag in griechischen Sagen und Mythen – so beispielsweise in der Erzählung vom Ursprung der

Insel Delos? Kallimachos aus Kyrene, der gelehrte Bibliothekar des Lagiden Ptolemaios II. Philadelphos (285–246 v. Chr.) und wohl der bedeutendste Dichter der hellenistischen Epoche (geb. ca. 300 – gest. ca. 245 v. Chr.), berichtet, welch seltsames Schicksal dieser Insel beschieden war, bevor sie zur Insel Apolls wurde (und man fragt sich, ob mit der Zeit vor der Geburt Apolls nicht die Zeit vor der Geburt des Hellenentums – mit anderen Worten: die minoische Zeit – gemeint ist)[121]. Damals habe die Insel *Asteríē* (= die »Stern[en]-hafte«) geheißen, und damals sei sie frei auf den Wassern der Ägäis umhergetrieben, so daß man sie an mehreren Stellen gesichtet habe. Was diesen Punkt angeht, läßt es Kallimachos keineswegs an Einzelheiten fehlen. So heißt es, *Asteríē* sei oftmals von Schiffern bemerkt worden, die auf der Fahrt von Troizen nach Korinth den Saronischen Golf überquerten und sich auf der Rückfahrt gewundert hätten, die »Sterneninsel« nicht mehr an ihrem Platz zu finden. Auch vom *Eúripos,* dem Sund zwischen der Insel *Eúboia* (Euböa [Évvia]) und dem Festland, von Kap Sunion (Sounion), der Südspitze Attikas, sowie von den Inseln Chios und Samos (an der Ostflanke der Ägäis vor der Westküste Kleinasiens) weiß Kallimachos zu melden, man habe das merkwürdige, unstet umherschwimmende Stück Land treiben sehen. Doch nachdem Leto auf der Insel ihre Götterkinder Apoll und Artemis geboren hatte, habe Zeus das Eiland in der Tiefe des Meeres Wurzel schlagen lassen. Damit sei aus der zuvor unruhig Umherschweifenden ein fester Punkt in der Wasserwüste der See geworden, dem angeblich nun die Seeleute jenen Namen beilegten, welchen die Insel noch heute trägt: *Dēlos* – ein Name, der im Laut- und Schriftbild vollständig mit einem griechischen Wort übereinstimmt, das »klar«, »offenkundig«, »feststehend«, »sicher bekannt« bedeutet.

Logbucheintragungen nach der Krakatau-Katastrophe sprechen von treibenden Bimssteinbänken, deren Länge mehr als 40 km betrug (vgl. S. 122). Dies ist eine weit größere Distanz, als sie die an Größe recht unbedeutende Insel Delos aufzuweisen hat. Offensichtlich waren Schiffskapitäne und -mannschaften nicht wenig verblüfft, als sie nach dem Krakatau-Desaster mitten auf offener See derartigen »schwimmenden Inseln« begegneten – und was für Menschen des ausgehenden 19. Jahrhunderts unserer Zeitrechnung gilt, wieviel mehr muß dies auf Menschen des 15. Jahrhunderts v. Chr. zutreffen! Recht gut kann man sich vorstellen, welcher Art Erzählungen damals unter ihnen die Runde machten, und es fällt nicht schwer, sich auszumalen, wie die betreffenden Geschichten aufgemacht waren – Geschichten von neuentstandenen weißen Inseln, die meteorgleich (»wie Sterne«) vom Himmel gefallen seien (was ja buchstäblich der Wahrheit entspricht) und nun funkelnd auf den Weiten des Meeres dümpelten. Weshalb hätten Schilderungen dieser Art nicht in den »Mutterboden« des griechischen Mythen- und Sagenschatzes Eingang finden sollen, worauf Überlieferung sie dann in ausschließlichen Zusammenhang mit der Insel Delos brachte?

Bis zu einem gewissen Grade bestätigt Kallimachos' Schilderung selbst, daß es sich so oder ähnlich verhielt. Und zwar schildert der Dichter, wie es dazu kam, daß *Asteríē*-Delos zunächst auf den Wellen umhertrieb. Dabei heißt es (hier in einer Prosaparaphrase wiedergegeben):

> »Zuallererst schlug ein großer Gott mit eigens für ihn von den Telchinen angefertigter dreizüngiger Klinge die Berge und formte alle die Inseln des Meeres. Aus dem Abgrund hob und wuchtete er sie empor und rollte sie in die See. Einige verwurzelte er dort fest, doch du [nämlich: Asteríē-Delos] triebst frei auf den Wogen einher.«

Wenn hier von einem »großen Gott« mit »dreizüngiger« Waffe die Rede ist, so läßt dies an Poseidon mit seinem Dreizack denken. Was die Telchinen angeht, so handelt es sich um zwerggestaltige, gnomenhafte Kobolde, die man sich auf einer Insel lebend dachte und die oft mit Rhodos in Verbindung gebracht werden, doch nichts hindert einen, sie auch zu Kreta in Beziehung zu setzen. Und die einleitende Floskel »zuallererst«: Zielt sie etwa auf die minoische Periode? Weiterhin: War nicht Thera in drei Bruchstücke zerborsten, nachdem das Bergeshaupt, das die Insel gekrönt hatte, wie es sich Menschen jener Zeit darstellen mochte, »von einem großen Gott« auf das furchtbarste »geschlagen« worden war? Und schließlich rollte doch in der Tat so manche »schwimmende Insel« aus Bimsstein in die Fluten, die Thera umgaben, und mochte, auf den Wogen treibend, Anlaß zur Bildung jeder Art von Legenden bieten.

Keineswegs ist Delos die einzige »schwimmende Insel«, von der man in der griechischen Sage vernimmt. Beispielsweise beschreibt die Odyssee[122] auch die Insel des Windgottes Aiolos als schwimmende Landscholle mit steiler Felsenküste, ganz von einer »ehernen Mauer« umgeben. Immer wieder verlegt man Aiolos' Wohnsitz auf die der Nordküste Ostsiziliens vorgelagerten Liparischen Inseln, die man teilweise nach jenem mythischen Sturmbläser geradezu als »Äolische Inseln« bezeichnet findet. Daß schon im 15. Jahrhundert v. Chr. die Mykener mit den Bewohnern dieser Inselgruppe Handel trieben, ist nachgewiesen. Was das die Aiolos-Insel umgebende steile Kliff angeht, auf dem sich eine »unzerbrechliche Bronzemauer« erhob, so könnte man diese Schilderung für die dichterisch-bildhafte Beschreibung eines Vulkankraters halten. Sind doch die Liparen eines jener Gebiete, wo die im Innern der Erdrinde wirkenden vulkanischen Kräfte eine besonders rege Tätigkeit entfalten. Ja, nicht nur, daß die Hauptinsel der Gruppe, Lipari, einem Gestein vulkanischen Ursprungs, dem Liparit, ihren Namen lieh, nicht nur, daß kein Geringerer als der wohl durch etruskische Vermittlung in die altrömische Religion eingegangene Feuergott *Volcanus (Vulcanus)* Namenspatron der Lipari benachbarten Insel Vulcano war – Vulcano und Stromboli (dies die nördlichste der Liparischen Inseln) sind für den Kundigen mit ganz bestimmten Phasen vulkanischer Aktivität verbunden. Der Gedanke an einen Krater liegt daher nicht allzu fern, und was die »eherne« Beschaffenheit der angeblichen »Mauer« betrifft: auch die schroffen Wände der Thera-*caldera* beispielsweise können bei gewissen Lichtverhältnissen einen intensiven »Bronzeton« annehmen. Tafel I

Auch bei den Ägyptern durfte eine »schwimmende Insel« nicht fehlen – zumindest berichtet Herodot von einer solchen, die Chemmis geheißen haben soll. Man zeigte das Wunder dem »Vater der Geschichte«, als er Ägypten besuchte. Allerdings bemerkt Herodot lakonisch: »Ich selbst habe sie weder schwimmen noch sich überhaupt je bewegen sehen.«[123] Die Sehenswürdigkeit befand sich bei Buto im Nildelta – einer Gegend, wo griechische und ägyptische Mythologie aufs seltsamste miteinander verflochten gewesen sein müssen, selbst wenn man berücksichtigt, daß Herodot wohl, wie es später erst recht zur Gewohnheit werden sollte, vielfach dem, was er hörte, eine Deutung im Sinne der ihm vertrauten griechischen Tradition gab – eine Deutung, die vom heutigen Leser, der um das rechte Verständnis der antiken Darstellung bemüht ist, recht weitgehendes Einfühlungsvermögen verlangt. Es war eine recht verworrene Überlieferung, die man Herodot zu Ohren brachte, als er jene Insel besichtigte. Von Leto und Apoll ist die Rede, und damit steht die Verbindung zu Delos fest. Unmöglich ist es, im Rahmen vorliegender Darstellung auf die Überlieferung, um die es hier geht, mit der gebotenen Ausführlichkeit einzugehen. Hervorgehoben sei lediglich eine Einzelheit, welche die Vermutung nahelegt, daß auch ägyptische Sagen und Mythen vom Vulkanismus des ägäischen Raums nicht unbeeinflußt geblieben sind. Und zwar erzählten Herodots ägyptische Gewährsmänner, die Insel im heiligen Tempelsee von Buto sei ursprünglich eine ganz normale, fest mit dem Grund verbundene Insel gewesen. Zu »schwimmen« habe sie erst begonnen, als das schreckliche, mit hundert Schlangenköpfen versehene Ungeheuer Typhon, einer der Giganten, alles durchsuchte und überall umherstrich, um Apoll zu finden. Apoll ist hier zum Horusknaben des ägyptischen Mythos geworden und wird daher als Sohn von Isis und Osiris bezeichnet (der Letztgenannte wiederum begegnet in dieser Erzählung auch unter dem Namen Dionysos als Gatte der Isis). Leto, nach dem griechischen Mythos Mutter des Apoll und der Artemis, ist in dieser Version nur des jungen Gottes Pflegerin und Retterin. Isis vertraut ihr den Götterknaben an, mit dem sie sich auf das nun zur »schwimmenden Insel« werdende Eiland flüchtet, um den Nachstellungen Typhons zu entgehen. War es die Erinnerung an von Thera ausgegangene *tsunami,* welche dazu führte, daß man im hier skizzierten Zusammenhang von jenem furchterregenden Monstrum Typhon sprach? War es die Erinnerung an eine Flutwelle, die einst das Nildelta überspült und auch die Gestade der heiligen Insel im Tempelsee von Buto gepeitscht hatte? In mancher Hinsicht erinnert Typhon an die Gestalt des Urdrachens Tiāmat (akkadisch: »Meer«) der assyrisch-babylonischen Mythologie – eines Wesens, in dem sich die See mit all ihren Schrecknissen verkörperte. Man denke an die Götterkämpfe im babylonischen Göttermythos *Enuma eliš*, in denen Marduk den Sieg über die chaotischen Mächte des Abgrunds erringt. Allerdings bestehen andererseits wieder eher Übereinstimmungen zwischen Tiamat und Typhons Mutter Gaia, der Erdgöttin. Gleichviel, wenn sie ihre heilige Insel infolge eines Vulkanausbruchs bedroht sahen, der weit draußen im Meer stattgefunden hatte, wenn infolge dieses Ausbruchs die Fluten der See über ihr Land hereinbrachen – mußte dies Butos Priester nicht auf den Gedanken bringen, Wesen von der Art einer Tiamat der assyrisch-babylonischen oder eines Typhon der griechischen Göttersage seien der Tiefe entstiegen, um dem neugeborenen Horusknaben nachzustellen? Und war es nicht so, daß es auch der ägyptischen Mythologie keineswegs an einem Kampf zwischen Gut und Böse fehlte? Kein anderer als Horus vertrat in diesem Kampf die Sache des Guten. Ihm gegenüber stand Seth, der damit eine Tiamat-Typhon-Rolle zugewiesen erhielt und folgerichtig in griechischsprachigen Darstellungen (wie wohl auch an der hier besprochenen Herodotstelle) unter dem Namen Typhons begegnet.

Möglicherweise bestand noch eine weitere Verbindung zwischen dem ägyptischen Gott Seth und dem griechischen Ungeheuer Typhon. Nicht stets war Seth der verfemte Erzbösewicht des ägyptischen Mythos, sondern man kann ihn mit Fug und Recht auch als Baalsgestalt der ägyptischen Mythologie bezeichnen. Franz Dornseiff (Kleine Schriften, 1: Antike und Alter Orient, Interpretationen, Leipzig 1956, 410f.) aber hält es unter Berufung auf O. Eißfeldt (Baal Zaphon, Zeus Kasios usw., Halle 1932) für erwiesen, »daß Typhon die griechische Umbildung des phönikischen Wortes Zaphon ist« (vgl. in der Bibel *Ex. [2. Mos.] 14,2:* »Sage den Kindern Israels, sie sollen umkehren und sich lagern vor Pi Hachirot, zwischen Migdol und dem Meer, gegenüber Baal Zephon«, desgleichen *ebenda 9* sowie *Num. [4. Mos.] 33,7)*. Baal Zephon bedeutet »Baal des Nordens« und weist auf Herkunft aus dem Gebiet von Ugarit (Rās Šamra), wo sich das Kultzentrum eines Gottes dieses Namens befand und wo auch nach der Typhon-Erzählung in Apollodors Bibliothek Zeus den Typhon-Unhold mit einem Sichelschwert angriff. Schlecht fügt sich freilich hierzu, daß gerade ein kanaanäisches Gedicht aus

Uruk den Baal seinerseits gegen einen Drachen streiten läßt. Der Gott, von dessen Namen das griechische »Typhon« abgeleitet sein soll, erscheint somit keineswegs in der Rolle dieses Scheusals, sondern im Gegenteil in der Rolle des Zeus, der das unheilbringende Wesen bekämpft, nicht in der Rolle der Tiamat, sondern in der des Marduk bzw. Assur, der über den Drachen triumphiert. Unmöglich, auf diese Erzählungen, auf ihre Entsprechungen sowie die möglicherweise vorhandenen Querverbindungen näher einzugehen. Dies würde den Rahmen des Buches sprengen und eine eigene Studie füllen.

Auch eine weitere rätselhafte Überlieferung sei in diesem Zusammenhang nicht vergessen – eine Überlieferung, die indessen immerhin auf Pindar zurückgeht. Und zwar handelt es sich darum, daß nach einer (wie man oft sagt: ihrer Entstehung nach jüngeren) Variante des Typhon-Mythos einst die Götter vor der Raserei des Ungeheuers in Ägypten Zuflucht suchen mußten. Jede der Gottheiten verwandelte sich dabei in das Tier, in dessen Gestalt ihre jeweilige Entsprechung im ägyptischen Pantheon verehrt zu werden pflegte[124]. Wie immer man eine solche Überlieferung zu deuten geneigt wäre, wenn man von der Thera-Katastrophe absieht – nach Ausbreitung all des Materials, das hier zusammengestellt werden konnte, erhebt sich die Frage: Kann man in der Tat, wenn man dergleichen hört, noch von jener Katastrophe einfach absehen, die in der Spätbronzezeit die Welt der Ägäis aufs schwerste erschüttert haben muß? Sollte man es nicht abermals mit einem Mythos zu tun haben, der, wenn auch noch so sehr durch Einkleidung in die dem Mythos eigene Bildersprache verzerrt, eine schwache Erinnerung an das Thera-Desaster enthält – die Erinnerung an ein Unglück größten Ausmaßes, das ja doch immerhin dazu geführt haben könnte, daß Bewohner des minoischen Kreta ihr Heil in einer Flucht nach Ägypten sahen?

In Hesiods Werk über die Entstehung der Götter (Theogonie [Hesiod: um 700 v. Chr.]) findet sich eine Äußerung über Seebebenwellen, von denen es heißt, sie seien Ergebnis des Streits zwischen Zeus und Typhoeus (Typhon) gewesen. In einer Prosa-Paraphrase lautet die fragliche Stelle etwa[125]:

»Die [Kampfes]Hitze der beiden [Gegner] ergriff die dunkelfarbene See, die Hitze von Donner und Blitz und vom Feuer eines solchen Ungeheuers, [die Hitze] rasender Stürme und flammender Donnerkeile. Heiß wurde allenthalben vor Feuer die Erde, der Himmel erglühte, und siedend wallte auf das Meer. Mit rasender Wucht peitschten ringsum lange Wogenzüge alles Land, das in die See vorsprang . . . endloses Beben erschütterte die Erde.«

Tatsächlich könnte man diese Stelle als eine geradezu klassische Schilderung eines Vulkanausbruchs bezeichnen – eines Vulkanausbruchs, der von heftigen elektrischen Entladungen, so daß man geradezu von »elektrischen Stürmen« sprechen könnte, sowie von Erd- und Seebeben begleitet ist. Allerdings muß man einräumen, daß nichts an alledem ausdrücklich auf Thera hinweist. Nach Hesiod (Theog. 304) und der Ilias (2,783) befindet sich der Unhold Typhoeus »bei den Arimern«, und es ist noch immer umstritten, wo man diese zu suchen hat, Pindar und Aischylos weisen ihm ein unterirdisches Gefängnis unter dem Ätna zu[126]. Zumindest bringen ihn die beiden letztgenannten Dichter so mit einem tätigen Vulkan in Zusammenhang. Auch ein anderer erdgeborener Gigant, Enkelados, wurde, so heißt es, von den Göttern besiegt, im Schoß der Erde unter dem Ätna gefangen gehalten, und unter dem kleinen Vulkaninselchen Nisyros bei Kos (vor der Westküste Kleinasiens) vermutete man einen weiteren Giganten, Polybotes. Damit läßt sich die Regel aufstellen, daß immer dort, wo in der griechischen Mythologie von Kämpfen zwischen Göttern und Giganten oder Titanen die Rede ist, zumindest erwogen werden muß, ob es nicht Erfahrungen einer von Vulkanen mitgeprägten Umwelt waren, die in den fraglichen Berichten in eingekleideter Form zum Tragen kommen. Wie allerdings H. J. Rose bemerkt, handelt es sich bei den einzelnen Giganten keineswegs direkt um Personifikationen vulkanischer Kräfte und anderer furchterregender Naturerscheinungen, denen man derartige Dinge zuschrieb[127]. Ganz gewiß steht Hesiod als Dichterpersönlichkeit nicht allein. Ohne Zweifel konnte er bereits das Erbe einer langen Tradition antreten, und immer wieder zieht man die Möglichkeit in Betracht, daß er ganz bewußt sogar an altorientalische Vorbilder anknüpfte. Es liegt daher durchaus im Rahmen des Möglichen, daß seine Beschreibung des erbitterten Kampfes zwischen Zeus und Typhoeus einen Nachhall der Erinnerung an die Thera-Katastrophe des 15. Jahrhunderts v. Chr. bewahrt hat. Zumindest fügt sich das Bild langgestreckter Wellenzüge, die sich von einem Zentralpunkt aus, an dem der Aufruhr der entfesselten Gewalten tobt, nach allen Seiten hin ausbreiten und gischtend über vorspringende Landzungen hinwegfegen, vorzüglich in den Rahmen dessen, was man bei einer Katastrophe wie der von Thera tatsächlich beobachten kann.

Das Schicksal der Phaiaken

Die hier gegebene Liste von Dichterstellen, die möglicherweise irgendeinen Bezug auf die bronzezeitliche Eruption des Thera-Vulkans haben, wäre mehr als unvollständig, wenn ein abschließender Blick auf einen wichtigen Abschnitt der Odyssee unterbliebe. Nach der am Anfang unseres Jahrhunderts ausgesprochenen Vermutung Drerups haben Schriftsteller immer wieder zumindest die Möglichkeit in Betracht gezogen, daß das Bild, welches die Odyssee von den lebenslustigen Phaiaken entwirft, die fern auf meerumgürteter Insel ein Dasein führen, welches der Dichter der Odyssee kaum hätte in heitereren Farben ausmalen können – daß dieses Bild einen (wenn auch vielleicht schwachen) Abglanz des Lebens im minoischen Kreta bewahre. Die Beschreibung der Gärten des Alkinoos, die Vorliebe der
Tafel 87
Phaiaken für Tänze, heiße Bäder und geradezu üppig zubereitete Betten – all dies läßt eine solche Hypothese in recht eigentümlichem Licht erscheinen. Von Wichtigkeit dürfte in diesem Zusammenhang sein, wie nachdrücklich auf die nautischen Fähigkeiten dieser Leute, auf ihre Erfahrung im raschen und für damalige Zeit wohl auch bequemen Fracht- und Passagiertransport bis selbst noch zu den entlegensten überseeischen Zielen hingewiesen wird. Odysseus zieht Nutzen aus dieser ihrer Tüchtigkeit: Sie bringen ihn und seine Schätze zum heimischen Ithaka, doch dies erregt Poseidons Zorn[128]. Er selbst ist der Stammvater der Phaiaken, von denen er sich dadurch hintergangen fühlt, daß sie seinem Feind Odysseus zur Heimkehr verholfen haben, ehe er dies ausdrücklich gestattete. Daher droht er,

das zum Heimathafen zurückkehrende Schiff in Stein zu verwandeln und »ihre Stadt mit einem großen Berg zuzudecken« (offensichtlich hatte Johann Heinrich Voss mit der betreffenden Stelle seine Schwierigkeiten, denn er übersetzte: »und rings um die Stadt will ich ein hohes Gebirg ziehn«). Zeus sucht das Schlimmste zu verhüten, doch vor den Augen der staunenden Phaiaken verwandelt Poseidon das sich dem Hafen nähernde Schiff in einen Felsen. Bei der Nachricht von diesem Wunder erinnert sich Alkinoos an eine alte Weissagung, die ihm einst sein Vater mitgeteilt hatte. Danach werde Poseidon den Seinen eines Tages zürnen, »weil wir ohne Gefahr jedweden zu Schiffe geleiten«. Er werde daher eines ihrer Schiffe zu Stein werden lassen und die Stadt unter einem Berg begraben (Voss wieder: »und rings um die Stadt ein hohes Gebirg ziehn«). Da die Hälfte der Weissagung bereits eingetreten sei, sei es hohe Zeit, dem Gott als Sühnopfer zwölf auserlesene Stiere darzubringen. Man habe dann wenigstens den Versuch unternommen, die Stadt vor ihrer Zerstörung durch den Gott zu bewahren. Leider bricht an diesem Punkt die Phaiaken-Erzählung der Odyssee ab, und es bleibt für alle Zeiten die Frage offen, ob das Flehen der Phaiaken Erhöhung fand oder nicht.

In diesen Zusammenhang sei an eine Tradition erinnert, die in der (späten, erst aus römischer Zeit stammenden) orphischen Argonautendichtung Ausdruck gefunden hat. Danach habe Poseidon einst »das lyktonische Land mit seinem Dreizack geschlagen und zerschmettert«, so daß es »in Inseln im grenzenlosen Ozean zerfiel« – Inseln, »denen die Menschen die Namen Sardo, Euboia und Kypros gaben«. Insofern verdient diese Äußerung Aufmerksamkeit, als das Beiwort »lyktonisch« auf Kreta hindeutet, wo, wie es heißt, Lyktos, ein Sohn des Lykaon, die bedeutende Stadt Lyktos gegründet habe. Überdies weist die Stelle gewisse Übereinstimmungen mit der oben (S. 218) besprochenen Passage aus Pindars viertem Paian auf. In beiden Fällen wird als Ursache der Zerstörung, von der an beiden Stellen die Rede ist, ein Kampf zwischen Poseidon und Zeus genannt. Der Verfasser hat die Ansicht vertreten, die fragliche Pindarstelle spiele auf die Bildung der *caldera* von Thera an. Ebenso ist es wohl möglich, daß auch die Passage aus der orphischen Argonautendichtung, um die es hier geht, eine vage Erinnerung an eine Vulkan- oder Erdbebenkatastrophe enthält, die zur Verwüstung Kretas führte und eine Auswanderung großen Stils nach sich zog – eine Auswanderung nicht nur bis nach Griechenland, sondern bis weit nach Westen (Sardinien?) und in östlicher Richtung bis nach Zypern[129].

Bei seinen Grabungen in Knossos fand Evans unmittelbar an der Südseite des Palastes in einer winzigen Opferstätte die Hörner von Opferstieren[130]. Daneben befanden sich große zu Boden gestürzte Mauerblöcke. Heftige Erdstöße hatten sie wohl aus ihrer Lage im Quaderwerk der Palastmauer gerissen. Mit Recht fühlte Evans sich durch seinen Fund an Homers Wort vom »Erderschütterer (Poseidon)« erinnert, »der sich an Stieren erfreut«. Durchaus kann in Alkinoos Stieropfer, das dargebracht wird, um Poseidon zu versöhnen, etwas vom Niederschlag minoischer Kultbräuche zu spüren sein. Es bleibt unklar, worauf Poseidons Drohung gegenüber den Phaiaken wirklich hinauslief. Man verstünde es, wenn der »Erderschütterer« gedroht hätte, die Stadt durch Erdbeben zu vernichten. Doch dies läßt sich kaum durch das Bild eines Berges zum Ausdruck bringen, der die Stadt »bedecken« oder »einhüllen« soll. In der Regel entstehen Prophezeiungen *post eventum,* erst nach dem Ereignis, das sie anzukündigen oder angekündigt zu haben vorgeben. Möglicherweise verhielt es sich auch mit jener »Weissagung« nicht anders, an die Alkinoos sich erinnerte. Vielleicht stellte auch sie eher eine Erklärung dar, die man sich einst in der griechisch-mykenischen Welt zurechtgelegt hatte, nachdem die Insel Thera unter unvorstellbarem Toben der Elemente versunken und einfach von der Bildfläche verschwunden war. Auch für die Tatsache, daß das minoische Kreta so schwer von der Katastrophe in Mitleidenschaft gezogen worden war, galt es ja, eine Erklärung zu finden. Mußte es Menschen jener Zeit nicht einleuchten, daß die Träger der minoischen Kultur durch allzu unbekümmertes Vertrauen auf ihre Fähigkeiten im Meistern des Meeres den göttlichen Herrn der See beleidigt hatten und dafür seinen Zorn zu spüren bekamen? Sowohl das Leichentuch vulkanischer Asche, das sich über die Insel breitete, als auch die Blockierung der Häfen durch Unmengen treibenden Bimssteins fügt sich in das Bild vom Zorn der gekränkten Gottheit. Und ganz gewiß führte

Tafel 84

damals ein Besuch Theras nur allzu nachdrücklich vor Augen, was geschah, wenn entfesselte Naturgewalten »einen großen Berg über eine Stadt kommen ließen«.

Die »minoische Diaspora«

Der Verfasser hat sich zu der Hypothese bekannt, daß die katastrophale Endphase des bronzezeitlichen Thera-Ausbruchs um 1470 v. Chr. sämtliche minoischen Paläste außer Knossos zerstört und sämtliche Ebenen und Täler Kretas östlich des Ida mit einem dicken Aschenüberzug bedeckt haben müsse. Man hatte wohl abzuschreiben, was sich an Schiffen in nord- oder ostkretischen Häfen befunden hatte, und Tausende und Abertausende büßten wohl in den alles vernichtenden Seebebenwogen, die der Explosion des Thera folgten, ihr Leben ein. Nicht minder dürften die Kolonien auf den Kykladen, ja bis nach Rhodos hin betroffen worden sein, und die Verbindungswege waren wohl unterbrochen. Die erste politische Folge von größerer Tragweite dürfte Knossos' Einnahme durch eine griechischsprechende Dynastie gewesen sein. Gleichzeitig verlagerte sich das Bevölkerungsschwergewicht auf Kreta nach dem Westen der Insel; hierher begaben sich die Überlebenden der Katastrophe auf der Suche nach neuem Kulturland. Neue Siedlungen entstanden, bei bereits vorhandenen schnellte die Einwohnerzahl plötzlich empor. Doch bedeutete dies nicht, daß die Fluchtbewegung hier zum Halten gekommen wäre. Vielmehr erreichte die Auswanderungswelle auch das griechische Festland (insbesondere die, wenn überhaupt, bei weitem weniger durch die Eruption in Mitleidenschaft gezogenen Gebiete der westlichen Peloponnes). Nicht zuletzt Künstler und Architekten befanden sich unter denen, die ihre unwohnlich gewordene kretische Heimat verließen und im Dienst mykenischer Fürsten neue Beschäftigung suchten und fanden. Man kann sich ausmalen, wie die Überlebenden minoischer Adelsgeschlechter zusammenrafften, was ihnen an Schiffen und Personal geblieben war, und sich Hals über Kopf davonmachten, um eine neue Heimstatt zu finden. Man folgte wohl den altvertrauten Seewegen, auf denen

Abb. 14

Schiffsführer und -mannschaften sich auskannten: westwärts nach Süditalien und Sizilien, nordwärts zu den Kykladen und nach Attika, ostwärts nach Rhodos, Zypern sowie dem Nahen und Mittleren Osten und schließlich südwärts nach Ägypten. Doch nicht mehr als Beherrscher der Meere ging man auf Fahrt – vorbei war es mit der bedeutendsten Handelsmacht des östlichen Mittelmeers. Nicht mehr Waren exportierte man, sondern selbst war man Ausfuhrgut geworden.

Abb. 19

Eine Splittergruppe solcher nun in alle Welt versprengten Minoer mochten jene »Atlanter« sein, von denen später einer der Klassiker griechischer Geschichtsschreibung, Herodot, berichtete (vgl. S. 58). Eine weitere Splittergruppe wandte sich ostwärts und ließ sich an der Küste Südpalästinas nieder, jenem Land, das bis in unsere Tage ihren Namen bewahren sollte. Der Name »Palästina« bedeutet nichts anderes als »Philisterland«. Und zwar sollte nach dem Zweiten Jüdischen Aufstand (dem sogenannten Bar-Kochba-Aufstand) nichts mehr an den Judennamen erinnern. So wurde Jerusalem zur römischen Militärkolonie Aelia Capitolina, und die römische Provinz Judaea ging in der neugeschaffenen Provinz Philistaea/Palästina auf, der man den Namen der alten Feinde Israels gab. Von jener Wanderung spricht der Prophet Amos (8. Jahrhundert v. Chr.), und es erscheint dem Verfasser recht bemerkenswert, daß Amos im Zusammenhang damit Formulierungen gebraucht, die als Anspielungen auf vulkanische Phänomene und Flutwellen verstanden werden können[131]:

> »Denn so ist Gott, der Herr der Heerscharen: Wenn er das Land berührt, so schmilzt es, daß Trauer über seine Bewohner kommt. Überschwemmt werden soll es wie mit Fluten, ertränkt wie in den Wassern des Nils. Er ist's, . . . der das Wasser im Meer ruft und es auf die Erde gießt . . . Habe ich nicht Israel aus Ägypten geführt? Nicht die Philister aus Kaphtor und die Syrer aus Kir?«

Dieser Typ prophetischer Literatur mit ihrer *dies irae*-Motivik, bei der es immer wieder um durch Gotteshand errettete Überlebende göttlicher Strafgerichte geht, ließe sich anhand schriftlicher Zeugnisse mindestens bis in das Kanaan des 15. Jahrhunderts v. Chr. zurückverfolgen. Daß tatsächlich Erinnerungen an die Thera-Katastrophe in ihr Niederschlag gefunden haben, ist durchaus nicht von der Hand zu weisen. Auf jeden Fall gibt das Zusammentreffen der Erwähnung des Namens Kreta (Kaphtor) mit Äußerungen über »schmelzendes Land«, überschwemmtes Terrain sowie möglicherweise sogar über die Ablagerung von Sedimenten auf vormaligem Kulturland zu denken.

Amos setzt stillschweigend gewisse Übereinstimmungen zwischen der Auswanderung der Kreter aus Kaphtor und dem Auszug der Kinder Israels aus Ägypten voraus, als ob beide sich unter ähnlichen Umständen abgespielt hätten. Noch nicht lange ist es her, daß man versucht hat, auch zeitlich die Auswanderung der Israeliten mit dem Thera-Ausbruch zu verknüpfen. Man ging davon aus, daß ein Zusammenhang zwischen den bekannten zehn Plagen, die nach Angabe der Bibel *(Ex. [2. Mos.] 7 ff.)* das Land am Nil heimsuchten, und der Vulkantätigkeit auf Thera bestanden habe[132]. In der Tat könnte durchaus etwas an einer solchen Vermutung sein, allerdings nur aus zwei der angeführten Gründe: der zeitweilige Rückgang des Seewassers *(Ex. [2. Mos.] 14, 16–22)* sowie jene sprichwörtlich gewordene »ägyptische Finsternis«, die nach dem Bibelwort *(Ex. [2. Mos.] 10, 21)* »zum Greifen« dicht gewesen sein soll – in diesen beiden Fällen handelt es sich um Phänomene, die sich sehr wohl als Begleiterscheinungen seismischer und vulkanischer Aktivität deuten lassen. Weist man jedoch mit dem Autor den katastrophalen Höhe- und Schlußpunkt der damaligen großen Thera-Eruption in die Zeit um 1470 v. Chr., verbietet sich wohl die Annahme der Gleichzeitigkeit von Vulkanausbruch und Israeliten-Auszug. Zur Herrschaftszeit Thutmosis' III. (1490–1436 v. Chr.) war Ägypten eine geeinte Macht, die noch, von Ägypten aus gesehen, »hoch im Norden«, in Syrien, Angriffskriege führte. Massenauswanderung von »Asiaten« aus Ägypten aber fügt sich nicht in das Bild einer solchen Macht.

Freilich kann man die Argumentation noch weiterführen: Thutmosis III. hatte durchaus nicht während seiner gesamten Regierungszeit auch wirklich das Heft in der Hand. Vielmehr kam er sehr jung auf den Thron, und während der ersten zwei Jahrzehnte seiner Herrschaft führte die Witwe seines Vorgängers, Königin

Hatschepsut, das Regiment, die nach der Grabinschrift des Enēne oder Ineni »auf Amuns Geheiß« im zweiten Jahr seiner Regierung sogar die Insignien einer »Gottesgemahlin« gegen die eines Pharao eintauschte. Die beiden Jahrzehnte *ihrer* Regierung gelten als besonders friedlich, ja, man hat dieser Frau auf dem Pharaonenthron sogar vorgeworfen, Ägyptens Außenpolitik »vernachlässigt« zu haben. Wie es scheint, war ihr (gewaltsames?) Ende von Unruhen begleitet. Sicher ist, daß Thutmosis III., als er endlich Alleinherrscher war, recht rachsüchtig austilgen ließ, was an das Hatschepsut-Zwischenspiel erinnerte. In das Bild der Hatschepsut-Herrschaft würde sich der Auszug der »Kinder Israels« eher fügen. Mehr noch: weist man Thutmosis' lange Regierungszeit in die Jahre 1490–1436, so fällt das Regiment der Hatschepsut in die Jahre von rund 1490 (1489 Krönung zum »Pharao«) bis ungefähr 1470. Demnach war wohl gerade um 1470 eine etwas unruhige Zeit für Ägypten, in der auch eine Auswanderungswelle wie die der Israeliten immerhin vorstellbar wäre. Andererseits entwickelte bereits unmittelbar danach Thutmosis III. ungewöhnliche Tatkraft auf militärischem Gebiete, so daß man den Gedanken an eine schon damals erfolgte Auswanderung der Juden aus Ägypten wohl nur mit äußersten Vorbehalten zu erwägen hat. Überdies empfiehlt es sich kaum, sich, wenn es um Ereignisse der altägyptischen Geschichte geht, auf knapp bemessene Zeiträume oder gar bestimmte Jahre festlegen zu wollen. Vielmehr hat man sich in der Regel damit abzufinden, daß es schon recht viel bedeutet, einen gewissen allgemeinen chronologischen Rahmen abstecken zu können. Innerhalb dieses Rahmens aber hat man meist Verschiebungen um ein oder mehrere Jahre, vielleicht bis hin zu einem oder mehreren Jahrzehnten in Kauf zu nehmen. Im Hinblick auf diesen allgemeinen »Rahmen« trifft das Argument durchaus zu, daß sich eine Massenauswanderung wie der Auszug der Israeliten schlecht mit dem »Gesamtklima« der Herrschaft Thutmosis' III. vereinbaren läßt.

Palästinas Besiedlung durch die Stämme der Juden war wohl ein Vorgang, der sich kaum in wenigen Worten darstellen läßt. Vermutlich erfolgte sie in mehreren Wellen aus unterschiedlichen Richtungen. Schon im 15. Jahrhundert v. Chr. mag eine gewisse Zuwanderung von Osten her begonnen haben, doch alles in allem besteht wohl weit mehr Wahrscheinlichkeit, daß der Exodus, von dem in der Bibel die Rede ist, sehr viel später stattfand (und zwar erst in der Zeit um 1250 v. Chr.). Freilich bedeutet dies keineswegs, daß nicht in die *Schilderung*, welche die Bibel vom fraglichen Ereignis gibt, Elemente aus früherer Zeit eingegangen sein könnten, daß die bildhafte *Sprache* der biblischen Darstellung nicht den Niederschlag wesentlich früherer Ereignisse enthalten kann.

Einst hatten zwischen Ägypten und Kreta Handelsbeziehungen bestanden. Man darf daher durchaus erwarten, daß nach 1470 v. Chr. minoische Flüchtlinge auch im Land am Nil Zuflucht suchten. Gewiß berichteten sie von den Ereignissen, welche sie von ihrer heimischen Insel vertrieben hatten. Ihr Bericht könnte sehr wohl den Kern abgegeben haben, um den herum sich jene Überlieferung kristallisierte, die 900 Jahre später Solon vorfand. Nach der Herrschaft Amenophis' II. (1444–1412 v. Chr.) hören ägyptische Quellen auf, von Keftiu zu sprechen. Nach 1400 v. Chr. taucht mykenische Keramik in Ägypten auf, zeigen sich ägyptische Gegenstände in Mykene. Gegen Ende des 15. Jahrhunderts wurde auf Rhodos die minoische Ansiedlung in der Ebene von Trianda zerstört, und an ihre Stelle trat endgültig ein in ihrer Nähe errichteter mykenischer Stützpunkt (vgl. S. 222). Weiterhin zeichnet nach 1400 v. Chr. auf der ganzen Linie von Kreta bis nach Syrien eine lebhafte Ausweitung des mykenischen Handels ab. Vielleicht darf man annehmen, daß der Zerstörung des Palastes von Knossos um 1400, durch die wohl noch einmal mit allem Nachdruck vor Augen geführt wurde, daß es mit minoischer Macht endgültig vorbei war, eine neue Auswanderungswelle folgte. Waren es Kreter, die Keramik mykenischen Typs in die kurzlebige Stadt des »Ketzerkönigs« Achanjati-Echnaton einführten? Allzugroß ist die Versuchung, sich auf Spekulationen einzulassen, Achet-Aton (Tell el-Amarna) habe kretischen Emigranten dieser letzten Flüchtlingswelle Zuflucht gewährt. Oder gar: Das Geheimnis jenes Schwunges, mit dem Achanjati-Echnaton seine Reformen auf den Gebieten der Kunst und Religion in Angriff nahm, bestehe im Einfluß der zwar selbst längst toten, doch noch über ihr Ende hinaus mächtige Impulse ausstrahlenden minoischen Kultur.

Tafeln 93–100

Archäologisch gut bezeugt ist die Versprengung minoischer Elemente über Westkreta hinaus bis zur Peloponnes (dort insbesondere nach Messenien). Erst kürzlich hat Spyridon Marinatos die Beweise für diese »Wanderbewegung« zusammengestellt[133]. Nicht zuletzt bietet das vorliegende Material, das teilweise noch der Erhärtung durch weitere Grabungen auf Westkreta und der südwestlichen Peloponnes bedarf, wie Marinatos hervorhebt, Anhaltspunkte für weitere Spatenforschung. Hauptsächlich ist anzuführen:

1. Kydōnía (Chaniá) an der Nordküste Westkretas, der Überlieferung nach von Minos gegründet, nahm um die Mitte des 15. Jahrhunderts v. Chr. rapide an Bedeutung zu und wurde eine der wichtigsten Städte der Insel. Die Folgerung, die sich daraus ergibt (die allerdings noch der Bestätigung durch weitere Grabungen bedarf), ist, daß der Ort vom (verwüsteten) Osten Kretas her einen starken Flüchtlingszustrom erhielt.

2. Keramik aus der Umgebung von Pylos sowie aus dem Küstenort Kakóvatos (in Elis, Westküste der Peloponnes) zeigt stilistischen Einfluß ostkretischer Tonware, insbesondere von Gefäßen aus Gurnia (Gournia) und Kato Zakro.

3. Ein großes Grab bei Peristeria (Moira) im Norden von Pylos besitzt eine Kalksteinfassade, die sich als Neuerung minoischer Herkunft in der Architektur festländischer Tholosgräber betrachten läßt. Am linken Türpfosten des Eingangs erkennt man zwei minoische Steinmetzzeichen. Überdies fanden sich auch in der dortigen Umgebung typische Erzeugnisse minoischen Kunsthandwerks, und Marinatos hält es für möglich, daß einige der dort ansässigen Dynasten minoischer Abstammung waren.

Im Zusammenhang mit diesen Beobachtungen weist Marinatos auf eine Entsprechung hin, die manches für sich hat. Vieles am heutigen griechischen Volksleben, was Kunst, Handwerk, Musik, ja sogar Auswahl und Zubereitung der Speisen angeht, ist dem Einfluß jener anderthalb Millionen griechischer Flüchtlinge zuzuschreiben, die nach 1922 aus der Türkei nach Griechenland strömten. Wie es scheint, ereignete sich Ähnliches im bronzezeitlichen Griechenland des 15. Jahrhunderts v. Chr. Bemerkenswerte Konsequenzen ergeben sich hieraus im Hinblick auf die Frage des Austauschs und der gegenseitigen Durchdringung minoischer und mykenischer Kultur. Rund anderthalb Jahrtausende später sollte ein römischer Dichter, Horaz, von den griechisch-römischen Kulturbeziehungen sagen:

Graecia capta ferum victorem cepit et artes
Intulit agresti Latio (Epist. II 1, 156 f.).

Wiederzugeben wäre dies etwa mit: »Das besiegte Griechenland besiegte den Sieger und brachte dem bäurischen Latium die [schönen] Künste.« Tatsächlich traf dies zu, wenn auch nicht im Hinblick auf jenes Gebiet, das wir heute in der Regel meinen, wenn wir von »Griechenland« sprechen und das sich etwa mit dem Territorium des heutigen Staates Griechenland deckt. Dieses Gebiet fiel erst verhältnismäßig spät an die Römer (168 v. Chr.; Schlacht bei Pydna), nachdem, wie im 2. Jahrhundert n. Chr. Aulus Gellius (*Noctes Atticae* 17, 21) den Porcus Licinius äußern läßt, längst »raschen Schritts die Muse zu den wilden Romulus-Nachfahren« gekommen war, »die nichts kannten als den Krieg«. Doch wenn man Horaz' Worte auf *Süditalien* bezieht, das ja, bevor die Römer kamen, als »Großgriechenland« griechisches Siedlungsgebiet war, beschreiben sie die Entwicklung der Dinge völlig zutreffend: Roms wertvollste »Kriegsbeute« aus diesem damals griechischen Teil des heutigen Italien (man könnte sich sogar noch mehr festlegen: aus der damals griechischen Stadt Tarent; 272 v. Chr.) war seine Literatur, war der schöpferische Impuls seiner ersten intensiveren Begegnung mit Griechentum. So gesehen, läßt sich Horaz' Äußerung voll und ganz rechtfertigen.

Mutatis mutandis könnte man Horaz' Worte auch auf die Bronzezeit übertragen. Tatsächlich scheint vom Verhältnis zwischen Mykenern und Minoern zu gelten: *Creta capta ferum victorem cepit, et artes intulit.* (»Das besiegte Kreta überwand den Sieger und brachte [ihm]« – frei übersetzt – »bei, was Kunst ist.«) Fürwahr, das von entfesselten Naturgewalten zu Boden gezwungene Kreta, zwang nun, in die Botmäßigkeit griechischer Machthaber geraten, wenn nicht alles trügt, die Sieger in seinen Bann und vermachte ihnen das kostbare Erbteil seiner Kunstfertigkeit. Nach griechischer Überlieferung wurden Atlas' Töchter Gemahlinnen der örtlichen Machthaber überall auf der Peloponnes[134]. Auch minoische Religion hinterließ unvergängliche Spuren im religiösen Denken der Griechen. Vielleicht das eindrucksvollste Sinnbild der kulturellen Eroberung der mykenischen Eroberer durch die besiegten Minoer ist das große Relief über dem Löwentor von Mykene. Seine Löwen, die königlichen Wappentiere des Atridenhauses, lehnen sich gegen einen Pfeiler minoischen Typs, der sich über einer minoischen Altarbasis erhebt.

Tafel 91
Tafel 92

Atlantis in neuem Licht

VI

Damit ist umfangreiches Material zur Atlantis-Frage ausgebreitet worden, Material älteren und jüngeren Datums. Es gilt nun, eine Zusammenfassung zu versuchen und das Fazit zu ziehen. Man stelle sich vor, Plato befände sich auf der Anklagebank und alles spitze sich auf die Entscheidung zu: Handelt es sich bei der Atlantis-Erzählung um bloße Erfindung oder um seinen wahrheitsgetreuen Bericht?

Vermutlich würde der Anwalt der erstgenannten dieser beiden Möglichkeiten sich etwa folgender Beweisführung bedienen: Bekanntlich waren um das Ende des 4. Jahrhunderts v. Chr. die Utopie und der historische Roman als literarisches Genre im griechischen Bereich bereits voll entwickelt. Schon vor 400 v. Chr. hatte Aristophanes in seiner Komödie »Die Vögel« das Bild eines Wolkenkuckucksheims entworfen, und zwischen 380 und 370 v. Chr. etwa skizzierte Plato seinen Entwurf eines Idealstaats. Eine Generation später schilderte Theopomp sein in der Vergangenheit und am Rande der Welt angesiedeltes Nirgendland »Meropis«. Als Dionysios I. von Syrakus (etwa 432–368/367 v. Chr.) Plato aufforderte, einen Beitrag für einen literarischen Wettbewerb beizusteuern, plante Plato die Dialog-Trilogie *Timaios-Kritias-Hermokrates,* deren Färbung deutlich zeigen sollte, daß sie für die Griechen im Westen des damals von Griechen bewohnten Raumes bestimmt war. Die wichtigste politische Gegebenheit, mit der die Westgriechen damals zu rechnen hatten, war die Macht Karthagos, die sich über einen großen Teil des Mittelmeergebiets sowie über die Inseln und Küsten bis nach Gibraltar, ja noch darüber hinaus auf den Küstenbereich des Atlantischen Ozeans erstreckte. Dies brachte Plato auf den Gedanken, eine frühe »atlantische« Macht zu erfinden und sie mit dem Griechentum grauer

Vorzeit zu konfrontieren. Diesen literarischen Vorwurf beschloß er, unter Ausmalung sämtlicher Einzelheiten wie Zahlen und Hilfsquellen des Landes in epischer Breite zu behandeln. Auch an der üblichen mythologischen Staffage durfte es nicht fehlen, in der Zeus und andere Gottheiten zu agieren hatten, wie es schriftstellerischem Brauch entsprach. Es sind alle Anzeichen einer Zwecklüge aus edlen Motiven, welche diese Erfindung trägt – einer Zwecklüge, wie Plato sie in seinem »Staat« als nützliches Mittel der Propaganda zum Nutzen des Gemeinwohls empfiehlt. Tatsächlich bedurften die Griechen Süditaliens und Siziliens angesichts der Bedrohung durch Karthago durchaus einer ernsten Mahnung zur Eintracht. Indem Plato schilderte, wie einst ihre Vorfahren angeblich einst einen gefährlichen Angriff westlicher Invasoren zurückschlugen, verfolgte er ausschließlich den Zweck, ihren Kampfgeist zu stärken. So erfand er sein »atlantisches« Reich der Vorzeit mit dessen Eroberungslust. Überdies ließ sich mit Hilfe dieses Stücks lediglich erfundener »Historie« ein ganz bestimmter moralischer Nutzeffekt erzielen, gab es seinem Verfasser doch Gelegenheit, sich über die Sittenverderbnis zu verbreiten, die Reichtum und Gottvergessenheit über das einst in jeder Beziehung so hochstehende Gemeinwesen der Atlanter gebracht hatte. Überdies konnte Plato seinen eigenen Vorfahren Lob spenden, wenn auch nur für erfundene Leistungen, für erfundenen Mut und erfundene Initiative in einer gleichfalls nur erfundenen Krise. Der Aufbau des Staatswesens jener von Plato erdachten »Ur-Athener« hatte etwas von der Gliederung des Plato vorschwebenden Idealstaats. Sollte dieser in drei Klassen gegliedert sein: einen »Lehrstand« über einem »Wehr-« (Beamten-) und einem »Nährstand«, so gab es auch hier eine in drei Klassen gegliederte Gesellschaft. Nur 20000 beträgt die Zahl der Bürger, und doch schlagen sie die atlantische Streitmacht nicht minder erfolgreich zurück als die Kämpfer von Marathon die Heerscharen des Perserkönigs. Zuvor hatte Plato erklärt, er habe die Absicht, seinen Idealstaat in der Krise, in der Notsituation eines Konflikts zu zeigen. Durch seine Atlantis-Erzählung setzte er diese Absicht in die Tat um.

Es galt, diesem anspruchsvollen historischen Roman den Anstrich größter Glaubhaftigkeit zu geben. Darum verbreitete Plato sich dermaßen ausführlich über Zeit und Schauplatz des Geschehens, das er sich zu schildern anschickte, darum die Einflechtung bekannter Namen wie Tyrrhenien und Gadeira in das Gewebe der nur erfundenen Darstellung, darum die anschauliche Schilderung von Häfen, Palästen und dergleichen mehr. Doch kam Plato mit der Ausführung seines Vorhabens nicht weit. Zwar steckte er im *Timaios* ab, worum es gehen soll, zwar entfaltete er im *Kritias* das Szenarium – doch zu Ende geführt hat er seinen Plan nie. Im Jahre 368/367 v. Chr. starb Dionysios I., und in der Folgezeit ging Plato, auf Einladung Dions hin, an den Hof von Syrakus, wo seine Beziehungen zu Dionysios II. bald eine verhängnisvolle Entwicklung nahmen. Plato sah sich in Intrigen hineingezogen, die ihm weder Zeit noch Lust zur Schriftstellerei gelassen haben dürften. Doch die Planung seines Werks war weit genug gediehen, um ihn der Frage zuvorkommen zu lassen: Wo befindet sich Atlantis heute? Wie Aristoteles sagte: Der Mann, der von diesem Inselreich geträumt hatte, ließ das Traumbild auch wieder verschwinden. Daher im *Timaios* jene plötzliche Katastrophe, die zu Atlantis' Ende führte. Wäre es Plato beschieden gewesen, den *Kritias* zu vollenden, hätte er sie wohl mit noch weit mehr erfundenen Einzelheiten ausgeschmückt.

So vieles an der Atlantis-Erzählung, würde unser erdachter Anwalt fortfahren, kann unmöglich mit Tatsachen übereinstimmen. Nicht einmal mit den von ihm selbst angegebenen Daten nimmt es Plato genau. So gibt er im *Timaios* die Zeit »vor 9000 Jahren« als Gründungsdatum Athens an. Die Gründung von Saïs dagegen, wo angeblich die Erinnerung an Ur-Athens Großtat aufbewahrt wurde, sollte 8000 Jahre zurückliegen. Im *Kritias* dann weist er schon den Angriff der Atlanter in die vor 9000 Jahren vergangene Zeit – offensichtlich hatte er übersehen, daß nach seiner eigenen Angabe im *Timaios* Athen damals erst gegründet war. Gäbe es einen klareren Beweis, daß die gesamte Atlantis-Erzählung von Anfang bis Ende auf bloßer Erfindung beruht?

Daß es sich bei einzelnen Angaben – man denke an die in 60000 Lose aufgeteilte Ebene, die ein fast 1800 km langer Bewässerungskanal umgab – um Absurditäten handelt, liegt auf der Hand. Auf keinen Fall fügt sich, was Plato von jener Ebene zu berichten weiß, zu seinen sonstigen Angaben über den gebirgigen Charakter der legendären Insel, den andere Stellen seines »Berichts« hervorheben. Und wie kamen Elefantenherden auf Atlantis?

Weitere Fragen hätten nur mehr rhetorischen Charakter und erübrigen sich deshalb. Die gesamte Erzählung ist nicht weniger erfunden als die Geschichten von Liliput und Brobdingnag. Nicht anders als Swift besaß Plato schriftstellerische Fähigkeiten genug, um kunstgerecht die eine oder andere Einzelheit in das Flechtwerk seiner Erzählung einzuweben, die dem ganzen realistisches Kolorit verlieh. Und indem er dem Produkt seiner Phantasie den Anstrich einer auf ägyptische Quellen zurückgehenden Überlieferung gab, verstand er es, seine Dichtung höchst überzeugend zu servieren, da ägyptische Urkunden wesentlich weiter in die Vergangenheit zurückgingen als alles, was der griechische Raum an Vergleichbarem aufzuweisen hatte. Doch kann man uns wirklich die Annahme zumuten, eine Tradition dieser Art, die doch sicher das Augenmerk der Griechen auf sich gezogen hätte, hätte all die Jahre hindurch in Saïs fortbestehen können, ohne daß sie außer Solon noch anderen Griechen zu Ohren gekommen wäre – anderen Griechen und nicht nur Solon, der Plato auch noch durch dessen Ahnenreihe nahestand?

Plato hat auf unsere Leichtgläubigkeit spekuliert, als er seine Fabel in die Welt setzte, und, wie Jowett kritisch schloß: »Die Welt hat wie ein Kind die Fabel hingenommen: bereitwillig, ja meist sogar ohne zu zögern.«

Soweit zur »Anklage«. Was gäbe es einem so harten Angriff auf Platos Glaubwürdigkeit zu erwidern?

Die »Verteidigung« beginnt mit dem Hinweis, daß ihr jeder Versuch fernliegt, das Gegenteil dessen zu beweisen, was seitens der »Anklage« vorgebracht wurde. Ihr genügt statt dessen der Nachweis wahrer Elemente in der zur Debatte stehenden Erzählung.

So wurde behauptet, das von Plato entworfene Bild des Reichs von Atlantis beruhe ausschließlich auf Erfindung. Doch ist nicht das Bild Platos, das Bild eines Reiches, dessen Zentrum sich auf einer Insel befindet und das sich über weitere Inseln sowie über Teile eines Kontinents erstreckt, etwas zu ungewöhnlich, als daß es bloße Erfindung im Rahmen einer utopischen Erzählung sein könnte? Und wenn es sich herausstellt, daß jenes fragliche Bild überraschend einer Skizze des minoischen Reichs im 16. Jahrhundert v. Chr. entspricht, wäre dann nicht die Vermutung berechtigt, daß irgendeine echte historische Tradition den Kern der Legende bildet?

Die an der Echtheit dieser Überlieferung Zweifelnden haben von sich aus darauf hingewiesen, daß Platos Zeitansatz nicht wörtlich zu nehmen ist. Kann es sich nicht ebenso mit seinem Ortsansatz verhalten? Ist es nicht ebenso möglich, daß Plato in die Irre führte oder von seinen Quellen in die Irre geführt wurde, soweit es die Verlegung des von ihm geschilderten Inselreichs in den Atlantik betraf? Seine Quellen enthielten wohl nur die Angabe, jenes Reich habe sich »fern im Westen« befunden – eine Angabe, die offenkundig vom Standpunkt der Person abhängt, von der sie stammt. Aufgrund einer solchen Information jedoch verlegte Plato Atlantis hinaus in den Ozean jenseits der Säulen des Herakles (Gibraltar). Für ihn und seine Zeitgenossen war dies das äußerste westliche Ende der Welt.

Es gilt, alle an der Beschäftigung mit der Geschichte geschulte Vorstellungskraft aufzubieten und die entscheidende Frage zu stellen: Was bedeutete »fern im Westen« für diejenigen, die wohl als erste aufzeichneten, was später den Kern der Atlantis-Legende bilden sollte? Es waren dies die Ägypter der Bronzezeit, und deren geographischer Horizont war, an unseren Maßstäben gemessen, außerordentlich eng. Sie unterhielten Handelsbeziehungen zum minoischen Kreta, doch für sie lag die Minos-Insel gerade noch am westlichen Rande der Welt, die sie sich vorstellen konnten. Nicht weniger als 720 km offene See trennen Kreta von der Nilmündung. Damit trifft buchstäblich zu, daß die Insel »jenseits des Großen Grünen« lag, und in der Tat befand sie sich weit im Westen, wenn man sich vergegenwärtigt, daß die Handelsschiffahrt sich damals entlang der Küsten abspielte und der letzte größere Abschnitt des Seewegs nach Kreta – von Syrien aus entlang der Südküste Kleinasiens - wahrhaftig nach Westen führte. Vermutlich wußte man auch, daß Kreta sehr gebirgig ist. Vielleicht führte dies dazu, daß man die Insel als einen jener Pfeiler betrachtete, von denen man glaubte, daß sie den Himmel trügen. Außerdem betrachtete man Kreta wohl keineswegs als barbarisch oder rückständig, da es vorzügliche Metall- und Keramik-

Tafeln 93–95

Tafel 98
arbeiten lieferte. Wer immer es als Kauffahrer besuchte, brachte wohl
Tafeln 35, 83
staunenerregende Berichte von der Vielfalt und Pracht seiner großen
Tafeln 85, 86
Paläste zurück, vom Luxus seiner Villen sowie der Erfahrung seiner Techniker und Seeleute. Für Ägyptens Bewohner muß Kreta etwas von einem Eldorado an sich gehabt haben. Und da man Handelsbeziehungen zu ihm unterhielt, hatte man sicherlich auch vom Netz seiner Inselstützpunkte und seinen Beziehungen zum jenseitigen Festland Kenntnis. Ja zu Beginn des 15. Jahrhunderts v. Chr. begann man sogar, zwischen Keftiu und den Inseln sowie den Festlandsgebieten jenseits des Meeres zu unterscheiden. Die Mykener waren im Begriff, ebenso in das Bewußtsein Altägyptens zu treten wie vordem die Minoer.

Doch dann änderte sich die Situation im ägäischen Raum schlagartig. Als Thutmosis III. in Kanaan kämpfte (und dabei Häfen als Stützpunkte benutzte, die ständig von minoischen Handelsschiffen angelaufen wurden), bereitete eine grauenvolle Katastrophe Keftiu-Kreta und seinen Inselbasen ein jähes Ende. Flüchtlinge und Seefahrer müssen den Ägyptern vom Untergang dieses Reiches in den Wogen der See berichtet haben. Vermutlich war in ihren Berichten auch davon die Rede, daß ein großer Teil des alten Thera im Meer verschwunden, Kreta selbst dagegen nur von Finsternis und Aschenstaub heimgesucht worden sei. Auch vom Wechsel der politischen
Tafel 96, Abb. 20
Verhältnisse in Knossos muß die Kunde an den Nil gedrungen sein. RechmiRe, der Außenminister des Pharao, nahm offiziell zwischen 1460 und 1450 v. Chr. von der Änderung der Dinge Kenntnis, und sicher enthielten auch Ägyptens Archive entsprechende Angaben. Doch selbst damals dürfte man in Ägypten noch weit davon entfernt gewesen sein, sich ein einigermaßen zutreffendes Bild dessen zu machen, was sich im ägäischen Raum tatsächlich ereignet hatte. Wahrscheinlich dachte man an eine feindliche Invasion. Es kann sehr wohl sein, daß man die Flutkatastrophe, aufgrund welcher Vorstellungen auch immer, nicht als Ursache, sondern einfach als Begleiterscheinung der kretischen Niederlage betrachtete.

Zur Zeit der 20. Dynastie sah Ägypten sich in die Verteidigung gedrängt. Es war den Angriffen von Völkern ausgesetzt, die man
Tafel 90
mit dem Sammelbegriff »Seevölker« oder »Völker aus allen Län-

dern des Nordens« bezeichnete. Möglicherweise gehörten zu diesen Angreifern auch Angehörige griechischer Stämme. So manches auf den Denkmälern der 19. und 20. Dynastie ist nichts als aufgewärmte Vergangenheit. Damalige Inhaber des Pharaonenthrons kannten keinerlei Skrupel, wenn es darum ging, ausgiebige Anleihen bei jenem Siegeshymnus zu machen, der einst zu Ehren Thutmosis' III. verfaßt worden war (vgl. S. 70). Und doch war Thutmosis, dem der Hymnus ursprünglich galt, ein erfolgreicher Herrscher, der weit außerhalb der Grenzen des Nillandes Kriege führte, während seine Nachfolger, die seinen Hymnus ausplünderten, sich in der Defensive befanden. Nach all dem dürfte es durchaus nicht überraschen, wenn die saïtischen Gewährsmänner, von denen bei Plato die Rede ist, Solon ein recht verzerrtes Bild der bronzezeitlichen Geschichte des östlichen Mittelmeerraums gegeben hätten. Teilweise waren Griechen, Träger der mykenischen Kultur, in Keftius Sturz verwickelt, und später, nachdem sie Kreta in ihren Besitz gebracht hatten, benutzten sie die Insel als Basis für Angriffe gegen Ägypten. Sicher enthielten infolgedessen die Aufzeichnungen jener Priester genügend Details, um bei Solon den Eindruck zu hinterlassen, seine »urathenischen Vorfahren« seien es gewesen, die Keftius Macht gebrochen hatten. Tatsächlich wissen wir keineswegs mit Sicherheit, woher die neuen Machthaber von Knossos wirklich kamen. Man könnte anzunehmen geneigt sein, daß sie aus der Gegend von Argos stammten, doch während der Zeit der spätminoischen I-Stilphase waren Attikas Beziehungen zu Kreta nicht weniger eng, und wahrscheinlich spürte man im attischen Raum – von kretischen Stützpunkten wie Kéōs (Kéa) und Minoa (vor Megara) umgeben – Kretas lastende Vormacht stärker als anderswo. Attische Überlieferung bewahrte die Erinnerung an drückende Tributforderungen der minoischen Herren Kretas, die Erinnerung an eine Zeit der Spannung zwischen Kreta und dem attischen Festland. So liegt der Gedanke durchaus nicht fern, daß es vielleicht ein mykenischer Fürst Attikas war, der Vorteil aus der Verwirrung zog, die sich auf Minos' Insel ausgebreitet haben muß, und der dort das Banner mykenischer Macht aufrichtete, nachdem eine Katastrophe größten Ausmaßes die Herrschaft der Kreter gebrochen hatte.

Tafel 13

Natürlich kam Solon nicht auf den Gedanken, was er von seinen saïtischen Informanten vernommen hatte, mit der Theseus-Sage in Zusammenhang zu bringen, hatte für ihn doch Keftiu nicht das mindeste mit Kreta zu tun. Vielmehr muß diese unbekannte Insel ihm – nicht anders als einst den Ägyptern der 18. Dynastie – als ein fernes, rätselhaftes Land »fern im Westen« erschienen sein. Sicherlich fesselten ihn die dramatischen Möglichkeiten, die der Erzählung vom plötzlichen, katastrophalen »Verschwinden« eines solchen Landes innewohnte, die er da vernahm. Vielleicht berichteten ihm jene alten Priester sogar, die alte Kultur des Inselreiches sei dem Zorn des »Erderschütterers« zum Opfer gefallen. Und wenn er sich eingehender erkundigte, worum es sich bei »Keftiu« eigentlich gehandelt habe, hätte man ihm vielleicht angedeutet, es sei eine Insel mit einem Pfeiler gewesen, der bis zum Himmel gereicht habe. Dabei hätte Solon sich gewiß an die Odyssee erinnert, in der von einer Insel im fernen Meer die Rede ist, wo Kalypso wohnte,

»Atlas' Tochter, des Allerforschenden, welcher des Meeres
Dunkle Tiefen kennt und selbst die ragenden Säulen
Aufhebt, welche die Erde vom hohen Himmel sondern.«

Ihm mag sich dies als nächste Entsprechung zu der Auffassung angeboten haben, die er sich inzwischen selbst von Keftiu gebildet hatte, der ägyptischen »Himmelssäulen-« oder »Himmelspfeilerinsel«, die so urplötzlich im Meer verschwunden sein sollte. Es mag dies gewesen sein, was ihn veranlaßte, von »Atlantis«, der »Atlastochter« zu sprechen und sie dem Patronat Poseidons, des »Erderschütterers«, zu unterstellen. Darauf konnte er die »Handlung« des von ihm ins Auge gefaßten Epos' aufbauen: Atlantis' Aufstieg zur Größe, die zunehmende Überheblichkeit seiner Machthaber, den Zorn Poseidons und das schreckliche – biblisch gesprochen – »Gottesgericht«, das die anmaßend gewordenen Atlanter zu Boden zwang. In diesem Rahmen ließ sich so manches von all dem unterbringen, was Solon von seinen ägyptischen Gewährsmännern, den Priestern zu Saïs, erfahren hatte. Insbesondere gilt dies für die frühen Kämpfe zwischen Festlandsgriechen und Atlantern sowie den Angriff der Seevölker gegen Ägypten.

Im großen ganzen läßt sich sagen, daß das, was Solon von seinen ägyptischen Informanten erfuhr, auf echter Tradition beruhte, allerdings bis zu einem gewissen Grade entstellt war. Sicher ging es auf das minoische Kreta zurück. Allerdings entging Solon der Zusammenhang dieser Überlieferung mit jenem Kreta, das er kannte. Andererseits übersah er durchaus nicht die großen Möglichkeiten, die ein Vorwurf dieser Art einem Schriftsteller bot. Nach Athen zurückgekehrt, fertigte er wohl ein Exposé an, das eine Skizze seines literarischen Plans enthielt, wobei er für die ihm in Saïs mitgeteilten ägyptischen Namen griechische »Entsprechungen« erfand (so beispielsweise *Atlantis* für *Keftiu;* vgl. S. 81 f.) und schließlich seine »im Westen gelegene« Insel mit einigen jener historischen und topographischen Nachrichten ausschmückte, die er den saïtischen Priestern verdankte. Seine Darstellung und möglicherweise sogar sein Manuskript gelangte dann wohl nicht nur, wie von Plato beschrieben, in den Besitz von Verwandten des Philosophen, sondern letztlich in den Besitz Platos selbst. Damit erklärt sich hinreichend, daß der Charakter einer historischen Tradition gewahrt und jede Art wechselseitiger Beeinflussung mit der griechischen Mythologie ausblieb.

Ebenso wie Solon, erkannte auch Plato die großen Möglichkeiten, welche die Keftiu-Atlantis-Erzählung in sich barg. Mit lebendiger Vorstellungskraft gab er den Einzelheiten dieser Geschichte Farbe. So überhöhte er den Glanz der Palastarchitektur durch einen Anflug orientalischen Gepränges, wie er es nicht nur aus den Schilderungen Herodots, sondern auch aus der Schriftstellerei seines fabulierfreudigen Zeitgenossen, des griechischen Arztes Ktesias von der Insel Knidos kennen mochte, der als Leibarzt am Hofe des Perserkönigs Artaxerxes II. Mnemon (405–359 v. Chr.) weilte. Trotz unbestreitbarer Orienterfahrung tragen dessen Berichte, von denen sich Auszüge bei Caesars und Augustus' Zeitgenossen Diodorus Siculus sowie bei dem gelehrten Konstantinopolitaner Patriarchen Photios (etwa 820–891 n. Chr.) erhalten haben, unverkennbar romanhaften Charakter. Möglicherweise unter dem Einfluß derartiger Beschreibungen ließ auch Plato Elefantenherden über die Weidegründe des Hochlands seiner Insel ziehen. Die rechteckigen Parzellen, in die angeblich das Kulturland aufgeteilt war, und das weitläufige System von Be-

wässerungskanälen dürften sehr stark ägyptischen Verhältnissen nachempfunden sein, die Plato angeblich kannte; desgleichen könnte Babylonien als Muster gedient haben, das Plato allerdings nie besucht hatte. Was das große Hafenarsenal angeht, so könnte man sich vorstellen, daß man es hier mit einer idealisierenden Darstellung der Hafenanlagen von Syrakus zu tun hat, die selbst heute noch entfernt an Platos Atlantis-Schilderung denken lassen: Man hat eine »Insel« (dorisch: *nāsos*, das alte »Wachtelland«, auch heute noch das Zentrum der Stadt, die freilich schon im Altertum auf das sizilische »Festland« hinübergewachsen ist), man hat einen *porto grande* (einen »großen Hafen«), der schon bei Thukydides *mégas limēn* (»großer Hafen«), hieß, ferner einen *porto piccolo* (»kleinen Hafen«), wo man noch heute beim antiken Schiffsarsenal, das Thukydides gleichfalls erwähnt, die Gleitspuren der dort einst zu Wasser gelassenen Schiffsrümpfe sehen kann, und schließlich eine *darsena* (einen »Binnenhafen«). All dem mag noch ein Schuß Karthago beigemengt worden sein. Und vielleicht ließ Plato unbewußt etwas vom Luxus der in der Odyssee verherrlichten Phaiakeninsel einfließen, deren Darstellung wohl ihrerseits zumindest teilweise ein Spiegelbild des mi-
Abb. 1 noischen Kreta sichtbar werden läßt. Vor allem aber ließ Plato Atlantis zu einem Land von gewaltiger Größe anwachsen und wies es weitab in Zeit und Raum.

Möglicherweise verzehnfachten Solon oder seine priesterlichen Gewährsmänner echte Zeit- und Entfernungsangaben[135]. Teilt man beispielsweise die Zahlenangaben, welche sich in Platos *Kritias* (118a) auf jene langgestreckte Ebene beziehen, die Atlantis' Hauptstadt umgab (3000 zu 2000 Stadien), durch zehn, so kommt man auf 300 zu 200 Stadien, und dies entspricht recht gut den Größenverhältnissen der Messara-Ebene bei Phaistos (Südkreta). Es handelt sich dabei um ein Gebiet, das am frühesten von allen Teilen Kretas ägyptischem Einfluß ausgesetzt war. Gleichzeitig hat man es mit der größten Ebene Kretas zu tun. Und hätten jene Priester zu Saïs, denen Solon sein Wissen verdankte, statt von 9000 von nur 900 Jahren gesprochen, so wäre der Untergang von Atlantis demnach in die Zeit um 1490 v. Chr. zu weisen, was dem zeitlichen Ansatz der Thera-Katastrophe um 1470 v. Chr. recht nahe käme. Dies sind recht bemerkenswerte Übereinstimmungen, doch wohl nicht mehr als das. Allerdings gibt es eine Reihe weiterer Einzelheiten, die tatsächlich in ihrer Gesamtheit die Auffassung bestärken, daß man in Atlantis das minoische Kreta zu erblicken habe. Im einzelnen:

1. Über Atlantis führte (laut Platos *Timaios* 24 e) der Weg zu anderen Inseln, von denen man zum jenseitigen Festland gelangte. Von Ägypten aus gesehen, handelt es sich hier um eine sehr genaue Beschreibung der Lage Kretas, das für die die Küstenschiffahrt bevorzugenden Seefahrer der damaligen Zeit die Pforte zu den Kykladen und damit zum griechischen Festland bildete. Abb. 19

2. Die Stadt der Atlanter befand sich auf einem ringsum niedrigen Hügel, ungefähr 50 Stadien vom Meer entfernt, am Rand einer äußerst fruchtbaren Ebene, und zwar ziemlich in der Mitte des Küstenverlaufs (*Kritias* 113 c). Nach einer anderen Stelle (*Kritias* 116 a) muß der Durchmesser dieses Hügels fünf Stadien betragen haben. Auf ihm errichteten die Atlanter ihren Palast »am Wohnsitz ihres Gottes und ihrer Ahnen«. Von Generation zu Generation nahm die Pracht dieses Palastes zu. Jeder König suchte darin seinen Vorgänger zu übertreffen. Schließlich war der Bau ein wahres Wunderwerk an Größe und Glanz (*Kritias* 115 b–d). Tafel 78
   Die Detailangaben (niedriger Hügel, 50 Stadien), die Plato in diesem Zusammenhang gibt, stehen in krassem Mißverhältnis zu all dem Gigantischen, das Plato sonst von Atlantis zu berichten weiß. Doch fügen sie sich vorzüglich in den Rahmen der tatsächlichen Verhältnisse von Knossos (wenn man davon absieht, daß die Atlanter, indem sie ihren Hügel zur Insel machten und ihn mit einem komplizierten System von Häfen und dergleichen umgaben, künstlich Verhältnisse schufen, die wiederum weniger an Knossos, sondern eher ein ganz klein wenig an Syrakus erinnerten; vgl. S. 278). Tatsächlich erhob sich Knossos auf dem niedrigen Hügel von Kephala, dessen Durchmesser ungefähr vier Stadien beträgt und der zwar von Katsambá nur etwa fünf Kilometer, von Amnisos jedoch noch ein Stück weiter entfernt ist. Wirklich ist die dortige Küstenebene überaus ertragreich und fruchtbar, und tatsächlich liegt sie etwa in der Mitte der (nördlichen) Küstenlinie Tafel 77

Kretas. Schon in der Jungsteinzeit gab es an der Stelle des späteren Knossos eine Ansiedlung: Bis ins 5. Jahrtausend v. Chr. läßt sich hier die Besiedlung zurückverfolgen. Um 2000 v. Chr. ebnete man den oberen Teil des Hügels ein, um Platz für die Anlage des Palastes zu schaffen. Immer wieder erneuerte und vergrößerte man im Lauf der nächsten sechs Jahrhunderte den Palastbau, bis er eine Fläche von rund 120×120 m bedeckte. In der Tat muß er damals
Tafel 78 in seiner Größe und Pracht den Anblick eines wahren Wunderwerks geboten haben. Teilweise gilt dies von ihm auch heute noch.

3. »Nun aber muß ich noch zu schildern versuchen, wie das übrige Land beschaffen und eingeteilt ist. Zunächst schilderte man es mir als ein Bergland mit jäh abfallender Steilküste. Durchweg eben jedoch sei die Umgebung der Stadt gewesen, allerdings hätten auch sie Berge umgeben, die sich bis zum Meer hinzogen. Die Ebene selbst habe man sich vollkommen flach und länglich vorzustellen, und zwar habe ihre Länge 3000 Stadien betragen und in der Mitte sei sie 2000 Stadien breit gewesen. Nach Süden zu war dieser Teil der Insel offen, von Norden her dagegen [durch das Gebirge] geschützt. Was die Berge anging, so habe man ihre Zahl ebenso gerühmt wie ihre Größe und Schönheit. Alles, so hieß es, hätten sie in den Schatten gestellt, was es heute an Gebirgsländern gebe. Viele volkreiche Dörfer hätten sich in dieser Berglandschaft befunden, außerdem Flüsse, Seen und Weidegründe, die zahmem und wildem Getier reichliche Nahrung boten. Schließlich seien die Bergwälder eine unerschöpfliche Quelle der unterschiedlichsten Holzarten gewesen. Man habe in ihnen den Rohstoff für alle nur erdenklichen Arbeiten gefunden, bei denen Holz eine Rolle spielt« (*Kritias* 117c–118b).

Man hat hier eine vorzügliche Beschreibung der kretischen Südküste vor sich, welche jener Teil Kretas gewesen sein dürfte, der den Ägyptern der Bronzezeit am meisten bekannt war. Kreta ist weit gebirgiger als alle Inseln der Ägäis. Drei Bergmassive von Hochgebirgscharakter (an ihren höchsten Punkten – von Westen nach Osten – 2453, 2456 und 2148 m hoch) türmen sich über der Insel auf (ganz zu schweigen von anderen Bergmassiven, deren

Höhe noch immer über 1000 m beträgt). Über eine Strecke von 100 km westlich von Phaistos besteht die Küste aus einer fast ununterbrochenen Folge steiler Bergflanken, die jäh in die See abstürzen, und auch nach Osten hin ist die Küste an vielen Stellen nicht weniger steil. Kretas größte Ebene bildet das Hinterland von Phaistos. Deutlich ist dieses Stück flacheren Landes als langgezogenes Gebilde erkennbar, und ihr Durchmesser in nordsüdlicher Richtung ist geringer als ihre von Osten nach Westen verlaufende Längsachse (vgl. S. 278). Im Altertum war jedes Stück kretischen Bodens, das Häusern Raum bot und nicht als Kulturland benötigt wurde, mit einem dichten Netz von Dörfern, Gehöften und Herrenhäusern überzogen. Weit größer als heute war der Waldbestand der Insel, und noch heute ist Kreta, an den Verhältnissen anderer Mittelmeergebiete gemessen, reichlich mit Flüssen und Quellen versehen.

4. »Ganz allein gelassen, beteten die zehn Könige des Inselreichs zu Poseidon, es möge ihnen gelingen, ein ihm genehmes Opfertier einzufangen. Darauf stellten sie ohne eiserne Waffen, einzig und allein mit Stöcken und Schlingen, den Stieren nach, die frei im Poseidon-Heiligtum weideten« *(Kritias* 119 d–e).
Eine Besonderheit, die den Stierkampf von Knossos von allen anderen Stierkampfarten unterscheidet (wenn man von gewissen Arten des amerikanischen Rodeo absieht), bestand darin, daß die »Toreros« gänzlich unbewaffnet dem Stier gegenübertraten. Überdies vermutet man, daß sie, zumindest ursprünglich, königlichen Geblüts sein mußten. Wie das Fangen wilder Stiere mit Schlingen vor sich ging, zeigen die Becher aus dem Kuppelgrab von Vaphio (bei Sparta). Tafeln 88, 89

5. »Ringsumher legten sie, wie es zu den Wassern paßte, Baulichkeiten und Baumpflanzungen an. Außerdem richteten sie in der Umgebung Badebassins ein: teils als Freibäder unter offenem Himmel, teils in geschlossenen Räumen, damit man dort im Winter warme Bäder nehmen konnte. Und zwar gab es getrennte Bäder für die Angehörigen des Königshauses und solche für das Volk, es gab eigene Bäder für Frauen, ja sogar Bäder für Pferde

und andere Zugtiere. All diesen Bädern gab man die geeignete Ausstattung, und das abfließende Wasser leitete man in den Poseidon-Hain« *(Kritias* 117 a–b).

Tafeln 85, 87 Immer wieder hat die Vorzüglichkeit des sich geradezu »modern« ausnehmenden Wasserleitungs- und Abflußsystems im Palast des Minos Bewunderung hervorgerufen. So besaß beispielsweise das sogenannte »Gemach der Königin« ein eigenes Badezimmer und eine eigene Toilette. An der Nordostecke des Palastes leitete eine Tafel 86 Reihe kunstvoll geführter Abflußrinnen (deren Zweck darin bestand, den Lauf des Wassers zu hemmen und so ein Überschwappen an den Krümmungen zu verhindern), das abrinnende Regenwasser durch zwei kleinere Klärbecken in eine größere Zisterne.

All diese Einzelheiten, so scheint es, dürften recht nachdrücklich für eine Gleichsetzung von Atlantis mit Kreta sprechen. Punkt 3 (S. 280) läßt eher an das Hinterland von Phaistos als an die Umgebung von Knossos denken. Doch wenn man in Betracht zieht, daß die Legende ihren Weg über Ägypten genommen hat, ist man geneigt, ein solches Maß an Entstellung zu entschuldigen. Alles in allem rechtfertigt eine derartige Häufung in der einen oder anderen Weise auf Kreta zutreffender Angaben wohl eher die Annahme, Plato habe eine im Grunde echte Überlieferung über kretische Geländeverhältnisse und kretische Bräuche vorgelegen, als die Unterstellung des Gegenteils. Oder wäre es nicht ein merkwürdiges Spiel des Zufalls, dem man sonst eine derartige Fülle auffallend zutreffender Übereinstimmungen zuzuschreiben hätte?

Vielleicht lassen sich der Liste dieser Übereinstimmungen einige weitere Einzelheiten hinzufügen, obwohl die Angaben, um die es hier geht, keine so beredte Sprache sprechen:

A) »Jeder der zehn Könige herrschte in seinem eignen Teil des Reiches von seiner Stadt aus über die Untertanen« *(Kritias* 119 c).

»Daneben gab es zahlreiche andere Gesetze, die für jeden einzelnen der Könige im besonderen Rechte und Pflichten festsetzten« *(Kritias* 120 c).

Fazit: Gemeint dürfte sein, daß die Insel in zehn verhältnismäßig unabhängige Verwaltungseinheiten aufgeteilt war. Auch dies läßt an Kreta denken, und zwar an seine verschiedenen Residenzen, die es neben dem Palast von Knossos hatte. Inzwischen hat man auf Kreta drei weitere Paläste gefunden, die an Größe und Glanz Knossos kaum nachstehen. Und nicht zuletzt hat man eine Anzahl großer Palais und Villen freigelegt.

B) Was die Gesetze des Landes anging, so waren diese in einen Pfeiler aus Bronze bzw. Messing eingraviert (*Kritias* 119c–d), der sich mitten im Poseidontempel erhob. Dieser Brauch hatte seine Entsprechung in Babylonien. So ist beispielsweise der sogenannte Kodex Hammurabi in Form einer Inschrift auf uns gekommen, die in eine Stele gegraben ist. Eine Reliefdarstellung am Kopf der Stele zeigt, wie Hammurabi das Gesetz vom Sonnengott Šamaš empfing. Hammurabis Regierung weist man in die Jahre 1728 bis 1686 v. Chr.; es liegen Beweise vor, daß Kreta damals Berührung mit Mesopotamien hatte.

C) Formuliert man eine der Angaben des *Kritias* nur ein wenig um, so ergibt sich: Jeweils nach einem Zeitraum von vier und dann wieder fünf Jahren trafen die Könige zu gemeinsamen Beratungen zusammen (*Kritias* 119d). Plato begründet diesen seltsamen Wechsel damit, daß man ebenso die gerade wie die ungerade Zahl zu ihrem Recht kommen lassen wollte. Allerdings hätte man dies auch auf andere Weise bewerkstelligen können. Es bleibt daher fraglich, warum man sich abwechselnd gerade nach vier- und fünfjährigen Pausen zusammenfand. Vier und fünf ergeben zusammen neun. Man hat daher zu erwägen, ob im Zusammenhang mit dem geschilderten Brauch die Neunzahl eine Bedeutung haben könnte. Tatsächlich enthält die Odyssee (19, 179) eine seltsame Angabe, nach der im Verhältnis zwischen Minos und Zeus oder auch nur in Minos' Herrschaft die Zahl von neun Jahren eine Rolle gespielt haben soll (die geläufige Vossche Übersetzung des betreffenden Verses, die allerdings einer wissenschaftlichen Interpretation selbstverständlich nicht zugrunde gelegt werden kann, lautet: »[Minos,] Der neunjährig mit Zeus, dem großen Gotte, geredet«). Und, seltsam genug, kein anderer als Plato selbst bezieht sich am Anfang seiner »Gesetze« (*Nomoi* A 624 a–b) auf die fragliche Äußerung und deutet sie in dem Sinne, daß Minos sich alle neun Jahre für sein Wirken als Gesetzgeber bei seinem Vater Zeus Rat geholt habe.

D) Bevor sie Recht zu sprechen begannen, kleideten sich die Könige in blaue Gewänder von größter Schönheit (*Kritias* 120 b). Liegt hier eine Erinnerung an das Färben von Textilien mit dem aus Purpurschnecken gewonnenen Farbstoff vor?

E) »Auch was es heute nur an würzigen Düften auf Erden gibt, gleich, ob man die betreffenden Wohlgerüche aus Wurzeln, Kräutern oder Hölzern gewinnt oder ob es sich um Essenzen aus Früchten und Blüten handelt – alles dies wuchs und gedieh in jenem Land« (*Kritias* 115 a). Noch immer ist Kreta für die Zahl und Güte der aromatischen Pflanzen bekannt, die es hervorbringt. Vom Export kretischer Flechten nach Ägypten, die möglicherweise zur Erzeugung von Duftmitteln bzw. dazu dienten, Leichname zu parfümieren, war bereits die Rede (vgl. S. 229 f.).

F) »Das [zum Bauen erforderliche] Gestein aber brachen sie unten rings um die Mittelinsel, desgleichen außen und innen an den Landringen. Es hatte die Farben Weiß, Schwarz und Rot« (*Kritias* 116 a). Noch heute sind auf Thera und Therasia Weiß, Schwarz und Rot die vorherrschenden Farbtöne. Allerdings darf man diesen Sachverhalt nicht pressen, denn gerade diese Töne dürften sich alle zusammen auch auf anderen Vulkaninseln finden, um ganz von anderen Gebieten zu schweigen. Dennoch könnte man sich vorstellen, daß die fragliche Angabe letztlich auf das Bild zurückgeht, das Thera unmittelbar nach der Katastrophe bot. Die neuentstandenen Steilabstürze müssen sich wie die Felsflanken gigantischer Steinbrüche ausgenommen haben, und der lebhafte Gegensatz frischausgeworfener Lavaströme mit den gewaltigen Bänken schimmernden Bimsstein-Lockermaterials, die sich über ihren dunklen Massen auftürmten, muß ein Farbenspiel geboten haben, das die Insel noch unwirklicher und faszinierender erscheinen ließ, als dies heute der Fall ist.

Tafel VI

Tafel I

G) »Ja sogar Elefanten gab es dort in großer Zahl« (*Kritias* 114 e). Gewiß trifft dies auf keinen Fall auf das Kreta der Bronzezeit zu. Gleichwohl trägt andererseits einer der Keftiu-Leute auf der Wandmalerei im Grab des RechmiRe einen Elefantenstoßzahn. Tafel 96 Außerdem fand man Elefantenstoßzähne – man kann sie heute im Museum von Iraklion (Herakleion) bewundern – im Palast von Kato Zakro. Es ist daher durchaus möglich, daß Solons ägyptische Gewährsmänner die Keftiu-Leute als Elfenbeinlieferanten hinstellten. Evans hat die Vermutung ausgesprochen, die Minoer könnten an der Kreta gegenüberliegenden Küste Nordafrikas Elefanten gejagt haben[136]. Mit ebenso großer Berechtigung könnte man an einen Elfenbeinhandel mit Syrien denken, wo es zur Zeit Thutmosis' III. noch Elefanten gab.

Nach Durchmusterung all dieser Punkte, auf die sich das Plädoyer für den Wahrheitsgehalt der Atlantis-Erzählung Platos stützt, gilt es, das Beweismaterial für die Beziehungen zwischen Kreta und Ägypten in Augenschein zu nehmen. Wohl schon um 2500 v. Chr. gelangten ägyptische Steingefäße nach Kreta, wo einheimische Handwerker sie zum Vorbild nahmen. Und schon vor 2000 v. Chr. machte sich der Einfluß kretischer Spiralmotive in Ägypten bemerkbar. Die Äußerung der »Mahnworte« des Ipuwer, wo vom Abbruch der Handelsbeziehungen mit Kreta die Rede ist, könnte sich auf die sogenannte »Erste Zwischenzeit«, die Zeit zwischen dem Alten und Mittleren Reich beziehen, als deren Grenzen man heute gewöhnlich die Jahre 2181 und 2040 v. Chr. angibt (vgl. S. 231). Vereinzelte Funde von Tonware und sonstigen Gegenständen, wie beispielsweise Skarabäen, zeugen davon, daß während der ganzen ersten Hälfte des Tafeln 92–95, 98, 99 2. Jahrtausends v. Chr. Kontakte bestanden, obwohl das Material nicht hinreicht, um die Feststellung zu gestatten, daß es sich um sehr enge Berührungen und um Beziehungen handelte, die intensiv gepflegt wurden, um Kontakte, die häufig zustande kamen. Minoische Steinmetzmeister halfen beim Bau der Pyramide Sesostris' II. (12. Dynastie, etwa 1897/96 bis 1879 oder 1877 v. Chr.), und in Knossos fand sich die Weihestatue eines Ägypters namens User, von Tafel 98 dem man aufgrund dieses Fundes annimmt, er habe einige Zeit seines

Lebens in Knossos verbracht. Zur Zeit der 18. Dynastie suchte man bei ägyptischen Schülern das Interesse für Keftiu zu wecken (vgl. S. 78 sowie Anmerkung 32). Die recht bedeutende Abbildungsserie von Keftiu-Leuten, die mit Waren (bzw. mit Gaben oder »Tributen«) als Abgesandte ihres Landes an den Nil gekommen waren, bestätigt die Annahme, daß gerade zur Zeit der Regierung Thutmosis' III. die Berührungen zwischen Kreta und Ägypten recht eng gewesen sein dürften. Mit anderen Worten: Gerade zur Zeit jenes Pharao, in dessen Regierungsjahre die Thera-Katastrophe stattgefunden haben dürfte (vgl. S. 233).

Tafel 12

Tafeln 96, XIV

Allerdings erscheint, aufs Ganze gesehen, der Name Keftiu nicht sehr oft auf ägyptischen Inschriften, und überraschend wenig Keramik minoischen Ursprungs hat sich in Ägypten gefunden. Bis zu einem gewissen Grade blieb Kreta daher, so scheint es, von Geheimnissen umwittert, ein Land, das man buchstäblich als »untergegangen« abschreiben konnte, nachdem eine Naturkatastrophe seine Macht gebrochen und einen Teil seines Territoriums, nämlich den größten Teil Theras, tatsächlich hatte in den Fluten versinken lassen. Doch zuvor, bevor sich das unvorstellbare Unglück ereignete, hatte es genug an gegenseitigen Beziehungen gegeben, um in den Bericht vom Untergang des rätselhaften Inselreichs all die Einzelheiten einfließen zu lassen, die dann in Platos Darstellung eingehen sollten. Ägyptische Heiligtümer in Deltastädten wie Buto und Saïs, die es bereits zur Zeit der 18. Dynastie gegeben hatten, bestanden auch unter der 26. Dynastie fort, als Solon Ägypten besuchte. An der Vorstellung, daß Solon mit priesterlichen Gelehrten, die sich in den Zeugnissen der Vergangenheit auskannten, Gespräche führte, welche die bronzezeitliche Geschichte Griechenlands und Ägyptens zum Gegenstand hatten, ist absolut nichts Befremdliches. Ebensowenig ist der Gedanke abwegig, daß Solon im Lauf derartiger Gespräche ins einzelne gehende, doch nicht in allen Punkten recht verstandene Kunde von jenem sagenumwitterten Land Keftiu und seinem plötzlichen »Verschwinden« erhalten haben könnte. Dabei konnte es sehr wohl sein, daß Einzelheiten, welche sich auf die letzten Jahrzehnte bezogen, in denen der Keramikstil der spätminoischen Phase I blühte (1500–1470 v. Chr.), mit anderen Angaben durcheinandergebracht

Tafel 95

wurden – mit Angaben, die auf jene späteren Inschriften Merenptahs und Ramses' III. zurückgingen, in denen von Angriffen die Rede war, gegen welche Ägypten sich in den Jahren von 1225 bis 1190 v. Chr. zu wehren hatte. Solon verfügte über keinerlei chronologisches Rüstzeug, das ihn hätte erkennen lassen, daß das Bild, welches man ihm entwarf, zwar zutreffende Einzelzüge enthielt, doch, im ganzen gesehen, Stückwerk war, das sich aus Flicken unterschiedlicher Herkunft zusammensetzte. Vermutlich waren sich nicht einmal seine ägyptischen Informanten dessen bewußt. Für sie handelte es sich um alte Berichte, denen vor allem eines gemeinsam war: Es ging um die Geschichte der ägyptisch-europäischen Beziehungen, die zur Zeit der 19. und 20. Dynastie (1320–1200; 1200–1085 v. Chr.) in dem großangelegten Versuch der »Seevölker, der Libyer und der Leute aus allen Ländern des Nordens«, gipfelte, das Land am Nil in ihre Gewalt zu bringen. Es läßt sich auch keineswegs von vornherein ausschließen, daß Schilderungen dieser Art die eine oder andere zutreffende Information über das Attika der Bronzezeit enthielten. Die Priester, mit denen Solon sprach, waren Priester der Göttin Neith, von der Evans geäußert hat, es bestünde tatsächlich ein Zusammenhang zwischen ihr und Athene. Tafel 90

Auf diese Weise erhielt Solon ein Bild, das wohl im Hinblick auf die Chronologie und so manchen Nebenumstand verzerrt war, das andererseits vielleicht, aus Informationsflicken unterschiedlicher Herkunft zusammengestückt, eher in den Einzelheiten als in der Gesamtlinie zutraf, das allerdings gleichwohl in einigen sehr wichtigen Punkten die Konturen bronzezeitlichen Geschehens sichtbar machte. In Vorbereitung der von ihm ins Auge gefaßten epischen Dichtung gestaltete Solon daraus einen »Handlungsablauf«, bei dem sich alles um den Angriff eines im Westen gelegenen Inselreichs gegen Griechenland und Ägypten drehte.

In dieser Form gelangte das Material Plato zur Kenntnis, und zwar teilweise wohl durch mündliche Überlieferung im Kreis seiner Familie, teilweise jedoch wohl auch durch ein von Generation zu Generation weitervererbtes Manuskript Solons. Anstelle ägyptischer Namen enthielt dieses wohl, was Solon als deren »Entsprechung« betrachtet hatte, darunter den entscheidenden Namen Atlan-

tis, den Solon an die Stelle von Keftiu hatte treten lassen. Zur Zeit Herodots gab es angeblich einen Stamm der Atlanter, von dem es hieß, seine Wohnsitze befänden sich in der Nähe eines hohen Gebirges im Gebiet des heutigen Tunesien. Desgleichen fand sich auch bei Herodot erstmals der Name Atlantik für den Ozean im Westen
Abb. 1 der damals bekannten Welt. Daraus ergab sich für Plato fast zwangsläufig, sich unter dem ererbten Namen Atlantis eine Landmasse jenseits der Säulen des Herakles vorzustellen. Kein anderer als er selbst war es, der das fragliche Land »größer als Libyen und [Klein-] Asien« werden ließ, der es anwachsen ließ bis zu einer Gesamtfläche von etwa zweieinhalb Millionen Quadratkilometer. Fast läßt sich noch nachweisen, daß Plato allein Atlantis auf derartige Größenordnungen anwachsen ließ, denn die Gesamtgröße des Landes steht in krassestem Mißverhältnis zu der im Vergleich mehr als bescheide-
Abb. 2 nen Ausdehnung seiner Metropole, die auf einem Hügel von nur 1 km Durchmesser Platz hatte. Als – wenn auch nicht einzige – Erklärung dieser Diskrepanz bietet sich an, daß die Angaben über Atlantis' Hauptstadt im Gegensatz zu Platos Angaben über die Gesamtgröße der Insel auf echter Überlieferung beruhen, daß man hier Solon, nicht Plato, vor sich hat, ja daß man es mit Nachrichten zu tun hat, die letztlich recht zutreffend die Verhältnisse des alten Knossos wiedergeben.

Um an der Fiktion eines Gerichtsverfahrens festzuhalten: An dieser Stelle seines Plädoyers würde jener der beiden Anwälte, der die Verteidigung des Wahrheitsgehalts in Platos Atlantis-Darstellung übernommen hat, erklären, seiner Auffassung nach läge genügend Indizienmaterial für sechs Behauptungen vor:

Tafeln 93–100

1. Zur Zeit des Mittleren und Neuen Reiches (Dynastien 11–13 sowie 18–20; etwa 2060–1674 sowie etwa 1559–1085 v. Chr.) gab es genügend Kontakte zwischen Kreta und Ägypten, so daß die Ägypter in der Lage waren, sich relativ zuverlässige und detaillierte Nachrichten über Art und Ausdehnung des minoischen Reiches sowie seinen plötzlichen Zusammenbruch um 1470 v. Chr. zu verschaffen.

2. Die betreffenden Nachrichten wurden aufgezeichnet und auf-

bewahrt und gelangten in etwas entstellter Form zu Ohren Solons, als dieser um 590 v. Chr. Ägypten besuchte.

3. Solon nahm von den ihm zugegangenen Informationen auf, soviel ihm nur möglich war, goß sie seinerseits in eine Art von Form, indem er sich Notizen für ein Epos machte, wobei er eine Haupthandlung herausarbeitete und ganz oder teilweise die ihm übermittelten Namen durch das ersetzte, was er für deren griechische Äquivalente ansah.

4. Allerdings war sich Solon bei alldem nicht darüber im klaren, daß die Dinge, die er erfahren hatte, mit dem minoischen Kreta zu tun hätten.

5. In der Form, die Solon ihm gegeben hatte, gelangte, entweder schriftlich oder mündlich (vielleicht auch auf beiden Wegen zugleich) überliefert, der Atlantis-Stoff Plato zur Kenntnis und wurde so zur Grundlage von dessen Atlantis-Darstellung.

6. Plato übertrieb Größe und Alter der von ihm beschriebenen Insel und schmückte die Erzählung mit vielerlei Details aufgrund eigener Kenntnis und persönlicher Erfahrung aus.

In dieser Phase der imaginären Verhandlung, so könnte man den Faden weiterspinnen, würde sich Plato selbst zum Kreuzverhör zur Verfügung stellen, um zu obigen sechs Punkten des Anwalts seiner Glaubwürdigkeit Stellung zu nehmen. Den ihn persönlich betreffenden Punkten 5 und 6 würde er sicher ohne Zögern zustimmen. Desgleichen würde er einräumen, daß er 2 und 3 für zutreffend halte – wenn auch unter einem Vorbehalt: Immer wieder habe er sich gefragt, wieviel Solon an eigener Erfindung zu der Erzählung beigesteuert habe, die auf ihn gekommen sei, und wieviel jene Priester ihrerseits hinzuerfunden hätten, auf deren Bericht er sich berufen habe.

»Stets habe ich empfunden«, würde Plato wohl sagen, »daß die Atlantis-Erzählung, so seltsam sie mir schien, im Kern wahr sein könne. Durchaus nicht alles an ihr schmeckte nach Erfindung, vielmehr nahm sich manches genau so aus, als ob es auf Wahrheit beruhe:

So manche ihrer Einzelheiten haben genau jenen Ton, der sie echt erscheinen läßt. Dennoch zweifelte ich nicht daran, daß auf dem langen Weg, den sie nahm, bevor sie mir überhaupt zur Kenntnis gelangte, auch deformierende Kräfte am Werk waren, die Entstellungen und Verzerrungen hervorriefen. Andere Schwierigkeiten ergeben sich wohl daraus, daß ich die strittige Erzählung nicht auf die letzten Jahrhunderte der Geschichte des ägäischen Raums vor dem Troianischen Krieg zu beziehen vermochte. Nichts an ihr entsprach dem Bild, das ich mir vom fraglichen Zeitraum machte. Selbst Thukydides, nicht zu vergessen, konnte nur eine auf seinen eigenen Schlüssen beruhende, flüchtige Umrißskizze von ihr hinwerfen. Um der Kritik zuvorzukommen, hielt ich die Vorsichtsmaßnahme angewandt, Atlantis möglichst weitab anzusiedeln – weitab in Zeit und Raum. Auf Sizilien hörte ich, wie man von der Schwierigkeit sprach, jenseits, außerhalb der Säulen des Herakles zu segeln. Man berichtete von Inseln, auf denen sich gut leben ließe, die jedoch gebirgig seien – Inseln, die der Küste Libyens (Afrikas) ein gutes Stück vorgelagert seien. Wenn ich nun das Für und Wider abwog und kritisch durchmusterte, was mir an Informationen zu Gebote stand, glaubte ich, nicht fehl gehen zu können, wenn ich Atlantis dorthin verlegte und ihm die Größe gab, die es in meiner Darstellung angenommen hat. Nur allzu gelegen kam mir die Überlieferung vom plötzlichen ›Verschwinden‹ des Atlanterreiches, bot sie mir doch die Möglichkeit, bis zu einem gewissen Grade der Gefahr zu entgehen, daß jemand mich der Unwahrheit bezichtigte. Nur für den Fall, daß jemand sich tatsächlich in jenes unbekannte Seegebiet hinauswagte und dort tatsächlich Spuren untergegangenen Landes finden sollte, ließ ich, wie man sich erinnern wird, einige Riffe und Untiefen zurück. Zum Schluß muß ich bekennen, daß die von meinem Anwalt vorgebrachten Punkte 1 und 4 mich überraschen, daß ich sie jedoch höchst beachtenswert finde. Zwar erinnere ich mich, daß Thukydides (1, 4) von Minos' Vorherrschaft zur See sprach, doch niemals ist mir der Gedanke gekommen, daß dieses Seereich, das man mit Kreta und den Kykladen zusammenbrachte, etwas mit Atlantis zu tun haben könnte. So muß ich bekennen, daß auch auf mich zutrifft, was Punkt 4 von Solon sagt: Wenn es dort heißt, Solon sei sich nicht darüber im klaren gewesen, daß die Dinge, die man ihm berichtete und die die Grundlage der Atlantis-Erzählung bilden sollten, mit dem Kreta der Vergangenheit zu tun hätten, so gilt dies ebenso für mich. Wäre es nicht möglich, mir zu beweisen, daß das minoische Kreta sich tatsächlich auf so hoher Kulturstufe befand, wie mein Verteidiger behauptet?«

Bei diesen Worten würde der Verteidiger Evans' vierbändiges Werk *The Palace of Minos* zum Zeugenstand reichen lassen, wo sich der »Angeklagte« – entsprechend englischer Prozeßordnung – soeben in eigener Sache geäußert hätte, damit aber sei die Fiktion eines Gerichtsverfahrens aufgegeben und die Darstellung in herkömmlicher Weise zu Ende gebracht.

Stets zeigten Arbeiten über Atlantis die Tendenz, nach einem Wort Paul Couissins ihrerseits in eine Art Archipel auszuwuchern: in einen »Archipel« nämlich »von Hypothesen«. Was die Hypothesen des Verfassers angeht, so besteht die erste von ihnen darin, daß Platos Atlantis-Bericht einen gewissen fragmentarischen Niederschlag bronzezeitlicher Geschichte enthält. Die zweite Haupthypothese ist, daß Kretas Macht durch die von einer Flutkatastrophe begleitete Explosion des Thera-Vulkans um 1470 v. Chr. ihren Todesstoß erhielt. Ferner meint der Verfasser, daß Kretas Zerstörung durch vulkanische Gewalt ihrerseits Teil des geschichtlichen Kerns der Atlantis-Erzählung ist. Doch jede der beiden Hypothesen steht für sich allein. Es bedeutet keinerlei logischen Bruch, die zweite anzunehmen und dennoch die erste zu verwerfen. Annahme der ersten Hypothese setzt die Annahme einer langen, manchmal recht wenig belastbaren, doch nichtsdestoweniger verläßlichen Erinnerungs- und Überlieferungskette voraus; Gleichsetzung Kretas mit Atlantis wiederum beruht auf dem Sieben und Auswerten einer nicht geringen Masse »zirkumstantieller Evidenz« – Befunde, die sich aus dem Zusammentreffen von Anhaltspunkten ergeben, welche ihrerseits im einzelnen den »Umständen«, den archäologisch nachgewiesenen Verhältnissen, entnommen sind. Dafür aber läßt sich die zweite Hypothese in einer Weise durch naturwissenschaftliches und archäologisches Beweismaterial absichern, wie man es von der ersten nie erhoffen kann. Überdies liefert sie eine plausible Erklärung für eines der Hauptprobleme ägäischer Geschichte: den Zusammenbruch minoischer Macht.

Ganz außer Frage steht, daß sich in der ersten Hälfte des 15. Jahrhunderts v. Chr. auf Thera ein Vulkanausbruch von ungewöhnlicher Heftigkeit ereignete. Wie hoch man die Auswirkung der dabei entfesselten Vernichtungskraft auf Kreta einschätzt, hängt davon ab, welchen Stärkegrad man der Thera-Eruption selbst zuschreibt. Es gilt, dabei zwei Hauptpunkte zu berücksichtigen: erstens die Analogie der Krakatau-Katastrophe von 1883, zweitens das Beweismaterial, das die bisher im östlichen Mittelmeerbecken durchgeführten Tiefsee-Sedimentkernbohrungen erbracht haben, bei denen *tephra*, »Asche«, vulkanisches Lockermaterial zutage kam, das von Thera stammte.

Nach wohlerwogener Ansicht von Vulkanologen, die sich intensiv mit Thera befaßt haben, dürfte es so gut wie sicher sein, daß jener Thera-Ausbruch der Spätbronzezeit nicht weniger den Charakter einer plötzlichen Krise von unvorstellbarer Heftigkeit hatte als die noch kein Jahrhundert zurückliegende unheilvolle Eruption des Krakatau. Gewisse Anzeichen lassen darauf schließen, daß sich die
Abb. 9 Geschichte beider Vulkane – zumindest in der Spätphase des Quartärs (Jungpleistozän bis Holozän, der erdgeschichtlichen Gegenwart) – in ständigem Kreislauf immer wieder nach genau demselben Muster abspielte: Dem Aufbau eines mächtigen Vulkankegels folgt dessen Unterminierung durch unterirdische Explosionen, die Einsturzkatastrophen hervorrufen. In ihrer Folge bildet sich eine weite *caldera,* in welche sich die See ergießt. Doch am Meeresgrund bleiben die unterirdischen Kräfte weiter am Werk. Unterseeische Schlote
Abb. 12 füllen die *caldera* nach und nach wieder mit Auswurfmaterial, abermals bildet sich ein Kegel, und das Spiel der Gewalten beginnt von neuem. So dürfte nach Ausweis der »unteren« Aschenschicht in den Tiefsee-Sedimentkernproben schon einmal zur Zeit des Mittleren Würm (Jungpleistozän), und zwar um 23000 v. Chr., ein derartig schwerer Ausbruch auf Thera stattgefunden haben. Beide Vulkane bilden heute kleine Gruppen von Inselfragmenten aus Fels und Tuff, die oberhalb des Meeresspiegels nicht mehr miteinander in Verbin-
Abb. 3, 8 dung stehen, und in beiden Fällen bilden die von früher übriggeblie-

benen Inselbruchstücke einen Ring um einen beständig wachsenden Vulkankegel. Im ganzen gesehen, besteht zwischen beiden Inselgebilden so kaum ein Unterschied.

Im Lauf von nur zwei Tagen (am 26. und 27. August 1883) verschwanden nicht weniger als 23 km² der alten Krakatauinsel – es war dies das Ergebnis einer Reihe unterirdischer Explosionen von wahrhaft verheerender Gewalt. Den brüllenden Donner der heftigsten Detonation, die sich am 27. August 1883 um 10 Uhr vormittags ereignete, hörte man noch an Orten wie Alice Springs in Mittelaustralien (ungefähr 3500 km vom Krakatau entfernt), auf der Insel Rodriguez (östlich von Mauritius [Maskarenen] und Madagaskar) sowie auf Ceylon und in Hinterindien bis hin nach Nordvietnam. Ja, dreieinhalbmal rund um den Erdball liefen atmosphärische Schockwellen, und noch 160 km vom Zentrum der Katastrophe entfernt rief der Explosionsdruck schwere Gebäudeschäden hervor. Seebebenwellen folgten den Explosionen, und nach dem furchtbarsten Donnerschlag raste eine Flutwelle durch die Sundastraße, deren Höhe nach zuverlässigen Quellen beim Leuchtfeuer Vlakke Hoek, das 88 km vom Krakatau entfernt ist, 17 m betrug. Nicht weniger als 300 Städte und Dörfer in den umliegenden Küstengebieten Javas und Sumatras wurden von der Flutkatastrophe aufs schwerste betroffen, und ein großer Teil der Bevölkerung – mehr als 36 000 Menschen – ertrank in den Wogen. Bis 240 km erstreckte sich in östlicher und westlicher Richtung die von der Explosionswolke verursachte Dunkelheit, Batavia (heute: Djakarta) und Buitenzorg (heute: Bogor) waren – 180 km vom Explosionsherd entfernt – in tiefste Finsternis gehüllt. Noch aus 1600 km Entfernung meldeten Schiffe feinen Aschenregen. Unmengen treibenden Bimssteins blockierte Häfen und füllte noch lange nach dem Ausbruch das Fahrwasser der Sundastraße, und noch manchen Monat danach sichteten Seeleute auf einem großen Teil des Indischen Ozeans beträchtliche Massen derartigen Auswurfmaterials, das auf den Wogen umhertrieb.

Tafeln 32, 33
Abb. 10
Abb. 11
Abb. 10
Abb. 8

Nach der Analyse bestand die Krakatau-Asche zu 95 Prozent aus feinem vulkanischem Glas. Weiß ist auch die Thera-*tephra,* und ihr Vulkanglasgehalt beträgt 97 Prozent. In der Regel sind es besonders heftige, explosionsartige Ausbrüche, von denen Asche dieser Be-

schaffenheit und Farbe herzurühren pflegt, Ausbrüche nach langen Ruheperioden. Weitere Anhaltspunkte für die Heftigkeit der Thera-Eruption ergeben sich aus der Verbreitung dieses feinen Auswurfmaterials. Und zwar muß die *tephra* in große Höhen geschleudert und in den oberen Schichten der Atmosphäre von Höhenströmungen
Abb. 13 von der Art der sommerlichen Etesien hauptsächlich nach Südosten getragen worden sein. Spuren von ihr lassen sich in einem Gebiet nachweisen, das die Fläche von nicht weniger als 300 000 km² bedeckt. An einer der Bohrstellen ergab die Tiefsee-Sedimentkernprobe für das Aschenlager eine Dicke von 212 cm – es handelt sich damit um die mächtigste Schicht dieser Art, die der Naturwissenschaft bisher bekannt ist. Noch immer 78 cm betrug die Aschenschichtstärke an derjenigen Probenstelle, die der Nordküste Kretas am nächsten lag.

Obwohl Jahrtausende hindurch Erosion am Werk war, lasten noch immer Aschenschichten auf Thera, die sich stellenweise mehr als 60 m hoch auftürmen und deren Stärke anderswo vielfach zwischen
Tafel II 20 und 30 m beträgt. In der Hauptsache wurden sie während der Schlußphase der Eruption ausgeworfen, in der ungeheure Explosionen den Magmaherd unter dem Vulkan regelrecht entleerten, so daß ein riesiger Hohlraum entstand, dessen von den schrecklichen Explosionen erschütterte Decke zusammenbrach, zumal bei den furchtbaren Entladungen der zuvor im Innern der Kammer herrschende gewaltige Gasdruck entwichen war. Mit der Decke der Magmakammer stürzte ein großer Teil der Inselmitte in die Tiefe, und es bildete sich die *caldera*. Wie entsetzlich die Explosionen gewesen sein
Tafeln 16, 17 Abb. 3 müssen, ergibt sich aus der Tiefe der unterseeischen Einbrüche in der *caldera*, die stellenweise bis zu 400 m beträgt. Thera verlor ein Gebiet von schätzungsweise 83 km² Fläche; es ist dies fast viermal soviel Land, wie beim Ausbruch der Krakatau in die Tiefe sank. Dies muß zwar keinesfalls zwangsläufig die oft gehörte Folgerung haben, die Explosion des Thera-Vulkans sei viermal so stark gewesen wie die des Krakatau; doch war sie sehr wahrscheinlich mindestens ebenso stark, wenn nicht doch sogar stärker als diese. Man hat daher durchaus eine Explosion in Betracht zu ziehen, deren Donner noch von einem Ende des Mittelmeers bis zum andern hörbar war. Sicher-

lich führte die Druckwelle noch auf Kreta und den Thera umgebenden Inseln bis hin zu einer Entfernung von 150 km, wenn nicht noch viel weiter, zu Gebäudeschäden. Dicke Schwaden »zum Greifen dichter ägyptischer Finsternis«, möglicherweise mit Staub und Dämpfen untermischt, die jedem im Bereich dieser Wolken den Atem nahmen, dürften sich über einen Umkreis verbreitet haben, dessen Halbmesser mindestens 250 km betrug. Eruptionen dieser Schwere sind in der Regel auch von Gewittern begleitet: von elektrischen Entladungen, deren Heftigkeit die Bezeichnung »elektrische Stürme« rechtfertigt, desgleichen von wolkenbruchartigen Regengüssen. Als nächster Punkt ist die Zerstörungskraft der Seebebenwogen in Betracht zu ziehen, welche die letzte, kritische Ausbruchsphase begleitet haben müssen. Welchen Formats diese Flutwellen waren, dafür liegt nur ein einziger unmittelbarer Anhalt vor: Auf Theras östlicher Nachbarinsel Anáphe (Anáfi) befindet sich eine 5 m dicke Bimssteinanschwemmung am oberen Ende eines Tales, das nicht weniger als 250 m über dem Meeresspiegel liegt. Tatsächlich war in historischer Zeit jede seismische und vulkanische Tätigkeit auf Thera von *tsunami* begleitet, welche die Küsten des umliegenden Seegebiets in Mitleidenschaft zogen. Es ist daher wohl so gut wie erwiesen, daß auch jene Zuckungen der Erdkruste, unter denen die alte Insel in den Fluten verschwand, als sich die *caldera* bildete, einen ungeheuren Aufruhr der Fluten hervorriefen. Die See rings um Thera ist tief, besonders gegen Kreta hin. Man wird sich daher wahre Wasserberge vorzustellen haben, vielleicht 60 bis 100 m hoch, die mit einer Geschwindigkeit bis zu 160 km/Std. auf die Küste zurasten. Wahrscheinlich erlitt das volkreiche Küstengebiet Nordkretas mit seinen zahlreichen Ansiedlungen in Seenähe durch den Aufprall derartiger Wogen Schäden, die mit keinem geläufigen Maß zu messen waren, weil die Katastrophe zumindest alles damals Vorstellbare weit übertraf. Auch Häfen an der Ostküste Kretas, wie beispielsweise Kato Zakro, waren alles andere als unverwundbar. Flutkatastrophen, die nichts als Verwüstung hinterließen, mögen schließlich auch sämtliche Inseln und Küsten der mittleren Ägäis heimgesucht haben. Noch an den Ufern Siziliens im Westen, Syriens im Osten und im Nildelta dürfte man die Ausläufer jener Wogen gespürt haben, die mit un-

Abb. 14

vorstellbarer Wucht gegen Kretas Küsten geprallt sein müssen. Schließlich hat man an die Auswirkungen des Aschenregens zu denken, der ganz besonders über Mittel- und Ostkreta niedergegangen sein muß. Als das grauenvolle Dunkel der ungeheuren Eruptionswolke sich verzogen hatte, sahen die verzweifelten Überlebenden ihre Felder und Pflanzungen vom alles Leben erstickenden Leichentuch stark kieselsäurehaltiger Asche verhüllt. Nach höchst behutsamer Schätzung betrug die Stärke der Auswurfschicht noch immer nicht weniger als 10 cm, in Wirklichkeit mag sie jedoch sogar 75 cm oder mehr erreicht haben. Eine Aschenschicht von solcher Stärke vermag Bäume zu töten und Gebäude zum Einsturz zu bringen. Wie das Beispiel Islands und anderer Vulkangebiete lehrt, vermag ein solcher Aschenregen, der Pflanzenwelt schwerste Schäden zuzufügen, und eine Aschendecke von 10 cm reicht hin, Felder auf Jahre hinaus unfruchtbar zu machen. Nach all dem darf man wohl annehmen, daß Hunger und Seuchen auf Kreta und anderen Inseln damals mindestens ebenso viele Menschen dahinrafften wie die Flutkatastrophe zuvor.

Es fehlt nicht an archäologischen Grabungen, deren Befunde dafür sprechen, daß die Thera-Katastrophe sich tatsächlich so oder ähnlich
Tafeln VI–XIII
abspielte. So fand man in allererster Linie auf Therasia und Thera selbst Überreste bronzezeitlicher Ansiedlungen, die in aller Hast evakuiert und dann unter Bimsstein- und Aschenmassen begraben worden waren. Keramikfunde und andere Stücke wie zum Beispiel
Tafel 43
Freskenfragmente sowie eine mit Einlegearbeit versehene Dolchklinge zeigen, daß es sich um Ansiedlungen kykladischen Typs handelte, die jedoch stark unter minoischem Kultureinfluß standen. Weiterhin hat man in diesem Zusammenhang an jene an vielen Punkten Kretas nachweisbare Zerstörung kretischer Paläste, Herrensitze, Städte und Dörfer zu denken, die alle zum gleichen Zeitpunkt in Trümmer gesunken sein müssen. Wie es scheint, blieb Knossos' Palast erhalten, doch zumindest ein massives Bauwerk in seiner Nähe wurde damals gleichfalls zerstört und nicht wieder aufgebaut.
Tafel 75
Außerhalb Kretas lassen sich Zerstörungen in minoischen Kolonien, so Ayia Irini (Hágia Eirēnē) auf Kéōs und Trianda auf Rhodos, nachweisen, gleichzeitig wurden minoische Überseebasen wie Kythēra

(südwestlich von Kap Malea, der Südspitze der Peloponnes) aufgegeben.

Wann ereignete sich all dieses? Von der Chronologie des Thera-Ausbruchs war bereits die Rede (vgl. S. 93 ff.). Was das allgemeine und allgemein akzeptierte Rahmenwerk der Einteilung in eine früh-, mittel- und spätminoische Phase mit all ihren Unterstufen angeht, so beruht dieses weitgehend auf dem Vorhandensein unterschiedlicher Keramikstile, deren Auftreten in Relation zum Datengerüst der ägyptischen Geschichte gesetzt wurde. Keine Erörterung minoischer Zeit kann auf dieses Rahmenwerk verzichten, doch seiner Anwendbarkeit sind im Hinblick auf das hier zur Debatte stehende Problem Grenzen gesetzt. Alles weist darauf hin, daß sich die Katastrophe zur Zeit der Unterstufe I der spätminoischen Periode ereignete; feinere Unterscheidungen jedoch, so ob sie zur Zeit der Phase spätminoisch I A oder spätminoisch I B stattfand, lassen sich nur mit Schwierigkeiten treffen. Wie es scheint, überlagerten die beiden Keramikstile (Spätminoisch I A und B) einander in nicht unbeträchtlichem Umfang, und zwar besonders außerhalb von Knossos und außerhalb von Kreta selbst. Und was Knossos angeht, so fehlte vor den Funden, die 1961 glückten, jeder Hinweis, daß es in der dortigen Keramik überhaupt eine spätminoische I B-Stilphase gab. Außerdem besteht eine gewisse Unklarheit über den Stil der spätminoischen Stufe II, insbesondere darüber, wie er dem Stil der Phase I zeitlich zuzuordnen sei. Nach Ansicht des Verfassers folgte der Stil der spätminoischen Stufe II (der sogenannte »Palaststil«) in Knossos der spätminoischen I B-Phase; es handelte sich um Keramik, die unter den ersten griechischen Machthabern von Knossos' Palastwerkstätten hergestellt wurde. Bis etwa 1400 v. Chr. dauerte wohl die fragliche Stilperiode, erst dann wurde der SM II-Stil überall auf Kreta vom Stil der spätminoischen Stufe III abgelöst. Abb. 6

Sicherlich hat es seine Bedeutung, daß man an keiner der Stätten, die von der großen Welle allgemeiner Verwüstung betroffen wurden, Keramik der spätminoischen Stufe II gefunden hat. Vielmehr erbrachten all die betreffenden Plätze nur Keramik der spätminoischen Stilphasen I A und I B (oder eine Mischung beider). Als plausibelste Erklärung dafür bietet sich an, daß die Zerstörung stattfand, als es

noch keine Tonware der Stufe II gab – mithin gegen oder unmittelbar am Ende der Stilperiode I B. Vielleicht führte die Katastrophe, welche Kreta heimgesucht hatte, dazu, daß noch beträchtliche Zeit danach nirgendwo auf Kreta – außer in Knossos – feine, bemalte Keramik hergestellt wurde. Demnach fiele der katastrophale Höhe- und Endpunkt der damaligen Vulkantätigkeit auf Thera zeitlich mit dem Ende der spätminoischen I B-Keramikstilphase zusammen. Evans, der überhaupt nichts von der Thera-Hypothese hielt, wies dies in die Zeit um 1450 v. Chr. Schachermeyr, den die Thera-Hypothese nicht überzeugt, setzte es zwanzig Jahre früher, um 1470 v. Chr., an. Hood scheint an die Zeit um 1460 zu denken. Der Verfasser möchte sich für den frühesten dieser drei Zeitansätze entscheiden. Seine Auffassung stützt sich nicht auf Folgerungen, denen die Keramikfunde als Grundlage dienen, sondern auf Rückschlüsse auf die damalige Vulkantätigkeit. Alles, was sich an Anhaltspunkten zusammentragen läßt, scheint eher auf einen kürzeren als auf einen längeren Zeitraum zwischen dem Anfang und dem Ende der damaligen Thera-Eruption hinzudeuten. Aus diesem Grunde möchte der Verfasser das Enddatum so nahe wie möglich an das Jahr 1500 v. Chr. zurückverlegen, da nach dem zur Zeit vorliegenden Material der Beginn jenes Ausbruchs etwa um 1500 v. Chr. anzusetzen ist. Für einen sehr wichtigen chronologischen Hinweis hält der Verfasser die Tatsache, daß sich auf den Darstellungen von Keftiu-
Abb. 20 Leuten im Grab des RechmiRe zu Theben Übermalungen nachweisen lassen (vgl. S. 233). Wie es heißt, wurden diese zwischen 1460 und 1450 v. Chr. vorgenommen. Der Verfasser stimmt der Ansicht zu, daß man diese Übermalungen als Zeichen diplomatischer Anerkennung eines neuen – und zwar griechischen – Regimes in Knossos zu betrachten hat. Ja, er würde so weit gehen, den Machtwechsel als Folge der Vulkankatastrophe zu bezeichnen. Wenn die im Zusammenhang mit dem RechmiRe-Grab gemachten Zeitangaben zutreffen, dürfte man nicht sehr fehl gehen, wenn man den kritischen Höhe- und Endpunkt der Thera-Katastrophe in die Zeit um 1470 v. Chr. weist.

Doch wenn dies der Endpunkt der damaligen Vulkantätigkeit auf Thera war, wann hat man sich dann ihren Anfang vorzustellen?

Analog zum Krakatau hätte man nur einige wenige Monate zwischen erstem Ausbruch und katastrophalem Höhepunkt anzunehmen. Im allgemeinen jedoch hält man den damaligen Zeitabstand zwischen beiden Punkten für wesentlich größer. Es müßte möglich sein, das Anfangsdatum aufgrund des letzten datierbaren Gegenstandes festzulegen, der sich unter der untersten Bimssteinschicht gefunden hat. Nach Auffassung eines der Sachkundigen, die im Zusammenhang hiermit gehört zu werden verdienen, ist dies ein Krug, dessen Muster einem mykenischen Stück aus dem 15. Jahrhundert v. Chr. ähnelt, das man in Lachisch (heute: Tell ed-Duweir in Süd-west-Palästina) gefunden hat (vgl. S. 97). Andererseits hat sich Spyridon Marinatos stets für die Zeit um 1520 v. Chr. ausgesprochen, obwohl er nach den von ihm im Jahre 1967 bei Akrotiri durchgeführten Grabungen bereit ist, auch bis 1500 v. Chr. herabzugehen. Bisher zeigt keiner der Funde auf Thera deutlichen Einfluß der spätminoischen I B-Keramikstilphase. Ändert sich dies auch nach künftigen, umfangreicheren Grabungen nicht, so würde dies Marinatos' Auffassung beträchtlich stärken. Nach dem auf der Halbwertzeit 5730 beruhenden ^{14}C-Datum muß das Holz des 1967 auf Thera gefundenen Baumstumpfs um 1559 v. Chr. (± 44 Jahre) abgestorben sein. Beim Unsicherheitsfaktor von ± 44 Jahren ergibt sich damit als Untergrenze des fraglichen Zeitraums das Jahr 1516 v. Chr.; doch muß man sich fragen, ob die Methode zuverlässig genug ist, um diese Jahreszahl als absolut unterste Zeitgrenze für den Beginn des Ausbruchs anzusehen.

Tafeln 28, 29

Nach dem geologischen Befund muß durchaus eine gewisse Zeitlücke zwischen den früheren Phasen der damaligen Eruption und ihrer Schlußphase bestanden haben. Deutlich sind die tieferen Auswurflagen in Schichten gegliedert, die unmittelbar unterhalb der mächtigen Bänke feiner, weißer Asche auch Erosionsspuren erkennen lassen. Von Bedeutung für die Beantwortung dieser Frage ist auch das Ergebnis der Kernprobe 50, doch leider besteht über dessen Deutung noch keineswegs Einmütigkeit (vgl. S. 129). Sowohl Fouqué als auch Reck setzen voraus, daß der Zeitabstand zwischen Anfang und Ende des Ausbruchs eher Jahre als Monate betrug, doch keiner von beiden legt sich auf eine bestimmte Jahreszahl fest. Es wird weiterer

Tafel 19

Untersuchung der *tephra*-Schichten Theras sowie weiterer Tiefsee-Sedimentkernproben bedürfen, bis dieses Problem gelöst werden kann.

Tafel 55

Auch einige Ergebnisse der 1967 auf Thera durchgeführten Grabungen berühren das hier zur Debatte stehende Problem. So fand Marinatos eine massive Steinmauer, die, wie es scheint, auf dem aus der ersten Ausbruchsphase stammenden Bimssteinlager ruht. Dies ließ ihn fragen, ob nicht vielleicht Einwohner Theras in einer längeren Ruhepause zwischen den Ausbrüchen auf ihre Insel zurückgekehrt waren und mit ihrer Wiederbesiedlung begonnen hatten, bevor es zur letzten, alles vernichtenden Katastrophe kam. Außerdem bemerkte Marinatos Flecken einer braunen Masse auf der Oberfläche der Schicht gröberen Bimssteins, über die sich dann später die feine, weiße Asche legte. Daraus ergibt sich die Folgerung, daß über die gröbere Bimssteinschicht hinausragende Schlammziegel-Mauerpartien Zeit hatten, langsam zu zerfallen, bevor der furchtbarste, letzte Ausbruch des Vulkans alles viele Meter hoch mit Asche überschüttete (vgl. S. 191).

Bis zum Erweis des Gegenteils durch Neufunde auf Thera oder anderswo läßt sich nur feststellen, daß die Annahme einer Zeitlücke von 25 bis 30 Jahren sich vorzüglich zu den 1961 in Knossos geglückten Funden fügt (von denen oben auf den S. 100–105 die Rede war). Es geht dabei um Scherben der I A-Phase des spätminoischen Keramikstils, die man unter einem Fußboden fand, auf dem seinerseits Gefäßreste des vollentwickelten spätminoischen I B-Stils lagen. Für die Entwicklung des neuen Stils hat man wohl 25–30 Jahre anzusetzen. Damit läßt sich das Lager spätminoischer I A-Scherben zeitlich dem ersten Thera-Ausbruch zuordnen, das I B-Lager dagegen der Katastrophe, in der die Tätigkeit des Thera-Vulkans damals gipfelte. Auch dies deutete auf die angenommene Zeitspanne zwischen 1500 und 1470 v. Chr. hin.

Im folgenden nun noch ein geraffter Überblick über jene Stellen aus griechischen Historikern sowie aus der Dichtung und Mythologie, die der Verfasser angeführt hat, weil sie seiner Ansicht nach auf das Thera-Desaster und seine Auswirkungen auf das Leben im ägäischen Raum Bezug haben könnten.

Zunächst ist in diesem Zusammenhang die von Herodot weitergegebene Überlieferung zu erwähnen, nach der Kreta eine gewisse Zeit vor dem Troianischen Krieg »entvölkert« war und unter anderem von Griechen neu besiedelt wurde (vgl. S. 222). Diese Überlieferung ging auf die Praisier zurück, bei denen es sich um »echte« Kreter handelte, die ihre Selbständigkeit bis weit in die Zeit des Hellenismus hinein wahrten und ebenso lange auch an ihrer eigenen, nichtgriechischen Sprache festhielten. Streng genommen, gibt Herodot keine Ursache der Entvölkerung an (wenn man vom Rachefeldzug der Minoer nach Sizilien absieht, der sich so ausnimmt, als hätte Herodot ihn stillschweigend als Grund des Bevölkerungsverlustes Kretas betrachtet); doch angesichts der Quelle, aus der Herodot die betreffenden Nachrichten bezog, ist es sehr wohl möglich, daß sein Bericht im Kern eine echte Erinnerung an die durch Seebebenwellen verursachten Verluste an Menschenleben sowie an den *fall-out* vulkanischer Asche enthält, der große Teile der Bevölkerung Kretas, soweit sie die anderen Auswirkungen der Thera-Katastrophe überlebt hatten, von ihren Wohnstätten vertrieben haben muß.

Der Verfasser stimmt mit den Verfechtern der Ansicht überein, die Phaiaken-Erzählung der Odyssee zeichne bis zu einem gewissen Grade ein Bild des Lebens im minoischen Kreta – ein Bild des Lebens auf einer Kulturstufe, die in jenen Wogen unterging, welche als Begleiterscheinung des Thera-Ausbruchs die Küstengebiete der Minos-Insel heimsuchten und dort allgemeine Verwüstung hinterließen (vgl. S. 258 ff.). Daher mißt der Verfasser jenen Stellen der Odyssee (13, 152; 158; 177 und 183) größte Bedeutung zu, wo mit recht dunklen Worten davon die Rede ist, Poseidon wolle die Stadt der Phaiaken mit einem Berg »bedecken« oder »zuschütten«. Es könnte etwas von einer vagen, mißverstandenen Anspielung auf Folgen der Thera-Katastrophe in diesen Worten sein: Man denke an die minoische Kolonie auf Thera, die verschüttet wurde, an die Verstopfung minoischer Häfen durch Massen treibenden Bimssteins, an den *fall-out* vulkanischer Asche über Kreta oder an »bergeshohe« Wogen – »Berge Poseidons«? –, die sich auf minoische Inselstützpunkte bzw. kretische Küstenorte stürzten.

Ein alter Bestandteil griechischer epischer Tradition ist der Argonautenstoff. Immer wieder betrachtet man die Argonautenerzählung als sagenhaft ausgeschmückten Bericht frühgriechischer Entdeckungsreisen, und zwar insbesondere ins Schwarzmeergebiet. Daher ist keineswegs völlig ausgeschlossen, daß das eine oder andere Element dieser Erzählung bis in das 15. Jahrhundert v. Chr. zurückweist. Wie der Verfasser vermutet, gilt dies für Apollonios' Erwähnung jener rätselhaften, an das Chaos gemahnenden Finsternis, die Iason und seine Begleiter umfing, als sie von Kreta nach Anáphē (Anáfi) segelten (vgl. S. 246). Nach Ansicht des Verfassers könnte die betreffende Schilderung die Erinnerung an jene Finsternis widerspiegeln, die sich nach der Explosion der Insel Thera vom Herd der Katastrophe aus über einen Teil der Ägäis ausgebreitet haben dürfte. Beim Ausbruch des Krakatau hat es sich gezeigt, daß Schiffe sogar in recht großer Nähe des Katastrophenherds ohne schwerwiegende Havarie davonkommen können, daß vor allem Seebebenwellen sie fast unbemerkt unterlaufen. Vor allem, daß es das Seegebiet in der Nähe Theras war, wo die Argonauten von Finsternis überfallen wurden, legt den Schluß nahe, daß hier in der Tat eine echte Überlieferung ihren Niederschlag gefunden hat, die sich auf die Thera-Eruption, zumindest auf eine ihrer Begleiterscheinungen, bezieht.

Was die Deutung der Erzählung vom Riesen Talos angeht, so beruht sie zugegebenermaßen noch weit mehr auf Spekulation; doch zumindest erweckt die fragliche Episode den Anschein, als ob es um einen Mythos ginge, bei dessen Entstehen Vulkane Pate gestanden hätten (vgl. S. 244). Nach einem Zweig der Überlieferung war es Hephaistos, der Gott des Feuers, der Minos den Riesen zum Geschenk gemacht hatte. Talos war Kretas Wächter. Er stand auf einem Berggipfel und war aus »unzerbrechlicher Bronze«. Er schleuderte Steine (vulkanische »Bomben«?) auf vorbeifahrende Schiffe und gab nicht eher Ruhe, bevor der Lebenssaft aus seiner Ferse (Lava aus einem Nebenkrater?) floß. Talos' Sohn hieß Leukos; er soll den König von Knossos verraten, dessen Gemahlin und Kinder, darunter Kleisithera, die seine Braut war, umgebracht und zehn kretische Städte verwüstet haben. Ohne Zweifel gibt es manches Verblüffende an dieser Erzählung. Dazu gehört, daß der Inselname Thera Bestandteil des Namens Kleisithera ist und daß Leukos »der

Weiße« bedeutet. Es fügt sich nahtlos in das Bild eines Talos vulkanischen Charakters, daß der Riese einen »weißen« Sohn hatte, der Kreta verwüstete – man könnte meinen, dieser Sohn verkörpere nichts anderes als jene weiße Asche, die sich, »Ausgeburt« des Thera-Vulkans, alles erstickend über einen großen Teil Kretas gelegt haben muß.

Weitere Forschung wird klären müssen, ob man auch den Typhoeus-Typhon-Mythos (vgl. S. 256 f.) mit der Thera-Katastrophe in Zusammenhang bringen könnte. Gleich, ob bei Aischylos, Pindar oder anderswo – immer wieder findet man das Scheusal Typhoeus-Typhon im Zusammenhang mit vulkanischer Tätigkeit erwähnt. Hesiods Schilderung des Kampfes mit Zeus enthält eine lebendige Schilderung vom Schauplatz des Zweikampfes: nach allen Richtungen hin jagten Seebebenwogen davon. Vielleicht zeichnet sich hier – der Verfasser möchte es fast annehmen – eine Verbindung mit der von Herodot aus der Nildeltastadt Buto berichteten Tradition ab, daß Typhon (= Seth) dort umhergestrichen sei, um den Horusknaben zu suchen (vgl. S. 254), könnte es sich doch auch hierbei um eine in der Bildersprache mythischen Weltbegreifens formulierte Schilderung jener *tsunami* handeln, die nach dem großen Ausbruch des Thera wohl sogar noch das Nildelta überschwemmten.

Daß auch die Erwähnung schwimmender Inseln in der griechischen Sage (wie der Insel des Aiolos und vor allem der »sternhaften« Insel Asteríē-Delos) einen historischen Hintergrund haben könnte, erscheint durchaus nicht mehr so unmöglich wie vielleicht früher. Man braucht sich nur vor Augen zu halten, welche Massen treibenden Bimssteins noch Monate nach der Thera-Eruption auf den Fluten der Ägäis gesichtet worden sein müssen. Noch lange nach dem Krakatau-Ausbruch von 1883 verzeichneten Schiffstagebücher die Begegnung mit treibenden Bimssteinbänken im Indischen Ozean, deren Länge bis zu 40 km betrug. Nachrichten dieser Art könnten durchaus zur Bildung der Legende von der schwimmenden Insel Asteríē-Delos geführt haben, die Kallimachos mit großer Liebe zum Detail erzählt. Besondere Beachtung verdient, daß nach seiner Schilderung ein Gott einen Berg zerschmettert haben soll, und zwar mit einem Dreizack telchinischer Herkunft (was immerhin als Hinweis auf

Kreta gedeutet werden könnte). Weiterhin ist an der fraglichen Stelle von Inseln die Rede, die aus der Erdentiefe emporgehoben und ins Meer gerollt worden seien, und es heißt, die »sternengleiche« Insel Asteríē-Delos sei, wie ein Meteor, vom Himmel herab auf die Fluten gestürzt, auf denen umhertreibend man sie an den verschiedensten Stellen des Saronischen Golfes und der Zentral-Ägäis gesichtet habe (vgl. S. 251).

Griechenlands Mythen, deren historischer Kern zwar nicht immer auf der Hand liegt, deswegen jedoch durchaus nicht von vornherein abgestritten werden kann, enthalten eine Vielzahl von Anspielungen auf Flutkatastrophen, welche die Küstengebiete zu beiden Seiten der Ägäis betroffen haben müssen. Selbstverständlich fällt es schwer, den Zeitpunkt des Ereignisses zu bestimmen, auf das die fraglichen Anspielungen sich beziehen; ja es steht noch nicht einmal fest, ob all die betreffenden Stellen ein und dasselbe Ereignis meinen. Gleichviel – daß sie, alle zusammen, sich zu einem Bild der Auswirkungen des Thera-Ausbruchs von 1470 v. Chr., insonderheit der die Eruption begleitenden Flutkatastrophe fügen, liegt durchaus im Bereich des Möglichen. Sie kommen aus Attika, von den Küsten des Saronischen Golfs, aus der Argolis, von Rhodos, aus Lykien, dem Hinterland von Smyrna, der Troas und von Samothrake. Und in der rhodischen Überlieferung ist von Heliaden die Rede, in denen Myres[137] die minoischen Kolonisten erblickt, die sich auf dieser Insel niedergelassen hatten (vgl. S. 238 ff.).

Größere Schwierigkeiten bereitet es, die Deukalionische Flut mit diesen Überlieferungen in Zusammenhang zu bringen. Die historische Grundlage dieser Sage ist wohl in Boiotien (Böotien) zu suchen, wo es sicherlich im 2. Jahrtausend v. Chr. im Gebiet des Kopaissees größere Überschwemmungen gab. Ursache können ebenso ungewöhnlich heftige Regenfälle wie Erdbeben gewesen sein, die zur Verstopfung der natürlichen oder künstlichen Abflüsse führten, und beides – Wolkenbrüche ebenso wie Erdbeben – könnten durchaus neben gewissen Phasen des Thera-Ausbruchs einher gegangen sein. Immerhin verdient Beachtung, daß Manetho die Deukalionische Flut offensichtlich in die Herrschaftszeit Thutmosis' III. weist (vgl. S. 235 ff.).

Was die in vorliegender Untersuchung ausgebreitete Haupthypothese angeht, nach der der Übergang der Macht von Kreta auf das mykenische Griechenland unmittelbare Folge der Thera-Katastrophe war, so widerspricht ihr Thukydides zumindest nicht. Nach seiner Darstellung beherrschte Minos die Kykladen und hielt mit Hilfe seiner Flotte das Seeräuberunwesen in Schranken (Thuk. 1,4). Dies ist die klarste, entschiedenste Äußerung, die aus dem Griechenland des Altertums über die minoische Thalassokratie (Seeherrschaft) vorliegt, und sie bezieht sich wohl, wie der Verfasser meint, auf das 16. und das frühe 15. Jahrhundert v. Chr. Ergebnis der minoischen Vormacht war, wie Thukydides fortfährt, daß der Seehandel gedieh (Thuk. 1, 8, 2) und infolgedessen der Wohlstand der Küstenorte auf dem Festland wuchs, so daß sich befestigte Machtzentren bildeten, die »kleinere Städte« in ihre Abhängigkeit brachten (Thuk. 1, 8, 3). Dieser Zustand habe in Griechenland noch bestanden, als man später in den Troianischen Krieg gezogen sei (Thuk. 1, 8, 4). Ohne Thera auch nur ein einzigesmal zu erwähnen, zeigt Thukydides damit tatsächlich die Hauptlinien der spätbronzezeitlichen Geschichte des ägäischen Raumes auf – der Geschichte einer Zeit, da die *Pax Minoica* den mykenischen Griechen des Festlands die Möglichkeit zu militärischem Erstarken bot. Tafeln 83, 91, 92

Mancher Leser mag sich zweifelnd fragen, warum über die Thera-Katastrophe, wenn sie tatsächlich für die griechische Geschichte so große Bedeutung hatte, nicht klarere, unzweideutige Nachrichten vorliegen – beispielsweise in der griechischen Geschichtsschreibung. Ist nicht allzu vage, allzu zwielichtig, skizzenhaft und oft im ganzen fraglich, was sich an Äußerungen und Anspielungen zusammentragen läßt, die sich – möglicherweise – auf sie beziehen? Zwei Argumente seien diesen naheliegenden Einwänden entgegengehalten. Erstens: Griechische Überlieferung bewahrt ganz allgemein nur sehr wenig Erinnerungen an die Zeit des 15. Jahrhunderts v. Chr. Damals waren Griechen allenfalls erst im Begriff, etwas wie ein »Kollektivbewußtsein« zu entwickeln, doch dieser Prozeß war noch keineswegs weit fortgeschritten. Hauptsächlich weisen ihre Mythen- und Sagenkreise vielmehr in das 13. Jahrhundert v. Chr. zurück: Damals waren es Griechen, die unter Mykenes Führung eine der bedeutenderen

Rollen unter den Völkerschaften spielten, die das Schicksal des ägäischen Raums bestimmten. Doch (und dies ist bereits das zweite Gegenargument) selbst die Welt der mykenischen Kultur hat, vom Standpunkt des Historikers betrachtet, nur einen recht schwachen Nachhall im Gedächtnis späterer Griechengenerationen gefunden. Epische Dichtung war das wichtigste Bindeglied, das jene dunklen Jahrhunderte überbrückte, als man in griechischen Landen die einst auch schon von Griechen geübte Kunst des Schreibens (Linear B) vollständig vergessen hatte. Mit Hilfe der Stammbäume adliger Familien brachten griechische Chronographen einen annehmbaren Zeitansatz für den Troianischen Krieg zuwege; doch weiter in der Vergangenheit zu forschen, schien unmöglich, denn es gab nur wenig oder gar nichts, wo man ansetzen konnte. Daher darf es nicht allzusehr überraschen, daß es kaum eine klare Erinnerung an die Umstände gab, unter denen die Macht des minoischen Kreta zerbrochen war. Die Sage von Theseus und dem Minotauros kommt einer solchen Erinnerung noch am nächsten. Allerdings enthält sie keinerlei Hinweis auf die Thera-Katastrophe, wenn man von der angeblich auf Pherekydes zurückgehenden Behauptung absieht, Theseus habe den Boden der kretischen Schiffe eingetreten und sie so an seiner Verfolgung gehindert[138]. Hier allenfalls könnte, wer sich in seiner Hypothesenfreudigkeit durch nichts erschüttern läßt, eine Anspielung auf das Leckschlagen der kretischen Schiffe durch die von Thera ausgehenden *tsunami* erblicken. Andererseits schreibt die Atlantis-Legende den Untergang einer hochentwickelten Kultur einer Naturkatastrophe zu. Weil der Stoff dieser Erzählung jedoch seinen Weg über Ägypten genommen hatte, vermochte niemand mehr die Beziehung zu Kreta, und zwar zum Kreta der Vergangenheit, zu erkennen. Niemand kam auf den Gedanken, Atlantis mit dem minoischen Kreta in Verbindung zu bringen, und niemand *konnte* auch auf einen solchen Gedanken kommen, bevor in unserem Jahrhundert Spatenforschung mehr und mehr den Schleier entfernte, der zuvor die Leistungen kretischer Künstler und Techniker umgeben hatte.

Der Verfasser bezieht die Angaben über Atlantis' »Verschwinden« auf den Zusammenbruch der minoischen Vormachtstellung in der ägäischen Welt. Und schließlich war ja auch ein großer Teil des alten Thera buchstäblich in den Fluten versunken – nicht nur für die Menschen jener Zeit ein unerklärliches Ereignis von unheilvoller Bedeutung, das wohl in ägyptische Annalen einging und auch einen gewissen Niederschlag in der Argonautensage fand. Doch kommt dem Verfasser nicht in den Sinn, Atlantis auf dem Grund der heutigen *caldera*-Bucht Theras zu suchen. Nie war Thera Hauptstadt des von den minoischen Kretern beherrschten Reiches, und es dürfte schlechterdings unmöglich sein, in ihm die Metropole von Atlantis zu erblicken[139]. Nicht anders als Kythera, Keos und ein halbes Dutzend anderer auswärtiger Inselstützpunkte war Thera eine minoische »Überseebasis« und nichts weiter; und nach Ansicht des Verfassers fährt man besser, wenn man »das verlorene Atlantis« als historisches, nicht als geographisches Konzept betrachtet. Der Vulkan ließ Menschenansiedlungen auf Thera vom Erdboden verschwinden und machte die einst wohl blühende Insel zu einem Wrack. Was er Thera zufügte, mag noch immer erkennbar, ja mag eingehender Forschung unterworfen sein: Nichts zeugt stärker von der Zerstörungskraft jener spätbronzezeitlichen Eruption. Doch Theras Verwüstung ist vergleichsweise unbedeutend, hält man dagegen, wie sehr die Auswirkungen des Vulkanausbruchs die unter minoischem Einfluß stehende Inselwelt des Thera umgebenden Seegebiets in Mitleidenschaft zogen – nicht zuletzt das nur wenig mehr als 100 km im Süden von Thera liegende Kernland des minoischen Seereichs. Eine glänzende, hochentwickelte Kultur ging damals im Wüten der Elemente zugrunde. Die über das Land herfallenden Seebebenwogen waren jener »Meeresstier«, der Knossos' Herrscher heimsuchte.

Seit langem hatten die Ägypter eine gewisse Kenntnis der minoischen Seefahrer- und Händlerwelt, deren Lebensweise ihnen ein gewisses Staunen einflößte, war es doch eine Welt, die sich in vielem von der ihren unterschied, eine Welt, die ihnen in so vielem fremd war. Sicher registrierten sie manches, was sie an ihr bemerkenswert fanden, nicht zuletzt das durchaus nicht alltägliche Schicksal, das diese Welt schließlich ihren Blicken entrückte. Entstellt und verzerrt gelangte die Kunde davon schließlich zu Solon und wurde so zur Grundlage der von ihm skizzierten Atlantis-Erzählung, der Plato schließlich ihre endgültige Form gab.

Die Griechen waren ein viel zu junges Volk, um eine klare Erinnerung an die Thera-Katastrophe zu bewahren; doch besteht kaum Zweifel, daß die von ihnen getragene mykenische Welt größten Nutzen aus dem Zusammenbruch der minoischen zog. Als nach dem Ausbruch Kreta zur Wüste geworden war, strömten die Überlebenden der Katastrophe scharenweise in die westlich Peloponnes und sicher wohl auch in andere Gebiete Griechenlands. Töchter minoischer Edler (»Atlastöchter«) heirateten in die Familien mykenischer Kriegerfürsten ein. Minoische Architekten entwarfen die Paläste, die sich nun auf dem Festland erhoben, und minoische Maler schmückten sie mit Fresken. Minoische Schreiber machten das Griechisch ihrer neuen mykenischen Herren zur Schriftsprache. Wie ein Sauerteig muß sich das minoische Element auf die geistige Entwicklung jener frühgriechischen Träger der mykenischen Kultur ausgewirkt haben. Nicht zuletzt trug die minoische Religion einen nicht unerheblichen Teil zur Bildung der religiösen Vorstellungen des Griechentums bei.

Tafeln 91, 92

Viel von diesem Kulturerbe ging im Zusammenbruch der mykenischen Welt am Ende der Bronzezeit verloren. Doch ein gewisser Restbestand überdauerte ohne Zweifel die dunklen Jahrhunderte der Folgezeit und trug das Seine zur Bereicherung der späteren Kultur der klassischen Antike bei. Der Verfasser kann sich des Eindrucks nicht erwehren, daß etwas von jenem Geist, der später die Ionier auszeichnen sollte, bereits in dem stattlichen Palast der Neleiden zu Pylos lebte. Allerdings vermochten die Griechen des klassischen Zeitalters, so stolz sie auch auf die Heroen der Vergangenheit zurückblicken mochten, nicht mehr klar zu erkennen, was und wieviel sie der minoischen Kultur verdankten. Gewiß – manche ihrer Mythen hatten eine leichte minoische Färbung: Man denke an Minos, den Unterweltsrichter, an seinen Bruder Rhadamanthys, Totenrichter gleich ihm, an die Geburt und den Tod des Zeus – doch die letztgenannte Göttersage diente nur dazu, alle Kreter als Lügner zu brandmarken. In Vergessenheit waren die historischen Gegebenheiten der minoischen Welt geraten, so weit in Vergessenheit, daß man nicht mehr imstande war, ihre Spur in der Atlantis-Legende zu erkennen.

In anderer Hinsicht freilich war jene so ferne Welt durchaus nicht in Vergessenheit geraten. Dunkel erinnerte man sich noch daran, daß es in weit zurückliegender Vorzeit Zeitalter des Friedens und Wohlstandes gegeben hatte, und dieses vage Erinnern fand seinen Niederschlag im Mythos, der von Goldenen und Silbernen Zeitaltern zu berichten wußte, die kriegerischeren Eisen- und Bronzeären vorangingen. Wenn überhaupt, traf das Wort vom »Frieden in den Mauern und Fülle in den Palästen« auf Altkreta zu. Ein ahnungsvolles Erinnern daran blieb wohl im gesamten Altertum lebendig und erfüllte auch die Griechen der klassischen Zeit mit einer gewissen wehmütigen Vergangenheitssehnsucht. Selbst wir noch können uns angesichts all der Anmut, die den Zeugnissen von Kretas einstiger Blüte eigen ist, nicht des Gefühls eines persönlichen Verlustes erwehren, wenn wir uns das plötzliche Ende dieser blühenden Kultur ins Bewußtsein rufen. Minoische Kultur kannte keinen langsamen Niedergang, keinen Verfall. Mitten in ihrer Blüte wurde sie durch eine plötzliche Katastrophe dahingerafft. Sie ließe sich einem graziösen Bauwerk vergleichen, das der Urgewalt eines heftigen Sturmes nicht standzuhalten vermochte. Auf ihrem Grabstein könnten Shakespeares Worte stehen: Tafeln 8–11, 83

»Wie trotzt die Schönheit solcher finstern Wut,
Da sie nicht stärker als ein Blütenschimmer?« Tafeln 35, 36

Doch nicht alles war verloren. Gleich einem vom Feuer versengten Ölbaum schien auch minoische Kultur zunächst tot, doch brachte sie bald wieder neue lebenskräftige Triebe hervor – nun im Schatten mykenischer Burgen. Und es ist wohl kein Zufall, daß später das inzwischen von Doriern besiedelte Kreta archaischer Zeit wegen der Vorzüglichkeit, mit der sein Staatswesen geordnet war, in ganz besonders gutem Ruf stand. Jener uralte Stamm, den man lange, friedliche Jahrhunderte hindurch mit soviel liebevoller Fürsorge gepflegt hatte, ließ sich nicht so leicht mit der Wurzel ausreißen. Und so manches Reis von ihm wurde auf das griechische Festland verpflanzt, wo es neue Wurzeln schlug und neue Blüten hervorbrachte.

Platos Atlantis-Erzählung

Vorbemerkung des Übersetzers

Unter dem Namen Platos (427–347 v. Chr.) sind 35 philosophische Schriften in Dialogform sowie eine Sammlung von 13 Briefen und eine Anzahl Epigramme überliefert (vgl. die Erläuterung zu Tafel 1). Allerdings bestehen bei einigen dieser Schriften noch immer Zweifel an ihrer Echtheit. Zu den von Platos unmittelbarem Schüler Aristoteles erwähnten und daher sicher echten Dialogen zählt der *Timaios.* Er und der unvollendete *Kritias,* beides Alterswerke Platos, enthalten die *Atlantis*-Erzählung. Die betreffenden Passagen beider Dialoge sind auf den folgenden Seiten wiedergegeben. In der englischen Originalfassung dieses Buches bedient der Verfasser sich der englischen Plato-Übersetzung von Benjamin Jowett (vgl. oben S. 23). Sie liegt auch der nachstehenden deutschen Übertragung zugrunde, doch hat der Übersetzer stets Platos griechischen Originalwortlaut in der von J. Burnet besorgten Oxfordausgabe sowie die deutschen Übertragungen von Hieronymus Müller (herausgegeben [und teilweise stark überarbeitet] von Walter F. Otto †, Ernesto Grassi und Gert Plamböck [1959; bisher letzter Abdruck 1966]) und Franz Susemihl mit herangezogen. Die am Rand gegebenen Zahlen und Buchstaben beziehen sich auf die Seiten und Abschnitte der dreibändigen Pariser Plato-Ausgabe von Henricus Stephanus (1578), nach der Plato noch immer zitiert wird. Der Übersetzer gibt auch sie nach der Burnetschen Oxfordausgabe wieder. Die Sprache der nachstehenden Übersetzungsproben mag manchem ein wenig altertümlich scheinen. Doch hat der Übersetzer sich bemüht, seinen Stil wenigstens von den allerältesten Zöpfen herkömmlicher Plato-Übertragungen freizuhalten, die Robert Neumann in seiner Parodie »Xymmachos« (Robert Neumann: *Mit fremden Federn* 1 [1950] 13–18) so treffend karikiert hat.

1. *Im ersten Auszug* (Timaios 20d–27a) *läßt Plato Kritias berichten, wie Solon einst in Ägypten von Atlantis erfuhr, und gibt einen kurzen Abriß des Atlantis-Stoffes:*

St. III Seite 20d KRITIAS: Was du jetzt hören wirst, Sokrates, ist wirklich wahr, wenn es auch seltsam klingt. Es stammt von Solon, der ja wohl von allen Sieben Weisen der weiseste war. Wie
e er selbst oft genug in seinen Gedichten sagt, war er der engste Freund und Vertraute meines Urgroßvaters Dropides, der, was er von ihm gehört hatte, an meinen Großvater Kritias weitergab, und diesem wiederum verdanke ich die Erzählung. Wie er sagte, leisteten die Athener des Altertums Erstaunliches, das alle Bewunderung verdient. Wir

wüßten nur nichts mehr davon, denn es sei zuviel Zeit vergangen, und die Menschen,
die die Überlieferung hätten weitertragen können, seien gestorben. Vor allem eine Tat
der Athener habe alles andere in den Schatten gestellt. Von ihr will ich nun berichten, 21a
und dies kommt mir nicht nur gelegen, um dir meinen Dank abzustatten, sondern auch
als eine Art Loblied auf die Göttin, deren Fest wir heute feiern.

Sokrates: Recht so! Doch welche Tat war es denn, die, wie Kritias unter Berufung
auf Solon erklärt, unsere Vorfahren nicht nur der Sage nach, sondern wirklich voll-
bracht haben sollen?

Kritias: Du sollst etwas aus altersgrauer Vergangenheit hören – alt war ja auch der
Mann, der es mir erzählt hat! Denn als Kritias damals mit mir sprach, war er, wie er
selbst sagte, an die neunzig Jahre alt, ich dagegen war gerade erst etwa zehn. Es war b
damals der Knabentag des Apaturienfestes. Wie üblich hatten unsere Väter Preise für
das Vortragen von Gedichten ausgesetzt. Wir Jungen trugen also Werke aller mög-
lichen Dichter vor, und ganz besonders viele hatten sich Dichtungen Solons ausgesucht,
die damals noch den Reiz der Neuheit hatten. Ob er nun wirklich so dachte oder nur
Kritias eine Freude machen wollte – jedenfalls erklärte plötzlich einer aus unserer
Phratrie: seiner Meinung nach sei Solon nicht nur ein wirklich bedeutender Geist, son- c
dern auch ein besonders begnadeter Dichter. Als der Alte das hörte, strahlte er – ich
erinnere mich noch gut –, und lächelnd sagte er: Mein lieber Amynandros! Hätte nur
Solon Zeit gehabt, sich wie andere Dichter ganz der Dichtung zu widmen, und hätte er
nur den Stoff fertig bearbeiten können, den er aus Ägypten mitbrachte! Leider zwangen
ihn nach seiner Rückkehr Unruhen und Aufstände, sich um andere Dinge zu kümmern.
Sonst wäre er nämlich, glaube ich, ein ebenso bedeutender Dichter geworden wie He- d
siod, Homer oder sonst irgendeiner.

Was für einen Stoff meinst du, Kritias? fragte Amynandros.

Es ging um das Größte, was Athen je vollbracht haben soll, um eine Tat, die wirklich
mehr als alles andere Lob verdient. Doch ist viel Zeit seitdem verstrichen, und die, die
jene Tat damals vollbrachten, sind zugrundegegangen. Sie ist daher in Vergessenheit
geraten, und keiner weiß mehr von ihr.

Erzähl' uns doch von Anfang bis Ende, bat Amynandros – wie und von wem hat
denn Solon von dieser Geschichte gehört und davon, daß sie wahr sein soll?

Darauf Kritias: Wo der Nil sich in seine Mündungsarme teilt, liegt das Gebiet von e
Saïs – Saïs ist die Hauptstadt der dortigen Gegend, und Saïs ist die Stadt, aus der
König Amasis stammte. Schutzpatronin dieser Stadt ist eine Göttin, auf ägyptisch heißt
sie Neith, doch versichern die Leute von Saïs, es sei keine andere Göttin als die, die wir
Hellenen in unserer Sprache Athene nennen. Die dortigen Bewohner erklären daher,
sie seien große Athenerfreunde und gewissermaßen mit uns stammverwandt. Dorthin
kam nun Solon, wie er erzählte, und wurde sehr ehrenvoll empfangen. Als er aber dort 22a
war, führte er mit den am meisten einschlägig bewanderten Priestern Gespräche, in
denen es um die Vergangenheit ging, und dabei blieb ihm die Erkenntnis nicht erspart,
daß er schlechterdings nichts von der Vorzeit wisse, und daß dies auch für alle anderen
Griechen gelte. So begann er beispielsweise einmal, um die Priester zum Reden zu brin-
gen, zu erzählen, was man bei uns für die allerälteste Überlieferung hält – von Phoro-
neus, dem, wie man sagt, »ersten Menschen«, von Niobe sowie von Deukalion und
Pyrrha, die als einzige die große Flut überlebt hätten. Er zählte ihre Nachkommen auf, b

überschlug die Zahl ihrer Lebensjahre und versuchte, so zu einer Zeitbestimmung der
Ereignisse zu kommen, von denen er sprach. Da antwortete ihm einer der Priester, ein
uralter Mann: Ach Solon, Solon! Ihr Hellenen seid doch nichts als Kinder! Einen
Griechen, der alt ist, gibt es nicht! – Was soll das heißen? wollte Solon wissen. Darauf
der Alte: Ich meine, daß ihr alle dem Verstande nach jung seid. Nichts von allem, was
ihr denkt, beruht auf althergebrachtem Wissen. Warum es so ist, kann ich dir sagen:
c immer wieder hat es aus verschiedensten Gründen Katastrophen gegeben, die ganze
Länder entvölkerten, und immer wieder wird es solche Katastrophen geben. Als beson-
ders gefährliche Naturgewalten haben sich dabei Feuer und Wasser gezeigt – doch gibt
es daneben zahllose andere Ursachen von geringerem Wirkungsgrad. Sogar bei euch hat
sich eine Überlieferung gehalten, nach der vorzeiten Helios' Sohn Phaethon alles durch
Feuer zerstörte, bis ihn selbst der Blitz erschlug. Er hatte versucht, so heißt es, den
Sonnenwagen seines Vaters zu steuern, war jedoch unfähig, ihn auf der vorgeschriebe-
nen Bahn zu halten. Das ganze sieht nach einem Mythos aus und hat doch einen wahren
d Hintergrund: eine veränderte Bewegung der die Erde umkreisenden Himmelskörper
und einen sich daraus ergebenden großen Weltbrand, der nach langen Zeitintervallen
immer regelmäßig wiederkehrt. Und wenn er wiederkehrt, sind diejenigen stärker ge-
fährdet, die auf hohen Bergen wohnen, überhaupt alle an hochgelegenen und trockenen
Orten, weniger dagegen die Anwohner von Flüssen und die Bevölkerung von Küsten-
gebieten. Uns schützt vor einer solchen Gefahr der Nil, der auch sonst unser Wohltäter
ist. Lassen andererseits die Götter eine reinigende Flut über die Erde kommen, so wer-
den es Hirten und Viehtreiber sein, die bei euch am ehesten mit dem Leben davon-
e kommen. Denn sie hausen ja hoch oben im Gebirge. Wer dagegen in euern Städten
wohnt, kann dann leicht ins Meer gerissen werden, wenn die Flüsse über ihre Ufer treten.
Bei uns dagegen stürzt niemals Wasser von oben auf das Land herab, weder bei einer
Überschwemmung, noch sonst irgendwann. Bei uns steigt es von unten herauf, und dies
gilt als der Grund, warum sich bei uns so lange hält, was wir aufbewahren. In Wirk-
lichkeit aber gibt es überall mehr oder weniger Menschen, wo nicht unerträglicher Frost
23a oder unerträgliche Hitze jedes Wohnen unmöglich machen. Und was immer bei euch,
bei uns oder in anderen uns bekannten Ländern geschehen ist – wenn es irgendwie
bedeutend und erwähnenswert war: wir haben es seit eh und je in unseren Tempeln
aufgezeichnet und diese Aufzeichnungen aufbewahrt. Ihr dagegen und die Bewohner
anderer Länder: ihr hattet immer gerade erst lesen, schreiben und alles andere gelernt,
was ein zivilisierter Mensch braucht, wenn wieder wie eine Epidemie nach der fest-
b gesetzten Frist die Flut vom Himmel stürzte und nur die Analphabeten und Unwissen-
den von euch am Leben ließ. So fielt ihr sozusagen wieder ins Kindesalter zurück und
mußtet von vorn anfangen. Und was sich in der Vergangenheit ereignet hatte, blieb
euch unbekannt – dies gilt ebenso für unsere wie auch für eure eigene Geschichte. Die
Geschlechterverzeichnisse, mein lieber Solon, die du hier vor uns durchgegangen bist,
sind deshalb nicht mehr wert als Kindermärchen. Ihr erinnert euch ja nur an eine
einzige Flutkatastrophe, und doch gab es schon vorher viele andere. Und ihr wißt ja
nicht, daß dort, wo ihr heute wohnt, ein Volk lebte, von dessen hervorragenden Eigen-
c schaften man gar nicht genug berichten kann. Du, Solon, und alle deine Mitbürger: ihr
stammt von diesem Volk ab, von dem ein kleiner Zweig den Untergang der übrigen
überstand. Und warum ist euch all dies unbekannt? Weil die Überlebenden viele Men-

schenalter hindurch nicht das geringste Schriftzeugnis hinterließen! Und doch, mein
lieber Solon: vor der furchtbarsten Flutkatastrophe, die je die Erde heimsuchte, gab es
eine Zeit, da tat die Stadt, die heute Athen heißt, sich im Krieg vor allen anderen her-
vor, und kein Staat war so hervorragend geordnet wie der der Athener. Man berichtet
wahre Großtaten von dieser Stadt, und kein Staat unter der Sonne habe sich mit ihr
vergleichen lassen, was ihren staatlichen Aufbau betraf. Solon erzählte, er habe sich d
über all das gewundert und die Priester inständig gebeten, ihm genau und der Reihe
nach von diesen früheren Bewohnern seiner Heimatstadt zu berichten. Gern will ich dir
von ihnen erzählen, habe der Priester geantwortet, und zwar nicht nur dir, sondern
auch deiner Heimatstadt zuliebe. Vor allem aber wegen der Göttin, die gemeinsame
Schutzpatronin, Herrin und Lehrmeisterin unserer beiden Städte ist. Ein Jahrtausend
früher wurde sie all dies für euch. Euren Samen erhielt sie von der Erdgöttin und e
Hephaistos. Tausend Jahre nach euch wurden dann auch wir ihr Volk, und nach unse-
ren heiligen Texten beträgt unser Alter 8000 Jahre. Doch wenn ich von den Menschen
rede, die vor 9000 Jahren bei euch lebten, dann sollst du auch von ihren Gesetzen
hören und erfahren, wodurch sie sich am meisten verdient gemacht haben. Die Einzel-
heiten wollen wir später der Reihe nach durchgehen, wenn wir dann im Tempel unsere 24a
schriftlichen Zeugnisse betrachten. Vom Aufbau ihres Staats kannst du dir eine Vor-
stellung anhand unserer Gesellschaftsstruktur machen, denn vieles bei uns heute ent-
spricht genau dem, was es damals bei euch gab. Zuerst ist der Priesterstand zu erwäh-
nen, der eine Kaste für sich bildet, danach kommen die Künstler, Handwerker, Tech-
niker, von denen sich jeder auf sein eigenes Metier beschränkt, außerdem gibt es eigene
Klassen der Hirten und der Landleute. Eine weitere Kaste für sich stellen die Krieger b
dar, denen das Gesetz vorschreibt, sich um nichts anderes als um militärische Dinge zu
kümmern. Doch die Übereinstimmungen gehen weiter: die Ausrüstung der Krieger be-
steht aus Schild und Speer, und von allen Bewohnern Asiens sind wir die ersten, denen
die Göttin Unterricht im Gebrauch dieser Waffen erteilt hat, ebenso wie ihr in eurem
Erdteil in dieser Hinsicht die ersten wart. Was schließlich den geistigen Aspekt angeht,
muß dir doch auffallen, wie sehr unsere Gesetzgebung schon in ihren Grundlagen be-
müht ist, aus allem, was mit der göttlichen Natur der Dinge zu tun hat, bis hin zur c
Wahrsagerei und zur Heilkunst, die der Gesundheit dient, das abzuleiten, was dem
Menschen zuträglich ist, wobei auch alles andere Wissen nicht zu kurz kommt, das
damit zusammenhängt. All dies verwirklichte die Göttin vorher bei eurer Staats-
gründung. Auch euern Geburtsort legte sie fest, denn ihr war klar, das bei euch herr-
schende milde Klima, das keinerlei Extreme kennt, werde die Entwicklung eines Men-
schenschlags mit besonderen Geistesgaben fördern. Und da sie den Mut ebenso d
schätzte wie den Geist, bestimmte sie euch ein Land zum Wohnsitz, von dem man
erwarten durfte, daß es Menschen hervorbringen würde, die ihr ähnlich waren. Dies
war der Grund, daß sie zuerst euerm Land seine Bewohner gab. Und diese führten nun
dort in einen hervorragend eingerichteten Staat unter Verhältnissen, wie sie nicht hätten
besser sein können, ein Leben, daß tatsächlich alle anderen Menschen zu ihnen auf-
blickten, wie sie es Nachkommen und Schülern einer Gottheit schuldig waren ...

... Hier schließt sich der oben auf den Seiten 23–25 wiedergegebene Abschnitt an. Anschließend fährt der Erzähler fort:

St. III 25e Damit habe ich dir, mein lieber Sokrates, in aller Kürze berichtet, was Kritias, der
damals schon alt war, mir von Solons Geschichte erzählte. Als du gestern über den
Staat und seine Bürger sprachst, fiel mir seine Erzählung wieder ein, und ich staunte
über den seltsamen Zufall, der dich in so vielen Einzelheiten den Worten Solons so
26a nahekommen ließ. Doch wollte ich nicht gleich mit dem herausrücken, was mir einge-
fallen war: zuviel Zeit war vergangen, und ich konnte mich nicht gleich wieder an alles
erinnern. Ich hielt es für besser, erst einmal mit mir selbst ins Reine zu kommen, erst
dann wollte ich sagen, was ich wußte. Daher kam dein gestriger Vorschlag recht und ich
stimmte ihm zu, denn wenn es meistens auch recht schwierig ist, eine Erzählung zu
finden, die als Gesprächsbasis geeignet ist, so glaubte ich doch, diesmal eine passende
gefunden zu haben.

Ich habe daher – Hermokrates hat ja schon davon gesprochen – die Geschichte gestern
auf dem Heimweg erst einmal denen erzählt, die mich begleiteten, freilich nur so, wie
b ich sie noch in Erinnerung hatte. Als wir dann auseinandergegangen waren, habe ich
noch fast die ganze Nacht über sie nachgedacht. Doch im Lauf der Zeit fiel mir so
ziemlich alles wieder ein. Es heißt ja, man merke sich das am besten, was man als
junger Mensch gehört hat – es muß wohl wirklich so sein: ich könnte nämlich kaum
behaupten, daß ich mich an alles erinnern könnte, worüber wir gestern gesprochen
haben. Dagegen sollte es mich wirklich wundern, wenn ich etwas von dem vergessen
hätte, was ich damals von meinem Großvater gehört habe, und doch ist inzwischen so
viel Zeit vergangen. Allerdings – ich hörte damals meinem Großvater mit einer Be-
c geisterung zu, wie man sie nur als Kind hat, und ihm machte es sichtlich Spaß, mir zu
erzählen. Immer und immer wieder stellte ich ihm Fragen, und er fing mit unerschüt-
terlicher Geduld immer wieder von vorn an, bis ich alles unauslöschlich meinem Ge-
dächtnis eingebrannt hatte. Und sofort am nächsten Morgen erzählte ich, was ich gehört
hatte, meinen Kameraden, damit sie es weitererzählen konnten. Doch jetzt, Sokrates,
bin ich bereit, dir alles zu berichten: nicht nur in großen Umrissen, sondern mit allen
Einzelheiten, wie ich selbst damals die Geschichte gehört habe. Die Stadt, von der du
gestern gesprochen hast, wird Gestalt annehmen, und ihre Bürger werden Fleisch und
d Blut bekommen. Ich werde dein Phantasiebild nach Athen verlegen und behaupte: die
Bürger, von denen du sprachst, waren unsere leibhaftigen Vorfahren, wie jener alte
Priester versichert hat. Man wird den Eindruck haben, diese Rolle sei für sie wie
geschaffen, so daß wir ganz gewiß keinen Mißgriff tun werden, wenn wir von dieser
Voraussetzung ausgehen. So wollen wir uns mit vereinten Kräften ans Werk machen
und versuchen, mit der Aufgabe fertig zu werden, die du gestellt hast. Bei dir, Sokrates,
liegt die Entscheidung, ob meine Erzählung nach unserem Sinn ist, oder ob wir uns
e nach einer anderen umsehen müssen.

SOKRATES: Was für eine andere Geschichte sollten wir finden, mein lieber Kritias? Oder
weißt du vielleicht eine, die besser zum heutigen Feiertag paßt und außerdem den
großen Vorteil hat, keine Erfindung, sondern wahr zu sein? Wie oder wo sollten wir
eine finden, wenn uns diese nicht gefällt? Wir finden keine, und deshalb mußt du erzäh-
27a len! Mach's gut! Ich habe gestern geredet und werde heute in Ruhe zuhören.

2. *Im zweiten Auszug* (Kritias 108c–109a *sowie* 113a bis Ende) *schildert Kritias Atlantis weit ausführlicher:*

KRITIAS: Ja Mut, mein lieber Hermokrates! Du bist als letzter an der Reihe und hast St. III Seite 108c
einen Vordermann! Bald wird es dir genauso gehen wie mir. Aber ich nehme deine
guten Worte und deine Aufmunterung gern an. Allerdings: außer den Göttern, von d
denen du gesprochen hast, möchte ich auch noch alle anderen anrufen, ganz besonders aber Mnemosyne. Denn es hängt ja fast allein von ihrem Wohlwollen ab, ob ich meine Aufgabe als Erzähler erfülle. Wenn mich nur mein Gedächtnis nicht im Stich läßt und ich mich an genug von dem erinnere, was einst die Priester Solon erzählten und was dann Solon aus Ägypten mitbrachte, dann werden meine Zuhörer schon mit mir zufrieden sein. Doch nun genug. Ich will beginnen!

Zuerst ein Hinweis: seit der Krieg zwischen den diesseits und jenseits der Säulen des e
Herakles Wohnenden stattgefunden haben soll, von dem ich erzählen werde, sollen neuntausend Jahre verstrichen sein. Die eine der beiden kämpfenden Parteien stand unter Kommando von Athen, das die Hauptlast des Kampfes trug, die andere unter dem der Könige von Atlantis. Man erinnere sich: Atlantis war ja damals noch nicht im Meer versunken. Es war, wie ich sagte, größer als Libyen und Asien zusammen. Später ging es dann infolge eines Erdbebens unter und wurde zu einer unüberwindlichen Schlamm-
barriere für alle, die den außerhalb der Säulen des Herakles liegenden Ozean zu über- 109a
queren versuchen. Wie es sich ergibt, wird nach und nach von verschiedensten Barbarenvölkern und Hellenenstämmen die Rede sein, die damals lebten. Vor allem aber muß ich von den damaligen Athenern und ihren damaligen Kriegsgegnern sprechen, von den herrschenden Machtverhältnissen und dem Aufbau beider Staaten, und zwar will ich mit den Athenern beginnen.

Im folgenden gibt Kritias eine detaillierte Schilderung der vorgeschichtlichen Verhältnisse Athens und Attikas. Dieser Abschnitt kann hier übergangen werden. Für die Erörterung des Atlantis-Problems ist er kaum von Interesse. Anschließend geht der Erzähler wie folgt zum Atlantis-Bericht Solons über:

Eine kurze Vorbemerkung, bevor ich meine Erzählung fortsetze: man wundre sich St. III 113a
nicht, wenn man hört, daß ich Ausländern griechische Namen gebe. Das hat keinen anderen Grund als diesen: Solon hatte die Absicht, den Atlantisstoff dichterisch auszuwerten, und erkundigte sich nach der Bedeutung der einzelnen Namen. Dabei merkte er, daß die Alten sie bei der Aufzeichnung erst in ihre Sprache übersetzt hatten. Er
brauchte sie also nur seinerseits sinngemäß ins Griechische zu übertragen. Mein Groß- b
vater hatte das Originalmanuskript mit seinen entsprechenden Notizen, und auch ich besitze es noch und habe es, als ich jung war, ausführlich studiert. Ihr dürft also nicht überrascht sein, wenn ihr Namen hört, wie sie auch bei uns durchaus üblich sind; ihr wißt ja nun, wie sie zustandegekommen sind. Die – übrigens sehr lange – Erzählung begann folgendermaßen:

Schon vorher, als ich von der Landverlosung unter den Göttern sprach (*Kritias* 109b),
sagte ich, die Götter hätten die gesamte Erde in größere oder kleinere Landstücke auf- c
geteilt, sich Tempel errichten lassen und Opferkulte eingesetzt. Poseidon war damals

die Insel Atlantis zugefallen. Hier gebar ihm eine sterbliche Frau Kinder, und diese
Kinder siedelte er an einer Stelle der Insel an, die ich jetzt beschreiben will. Und zwar
gab es hier an der See – etwa in der Mitte der gesamten Küstenlinie – eine Ebene, von
der es heißt, sie sei reizvoller und fruchtbarer als jedes andere Flachland gewesen.
Unweit von ihr erhob sich – gleichfalls ungefähr in der Mitte der Insel, fünfzig Stadien
von der See entfernt – ein nirgendwo besonders hoher Hügel. Hier wohnte einer der
d erdentsprossenen Insel-Ureinwohner namens Euenor mit seinem Weib Leukippe. Beide
hatten eine einzige Tochter, die Kleito hieß. Kleito war bereits in heiratsfähigem Alter,
als Euenor und Leukippe starben. Poseidon verliebte sich in das Mädchen und nahm es
zur Frau. Rings um den Hügel, auf dem Kleito wohnte, brach er den Boden auf und
schuf so größere und kleinere Land- und Wasserringe, die einander abwechselten – genauer: zwei Land- und drei Wasserringe. Sie hätten ebensogut aus der Insel herausgedrechselt oder -gezirkelt sein können: in jedem Punkt waren sie gleichweit voneinander entfernt.
e Der Hügel, den sie umgaben war damit zur Insel und infolgedessen
vollkommen unzugänglich geworden, denn von Schiffen und Schiffahrt hatte man damals noch keine Ahnung. Poseidon selbst aber war ja ein Gott. Daher war es keine
Kunst für ihn, den inmitten der Ringe zur Insel gewordenen Hügel mit allem Nötigen
auszustatten. Er ließ zwei Quellen entspringen, eine heiße und eine kalte, und was man
nur zum Leben braucht, ließ er dort wachsen und gedeihen. Und schließlich gebar ihm
seine sterbliche Gemahlin männliche Nachkommen: fünfmal männliche Zwillinge. Deshalb unterteilte Poseidon Atlantis in zehn Teilreiche, und den erstgeborenen des ältesten
114a Zwillingspaares ernannte er zum Herrscher über den Wohnsitz seiner Mutter und dessen Umgebung. Dieser bekam damit das größte und reichste Stück des Inselreichs zugeteilt. Außerdem machte Poseidon ihn zum König über alle seine Brüder, doch auch diese
erhob er zu Herrschern über reichbevölkerte und weitausgedehnte Gebiete. Den ältesten
von allen nannte er Atlas, und von »Atlas« sind der Name der Insel und der des dortigen Meeres abgeleitet.
b Atlas' jüngerem Zwillingsbruder fiel das Randgebiet von Atlantis
zu, das gegenüber den Säulen des Herakles und der Umgebung des heutigen Gades lag.
Ihm gab Poseidon einen Namen, der auf griechisch Eumelos lauten würde. In der Landessprache aber hieß er Gadeiros, und davon sollte dann später der schon genannte
Ortsname abgeleitet werden. Den älteren Zwillingssohn des zweiten Zwillingspaares
nannte er Ampheres, seinen jüngeren Bruder dagegen Euaimon. Dem älteren des dritten
c Zwillingspaares gab er den Namen Mneseus, Autochthon dagegen nannte er den
jüngeren. Vom vierten Zwillingspaar hieß der ältere Elasippos, der jüngere Mestor, vom
fünften der ältere Azaes, der jüngere schließlich Diaprepes. Sie alle und ihre Nachkommen wohnten viele Menschenalter lang auf Atlantis. Sie herrschten über diese und viele
andere Inseln, und wie ich schon erwähnte, gehörte auch ein großer Teil des Landes
diesseits der Säulen des Herakles zu ihrem Machtbereich, und zwar bis zur Westgrenze
d Ägyptens und bis nach Tyrrhenien hin. Atlas' Nachkommenschaft war recht zahlreich,
und die Königswürde blieb in den Händen seiner Familie, der man die höchsten Ehren
erwies. König wurde stets der älteste Sohn, und so blieb es viele Generationen hindurch. Nie hatte es Könige gegeben, die reicher waren, und wohl niemals werden
Könige reicher sein. Man hatte alles, was man in Stadt und Land brauchte. Infolge der
e Größe des Reichs fehlte es nicht an Einfuhrgütern, das meiste von dem, was zum Leben
notwendig war, brachte jedoch schon die Insel selber hervor. Beispielsweise die Boden-

schätze: alles, was es an Gesteinen oder Erzen gibt, war vorhanden. Und was man heute nur noch dem Namen nach kennt: Goldkupfererz (wörtlich: »Bergerz«; vgl. die Fußnote des Übersetzers oben zu S. 50) – damals gab es dies wirklich. Man baute es überall auf der Insel ab und schätzte es mehr als alles andere, abgesehen vom Gold. Holz für Zimmerarbeiten hatte man in jeder nur denkbaren Menge, und es fehlte nicht am Futter für zahme Tiere oder Wild. Ja sogar Elefanten gab es dort in großer Zahl, denn es war genug zu fressen da – nicht nur für Tiere, die in Seen und Sümpfen leben,
nicht nur für Tiere des Gebirges und des Flachlands, sondern selbst für die größte und 115a
gefräßigste Tierart. Auch was es heute nur an Gewürzen und Duftstoffen gibt, gleich, ob man die betreffenden Wohlgerüche aus Wurzeln, Kräutern oder Hölzern gewinnt oder ob es sich um Essenzen aus Früchten und Blüten handelt – all dies wuchs und gedieh dortzulande. Weiterhin Kulturpflanzen: Feldfrüchte, die unsere Grundnahrung bilden,
und andere, die gleichfalls eßbar sind (wir bezeichnen sie mit dem Sammelbegriff Hül- b
senfrüchte). Schließlich Baumfrüchte zur Bereitung von erfrischenden Getränken, Speisen und Salben – zu allerletzt leichtverderbliches Obst, aus dem man Nachspeisen zubereitet, auf die man selbst dann noch Appetit hat, wenn der Hunger längst gestillt ist: all dies brachte die heilige Insel in Hülle und Fülle hervor, solange die Sonne ihr Licht über sie ausgoß. Und die so reichlich mit allen Gaben der Natur beschenkten Inselbe-
wohner fingen an, überall Tempel, Paläste, Häfen und Schiffsarsenale anzulegen. Dabei c
gingen sie wie folgt vor:

Zuerst schlugen sie Brücken über die Wasserringe, welche die alte Residenz umgaben, und legten so eine Zufahrtsstraße zum königlichen Palast an. Den Grundstein zu diesem legten sie am Wohnsitz ihres Gottes und ihrer Ahnen, und sie wurden nicht müde, ihn von Generation zu Generation weiter auszuschmücken. Dabei versuchte jeder König,
seinen Vorgänger zu überbieten, so gut er konnte, bis das Bauwerk an Aussehen und d
Größe ein wahres Wunderwerk war. Und von der Küste an gruben sie einen 300 Fuß breiten, 100 Fuß tiefen und 50 Stadien langen Kanal ins Landesinnere bis zum äußersten Wasserring, der die Residenz umgab, so daß dieser Seeverbindung erhielt und zum Hafenbecken wurde. Der Durchstich war breit und tief genug, daß die größten Schiffe
in diesen Hafen einlaufen konnten. Mehr noch: bei den Brücken durchstach man auch e
die Landringe, welche die Wasserringe voneinander trennten, so daß einem einzelnen Dreiruderer die Durchfahrt möglich war. Die betreffenden Kanäle überdachte man und erhielt so unterirdische Schiffswege, denn die Ufer erhoben sich recht hoch über den Wasserspiegel. Drei Stadien betrug die Breite des größten der drei Wasserringe, zu dem man nun von See her Zugang hatte. Von gleicher Breite war der sich anschließende Landring. Der nächste Wasserring – und ebenso der dazugehörige Landring – war dagegen nur noch zwei Stadien breit, und nur ein Stadion betrug schließlich die Breite
des inneren Wasserrings, der unmittelbar die Residenz umgab. Auf fünf Stadien belief 116a
sich der Durchmesser der Mittelinsel selbst, die den Palast trug. Das Ganze – einschließlich der Ringe und der 100 Fuß breiten Brücke – war ringsum von Steinmauern umgeben, und dort, wo man von See her Zugang hatte, erhoben sich beiderseits der Brücke Tore und Türme. Das [zum Bauen erforderliche] Gestein aber brachen sie unten rings um die Mittelinsel, desgleichen außen und innen an den Landringen. Es hatte die Far-
ben Weiß, Schwarz und Rot. Durch das Aushauen der Steine aber höhlte man den Fels b
aus. So entstanden unterirdische Docks (bzw. Schiffsarsenale), deren Dach aus gewach-

senem Felsgestein bestand. Einige der Bauwerke waren einfarbig, bei anderen wiederum
bediente man sich der optischen Wirkung halber verschiedenfarbiger Steine. Der ge-
samte äußere Mauerzug war mit Kupfer überzogen, der innere mit Zinn und der dritte,
c der unmittelbar die Zitadelle umgab, mit Goldkupfer (= »Bergerz«), das in rötlichem
Glanz strahlte.

Das Innere der Zitadelle hat man sich wie folgt vorzustellen: Die Mitte der Insel
nahm ein Heiligtum ein, das Poseidon und seiner Gemahlin Kleito geweiht war. Es war
vollkommen unzugänglich und ganz in Gold gefaßt. Hier war Kleito Mutter der zehn
Fürstensöhne Poseidons geworden, hier hatten die Ahnherren der zehn Fürstenfamilien
des Landes das Licht der Welt erblickt. Hier brachten alljährlich Atlanter aus allen
zehn Reichsteilen jedem der zehn Poseidonsöhne Opfer von ihren Ernteerträgen. Posei-
d dons eigener Tempel war ein Stadion lang, halb so breit und entsprechend hoch. Er
hatte ein ziemlich fremdartiges Aussehen. Außen war er – bis auf die Zinnen – ganz
und gar mit Silber überzogen. Nur die Zinnen hatte man vergoldet. Innen bestand seine
Decke aus Elfenbein, das man mit Gold, Silber und Goldkupfererz (= »Bergerz«)
ausgelegt bzw. überzogen hatte. Mit Goldkupfer- oder Bergerz war auch alles andere
– so zum Beispiel Mauern, Säulen und der Boden – bedeckt. Statuen aus Gold befand
e sich in diesem Heiligtum: das Standbild Poseidons, der einen von sechs Flügelrossen
gezogenen Wagen lenkte, war so ungeheuer groß, daß es mit dem Kopf an die Decke
stieß. Rings um die Gruppe ritten hundert Nereiden auf Delphinen: man glaubte da-
mals, daß es hundert Nereiden gäbe. Privatpersonen hatten dem Tempel außerdem
auch noch andere Bildwerke gestiftet. Rings um den Tempel sah man außen goldene
Statuen aller Nachkommen der zehn Poseidonsöhne, und neben jedem dieser Könige
war seine Gemahlin dargestellt, ganz zu schweigen von anderen großen Weihgaben, die
Könige oder private Spender aus der Residenzstadt oder aus anderen Städten des Reichs
117a gestiftet hatten. Auch der Altar, der zu diesem Heiligtum gehörte, war ein Kunstwerk,
das es an Größe und Pracht mit allen anderen Kostbarkeiten des Tempels aufnehmen
konnte, und schließlich entsprachen die dem Tempel durchaus ebenbürtigen Paläste in
jeder Hinsicht der Größe des Reichs, das von ihnen aus regiert wurde.

Zwei Quellen entsprangen auf der Insel. Die eine lieferte kaltes, die andere heißes
Wasser. Beide flossen reichlich, und ihr Wasser war von hervorragender Güte, so daß die
Inselbewohner Anlagen schufen, um das Wasser auszunutzen. Ringsumher legten sie,
wie es zu den Wassern paßte, Baulichkeiten und Baumpflanzungen an. Außerdem rich-
b teten sie in der Umgebung Bade-Bassins ein: teils als Freibäder unter offenem Himmel,
teils in geschlossenen Räumen, damit man dort im Winter warme Bäder nehmen
konnte. Und zwar gab es getrennte Bäder für die Angehörigen des Königshauses und
solche für das Volk, es gab eigene Bäder für Frauen, ja sogar Bäder für Pferde und
andere Zugtiere. All diesen Bädern gab man die geeignete Ausstattung, und das abflie-
ßende Wasser leitete man in den Poseidon-Hain, wo auf bestem Boden alle Arten von
Bäumen prächtig gediehen. Zum Teil aber floß das Wasser über Aquädukte längs der
c Brücken zu den äußeren Landringen. Dort erhoben sich viele Götterheiligtümer, und es
gab Parks sowie – zum Training für Mensch und Tier – Sportanlagen, und zwar gilt
dieses für beide Inseln, welche die Landringe bildeten. Inmitten des größeren Landrings
hatte man eine Pferderennbahn abgegrenzt. Ihre Breite betrug genau ein Stadion, der
Länge nach zog sie durch den gesamten Inselkreis. Beiderseits von ihr hatte die Mehr-

zahl der Gardetruppen ihre Quartiere, die zuverlässigen Gardisten waren auf dem d
inneren Ring zur Wache eingeteilt, und diejenigen schließlich, die sich durch ganz be-
sondere Zuverlässigkeit hervorgetan hatten, waren unmittelbar in der Zitadelle in
Reichweite des Palastes stationiert. Voll von Dreiruderern und allem, was zur Seefahrt
gehörte, waren die Docks (Arsenale), und alles, was man brauchte, lag griffbereit und
einsatzfähig zur Hand. Soviel von der Residenz.

Verließ man den Palast und überquerte die drei Hafenbecken, stand man schließlich
vor einer Mauer, die am Meer begann, einen großen Kreis schlug und schließlich wieder e
am Meer endete. An jedem Punkt war sie genau fünfzig Stadien vom größten Hafen-
ring der Residenz entfernt. Ihre Enden trafen sich dort, wo der Schiffahrtskanal, der
diese mit dem Meer verband, die Küste erreichte. Auf dem von diesem Mauerring
umzogenen Gebiet drängte sich ein Wohnhaus an das andere, und der Zufahrtskanal
sowie das größere der drei Hafenbecken wimmelten von Schiffen und Kauffahrern aus
aller Herren Länder. Tag und Nacht erfüllte das Stimmengewirr der ungeheuren Men-
schenmenge die Luft, so daß stets ein geschäftiges Summen und Brausen über der Stadt
lag.

Damit habe ich die Stadt und die Umgebung des Stammorts der Atlanter beschrieben,
wie ich es damals gehört habe. Nun muß ich noch zu schildern versuchen, wie das übrige 118a
Land beschaffen und eingeteilt ist. Zunächst schilderte man es mir als ein Hochland mit
jäh abfallender Steilküste. Durchweg eben jedoch sei die Umgebung der Stadt gewesen,
allerdings hätten sie Berge umgeben, die sich bis zum Meer hinzogen. Die Ebene habe
man sich vollkommen flach und länglich vorzustellen, und zwar habe ihre Länge 3000
Stadien betragen und in der Mitte sei sie 2000 Stadien breit gewesen. Nach Süden zu b
war dieser Teil der Insel offen, von Norden her dagegen [durch das Gebirge] geschützt.
Was die Berge anging, so habe man ihre Zahl ebenso gerühmt wie ihre Größe und
Schönheit. Alles, so hieß es, hätten sie in den Schatten gestellt, was es heute an Gebirgs-
ländern gebe. Viele volkreiche Dörfer hätten sich in dieser Berglandschaft befunden,
außerdem Flüsse, Seen und Weidegründe, die zahmem und wildem Getier reichliche
Nahrung boten. Schließlich seien die Bergwälder eine unerschöpfliche Quelle der unter-
schiedlichsten Holzarten gewesen. Man habe in ihnen den Rohstoff für alle nur erdenk-
lichen Arbeiten gefunden, bei denen Holz eine Rolle spielt.

Nun werde ich beschreiben, wie die Ebene ursprünglich aussah und welche Gestalt sie c
in langen Jahren menschlicher Arbeit unter vielen Generationen von Königen erhielt.
Zum größten Teil bildete sie ohnehin ein rechtwinkliges, langgezogenes Viereck, und
wo sie von dieser Form abwich, hatten Menschenhände durch Anlage eines Grabens
nachgeholfen, der sie rings umzog. Dieser Kanal war von unvorstellbarer Tiefe, Breite
und Länge, und wenn man sich vor Augen hält, wie so manch andere Schöpfung von
Menschenhand ausfällt, möchte man kaum glauben, daß ein solches Bauwerk wie er
von Menschenhänden stammte. Und zwar erklärte man, man habe diesem Kanal, als
man ihn aushob, eine Tiefe von hundert Fuß und überall eine Breite von einem Stadion
gegeben. Er war um die gesamte Ebene herumgeführt, und daraus ergab sich für ihn d
eine Länge von 10 000 Stadien. Er nahm all die Flüsse auf, die von den Bergen herab-
strömten, näherte sich von beiden Seiten der Hauptstadt und mündete dort ins Meer.
Weiter im Innern des Landes zweigten kleinere, etwa 100 Fuß breite Kanäle von ihm
ab, die schnurgerade das Land durchzogen und ihrerseits in seinen am Meer gelegenen

Teil einmündeten. Sie waren je 100 Stadien voneinander entfernt, und auf ihnen trans-
e portierte man das Holz der Bergwälder in die Stadt hinab und außerdem die Erzeug-
nisse der Landwirtschaft, zumal es querlaufende Verbindungskanäle zwischen den ein-
zelnen größeren Wasserstraßen sowie von ihnen zur Stadt hin gab. Zweimal im Jahr
brachte das Land Ernten hervor, es genoß ja im Winter die Wohltat befruchtenden
Regens, und im Sommer bewässerte man den Kulturboden mit Wasser aus dem groß-
angelegten Kanalsystem.

Was nun die Bewohner angeht, so hatte die Bevölkerung jedes der zehn mal zehn
119a Stadien im Quadrat messenden Bezirke des Flachlands einen Kommandeur für die
militärdiensttauglichen Männer zu stellen. Äußerst zahlreich war auch die Bevölkerung
des Berglands und der übrigen Gebiete. Auch sie war, je nach Wohnsitz und Gemeinde-
zugehörigkeit diesen Flachland-Bezirken und ihren Kommandeuren zugeteilt. Von
einem solchen Kommandeur verlangte man, daß er im Kriegsfalle ein Sechstel eines
Streitwagens beisteuerte, so daß man im ganzen auf 10 000 Kampfwagen kam. Weiter-
b hin hatte er für zwei Pferde und Reiter zu sorgen, für ein Zweigespann, jedoch ohne
Wagen, dazu einen Krieger mit leichtem Schild, der zu Fuß kämpfen konnte, und
außerdem den Wagenlenker. Ferner war er verpflichtet, zwei Schwerbewaffnete auszu-
rüsten sowie zwei Bogenschützen, zwei Schleuderer und an Leichtbewaffneten je drei
Steinschleuderer und drei Speerwerfer, zuguterletzt hatte er noch vier Seeleute für die
Besatzung der 1200 Kriegsschiffe zu stellen. Diese Vorschriften galten für den Bereich
der königlichen Residenz. Anderswo waren andere Bestimmungen in Kraft, doch es
wäre recht mühsam, all die Unterschiede einzeln aufzuzählen.

c Was Regierung und Staatsämter angeht, so galt folgendes von Anfang an: Jeder der
zehn Könige herrschte in seinem eigenen Teil des Reiches von seiner Stadt aus über die
Untertanen, und in den meisten Fällen bestimmte er, was Recht und Gesetz war. Er
konnte bestrafen und hinrichten lassen, wen er wollte. Woran die Herrscher sich selbst
zu halten hatten, regelten die Gebote ihres göttlichen Ahnherrn Poseidon, die ihnen
überliefert waren. Und zwar hatten ihre ersten Könige sie auf eine Stelle aus Gold-
d kupfererz oder »Bergerz« eingraben lassen, die inmitten der Insel im Poseidonheiligtum
aufragte. Hier trafen die Könige abwechselnd jedes fünfte und sechste Jahr zusammen,
um der geraden und ungeraden Zahl gleiches Recht zukommen zu lassen. Dabei be-
sprachen sie alle Fragen des allgemeinen Wohls, forschten nach, ob irgendein Rechts-
bruch vorliege, und hielten Gericht. Bevor sie jedoch ein Urteil fällten, verpflichteten
sie sich gegenseitig durch Eidschwüre, und zwar auf folgende Weise: Im Poseidonheilig-
tum liefen Stiere frei umher. Ganz allein gelassen, beteten die zehn Könige des Insel-
e reichs zu Poseidon, es möge ihnen gelingen, ein ihm genehmes Opfertier einzufangen.
Darauf stellten sie ohne irgendwelche eisernen Waffen, einzig und allein mit Stöcken
und Schlingen den Stieren nach, die frei im Poseidonheiligtum weideten. Hatten sie
schließlich einen Stier gefangen, so führten sie ihn zu der Gesetzes-Stele und schlachteten
ihn dort. Sein Blut mußte dabei über den heiligen Gesetzestext hinabrinnen. Außer den
Gesetzen umfaßte die Inschrift der Stele auch eine Eidesformel, die furchtbare Verwün-
schungen gegen jeden Gesetzesbrecher enthielt. Nachdem die Könige den Stier nach der
120a rituellen Vorschrift geschlachtet hatten, weihten sie alle seine Glieder ihrem Gotte, für
den das Opfer bestimmt war. Dann warfen sie für jeden einzelnen ein Klümpchen
geronnenes Opferblut in einen gefüllten Wein-Mischkrug, reinigten die Inschriften-Säule

und verbrannten alles übrige. Darauf schöpften sie mit goldenen Bechern aus dem
Wein-Mischgefäß, gossen ihr Trankopfer in den Feuerbrand und gelobten, sich bei der
Urteilsfindung strikt an die auf der Stele schriftlich festgelegten Gesetze zu halten. Wer
sie irgendwie übertreten habe, der sei der Strafe verfallen, und soweit es in ihrer Macht
stehe, solle niemand mehr gegen sie verstoßen. Außerdem schworen sie, nie einen Befehl
zu erteilen oder auszuführen, der den Gesetzen ihres Vaters Poseidon zuwider zu han- b
deln verlange. Dieses feierliche Gelöbnis legte jeder für sich selbst und seine Nachkom-
men ab. Darauf trank jeder und stiftete den goldenen Becher, den er benutzt hatte, dem
Tempel des Gottes als Weihgabe. Dann wurde gegessen, und man sorgte für seine Be-
dürfnisse. Schließlich aber kleideten sich alle bei Einbruch der Dunkelheit, wenn das
Opferfeuer niederzubrennen begann, in herrliche blaue Gewänder, ließen sich bei der
Glut des Eidesopfers auf den Boden nieder und begannen, falls eine Anklage vorlag, c
zu richten, nachdem alle Feuer im Tempelbereich gelöscht worden waren. Brach dann
schließlich der Morgen herein, schrieben sie die Urteile, die sie gefällt hatten, auf einer
goldenen Tafel nieder und weihten diese zusammen mit ihren blauen Richterroben dem
Tempel zur Erinnerung.

Daneben gab es zahlreiche andere Gesetze, die für jeden einzelnen der Könige im
besonderen Recht und Pflichten festsetzten. Das wichtigste davon war: keiner von ihnen
sollte gegen einen anderen von ihnen die Waffen ergreifen, vielmehr sollten alle ein-
ander helfen, wenn jemand versuchen sollte, einen von ihnen zu stürzen. Gemeinsam
sollten sie, wie ihre Vorfahren, über Krieg und andere wichtige Entscheidungen bera- d
ten, Atlas' Nachkommen jedoch sollten unter ihnen eine gewisse Vorrangstellung ein-
nehmen. Allerdings hatte keiner der Könige Gewalt über Leben und Tod seiner Ange-
hörigen, es sei denn, er hatte die Mehrheit der zehn auf seiner Seite.

So wurde diese ungeheure Macht verwaltet, die Poseidon, gegen unser Land in
Marsch gesetzt haben soll. Folgendes soll ihn dazu veranlaßt haben: Viele Menschen-
alter hindurch, solange das Göttliche in ihnen die Oberhand behielt, waren Atlantis' e
Machthaber gesetzestreu und treu gegenüber dem Gott, von dem sie abstammten. Sie
waren ebenso wahrheitsliebend wie großzügig. Es gab keine Lebenslage, in der sie nicht
ihre Großzügigkeit und Güte unter Beweis gestellt hätten; dies gilt nicht zuletzt für
ihre gegenseitigen Beziehungen. Auf nichts legten sie soviel Wert wie auf verantwor-
tungsbewußtes Denken und Handeln, aus Gold und Reichtum dagegen machten sie sich 121a
nichts. Besitz schien ihnen eher eine Last. Sie waren weit davon entfernt, sich durch
Genußsucht um Verstand und Selbstbeherrschung bringen zu lassen. Vielmehr erkann-
ten sie mit nüchternem Blick, daß selbst materielle Güter sich nur vermehren, wenn man
redlich bleibt und nicht den Geist der Zwietracht über sich die Herrschaft gewinnen
läßt, wogegen Überschätzung des Besitzes nur zum Verlust des Vorhandenen führt und
einen selbst zugrunderichtet. Infolge solcher Grundsätze und weil ihnen noch immer
genug vom Wesen ihres göttlichen Ahnherrn innewohnte, glückte und gedieh alles, was
ich geschildert habe. Doch durch zu starke Vermischung mit Sterblichem verringerte
sich ihr göttlicher Wesensanteil und verkümmerte immer mehr, bis sich schließlich die b
Menschenart in ihnen durchsetzte, so daß sie sich als unfähig erwiesen, ihr Glück zu
ertragen. Sie entarteten und verloren das wertvollste von allem, was sie besessen hatten.
Wer Augen hatte, zu sehen, wie es um sie stand, der mußte entsetzt sein, doch so man-
cher Blinder, der nicht begriff, was vor sich ging, beneidete sie selbst dann noch und

glaubte, sie befänden sich im Besitz alles dessen, was man sich nur wünschen kann, als schon Ungerechtigkeit und Machtgier bei ihnen die treibenden Kräfte waren. Zeus, der Gott der Götter, waltet nach dem Gesetz. Er erkannte, welchen Weg das einst so
c verdiente Geschlecht eingeschlagen hatte. Er wünschte, sie durch Strafe zu bessern. Deshalb rief er die Götter in ihrer hochheiligen Wohnstatt in der Mitte des Weltalls zusammen, von der man alles überblicken kann, das je ins Dasein gerufen wurde. Und als sie sich versammelt hatten, sprach er die folgenden Worte ...

... Hier bricht Platos unvollendeter Altersdialog Kritias *unvermittelt ab ...*

Anmerkungen

Zahlenhinweise, denen *Bibl.* voransteht, beziehen sich auf das dem Anmerkungsteil angefügte Literaturverzeichnis

Kapitel I

1 Aristoteles' Ansicht ergibt sich aus zwei Strabostellen (2, 102 [2, 3, 6], 13, 598 [13, 1, 36]). Vgl. Proklos' *Timaios*-Kommentar (Procl. *In Timaeum* 61a [Diehl 1 ⟨1903⟩ 197]).

2 Proklos a. a. O. 24a–b (Diehl 1, 76).

3 Thomson, J. O.: *A History of Ancient Geography* (New York 1964) 91.

4 Jowett, B.: *The Dialogues of Plato* (Oxford 1892³) 3, 519 (aus der Einleitung zum *Kritias*): *Hence we may safely conclude that the entire narrative is due to the imagination of Plato* (»Daraus dürfen wir den sicheren Schluß ziehen, daß die gesamte Erzählung Platos Phantasie entstammt«). Vgl. Cornford, F. M.: *Plato's Cosmology* (New York 1957) 8: *all this elaborate romance about the invasion from Atlantis ...* (»diese gesamte, kunstvoll erfundene Geschichte vom Überfall der Atlanter ...«), Taylor, A. E.: *Plato, The Man and his Work* (London 1926) 439; Hyde, W. W.: *Ancient Greek Mariners* (Oxford 1947) 158 sowie Rosenmeyer, T. G. in: *Classical Philology* 44 (1950) 118.

5 Nilsson, M. P.: *The Mycenaean Origin of Greek Mythology* (New York 1932). *Zusatz des Übersetzers:* Es erscheint dem Übersetzer notwendig, an dieser Stelle ausdrücklich darauf hinzuweisen, daß er absichtlich durchweg vorgezogen hat, *Mycenaean* des englischen Originals, statt es durch »achäisch« bzw. »Achäer« zu ersetzen (wie man an vielen Stellen vielleicht erwarten könnte), wörtlich durch »mykenisch« bzw. »Mykener« (im Sinne von »Träger der mykenischen Kultur«) wiederzugeben. Wenn daneben immer wieder von »Griechen« oder »Festlandsgriechen« (im Original: *Greeks, mainland Greeks*) und dergleichen die Rede ist, so ist der Übersetzer sich durchaus darüber im klaren, daß selbst dies noch bis zu einem gewissen Grade problematisch ist, wenn auch nach dem Zeugnis der Linear B-Tafeln die Sprache der »Mykener«, das sogenannte »Mykenische«, eine Frühstufe des Griechischen war (vgl. Ventris, M., und Chadwick, J.: *Evidence for Greek Dialect in the Mycenaean Archives*, in: *Journal of Hellenic Studies* 73 [1953] 86–103 und andere, neuere Publikationen, aus denen noch herausgegriffen sei: Chadwick, J. u. Baumbach, L.: *The Mycenaean Greek Vocabulary*, in: *Glotta* 41 (1963) 157–271; zum historischen Aspekt s.: Finley, M. I.: *Die »Ankunft der Griechen«*, in: *Fischer*

Weltgesch. 3 [1966] 299 ff. [bes. 302 f.]. Literatur zu der Frage, ob man es bei dem hethitischerseits mehrfach erwähnten Volk von *Aḫḫijawā* mit den »Achäern« des griechischen Epos zu tun hat: s. Anm. 92).

6 Fundstätte bei Tris Langadas am Nordhang der Polis-Bucht: *Annual of the British School at Athens* 40 (1935) 10. Höhle und Nymphenheiligtum: ebenda 35 (1930) 45 ff.; 39 (1934) 1 ff.; *Antiquity* 10 (1937) 358 ff. (zur Verwendung des Begriffs »mykenisch«: vgl. den Zusatz zu Anm. 5).

7 *Odyssee* 3 (Bad Telemachos' durch Polykaste: 464–468; elfjähriger Wein: 391).

8 Palast Nestors: erster Bericht im *American Journal of Archaeology* 43 (1940) 557 ff. Eine genauere Beschreibung findet sich in dem 1962 von der University of Cincinnati herausgegebenen *Guide to the Palace of Nestor.*

9 Offiziell trägt die Insel heute wieder ihren antiken Namen *Thḗra* (neugriechisch allerdings *Thíra* ausgesprochen, wobei das *th* am Anfang einem englischen *th* entspricht). Ihr zweiter Name (*Santorin* bzw. *Santorini*) geht auf die Eroberung der Insel durch die Venetianer (nach dem 4. Kreuzzug) zurück. Die Überlieferung leitet *Thera* von *Theras* ab. Dies sei der Name des Anführers der dorischen Kolonisten gewesen, die sich zur Zeit der geometrischen Periode auf Thera ansiedelten. Bei *Santorin*, dem italienischen Namen der Insel, handelt es sich um eine Verballhornung der italienischen Namensform der christlichen Schutzheiligen Theras (griech.: *Hágia Eirḗnē;* neugriech.: *Ayia* bzw. *Aja Irini*; italien.: *Santa Irene*; zu der auf das Türkische zurückgehenden Namensumbildung *Phira:* vgl. S. 88).

10 Diehl, *Anth. lyr Graec.* 1 (3. Aufl.: 1949), Solon, Fragment 6. Die Stelle findet sich bei Plutarch (*Solon* 26) mit der Angabe, Psenophis von Heliopolis und Sonchis von Saïs seien Solons Mentoren während seiner Ägyptenreise gewesen (ausdrücklich spricht auch Herodot 1, 30 von einer Ägyptenreise Solons).

11 Das gesamte Material bei: Boardman, J.: *The Greeks Overseas* (Harmondsworth 1964) 133–150.

12 *Timaios* 20d–22b (s. Anhang S. 310 f.).

13 *Kritias* 113a–b (s. Anhang S. 315).

14 Poseidonios bei Strabo 2, 102 [2, 3, 6].

15 Zwar gab es ein festes System der Längenmaße, doch schwankten die Werte je nach Ort und Zeit nicht unerheblich. Auf ein Stadion rechnete man 600 Fuß oder 6 Plethren zu je 100 Fuß. Umgerechnet ergibt dies eine Strecke zwischen rund 180 und ungefähr 210 m; später kannte man sogar noch kürzere Stadien von 165 m und darunter (Bematistenstadion). Geht man von einer Stadien-Länge von rund 180 m aus, so ergeben 6 Stadien etwa 1 km.

16 Plutarch: *Solon* 32, 1.

Kapitel II

17 *Bibl.* 2.

18 Berlioux, E. T.: *Les Atlantides* (Paris 1885); Frobenius, L.: *The Voice of Africa* 1 (London 1913) 319–349; Spanuth, J.: mehrere Veröffentlichungen, zuletzt: *Atlantis, Heimat, Reich und Schicksal der Germanen* (Tübingen 1965). Für Atlantis' Verlegung nach Tartessos: Schulten, A. (gleichfalls mehrere in gleiche Richtung weisende Publikationen; herausgegriffen sei: *Atlantis,* in: *Rheinisches Museum* 88 [1930] 326–346).

19 Spence, L.: *The Problem of Atlantis*

(London 1924), *Atlantis in America* (London 1925), *The History of Atlantis* (London 1926).

20 Vgl. die Kartenbeilage *The Atlantic Ocean Floor* (= »Der Grund des Atlantischen Ozeans«) zum *National Geographic Magazine* 133 (Juni 1968).

21 Örtliche Überlieferung verlegte Atlas ursprünglich nach Böotien; vgl. Pausanias 9, 120, 3 (vom arkadischen Ursprung der Atlas-Sage spricht, leider ohne Quellenhinweis, Frisk, H.: *Griechisches etymologisches Wörterbuch* 1 [Heidelberg 1960] 179).

22 Außer den im Text angeführten Herodotstellen: vgl. Diodor 3, 54.

23 Andrews, P. B. S.: *Larger than Africa and Asia?* in: *Greece and Rome* 14 (1945) 76–79.

24 Referenzen oben (S. 60) im Text. Den Wortlaut der *Timaios*-Stelle findet man oben auf S. 23 f.; vgl. die Kartenskizze *Abb. 1* (oben S. 24).

25 Im letztgenannten Aufsatz (in: *Journal of Hellenic Studies* 33 [1913] 189 ff.) bekennt Frost, auch der Verfasser des in der *Times* erschienenen Aufsatzes zu sein (obwohl er als Datum seiner Veröffentlichung versehentlich statt des 19. Februar 1909 den 19. Januar 1909 angibt). Nach Angabe des *Times*-Archivs war es Prof. P. Gardner, der seinerzeit die Publikation befürwortete.

26 G. A. Wainwright schlug (in: *Liverpool Annals of Archaeology and Anthropology* 6 [1914] 24 ff.) erstmals die Gleichsetzung Keftiu (*kftjw*) = Kilikien vor. Zur Kritik an Wainwright: vgl. Hall, H. R.: *Keftiu*, in den von S. Casson herausgegebenen *Essays in Aegean Archaeology presented to Sir Arthur Evans* (Oxford 1927) 31–41. Mit Nachdruck erklärt sich Schachermeyr (*Bibl.* 19, 109–115 [mit Anmerkungen]) für die Identifikation Keftiu-Kreta. Nach A. H. Sayce (in den oben angeführten *Essays*, 107–108) ist die Gleichsetzung Keftius mit dem Kaphtor der Bibel durch jene Schrifttafel Sargons von Akkad gesichert, in der von Kap-ta-ra »jenseits des Oberen Meeres« die Rede ist. Bibelstellen, welche die Philister mit Kaphtor in Verbindung bringen, sind: *Genesis* (1. Mos.) 10, 14 (die heute so gedeutet zu werden pflegt: »... und die Kaphtor-Leute, von denen die Philister ausgingen«), Amos 9, 7 und Jeremias 47, 4. Von Kerēthim (Kretern?) ist die Rede bei Hesekiel (Ezechiel) 25, 16 und Zephania (Sophonias) 2, 5 (Zur Gleichsetzung Keftiu [*kftjw*] = Kreta s. auch: Vercoutter, J.: *L'Egypte et le monde Egéen préhellénique* [1956] 115 ff.; Edel, E.: *Die Ortsnamenlisten aus dem Totentempel Amenophis III.* [= *Bonner Biblische Beiträge* 25, Bonn 1966] 37, 40, 53, 56 ff. u. 64; als selbstverständlich betrachtet diese Gleichsetzung auch Finley, M. I., in: *Fischer Weltgesch.* 3 [1966] 318. Zur Gleichsetzung Kaphtor = Kreta, bzw. Kaphtor = Keftiu = Kreta: Bach, R., in: *RGG* 3 [1959³] 1134; Herrmann, S., in: Reicke-Rost: *Biblisch-historisches Handwörterbuch* 2 [Göttingen 1964] 931 f.; schließlich sei in diesem Zusammenhang auch noch auf die zur Zeit [Anfang Juli 1969] noch unveröffentlichte *Bibel-Enzyklopädie* des Gustav-Lübbe-Verlags, Bergisch Gladbach, [Stichwort *Philister*, Abschnitt 2] hingewiesen [Hrsg.: J. Botterweck]).

27 Keftiu erscheint zwar noch auf Verzeichnissen tributpflichtiger Länder unter Amenophis III. (1405–1367) und Ramses II. (1304–1237 v. Chr.), doch J. A. Wilson zweifelt an der Rich-

tigkeit dieser Listen, die, wie er meint, sehr stark den Verdacht erwecken, erfunden zu sein und nur aus Propagandagründen die Angaben der Tributlisten Thutmosis' III. zu wiederholen (vgl. *Bibl.* 12, 242; zum Verschwinden des Keftiu-Namens s. auch E. Edel: *Ortsnamenlisten* [vgl. oben Anm. 26] 56 f. [unter Berufung auf Vercoutter: *L'Egypte* ⟨s. gleichfalls Anm. 26⟩ 115–117. Als Regierungszeit sind Amenophis III. hier die Jahre 1408–1372 v. Chr. zugewiesen]).

28 *Bibl.* 13, 127–134 (vgl. Otto, E., in: Weyl, R.: *Atlantis enträtselt?* [Kiel 1953] 19. Dagegen polemisiert sehr heftig J. Spanuth: *Atlantis* [1965] 230 ff. Danach sei es »grundsätzlich falsch« [so Spanuth a. a. O. 232], in diesem Zusammenhang an die Ägäis und ihre Inselwelt zu denken: es könne sich nur um Inseln des äußeren Ozeans, niemals um solche des Mittelmeers gehandelt haben. Doch auch Elmar Edel [a. a. O. ⟨vgl. oben die Zusätze zu Anm. 26 u. 27⟩ 57] zögert keinen Augenblick, seinerseits unter Berufung auf Vercoutter: *L'Egypte* 416 die Bezeichnung »Inseln inmitten des Meeres« auf die Welt der mykenischen Kultur zu beziehen).

29 Der volle Wortlaut in englischer Übertragung findet sich in: *Bibl.* 8, Bd. 2, 262–266 sowie *Bibl.* 12, 373–375 (vgl. auch: Erman, A.: Die Literatur der Ägypter [Leipzig 1923] 318 ff.).

30 Zur »Lehre des Ipuwer« (= »Mahnworte eines Propheten«) s. Gardiner, A. H.: *Admonitions of an Egyptian Sage* (Leipzig 1909). J. van Seters hat sich im *Journal of Egyptian Archaeology* 50 (1964) 13 ff. dafür ausgesprochen, die Schrift an das Ende der 13. Dynastie zu verweisen. Vgl. Aldred, C.: *The Egyptians* (London 1961) 102.

31 Vgl. Evans, A. J.: *Early Nilotic, Libyan and Egyptian Relations with Minoan Crete* (London 1925) 22.

32 Vgl. Peet, T. E.: *The Egyptian Writing Board BM 5647 bearing Keftiu names*, in: *Essays* (vgl. oben Anm. 26) 90–99 (Zu den Ortsnamenlisten, die im Frühjahr 1964 vom Schweizer Institut für Ägyptische Bauforschung und Altertumskunde [unter Prof. Ricke] bei der Ausgrabung des Totentempels Amenophis' III. gefunden wurden: s. die oben [in Anm. 26, 27, 28] schon mehrfach angeführte Veröffentlichung [*Ortsnamenlisten*] von Elmar Edel [in: *Bonner Biblische Beiträge* 25]).

33 Vgl. Hall, H. R., in: *Essays* (s. oben Anm. 26) 32 (was soll man davon halten, daß Spanuth [in: *Atlantis* ⟨1965⟩ 450] noch einen Schritt weiter geht und die Kaphtorim [Kaphtorer, Kaphtoriter] der Bibel nicht nur zu Kapitell-Leuten, sondern wörtlich zum »Säulenvolk« erklärt – und zwar, als ob dies vollkommen selbstverständlich wäre, ohne Angabe der Quelle, der er seine Deutung des betreffenden Bibel-Worts verdankt? Dagegen enthalten weder das *Lateinische etymologische Wörterbuch* von A. Walde [3., neubearb. Aufl. v. J. B. Hofmann ⟨Heidelberg 1938⟩] 163 f. [s. v. *caput*], noch die griechischen etymologischen Wörterbücher von E. Boisacq [*Dict. étym. de la langue grecque*, 4e éd. ⟨Heidelberg 1950⟩ 445], H. Frisk [*Griech. etym. Wörterbuch* 1 ⟨Heidelberg 1960⟩ 835 f.] und J. B. Hofmann [*Etymol. Wörterb. d. Griech.* ⟨München 1950; unveränd. Nachdr. Darmstadt 1966⟩ 141], letztgenannte s. v. κεφαλή [*kephalḗ*], auch

nur den geringsten Hinweis, dem sich entnehmen ließe, daß ihre Verfasser irgendeinen *etymologischen* Zusammenhang zwischen dem biblischen *kaphtor* und dem lateinischen *caput* [= »Haupt«] – und damit auch mit »Kapitell« – für möglich hielten. Was darüber hinaus die Homonymie zwischen der Vokabel *kaphtor*, die bei Amos 9, 1 sowie Zephania [Sophonias] 2, 14 tatsächlich in der Bedeutung »Kapitell« [Luther: »Knauf«, »Säulenknauf«] begegnet, und dem gleichlautenden Landesnamen Kaphtor angeht, so hütet sich z. B. W. Gesenius' *Hebräisches und aramäisches Handwörterbuch über das Alte Testament* [Bearb. v. Frants Buhl u. a. ⟨17. Aufl., unveränd. Neudr. 1962⟩], aus ihr voreilige Schlüsse zu ziehen: es führt beide Wörter auf, ohne sich durch die Gleichheit von Laut- und Schriftbild zur Konstruktion eines Sinnzusammenhangs zwischen beiden verleiten zu lassen. In der Tat braucht ein solcher Zusammenhang durchaus nicht zu bestehen, wie das oben [S. 79 f.] im Text gegebene Homonymiebeispiel aus dem Englischen hinreichend zeigt [engl. *ear* ⟨= »Ohr«⟩ und *ear* ⟨= »Ähre«⟩ sind trotz gleicher Aussprache und gleicher Schreibweise weder sprachgeschichtlich noch bedeutungsmäßig miteinander verwandt]. Schließlich noch ein ausdrücklicher Hinweis: so wenig ergiebig es ist, aufgrund irgendwelcher *Etymologien* aus Kreta ein »Säulenland« und aus den Kretern »Kapitell-Leute« oder gar ein »Säulenvolk« zu machen – die Möglichkeit läßt sich nicht ganz abstreiten, daß man auf *anderem* Wege [etwa dem der Kult-Aitiologie ⟨vgl. oben S. 82⟩] zu ähnlichen Vorstellungen gelangte: ist man doch selbst heute noch nicht vollständig darüber im klaren, ob es auf Kreta in minoischer Zeit einen Säulenkult gab oder nicht [vgl. Anm. 34]. Hätte auch Solon von einem solchen gehört, so wäre nicht auszuschließen, daß er sich dadurch an den Atlas-Mythos erinnert fühlte. Doch ein *etymologischer* Zusammenhang besteht abermals nicht. Vielmehr setzt sich nach Frisk, H.: *Griech. etymolog. Wörterb.* 1 [Heidelberg 1960] 179 Ἄτλας aus α-*copulativum* und der auch dem Verbum *τλάω [τλῆναι] zugrundeliegenden Wurzel τλα zusammen [τλῆναι = »auf sich nehmen«, »⟨er⟩tragen«; ⟨im übertragenen Sinn⟩]. Selbst Atlas ist mithin kein »Kapitell-Mann«, allerdings hat er etwas »auf sich genommen«, und hierin Verbindung zum Pfeiler oder zur Säule zu sehen, bleibt jedem unbenommen).

34 Sehr detailliert und mit zahlreichen Abbildungen verbreitet sich Sir Arthur Evans über Pfeilerkult auf Kreta (vgl. seine Studie: *Mycenaean tree and pillar cult*, in: *Journal of Hellenic Studies* 21 [1901] 99–204. Anzumerken wäre hierzu: Abermals setzt Spanuth [*Atlantis* ⟨1965⟩ 446–451] der Hypothesenfreudigkeit die Krone auf: er begnügt sich nicht mit kretischem Pfeilerkult [der seinerseits noch nicht einmal gänzlich unumstritten ist ⟨s. unten!⟩], sondern aus Platos Bericht von der atlantischen Gesetzes-Stele [*Kritias* 119 c ff.] schließt er für sein urgroß-germanisches Nordsee-Atlantis auf einen »Weltsäulenkult«. Allenfalls könnte das von ihm mit großem Fleiß zusammengetragene Material um den *Tetejetlen nagy fa*, den »Weltenbaum« altungarischer Provenienz, und um die sich auf einem Entenfüßchen drehende Hütte der Ba-

ba Yaga russischer Volksmärchen bereichert werden, allerdings wäre damit kaum viel für die Atlantis-Frage gewonnen ... Was den Pfeiler- oder Säulenkult auf Kreta angeht, so hat Martin P. Nilsson [*Geschichte der griechischen Religion* 1 ⟨München 1967³⟩ 278–280 ⟨= *Handb. d. Altertumswiss.* 5, 2, 1⟩] ihn in Zweifel gezogen. Dennoch scheinen Pfeiler bzw. Säulen irgendeine kultische Bedeutung besessen zu haben. Friedrich Matz [*Kreta, Mykene, Troja* ⟨Stuttgart 1956²⟩ 81] äußert hierzu: »Es hat sich zwar herausgestellt, daß es falsch war, einen Pfeiler- und Säulenkult anzunehmen. Die Häufigkeit der Säulen auf kultischen Bildern hatte dazu den Anlaß gegeben. Etwas Richtiges steckt aber doch in dieser Annahme. Die Säule, die stellvertretend und abkürzend für die Kultfassade eintritt, hat aber auch nicht symbolische, sondern dingliche Bedeutung als Ausdruck der Stätte, die der Gott seiner Erscheinung würdigt und an die er immer wieder durch Opfer und Gebete sich herabrufen läßt. Die vielen Bilder von Löwen oder Fabelwesen, meist in antithetischer Gruppierung, mit Säulen, finden so ihre Erklärung. Die von den Göttern gebändigten, ihnen dienstbaren Tiere, sind Ausdruck der göttlichen Macht ... Die mit ihnen verbundene Säule ist also im Hinblick auf die Epiphanievorstellung ebensowenig eine abgekürzte Ortsbezeichnung für den Begriff Palast wie die Darstellung eines kultisch verehrten Gegenstandes, sondern als Ausdruck für den Ort der Göttererscheinung zugleich der für den sich offenbarenden Gott selber. Seine großartigste Ausgestaltung hat dieser Bildgedanke fast zweihundert Jahre nach der Zerstörung der kretischen Paläste im Relief des Löwentors von Mykene gefunden« [vgl. Tafel 91]. Und unter Berufung auf eine andere Arbeit von F. Matz [*Göttererscheinung und Kultbild im minoischen Kreta*, in: *Akademie der Wissenschaften und der Literatur, Mainz, Abhandlungen der geistes- und sozialwissenschaftlichen Klasse* 1958, Nr. 7] heißt es bei M. I. Finley [*Fischer Weltgeschichte* 3 ⟨1966⟩ 320]: »... der Akzent« lag »auf einer Epiphanie, einem momentanen Erscheinen der Gottheit als Antwort auf ein menschliches Opfer oder Gebet oder ... auf einen rituellen Tanz ... Ort der Erscheinung war ein heiliger Baum, eine Säule, gelegentlich die Fassade eines Gebäudes ...«).

35 *Odyssee* 1, 48–54.

36 *Bibl.* 3. Bramwell, *Bibl.* 1, 75–90, brachte Einwände gegen Frosts Hypothese vor. Pendlebury, *Bibl.* 18, 286, würdigte sie einer kurzen Bemerkung der Zustimmung. Dann war von ihr bis zum Anfang der fünfziger Jahre nicht mehr ernsthaft die Rede. Erst dann wieder erinnerte man sich an sie: vgl. beispielsweise C. Seltman, in: *History Today* (1952) 332–343 und S. Marinatos: *Zum Atlantis-Mythos* (griech.), in: *Kretika Chronika* 4 (1950) 195–213.

37 Marinatos, S.: *Amnisos, die Hafenstadt des Minos*, in: *Forschungen und Fortschritte* 10 (1934) 341–343.

Kapitel III

38 Was der Ausdruck bedeutet, erläutert H. Williams (*Bibl.* 32, 239 ff.). *caldera* ist die spanische Bezeichnung für »Kessel« (es war die Kanareninsel Palma, deren *caldera* bei der Übernahme des Begriffs in die vulkanologische Fachsprache Pate stand; Leo-

pold von Buch hat den *terminus* in die Fachliteratur eingeführt). Eine *caldera* darf nicht mit einem Krater verwechselt werden. Bei einem solchen handelt es sich stets um eine für die Wachstumsperiode eines Vulkans charakteristische Ausbruchsöffnung. Das Vorhandensein einer *caldera* dagegen zeigt an, daß der betreffende Vulkan bereits einmal seinen gesamten Lebenszyklus durchlaufen hat. Unter einer *caldera* versteht man ein weites, steilwandiges Becken, das dadurch entstanden ist, daß sich der Boden nach einem vulkanischen Ausbruch oder nach einer Reihe solcher Ausbrüche gesenkt hat, bzw. daß ein Vulkan zusammengebrochen und in die Tiefe gestürzt ist: nach Auswurf ungeheurer Bimssteinmengen ist einfach das Dach eines Magma-Herdes eingebrochen, und so hat sich die *caldera* gebildet. Williams bezeichnet sowohl die *caldera* des Krakatau wie die von Thera als Kalderen *explosiven* Ursprungs, weil sie Kräften im Innern des Magmaherdes ihr Entstehen verdanken, doch weist er darauf hin, daß auch noch andere Faktoren zu ihrer Formung beigetragen haben. Auf keinen Fall könne von einer bloßen explosionsartigen Selbst-Enthauptung der beiden fraglichen Vulkankegel die Rede sein. Ausschließlich durch Explosivkräfte entstandene Kalderen haben nie einen Durchmesser von 2,5 bis 3 km.

39 *tephra* (τέφρα), das griechische Wort für »Asche«, ist erst kürzlich von Dr. Thorarinsson (vgl. Anm. 61) zum wissenschaftlichen Fachausdruck erhoben worden, und zwar als Sammelbegriff für das leichtere Auswurfmaterial eines Vulkans. Hierzu gehört Staub, Asche, Bimsstein und Schlacke (griech.: σκωρία [*skōría*]), Auswurf, der für die oft explosive Eröffnungsphase einer Eruption charakteristisch ist, die dem Ausströmen größerer Lavamassen vorausgeht. Auch diese leichteren Auswurfstoffe bestehen aus keinem anderen Material als die Lava selbst. Allerdings ist die Tatsache des explosionsartig Hinausgeschleudertwerdens nicht ohne Einwirkung auf ihre endgültige Beschaffenheit geblieben. Wem es hilft, der mag von Lava-»Schaum« sprechen.

40 *Bibl.* 24: Abbaumethoden im Tagebau von Phira: 7; ^{14}C-Datum: 56.

41 Galanopoulos, A. G.: *Zur Bestimmung des Alters der Santorin-Kaldera,* in: *Neues Jahrb. f. Geol. u. Paläont.* 9 (1937) 419–420.

42 Baker, H., in: Pyddoke, E.: *The Scientist and Archaeology* (London 1963) 123–135.

43 *Bibl.* 25.

44 *Bibl.* 20.

45 *Bibl.* 24, 55.

46 *Bibl.* 26, 35.

47 Vgl. Stubbings, F. H.: *Mycenaean Pottery from the Levant* (Cambridge 1951) 56 u. Taf. XIV, 1. Man fand das Gefäß beim Altar im Innern des fraglichen Tempels.

48 *Bibl.* 30, Bd. 1, 122–123.

49 *Bibl.* 27, 292–294.

50 Vgl. *Archaeological Reports* (1961/62) 25–27 sowie *Illustrated London News, Archaeological Section* Nr. 2080 (17. Feb. 1962).

51 Vgl.: Critikos, N. A.: *Sur les phénomènes sismiques produits avant et depuis l'éruption du volcan de Santorin,* in: *Ann. Obs. nat. Athènes* 8, 56; 58. Desgl. ders.: *Sur la sismité des Cyclades et de la Crête,* ebenda 9, 77–109.

52 Alexiou, S.: *Neues Material für die spätägäische Chronologie und Ge-*

schichte (griech.), in: *Kretika Chronika* 6 (1952) 9–41. Eine Zusammenfassung des Aufsatzes gibt R. W. Hutchinson in: *Antiquity* 28 (1954) 183 ff.; s. auch: *Bibl.* 11, 29.

53 Sämtliche Einzelheiten des Krakatau-Ausbruchs findet man in *Bibl.* 31. Vgl. auch: Verbeek, R. D. M.: *Krakatau* (Batavia 1886).

54 Wörtlich derselbe Vergleich findet sich in Plinius' Episteln (*Plin. ep.* 6, 20, 18: *omnia alto cinere tamquam nive obducta* [»alles war von einer tiefen Aschenschicht wie mit Schnee bedeckt«]; es geht hier um den Ausbruch des Vesuv im Jahre 79 n. Chr.).

55 Man vergleiche abermals Plinius (*ep.* 6, 16, 5).

56 *Bibl.* 32, 257.

57 *Bibl.* 29; vgl. die Darstellung derselben beiden Verfasser in: *Nature* (11. Feb. 1967) 582–584.

58 Vgl.: Marinos, G., und Melidonis, N.: *Die Höhe der beim vorgeschichtlichen Ausbruch des Santorin entstandenen Seebebenwellen* (griech.), in: *Greek Geol. Soc.* 4 (1959–1961) 210–218.

59 *Bibl.* 6, 434.

60 Beweismaterial bei Galanopoulos (vgl. *Bibl.* 28).

61 Vgl. Eldjárn, K.: *Two Mediaeval Farm Sites in Iceland and some remarks on tephrachronology*, in: Small, A.: *The Fourth Viking Congress* (1965).

62 *Bibl.* 14, 167.

63 Dr. G. Walker vom *Geological Department, Imperial College,* London, hatte die Güte, mir Einblick in ein unveröffentlichtes Schriftstück zu gewähren, in dem er Angaben dieser Art zusammengestellt hat, die im hier erörterten Zusammenhang von Wichtigkeit sein können.

64 Strabo 1, 57 [1, 3, 16].

65 Philostrat, *Vita Apollonii* 175 = Bk 4, 34.

66 P. Dekigalla (de Cigala): *Tagebuch des Vulkanausbruchs von 1866 auf den Kameni-Inseln* (griech.). Syra 1881.

Kapitel IV

67 Fouqué, F.: *Premier Rapport sur une mission scientifique à l'ile de Santorin* (Paris 1867) und *Bibl.* 27, 104–131.

68 *Bibl.* 22, Bd. 3, 40 f.

69 *Bibl.* 20.

70 *Bibl.* 26, dort 26 u. 38.

71 Abbildung bei Perrot, G., und Chipiez, C.: *History of Art in Primitive Greece 2* (London 1894) 450, Abb. 541.

72 *Bibl.* 24, *passim.*

Kapitel V

73 *Bibl.* 26, 39.

74 Thukydides 1, 4.

75 Vgl.: *Archaeological Reports* (1963/64) 25–26.

76 *Odyssee* 7, 321–324.

77 Vgl. *Bibl.* 26, 31.

78 *Ilias* 2, 108.

79 *Bibl.* 11, 29; *Bibl.* 18, 228; *Bibl.* 15, Bd. 4, 885; Furumark, A.: *The Chronology of Mycenaean Pottery* (Stockholm 1941) 82.

80 *Bibl.* 18, 229.

81 Apollod. *Biblioth.* 3, 15, 7–8 sowie 3, 209–213; Diod. 4, 64, 4 ff.

82 *Bibl.* 11, 46.

83 Vgl.: Plutarch, *Theseus* 19.

84 *Bibl.* 18, 289.

85 S. d. Berichte J. L. Caskeys in: *Hesperia* 31, 33, 35, besonders in 33.

86 Bakchylides 1, 2–17 (Jebb). Vgl. Edmonds, J. M.: *Lyra Graeca* 111, 126–135.

87 Pindar, *Paian* 4, 28–45. Auf Zeile 41 schließt der Verf. sich Wilamowitz'

Verbesserungsvorschlag 'Εννοσίδα (*Pindaros* [1922] 475) an.

88 Pindar, *Isth.* 8, 27 ff.

89 Monaco, G.: *Clara Rhodos* 10 (1938) 41 ff.; F. H. Stubbings a. a. O. (vgl. oben Anm. 47) 6–8; ferner: Furumark, A.: *Opuscula archaeologica* 6 (Lund 1950) 150–271.

90 Herodot 7, 170–171.

91 Diod. 4, 79, 3.

92 Gurney, O. R.: *The Hittites* (Harmondsworth 1961) 47–49 (vgl. Schachermeyr, F.: *Hethiter und Achäer* [1935] sowie von dems.: *Zur Frage der Lokalisierung von Achiawa,* in: *Minoica, Festschr. J. Sundwall* [1958] 365–380; als Kronzeugen *für* die Gleichsetzung Aḫḫijawā = Achäer pflegt man heute zu zitieren: Page, D. L.: *History and the Homeric Iliad,* in: *Sather Classical Lectures* 31 [Berkeley-Los Angeles 1959], *gegen* die Gleichsetzung hat sich ausgesprochen: Steiner, G.: *Die Aḫḫijawā-Frage* heute, in: *Saeculum* 15 [1964] 365–392; eine recht übersichtliche Einführung in die sogenannte Aḫḫijawā-Frage enthält Bd. 3 der *Fischer Weltgeschichte* [1966], und zwar besonders auf den Seiten 154, 169 und 333 (doch vgl. auch das dortige Register s. v. *Achäer, Aḫḫijawā* und *Akawascha*]).

93 *Odyssee* 7, 112–128.

94 *Bibl.* 8, Bd. 3, 240–252; Bd. 4, 18–68; besonders 33–38; *Bibl.* 12, 262–263.

95 *Bibl.* 12, 441; vgl. auch Anm. 30.

96 Vgl.: Baumann, B. B.: *The botanical aspects of ancient Egyptian embalming and burial,* in: *Economic Botany* 14 (1960) 84.

97 Vgl. oben Anm. 30.

98 Vgl.: Davies, N. M., und Gardiner, A. H.: *Ancient Egyptian Paintings* 1 (Chicago 1936) Taf. XXI–XXIV; desgl. Davies, N. de G.: *The tomb of Rekhmire at Thebes (Publications of the Metropolitan Museum of Art Egyptian Expedition* 11 [New York 1943]); endlich: *Bibl.* 15, Bd. 2, 736–748; *Bibl.* 19, 112–115.

99 *Bibl.* 19, 113.

100 Text und Diskussion in der Manetho-Ausgabe von W. G. Waddell (1940 [*Loeb Classical Library*]) 112 und 86–87.

101 Apollod. *Biblioth.* 1, 7, 2.

102 Forsdyke, J.: *Greece before Homer* (New York 1957) 57–58.

103 Vgl. die Stammtafel bei: Myres, J. L.: *Who were the Greeks?* (Berkeley 1930) 344–345.

104 Die meisten der nachstehenden Hinweise auf Überlieferungen, die von Fluten sprechen, verdankt der Verfasser S. Marinatos (vgl. *Bibl.* 10).

105 Apollod. *Biblioth.* 3, 14, 1 (dazu die Anm. von J. Frazer in dessen Apollodor-Ausgabe [1921 ⟨*Loeb Classical Library*⟩]).

106 Pausanias 2, 22, 4. Ein Tempel für Poseidon Proklystios (den »Überfluter«) erinnerte in Argos an das Ereignis.

107 Ders. 2, 30, 6 sowie 32, 8.

108 Euripides, *Hippolytos* 1198–1212.

109 Plutarch, *Moralia* 248a–b.

110 Strab. 1, 58 [1, 3, 17].

111 Diod. 5, 56–57.

112 Ders. ebd. 47, 3–5.

113 Apollonios Rhodios, *Argonautica* 4, 1537–1764. Tritons Geschenk (die Erdscholle): 1552–1553; Entstehung Theras: 1755–1764.

114 Huxley, G. L.: *The ancient name of Zakro,* in: *Greek Roman and Byzantine Studies* 8 (1966) 85–87.

115 Schoo, J.: *Vulkanische und seismische Aktivität des ägäischen Meeresbekkens im Spiegel der griechischen My-*

thologie, in: *Mnemosyne* 3, 4, 257–294.

116 Vgl. Hennig, R.: *Altgriechische Sagengestalten als Personifikation von Erdfeuern und vulkanischen Vorgängen,* in: *Jb. d. Deutsch. Arch. Inst.* 54 (1939) 230–246.

117 Eustathios (gest. zw. 1195 und 1197 n. Chr.) äußert sich in seinem Ilias- und Odysseekommentar (1860, 59) zu *Odyssee* 19, 174–175, wo von neunzig Städten auf Kreta die Rede ist, wogegen die *Ilias* 2, 649 die volle Zahl von hundert Städten nennt. Der Kommentator trägt die Ansicht vor, die fehlenden zehn Städte seien im Kampf zwischen Idomeneus, dem König von Knossos, und seinem heimtückischen angehenden Schwiegersohn Leukos zerstört worden. Vgl. Apollod., *Epitome* 6, 10. Lykophron (*Alexandra* 1214–1224) leitet die Sage mit den unheilschwangeren Worten ein: »Großes Weh wird über Knossos kommen«. Leukos bezeichnet er als »Viper am Busen Kretas«. Gewöhnlich weist die Überlieferung Idomeneus, den Nachkommen sowohl Deukalions als auch Minos', in die Zeit des Trojanischen Krieges. Doch mit der Leukos-Erzählung könnte die Erinnerung an eine frühere Verwüstung Kretas in sonst wesentlich später entstandene Sagen Eingang gefunden haben und mit ihnen verschmolzen sein. Zur Verwirrung könnte beigetragen haben, daß die Überlieferung Idomeneus einen Sohn namens Lykos zuschreibt – ganz abgesehen von seiner etwas komplizierten Genealogie: Idomeneus stammt sowohl von Minos als auch von Deukalion ab.

118 *Argonautica* 4, 1694–1701.

119 Plinius, *Epist.* 6, 20, 14.

120 *Argonautica* 4, 1731–1764.

121 Kallimachos, *Hymn.* 4, 30–54.

122 *Odyssee* 10, 1 ff.

123 Herodot 2, 156.

124 Pindar *fr.* 91. Der Verfasser verdankt diesen Hinweis W. B. Standford (vgl. Porphyr. *de abst.* 3, 16 [aus Theophrast]; Ovid, *met.* 5, 321 ff.; Apollod. 1, 6, 3).

125 Hesiod, *Theog.* 844–849.

126 *Ilias* 2, 782 f.; Pindar, *Pyth.* 1, 15 ff., *Aischylos, Prom.* 351 ff.

127 Rose, H. J.: *Griech. Mythologie (A handbook of Greek Mythology* [1928], 1953^3, a. d. Engl. übertr. v. A. E. Berve-Glauning), München 1955, 59.

128 *Odyssee* 13, 125 ff.; Wortlaut der Drohung: ebenda 149 ff.

129 *Orphische Argonautika* 1268–1280 (Ausgaben: E. Abel: *Orphica* [1885]; G. Dottin [1930 ⟨m. franz. Übers.⟩]).

130 *Bibl.* 15, Bd. 2, 301–303.

131 Amos 9, 5–7.

132 Galanopoulos, A. G.: *Die ägyptischen Plagen und der Auszug Israels aus geologischer Sicht,* in: *Zeitschr. f. d. Klass. Altertum* 10, 131–137.

133 *Bibl.* 10.

134 Vgl. Wernicke s. v. *Atlas* in: *RE* 2, 2 (1896) 2118 ff.

Kapitel VI

135 Beispiel für zu »Jahren« gewordene Monate (was zu einer ungeheuer aufgeblähten Chronologie führte) ist Diod. 1, 26.

136 *Bibl.* 15, Bd. 2, 742–743.

137 Myres, J. L., a. a. O. (vgl. oben Anm. 103) 139–140; Farnell, L.: *Cults of the Greek States* 5 (New York 1967) 418–419.

138 Plutarch, *Theseus* 19.

139 Wie es A. G. Galanopoulos tut (vgl. *Bibl.* 5).

Bibliographie

Vorbemerkung: Auf nachstehendes Literaturverzeichnis beziehen sich jene Angaben im Text und in den Anmerkungen, denen *Bibl.* vorangestellt ist. Es umfaßt hauptsächlich die Publikationen, auf die der Verfasser sich bei seinen Ausführungen stützt. Zahlreiche der angeführten Werke enthalten ihrerseits Hinweise, die den interessierten Leser weiterführen.

a Zur Atlantis-Literatur

1 BRAMWELL, J.: Lost Atlantis, London 1937

2 MARTIN, T. H.: Études sur le Timée de Platon 1, Paris 1841, 257–332

b Atlantis – das minoische Kreta?

3 BRANDENSTEIN, W.: Atlantis, 1951

4 FROST, K. T.: The Critias and Minoan Crete, in: Journal of Hellenic Studies 33 (1913) 189–206

5 GALANOPOULOS, A. G.: Zur Frage der Lokalisation und Größe von Atlantis (in griechischer Sprache, mit einer englischen Zusammenfassung), in: Praktika Akad. Ath. 35, 401–418

6 MARINATOS, SPYRIDON: The volcanic destruction of Minoan Crete, in: Antiquity 13 (1939) 425–439

7 Derselbe: Zum Atlantis-Mythos (griech.), in: Kretika Chronika 4 (1950) 195–213

c Überlieferung und geschichtlicher Hintergrund

8 BREASTED, J. H.: Ancient Records of Egypt, 4 Bde., Chicago 1906

9 HOOD, S.: The Home of the Heroes: The Aegean before the Greeks, London 1967

10 MARINATOS, SPYRIDON: Der Thera-Vulkan und die Staaten der Ägäis (griech.), in: Pepragmena tu deuteru Diëthnus Kretologiku Synhedriu 1967 („Akten des zweiten Internationalen Kretologischen Kongresses 1967") 1 (Athen 1968) 198–216

11 MATZ, F.: Minoan Civilisation: Maturity and Zenith, in: Cambridge Ancient History, revidierte Neuausgabe, 2 (1962) Kap. IV (b) und XII (Fasz. 12)

12 PRITCHARD, J. B.: Ancient Near Eastern Texts, Princeton 1955

13 VERCOUTTER, J.: Essai sur les relations Égyptiens et Préhellénes, Paris 1954; vgl. außerdem: VERCOUTTER, J.: L'Égypte et le monde Égéen préhellénique (1956) sowie EDEL, Elmar: Die Ortsnamenlisten aus dem Totentempel Amenophis' III. Bonner Biblische Beiträge 25, Bonn 1966

d Altkreta

14 ALEXIOU, S., PLATON, N., und GUA-

NELLA, H.: Ancient Crete, London 1968
15 EVANS, SIR ARTHUR: The Palace of Minos at Knossos, 4 Bde. in 7 Teilen, London 1921–1936
16 HUTCHINSON, R. W.: Prehistoric Crete, Harmondsworth 1962
17 MARINATOS, SPYRIDON: Crete and Mycenae, London 1960
18 PENDLEBURY, J. D. S.: The Archaeology of Crete, London 1939
19 SCHACHERMEYR, F.: Die minoische Kultur des alten Kreta, Stuttgart 1964; vgl. außerdem FINLEY, M. I., in: Fischer Weltgeschichte 3 (1966) 294 ff. (dazu die Anmerkungen ebd. 352 f. sowie die Literaturhinweise 360 f.); weitere Literatur bei SCHIERING, W., im Lexikon der Alten Welt, Zürich/Stuttgart: Artemis 1965, Sp. 1624 und 1625

e Thera und die Kykladen (Archäologie)

20 ÅBERG, N.: Bronzezeitliche und früheiszeitliche Chronologie 4, Stockholm 1930, 127–137
21 CASKEY, J. L.: Investigations in Keos, in Hesperia 31 (1963); 33 (1965) und 35 (1967
22 GAERTRINGEN, F. HILLER VON: Thera, 4 Bde., Berlin 1899–1909
23 MAMET, H.: De Insula Thera, Lille 1874
24 MARINATOS, SPYRIDON: Excavations at Thera. First preliminary report (1967 season), Athen 1968
25 RENAUDIN, L.: Vases préhellèniques de Théra, in: Bulletin de Correspondance Hellènique 46 (1923) 113–159
26 SCHOLES, K.: The Cyclades in the later Bronze Age: A synopsis, in: Annual of the British School at Athens 51 (1956) 9–40

f Vulkanismus: Thera und Krakatau

27 FOUQUÉ, F.: Santorin et ses éruptions, Paris 1879
28 GALANOPOULOS, A. G.: Tsunamis observed on the coasts of Greece from antiquity to the present time, in: Annali Geofisici 13, 269–386
29 NINKOVICH, D., und HEEZEN, B. C.: Santorini Tephra, in: Submarine Geology and Geophysics (Proceedings of the 17th Symposium of the Colston Research Society held in the Univ. of Bristol, London 1965)
30 RECK, H.: Santorin: Der Werdegang eines Inselvulkans und sein Ausbruch 1925–1928. 3 Bde., Berlin 1936
31 SYMONS, G. J.: The eruption of Krakatoa and subsequent phenomena. The Report of The Krakatoa Committee of the Royal Society, London 1888
32 WILLIAMS, H.: Calderas and their origin, in: University of California Publications in Geological Science 25, 239–346

Verzeichnis der Bildtafeln und Abbildungen

Der Verfasser dankt allen nachstehend genannten Personen und Instituten für die freundliche Genehmigung, die betreffenden Photos zu veröffentlichen. Bei Bildern ohne Quellenangabe handelt es sich um Aufnahmen des Verfassers.

Schwarz-weiß-Tafeln nach Seite 136

Schwarz-weiß-Tafeln nach Seite 168

Schwarz-weiß-Tafeln nach Seite 200

Abbildungen
(Strichzeichnungen von Lucinda Rodd; deutsche Fassung: R. und R. Triltsch)

Register

Abb. = Strichzeichnungen im Text
Taf. (arab. Ziffern) = Schwarzweißtafeln
Taf. (röm. Ziffern) = Farbtafeln

A

B

C

D

E

F

G

H

M

N

O

P

U

V

W

Z